초대
교회사
다시
읽기

믿음이란 한 알의 밀알이 땅에 떨어져 죽음으로 많은 열매를 맺음과 같이 진리의 열매를 위하여 스스로 죽는 것을 뜻합니다. 눈으로 볼 수는 없으나 영원히 살아 있는 진리와 목숨을 맞바꾸는 자들을 우리는 믿는 이라고 부릅니다. 「믿음의 글들」은 평생, 혹은 가장 귀한 순간에 진리를 위하여 죽거나 죽기를 결단하는 참 믿는 이들의, 참 믿는 이들을 위한, 참 믿음의 글들입니다.

민족과 인종의
경계를 초월한
공동체 —

최종원 지음

초대
교회사
다시
읽기

차례

프롤로그
왜 초대교회를 다시 읽어야 하는가　7

1. 교회의 시작점에 대한 논의　17
   교회란 무엇인가

2. 기독교가 급속하게 확산된 이유　37
   초대교회의 형성 배경

3. 민족주의, 인종주의를 넘어 세계로　65
   유대교와 기독교

4. 대안적 세계관과 가치관의 승리　85
   초대교회의 성장과 박해

5. 죄인을 구원하는 은총의 통로　113
   라틴 교회

6. 신비를 추구하는 신앙　147
   동방 교회

7. 근본을 추구하는 급진파들　175
   초대교회의 이단 운동

8. 세속화에 맞선 사막의 영웅들 197
수도원 운동

9. 국가와 교회의 관계의 전환점 227
기독교 공인

10. 제국 교회, 제국 신학의 탄생 255
니케아 공의회

11. 다름이 틀림으로
교리의 확립과 교회의 분열 287

12. 초대교회의 뒤안길
아우구스티누스와 역사 307

에필로그
다시 낮은 곳으로, 다시 환대와 포용으로 333

주 338
초대교회 연대표 356
참고문헌 357
찾아보기 366

프롤로그

왜 초대교회를 다시 읽어야 하는가

1. 체제 밖을 지향한 공동체

기독교는 역사의 종교이다. 역사의식과 역사철학이라는 오랜 인식 틀 자체가 유대·기독교 세계관에서 유래되었다. 그리스도인들에게 가장 중요한 것은 기독교의 관점으로 세상을 바라보고, 이해하고, 세상 속에서 살아가는 것이다. 세상이란 너와 나, 우리가 살아가는 공간이며, 세상 속에 남긴 우리의 발자취가 모여 역사가 된다.

그리스도인들은 이 세상 속에서 자신의 존재 의미와, 사명과 역할이 무엇인가 고민하고 구현하고자 애쓰며 살아가는 자들이다. 그리스도인들이 모이는 교회는 이러한 역할을 사회 속에서 수행하는 소명을 받은 공동체이다. 특히 목회자나 기독교의 리더들은 성서의 메시지(텍스트)를 사람들이 살아가는 삶의 터전(컨텍스트)과 연결시켜 해석해 주는 매개자의 역할을 해야 한다. 그리스도인이 살아가야 할 사명의 자리는 교회 속이 아니라 세상이다. 세상에 대한 이해, 역사에 대한 이해가 필수라고 하겠다. 하지만 오늘의 현실에서 그리스도인의 역사 이해는 아쉽기 그지없다. 흔히 인본주의와 신본주의 등과 같은 그럴 듯해 보이나 학문적으로 규정하기 모호한 잣대로 세상과 교회를 구별 짓는 것은 더 이상 새삼스럽지 않다. 오늘날 누구도 부인하기 어려운 모순된 현실은 교회가 물질만능주의, 성취지상주의 등과 같은 세속화된 가치관과 세계관에 충실하게 동화되어 기독교 본연의 가치를 상실하고 있다는 점이다.

교회는 세상 속에서 스스로 어떠한 존재이며, 어떠한 자리매김을 해야 할 것인지 끊임없이 성찰해야 한다. 이러한 성찰이 없을 때 교회는 가장 세속화된 모습을 보일 수밖에 없을뿐더러, 세상에서 마땅히 보아야 할 것을 보지 못하게 된다. 주변의 아픔과 고통을 보지 못하고, 공감하는 데 둔감해지다 보니 점차 자신들만의 게토를 형성하게 된다.

교회의 역사에서 이럴 때마다 자각 있는 목소리들이 등장하여 외쳤다. "초대교회로 돌아가자." 모두 다 현재의 모습이 바른 모습은 아니라는 문제의식은 공유하고 있다는 것이다. 그러나 과연 돌아가야 할 초대교회는 무엇이며 어떠한 모습인가? 이에 대해서는 합의된 바가 없다. 좀 더 정직히 말하자면, 알지 못하는 것이다. 레토릭으로서 초대교회로 돌아가자는 구호는 존재하지만, 그 실체를 가늠하기란 쉽지 않다.

그러나 한 가지 분명한 것이 있다. 교회는 그 탄생 때부터 세속을 떠난 산 속의 공동체가 아니었다. 교회는 출발부터 도시 속의 공동체였다. 기독교는 무역로를 타고 도시를 중심으로 성장하였다. 세상과 가장 밀접하게 호흡하며 살을 부대끼며 살아간 것이 교회다. 가장 세속화된 현장 속에서 이 세상을 넘어선 가치와 이상이 존재함을 온몸으로 보여 준 것이 바로 교회였다. 본회퍼의 표현처럼 '체제 밖의 타자'를 지향하는 수도원 공동체가 초대교회였다. 이를 위해 교회는 많은 피를 흘렸고, 오해를 받고, 변방으로 내몰리기도 했다. 교회 역사는 기독교 교리의 형성과 신학이 형성되는 과정의 기록이 아니다. 세상 역사의 흐름 속에서 교회와 세상이 어떻게 상호작용해 왔는가에 대한 기록이다.

초대교회가 웅변하는 가장 큰 시사점은 변화가 중심부가 아닌 변방에서 이루어졌다는 사실이다. 유대 지역에서도 가장 멸시 받는 갈릴리에서 시작된 복음이 고대 역사의 사상적·종교적 혁명을 일으켰다. 헬레니즘 문화가 지배하던 지중해 시대의 담론의 장에, 아무도 주목하지 않은 변방에서 시작된 복음은 지중해 세계와 아시아와 유럽을 뒤흔들었다. 신영복 선생이 통찰한 대로 진정한 변화의 힘은 변방성에서 나온다.

초대교회로 돌아가자고 할 때에는, 비록 세상의 변방에 내몰려 나그네로 살아갈지라도, 세상의 가치에 매몰되지 않은 더 숭고한 가치를 전하고, 이 세상에서 공평과 정의를 이루겠다는 다짐이 묻어나야 한다. 그리고 어떠한 손해가 따르더라도 이를 실천하겠다는 의지가 표현되어야 한다. 이러한 다짐과 실천 없이 돌아가자고 외치는 것은 맹목에 다름 아니다. 2007년의 평양대부흥 100주년, 2009년의 칼뱅 탄생 500주년, 2017년의 종교개혁 500주년, 분명 초대교회 정신으로 돌아가자고 했고, 앞으로도 그럴 것이다. 하지만 이러한 것이 대중에게는 기대로 다가오기보다 그들만의 잔치로 외면당할 것이 뻔한 현실 앞에 무력감을 느낀다. 거듭 말하지만, 교회의 역사는 실제로는 교회 내의 역사가 아닌 교회와 세상의 상호작용의 기록이다.

초대교회는 무명의 흩어진 나그네들이 자신을 박해하는 세상을 바꾼, 아래로부터 써내려간 기록이다. 그 이래로 어느 시대 어느 교회였건, 교회가 당대의 대중에게 다가가지 못하고 수용되지 못했을 때 교회의 역사는 더 이상 써질 수 없었다.

2. 초대교회를 통해 한국 교회를 고민한다

한국의 교회는 복음의 메시지가 선포될 대상인 세상과 어떠한 교감을 하고 있는가? 오늘의 일반 대중에게 비친 한국 기독교의 모습은 어떠한가? 한국 기독교는 역사 앞에서, 세상 앞에서 진지하게 성찰하고 있는가? 문득 문득 너무 비대해지고 강해진 기독교를 보면서 두려움을 느낀다. 벌써 십수 년 전, 어느 교회가 새로 지을 교회 부지 터에 기도한다고 쌓아 놓은 십자가 더미를 보며 이 시대의 기독교의 실상을 말해 주는 것 같아 섬뜩한 느낌을 받은 적이 있다. 불행히도 지금 이 순간까지도 그 교회를 둘러싼 잡음과 논란은 가시지 않고 있다.

적어도 일제강점기 시대부터 한국 교회는 그 어느 종교보다 우리 민족에 대한 역사적·시대적 사명에 민감했었다. 가장 역사성을 띠었던 기독교가 오늘날은 가장 비역사적이고 반사회적인 모습으로 지탄 받는 대상으로 변해 버렸다. 교회 바깥에서뿐 아니라 교회 안에서도 모두가 한 모듬씩 비판의 말을 거들며 나서고 있다. 굳이 책임 소재를 가리자면 기독교 역사학자들이 책임을 방기한 탓도 결코 작지 않을 것이다. 그렇기 때문에 현상을 보고 비판하는 데 그치기보다, 조금은 본질적인 대안을 내세워야 하지 않을까? 그중 하나가 꼼꼼하게, 반성적으로 기독교회의 역사를 조망하는 것이다. 이 역할은 우선은 오롯이 학자들의 몫이다.

초대 기독교회의 역사를 공부해야 하는 이유는 결코 그 시대가 이상적이었기 때문이 아니다. 기독교 역사가 시작된 이래 단 한 순간도 현실 교회에서 기독교적 이상이 완벽하게 구현된 적은 없었다. 초기 기독교 역시 예외가 아니다. 그럼에도 초대교회의 기록들은 교회가 직면한 문제와 도전들 앞에서 어떠한 관점을 가지고 대응해야 할 것인지에 대해 구체적인 지침이 된다.

개인적으로 아쉬운 점은 대중과 교회의 수요가 있음에도 일반인들이 이해할 수 있는 수준으로 풀어서 해설해 준 초대교회 관련 역사서를 찾기 쉽지 않다는 점이다. 그 이유는 아마 한국 신학계의 교회사 전공자 대부분이 역사학 방법론을 훈련 받기보다는 신학 훈련의 배경을 갖고 있기 때문일 것이다. 교회사를 신학의 관점에서만 접근하게 되면, 초대교회뿐 아니라 모든 시대의 교회 역사를 교리와 신학 형성사를 중심으로 접근하기 쉽다. 물론 역사적 접근과 신학적 접근이 전적으로 다르지 않다 하더라도 그 차이는 무시 못할 정도로 크다.

교회의 역사를 공부할 때 또 하나 고려해야 할 점은 교회사의 시대 구분이 지니는 서구 중심성이다. 초대교회와 중세교회, 종교개혁, 근·현대교회, 이것이 누구나 자연스럽게 생각하는 교회사의 흐름이다. 그러나 한 번만 다시 생각해 보면 이러한 구분이 얼마나 작위적인가 알 수 있다. 과연 서유럽의 중세교회가 초대교회를 계승한 교회인가? '그렇다'라는 답이 성립되기 위해서는 적어도 두 가지가 충족되어야 한다. 하나는 초대교회 형성기의 기독교가 서유럽의 기독교로 옮겨지고 처음에 형성된 지역의 기독교는 사라졌어야 한다. 다른 하나는 초대 기독교와 서유럽 중세 기독교는 언어나 인종이나 문화적 연속성을 담고 있어야 한다. 그렇지만 이 두 가지는 부정적인 답이 나올 수밖에 없다. 중세 유럽은 초대교회가 생성되고 발전했던 지역과 지리적·언어적·문화적으로 어떠한 공통점도 없다. 오히려 초대교회 지역은 중세 동안 비잔틴 문명, 즉 동방 교회 전통 속에서 계속 유지, 발전되어 왔다. 이로써 위 두 가지 전제 조건 모두 충족되지 못한 셈이다.

그럼에도 서구인들이 세운 전통 위에서 초대교회와 서유럽 중세교회의 연결고리를 찾아 써내려간 역사의 틀을 벗기는 사실상 어렵다. 이 틀이 우리에게 유효한 한 가지 이유는 한국에 소개된 기독교는 서유럽 라틴 기독교에 기반한 교회라는 점이다. 서유럽 기독교에서 가톨릭과 프로테스탄트는 한 뿌리에서 생겨난 형제라는 인식이 짙다. 하지만 한국에 들어온 개신교는 가톨릭과 공통점을 향유하는 것이 상대적으로 일천한 다른 종교로 인식된다. 그러다 보니 한국 신학교에서 다루는 교회사는 초대교회가 중심이 되고 중세교회는 상대적으로 무시되며 곧바로 종교개혁사로 연결되는 경우가 매우 흔하다. 초대교회로 돌아가자는 종교개혁가들의 구호 속에 종교개혁을 낳은 토대가 된 중세교회는 암흑기라는 규정 아래 효과적으로 묻혀 버린 셈이다.

따라서 종교개혁과 오늘의 기독교를 제대로 이해하기 위해서는 초대교회가 서유럽 라틴 교회로 전이되어 가는 과정을 꼼꼼히 살펴보아야 한다. 이 지점이 초대교회사를 공부해야 하는 중요한 또 하나의 이유이다. 서양 중세사를 공부한 필자는 초대교회의 사상이 중세 가톨릭과 어떻게 연결되며 종교개혁기에 어떻게 재해석되었는지 논의의 맥이 끊기지 않는 범위 내에서 설명하려고 시도했다.

또한 전통적인 초대교회사는 교회의 성장과 제도화, 교리 확립에 초점을 두다 보니, 다소간 분열과 대립이 강조된 경향이 있다. 초대교회의 영지주의 이단으로부터 시작하여 다양한 분파들이 생겨나고 사그라지면서 사뭇 초대교회사는 분열의 기록으로 기억된다. 굵직하게 기억해 보더라도 교회의 본질에 대한 가톨릭교회와 도나투스파의 대립, 삼위일체에 대한 아리우스파와 아타나시우스파의 대립, 그리스도의 인성과 신성에 대한 양성론과 단성론의 대립, 인간의 본질과 가능성에 대한 아우구스티누스와 펠라기우스의 대립 등등이 있다.

이러한 현실에서 우리의 초대교회 나들이는 거칠게 표현하자면, 구원 받은 죄인의 공동체로서의 교회를 지향하고, 성부와 동일 본질인 성자를 고백하는 삼위일체를 받아들이고, 그리스도 속에 완전한 하나님과 완전한 인간이 섞이거나 나눔 없이 존재하는 것을 믿고, 타락으로 인해 창조 당시의 인간의 선함과 가능성이 사라진 전적으로 부패한 인간을 확인하는 것이 목적이 되기 쉽다. 그러나 현재 우리가 서 있는 기독교 전통에서 이와 다른 전통들을 정밀하게 비판, 배격하고 우리의 정체성을 강화하는 것을 초대교회를 배우는 목적으로 삼는다면 무언가 아쉬울 수밖에 없다. 이 시각은 우리가 상상하는 이상으로 다양하고 풍성한 교회 전통과 문화를 이루며 두 번의 천 년을 살아 낸 타문화의 그리스도인들에 대한 모독이다.

이 책은 위와 같은 문제의식들을 안고 서술하였다. 신학적 배경이 아닌, 역사학의 배경을 중심으로 초대교회 형성기의 쟁점 및 배경을 살피고자 하였다. 가능하면 낯선 개념이나 문화를 한국인의 시각에서 이해할 수 있도록 설명하려고 노력하였다. 제목이 말해 주는 것처럼 이 책은 초대교회에 대한 전형적인 연구서는 아니다. 새로운 시각으로 교회사를 함께 읽어 나가기 위해 가능하면 평이하게 서술하고, 핵심 내용을 해설하여 일반 독자들의 가독성을 높이고자 하였다. 초대교회사에 고전을 남긴 후스토 곤잘레스나 필립 샤프, 헨리 채드윅 등 서구 교회사가들의 시각에서 바라보는 초대교회의 모습을 넘어서서, 현재 한국 교회가 서 있는 지점에서 초대교회사를 통해 고민하고 성찰해야 할 지점들을 짚어 보고자 하였다. 따라서 초대교회 관련하여 신학뿐 아니라, 역사학, 정치학, 문화학 등을 연구하는 한국 학자들의 다양한 연구 성과들을 소개하고자 하였다.

이와는 별개로, 얼마나 독창적인 해석의 틀을 가지고 초대교회의 역사를 풀어 나갔는지는 여전히 미지수이다. 독창성이란 늘 져야 할 부담으로 다가올 뿐, 기존의 역사 해석의 틀을 벗어나는 것은 쉽지 않다. 특히 신학자가 아닌 역사학자이기 때문에 교리 해석을 접근하는 방식에 대해 비판이 제기될 수 있다. 또한 교회를 둘러싼 신학적 쟁점이나 교리적 발전을 서술하는 부분이 부족하다고 볼 수 있다. 충분히 제기될 수 있는 문제이다. 그러나 지금껏 초대 기독교회의 역사를 지나치게 교리 형성사 중심으로 다루어 온 것이 과연 적절한가 하는 의문은 남는다. 또한 신학적으로 대단히 중요하게 여기는 미묘한 교리상의 쟁점도, 역사적으로는 다소 다른 식의 접근과 해석도 가능하다.

3. 역사, 인식과 의식의 지평 확대

흔히 역사를 지식으로 생각하기 쉽다. 그러나 역사란 지식의 모음이 아니라, 과거에 대한 의식이요 인식의 결과물이다. 헤겔은 "경험과 역사가 인간에게 가르쳐 준 한 가지는 인간은 경험과 역사로부터 어떠한 것도 배우지 못했다는 것"이라고 했다. 역사의 경험은 자연스럽게 세대 간에 전수되는 것이 아니기 때문이다. 역사가 지식이라면 전수 가능할 것이다. 그러나 역사 인식의 전수는 치열한 고민이 없이는 불가능하다. 개인이 경험한 의식이 사회적 경험, 집단의 기억으로 승화될 때만이 다음 세대에 계승될 수 있다. 지금은 한국 교회가 역사의 교훈을 헛되이 반복하지 않기 위해 바짝 엎드려서 더욱 공부할 때라고 생각된다.

성서를 읽고 해석할 때 어떤 입장을 취하느냐는 매우 중요하다. 결과적으로 나타난 그림이 다르기 때문이다. 역사도 마찬가지로 해석의 학문이다. 역사 서술에서 객관이란 신화는 더 이상 유효하지 않다. 객관은 사료를 다루고 해석하는 과정에서의 공정성을 지적하는 것이다. 모든 책은 필자의 입장과 색깔이 묻어난다. 어떠한 자의식으로 교회의 역사를 바라볼 것인지가 지금까지의 고민이었으며, 앞으로 발전시켜 나가야 할 고민이다.

이 책에는 초대 기독교회를 통해 오늘의 한국 교회를 바라보고 읽어내고자 하는 시각이 군데군데 드러나 있다. 초대교회의 역사를 기술하는 것을 넘어 오늘 우리의 삶과 교회에 어떻게 적용할 것인지에 대한 고민의 흔적들이다. 한 역사적 사건이 과거 거기 그들의 이야기가 아니라 오늘 여기 우리의 이야기가 될 때 비로소 진정한 의미를 갖는다. 초대교회 역사가 고난과 핍박을 감내해 낸 무명의 그리스도인들에 관한 감동적인 기록 그 이상이어야 하는 이유이다. 따라서 이 책에 기술된 내용은 초대교회를 회복해야 할 원형이라고 가정할 때 초대교회가 오늘날의 교회에 던지는 시사점에 대한 필자의 견해인 셈이다. 또 수도원의 역사와 같은 일부 주제에 대해서는 초대교회의 범위를 넘어선 부분까지 통시적으로 짚어 내기도 했다. 이러한 시도가 교회 역사를 되짚어 보며 오늘을 바라보는 통찰을 제시할지, 어쭙잖은 문제의식에 머물지는 이제 필자의 판단을 넘어서는 일이다. 여기에 적용된 내용들은 필자의 역사 인식에서 나온 것들이기 때문에 독자들이 동의할 수도, 그러지 않을 수도 있다.

다소간 전형적으로 보이지 않는 해석과 해설, 적용을 굳이 보탠 이유는 역사책의 목표는 하나의 통일된 지식과 시각을 전달하는 것이 아니라, 인식과 의식의 지평을 넓혀 주는 것이라는 믿음 때문이다. 이것이 이 책이 궁극적으로 목표로 하는 바다. 독자들이 이 책을 통해 역사를 보는 나름의 관점과 비평 능력을 발전시켜 나갈 수 있기를 바란다. 이 책에서 제시되는 고민은 그저 책상머리에서만 이루어진 것은 아니다. 지금껏 강의를 들은 많은 학생들의 질문, 문제 제기, 반론과 토론 등을 통해 조금씩 가다듬어져 왔고, 앞으로도 그러할 것이다.

앞으로 필자는 중세교회사와 종교개혁사도 이 책에서 서술하는 것과 같은 방식으로 다룰 예정이다. 그렇게 함으로써 전체 교회사를 조망하는 한 가지 일관된 시각을 제시하고자 한다. 이 책이 교회사에 관심은 많지만 손쉽게 접근할 입문서를 찾기 어려워 고민하는 이들에게 작은 길잡이 역할을 할 수 있기를 바란다. 이제 이 책에 대한 평가는 독자들의 몫이다. 독자들의 건설적인 비판과 비평을 기대한다. 이 책의 내용에서 발견되는 오류나 부족한 부분 등은 전적으로 필자의 책임이다. 그와 같은 사항에 대해서는 추후 기회가 생기는 대로 수정, 보완할 것을 약속한다.

이 책이 나오기까지 많은 분의 은혜의 손길이 있었다. 우선 필자의 원고를 읽고 좋은 출판사를 소개해 준 양승훈 교수님께 감사드린다. 책 출간을 흔쾌히 허락해 준 홍성사와 책이 나오기까지 수고해 주신 직원 모두에게 마음으로 감사드린다.

　언제나 그랬듯이, 사랑하는 가족들은 항상 필자가 마음 편하게 작업에 몰두할 수 있는 환경을 마련해 주고 진심으로 지원해 주었다. 이 책이 아내 장은정, 아들 수민, 딸 조안이가 그간 보내 준 신뢰와 응원에 대한 작지만 의미 있는 보답이자 선물이길 기대한다.

2018년 5월

1

교회의 시작점에 대한 논의

—

교회란 무엇인가

1. 교회론을 먼저 고민해야 하는 이유

교회의 역사를 공부할 때 가장 먼저 '교회란 무엇인가?'라는 질문을 던져야 한다. 더불어 교회와 예수의 관계를 어떻게 볼 것인지도 중요한 질문이다. 사실 이 질문들은 교회사에서 직접 다루기에는 적절하지 않은 조직신학의 질문이다. 그러니 논의를 전개하기 전에 한 가지 확인해 두자. 교회론은 실제 제도 교회의 역사를 추적해서 나온 결론이 아니라, 각자 서 있는 신학적 지점에서 회고적으로 정리한 이론적 고찰이다. 따라서 실제 제도 교회의 역사를 탐구하는 과정이라고 할 수 없다. 객관적으로 합의된 유일한 교회론이란 없다. 다양한 종파가 가지고 있는 각각의 교회에 대한 관념에 따라 그에 속한 그리스도인들의 교회 역사를 이해하는 관점이 정해진다. 그렇기 때문에 우리가 서 있는 지점을 먼저 확인하는 것이 필요하다. 예컨대 루터의 종교개혁을 바라보는 개신교도와 가톨릭교도는 그 역사적 사건의 전개와 별개로 이미 어느 정도 가치판단을 하고 종교개혁에 접근하게 된다.[1]

"역사를 읽기 전에 역사가가 누구인지 먼저 읽어라". 역사를 과거와 현재의 끊임없는 대화라고 정의한 E. H. 카가 남긴 또 하나의 명제이다. 역사는 객관을 추구하지만, 실제로 객관을 담보할 수는 없다. 주관이 배제될 수 없다는 것이다. 그래서 영국에는 보수적 해석과 진보적 해석으로 거칠게 나눌 수 있는 역사 해석의 전통을 토리파 역사 해석과 휘그파 역사 해석으로 분류하기도 했다. 이러한 자의식은 저술가들에게만 적용되는 것은 아니다. 책이 저자를 떠나 독자에게 전달될 때 독자들 역시 자신의 시각으로 저자의 관점을 비판적으로 평가할 수 있어야 한다. 마찬가지 맥락에서, 교회사 공부를 시작하기 전에 교회론에 대해 먼저 생각해 보아야 한다. 그 유용성은 최소한 다음 두 가지로 정리될 수 있다.

첫째는, 현재 자신이 서 있는 신앙고백적 위치를 인식하는 것 자체로 의미가 있다. 특정한 위치에 자리함으로써 무엇을 믿어야 하는지를 되새기기 위한 것이 아니라, 여러 가지 다양한 흐름 중의 하나를 받아들이고 있음을 인정하기 위한 것이다. 특히 한국 교회와 같이 종파성이 강조되는 상황에서는 이를 인식하는 것은 더욱 필요하다.

둘째는, 오늘의 교회 현실에 대한 문제 해결의 실마리를 주체적으로 찾아갈 수 있다. 우리는 신학적 입장을 특정 교리를 변호하고 변증하기 위한 수단으로 간주하는 경향이 있다. 그 부작용으로 신학적 특성이 확고할수록 배타성이 강화되는 모습이 보인다. 하지만 2천 년의 장구한 교회 역사 첫 장에서 우리가 선 자리가 아주 작은 일부에 불과하다는 겸손을 배우게 된다. 교회 역사를 진지하게 탐구한다면 성서 해석의 차이나 신학 해석의 차이를 놓고 다름을 타자화시키는 것이 얼마나 무례한 것인지 알 수 있다. 실은 다름을 존중하는 것이 모든 문제 해결의 첫 걸음이다.

이제 교회의 출발을 어디서부터 볼 것인지에 대한 다양한 주장을 살펴보자. 각자의 역사와 신학을 보는 관점에 따라 예수의 탄생을 교회의 출발로 보는 입장이 있고, 예수의 승천이 지상교회의 시작이라고 보는 입장도 있다. 또 다른 한편에서는 제도 교회의 시작은 예수가 의도한 것이 아니었고 우발적으로 이루어진 것이기 때문에 정확하게 언제 교회가 시작했는지 알 수 없다고 주장한다. 이런 다양한 시각 중에 어떤 견해를 수용할 것인지에 따라 초대교회를 이해하는 틀이 다르게 형성된다. 따라서 어떻게 교회를 보고 정의할 것이냐는 매우 중요하다.

편의상 대략적으로 세 가지로 나눌 수 있다. 물론 이 견해 자체가 보편 타당하게 수용될 수 있는 것이라고 하기는 어렵다. 또 각각의 견해 내부에서도 크게 차이가 있을 수 있다. 다양한 흐름을 범주화한다는 것은 단순화의 오류와 왜곡이 불가피하다. 하지만 때로 이러한 범주화가 현재 서 있는 신학이나 이념적 지향이 형성되는 토대를 파악하게 해주고 차이와 다름을 좀더 명확하게 인식하게 해준다는 점에서 어느 정도의 효용은 있다.

먼저 가장 보수적이라고 할 수 있는 견해로 가톨릭교회의 관점을 들 수 있다. 로마 가톨릭에서는 예수의 성육신으로부터 교회가 시작되었다고 본다. 좀더 정확하게 표현하자면 교회와 그리스도의 몸을 동일시하는 관점에서, 교회의 출발은 예수의 성육신으로 볼 수 있다는 것이다. 이 관점에서는 예수가 이 땅에 왔을 때, 자신을 통해 이 땅에 교회를 세울 분명한 의도가 있었다고 보는 것이다. 그리고 이들은 '교회는 곧 예수 그리스도의 몸'이라는 인식을 중요한 신학적 전제로 삼고 있다.

이 견해와 극단적으로 대립되는 가장 열려 있는 견해로 자유주의 신학을 들 수 있다. 이 관점에서 보면 기독교회와 유대교는 처음부터 같은 범주에서 시작했고, 상당 기간 유사한 흐름 속에서 동행하고 있었다. 명확한 시점을 들 수는 없지만 일정 기간이 지나면서 점차 분리되었다. 이러한 견해는 사도행전에 나오는 바울의 사역 방식을 통해 지지될 수 있다. 처음에 사도 바울이 복음을 전할 때 어디로 들어가서 전했는가? 유대 회당으로 가서 전했다. 유대교인들에게 유대교의 방식을 따라 안식일에 회당에서 예수의 복음을 강론했다. 유대 회당에서 바울이 전하는 예수의 도를 경청했다는 것은 유대교에서 기독교가 완전하게 분화되지 않았다는 것을 보여 준다. 점차 시간이 흐르면서 유대교가 인식하게 된 것은 바울이 회당에서 복음을 전하고 간 후 유대교 내부에서 찬반을 놓고 생긴 분열이다. 처음에는 바울의 방문을 거부하지 않던 유대 회당에서 사도 바울 및 예수의 제자들의 방문을 꺼리게 되었다는 것이다. 기원후 49년 이후 유대 회당에서는 바울이 선교 여행에서 전하는 가르침을 불편하게 여기기 시작했다. 그러면서 자연스럽고 구체적으로 기독교와 유대교는 갈라서게 되었고 서로 독자적인 정체성을 강화시켜 나갔다. 이 입장도 충분히 지지할 개연성을 보여 주고 있다.

이 시각에서 중요한 것은 예수가 교회를 세울 의도가 있었는지에 대한 질문에 그럴 의도가 없었다고 보는 것이다. 교회와 예수의 관계의 핵심은 둘 사이의 직접적인 연관성에 있지 않다. 이들에게 교회란 인간 예수를 하나님의 아들 그리스도로 교조화함으로 시작된 공동체라는 것이다.

물론 여기서 소개한 것은 다양한 신학적 입장에서 두 극단의 보수적인 가톨릭 신학과 진보적인 자유주의 신학의 견해이다. 그러면 복음주의 프로테스탄트 관점에서 교회를 어떻게 볼 것인가 하는 문제가 제기된다. 개신교는 예수의 승천으로부터 교회가 시작되었다고 보는 것이 일반적이다. 예수가 처음부터 교회를 세울 의도가 있었는가 하는 질문에서 '그렇다'라고 답할 수 있다. 그러나 교회와 예수의 관계에서의 강조점에 차이가 있다. 개신교 복음주의의 시각에서도 물론 교회가 예수 그리스도의 몸이요, 신자들이 그 지체라는 것을 부인하지 않는다. 하지만 가톨릭에서처럼 극단적인 동일시는 피한다. 오히려 예수 그리스도를 주로 고백하는 신자의 공동체라는 의식이 더 강하게 남아 있는 것이 복음주의의 교회관이라고 할 수 있다.

2. 가톨릭교회 – 그리스도의 몸으로서의 교회

하나씩 좀더 세부적으로 들어가 보자. 전통적인 로마 가톨릭 교회관이 언제 구체적으로 형성되고 사람들이 하나의 교리처럼 받아들였는지는 쉽게 답하기 어렵다. 일단 전통적인 가톨릭 교회관은 예수의 성육신, 즉 "하나님이 우리와 함께"(마 1:23)하는 임마누엘이 이루어진 시점에서부터 교회가 시작되었다고 본다. 예수 탄생의 날이 바로 구원의 시작이고 새로운 세계, 새로운 실존의 시작이자 교회의 시작이라고 본다. 이러한 견해는 가톨릭이 가장 오랜 전통을 가지고 있는 서유럽에서 보편적으로 받아들여지고 있다.

일단 신학적, 교리적인 것을 제쳐두고 생각해 보자. 서유럽 기독교에서 대중적으로 가장 중요하게 받아들여지는 날이 언제인가? 바로 성탄절이다. 구원의 시작을 바로 예수의 탄생으로 보는 것이다. 조금만 신학적으로 따져 보면, 구원의 완성이라는 면에서는 부활절이 더 중요한 날일 수 있다. 또 예수가 십자가에 못 박힌 날, 혹은 성령이 강림한 오순절도 신학적으로 더 중요할 수 있다. 그럼에도 성탄절이 가장 중요하다는 것이 대중에게 아주 오랫동안 인식되어 왔다. 이것이 서유럽 가톨릭의 오래된 신학적 전통의 영향이라고 볼 수 있다.

앞서 교회를 그리스도의 몸이라고 했다. 교회가 그리스도의 몸이라고 할 때 어떤 해석이 가능해질까? 예수가 이 땅에 왔을 때 예수는 교회를 창시한 것과 마찬가지가 된다. 즉 교회와 예수는 분리되지 않는 것이다. 이런 인식이 로마 가톨릭에 남아 있다. 그것은 무엇으로 확인할 수 있는가? 로마 가톨릭 예배 의식에서 가장 중요한 핵심은 바로 성찬이다. 성찬식에서 사제가 물과 포도주를 예수의 피와 살로 만드는 것이다.

여기에서 개신교 신학과 가톨릭 신학이 첨예하게 분리되기 시작한다. 개신교 신학이나 예배도 성찬을 중요한 예배 의식으로 본다. 성찬은 개신교가 도래한 이후 세례와 함께 인정되는 성례이다. 물론 개신교에서도 루터파의 경우처럼 매주 성찬을 행하는 곳도 있다. 그러나 대개는 그렇지 않다.

왜 가톨릭 신학에서는 매번 미사를 드릴 때마다 예수의 몸과 피를 다시 만드는 것을 가장 중요하게 여길까? 그것은 바로 교회의 본질이 예수 그리스도의 몸이라고 신앙을 고백하기 때문이다. 교회의 가장 큰 역할은 바로 그리스도의 살과 피를 다시 만드는 것이다. 가톨릭 성찬에 참여하는 사람들에게 교회란 실제로 성찬대의 빵과 포도주가 예수의 살과 피로 변화되는 기적에 동참하는 공동체라는 의미가 생기는 것이다. 가톨릭의 신학에서는 그리스도의 살과 피가 임재하지 않는 예배는 참된 예배일 수 없는 것이다.

교회는 그리스도의 몸이라는 가톨릭의 교회론이 정해진 것이 언제일까? 정확한 날짜를 꼽기란 용이하지 않다. 가톨릭을 이해할 때 중요하게 생각해야 할 단어는 '전통'이다. 전통이란 대중에게 널리 받아들여진 어떤 신앙의 행위들이 가톨릭교회가 포용하여 공식화되는 것을 말한다. 이에 준해서 살펴보자면 오늘날 대부분의 가톨릭 교리들이 공식화된 것은 13세기 초반이라고 할 수 있다. 그 핵심에는 1215년에 열린 제4차 라테란 공의회가 있다. 1215년은 중세 가톨릭 신학의 거의 모든 핵심이 결정된 해로서, 중세 기독교에서 가장 중요한 해라고 할 수 있다. 그중에서 가장 중요한 것은 바로 화체설(transubstantiation)을 가톨릭교회의 공식적인 성찬 교리로 확정했다는 것이다. 그럼 화체설이 무엇일까? 화체설이란 사제가 성찬식에서 성체를 들고 축성하는 순간 빵과 포도주가 실제로 예수의 살과 피로 변한다는 교리이다. 그렇게 되면 남아 있는 것은 눈에 보이기에는 여전히 빵과 포도주이지만 그 실체를 상실한다. 사제가 축성하는 순간 기적이 일어나는 것이다. 매주 미사를 드릴 때 이 땅에 살아 있는 예수의 살과 피를 우리 눈으로 만나게 된다.[2]

그리스도의 몸 된 교회의 핵심은 바로 성찬을 통해 그리스도가 몸으로 임재하는 것을 보는 것이다. 이것이 가톨릭이 제도 교회를 바라보는 관점이다. 그럴듯해 보이지만 이 견해가 지니는 문제점이 있다. 1215년 제4차 라테란 공의회가 열린 시점은 서유럽 기독교 역사에서 기독교의 극성기의 시기이다. 이 의미는 그만큼 가톨릭교회가 다양한 방식으로 교리를 체계화하여 민중의 삶을 지배할 수 있게 되었다는 것이다. 만약 성찬대의 빵과 포도주가 사제의 축성으로 기적이 일어나 예수의 살과 피로 된다면 사제의 권위는 무한히 높아지는 것이다.

화체설은 예수의 임재를 상징이나 관념이 아닌 실재로 보기 때문이다. 서품을 받지 않은 사람은 아무리 외쳐도 성찬대에서 변화가 일어나지 않지만, 서품을 받은 사제는 누구나 다 이런 기적을 만들어 내는 사람이 되는 것이다. 그런데 그 기적은 여느 기적이 아니다. 바로 그리스도를 만들어 내는, 신을 창조하는 기적이다. 그 결과 사제와 일반 속인 사이의 간극은 메울 수 없이 커진다. 화체설이 공식화된 이면에는 사제가 무소불위의 권세를 지니는 시기에 접어들었다는 것이다. 중세 유럽의 사료에는 포도주 생산 농민들이 술 취한 사제를 가장 두려워했다는 기록이 있다. 이 사제들이 포도주 저장고에 들어와 축성을 해버리면 모든 포도주가 예수의 피로 변하기 때문에 할 수 없이 그것을 땅에 묻어야 했기 때문이다.[3]

화체설은 여러 교리 중의 하나를 넘어 그 시대 사람들의 삶과 신앙에 매우 실질적인 변화를 낳았다. 또 가톨릭의 구원론에도 영향을 준다. 교회가 그리스도의 몸이라고 하면 다음과 같은 결론이 나온다. 구원은 그리스도가 베푸는 것이다. 교회는 그리스도의 몸이다. 구원도 바로 그리스도의 몸인 교회가 베푸는 것이다. 논리적 귀결로 그리스도의 몸인 교회가 구원을 베풀 수 있는 신적인 기관이 된다. 구원이라는 것은 예수를 매개로 얻는 개인적인 것이지만, 점차로 교회라는 매개를 통해 얻는 것이 된다. 이것이 가톨릭 신앙에서 교회 밖에는 구원이 없다는 신학으로 연결되는 것이다.

마르틴 루터가 깨트린 것이 바로 이 논리이다. 루터는 구원이 교회가 베푸는 것이 아니라 그리스도가 베푸는 것으로 본다. 가톨릭 주류에서 볼 때에는 루터가 주장하는 것은 교회 밖에도 구원이 있다는 주장인 셈이다. 루터는 교회가 구원을 주는 것이 아니라 개인적으로 예수 그리스도를 영접할 때 구원을 얻는다고 주장한다. 이 주장은 가톨릭의 교회론에도 수정을 제기한다. 교회의 가장 중요한 역할은 매번 미사 때마다 예수 그리스도의 몸을 만들어 내는 것이 아니라는 것이다.

가톨릭교회처럼 교회를 정의해 버릴 때 교회와 예수 그리스도는 동일한 권위를 지니게 된다. 구원에 대한 책임이 그리스도에게 있듯이 교회도 사람들의 구원을 이끌 책임을 느끼게 되는 것이다. 이 논리로 발전한 것이 12세기에 접어들면서 틀을 갖춘 가톨릭의 칠성사이다. 가톨릭은 태어나면서부터 죽을 때까지 일곱 차례의 성스러운 의식에 참예함으로써 안전한 구원의 여정을 갈 수 있다고 말한다. 그리스도가 구원의 결정권을 가지고 있지 않고 교회가 그 권세를 지닌다는 이 대담한 주장이 어떻게 가능해졌을까? 바로 교회가 그리스도의 몸이라는 주장 때문이다. 이 주장으로 인해 생기는 큰 문제는 교회와 그리스도의 관계는 남아 있지만, 신자 개인과 예수 그리스도의 개인적이고 인격적인 관계는 사라진다는 것이다.

예수와 교회가 성육신으로 연결되기 위해서는 예수가 본래 이 땅에 올 때부터 교회를 세우기로 염두에 두었다는 것이 전제되어야 한다. 가톨릭에서는 이 전제하에서 예수의 지상 사역이 이루어졌다고 말한다. 이 땅에 올 때부터 교회를 세우기로 염두에 두었고, 교회를 위해 열두 제자를 불렀고, 그중에 교회의 반석으로 사도 베드로를 택한 것이 된다. 마태복음에 나타난 예수의 마지막 지상명령에서도 제자들에게 하늘과 땅의 모든 권세(마 28:18)를 주었다고 한다. 가톨릭은 사도 계승을 뒷받침하는 결정체로서 예수가 베드로에게 한, "네가 땅에서 무엇이든지 매면 하늘에서도 매일 것이요 네가 땅에서 무엇이든지 풀면 하늘에서도 풀리리라"(마 16:19)는 약속을 든다.

이 표현이 의미하는 바는 무엇일까? 맨 처음 예수가 교회를 세울 때 직접 교회를 주관하고 다스렸다. 이제 예수는 십자가에서 죽음을 맞게 된다. 부활이 약속되어 있지만 예수는 부활 이후 승천한다. 이제 지상에 남겨진 교회는 누군가 예수의 역할을 대리해야 한다. 이제 그 교회에 남겨진 권한을 베드로와 그 후계자인 사제들에게 동일하게 전승되었다는 것이다.

그러므로 예수가 이 땅에서 베푼 기적의 역사를 이룰 수 있는 능력과 이 땅에서 매고 풀면 하늘에서도 매고 풀리는 초월적인 능력을 바로 예수가 직접적 선택한 사도들, 그중에서도 베드로를 통해서 이 땅에서 이어 간다는 것이다. 이 때문에 가톨릭에서는 교황을 그리스도의 대리자(vicar of Christ)라고 한다. 처음부터 교황을 그리스도의 대리자라고 부른 것은 아니다. 처음에는 교황은 베드로의 대리자(vicar of Peter)라고 했다. 그러나 로마 가톨릭은 점차로 교황을 베드로의 대리자가 아니라 이 땅에서 그리스도의 대리자 역할을 하는 것으로 바꾸었다. 그뿐 아니라, 모든 사제가 바로 예수의 대리자로 동일한 권세를 지녀 예수와 동일한 사역을 감당하게 된다. 이 논리가 바로 사제가 성체를 축성하면 그리스도의 살과 피를 만들게 되고, 또 그것이 실제로 예수라는 교리로 발전하게 된 것이다.

이런 가톨릭의 교회론을 받아들일 때 교회와 사제의 권세는 무궁무진해진다.[4] 물론 이는 보수적인 가톨릭의 교회론을 이론적으로 설명한 것이다. 이러한 교리는 점차 가톨릭 사제에게 무소불위의 권한을 주게 되고 부패를 낳는다. 당연한 귀결로 이렇게 극대화된 사제의 권한은 대중의 마음속에 사제의 수준과 역할에 대해 의심의 싹이 틔게 하고 종교개혁을 낳는 기폭제가 된다. 종교개혁 초기에 성찬 교리 논쟁이 가장 치열했던 이유가 바로 성찬론이 교회와 사제에 대한 가톨릭의 이해와 맞닿아 있기 때문이다.[5]

3. 자유주의 – 인간 예수와 교조화된 그리스도

가톨릭과 반대되는 극단에 위치한 것이 19세기 이래 등장한 자유주의 신학의 교회론이다. 이들의 기본적인 입장은 예수는 이 땅에 와서 처음부터 교회를 세울 의도가 없었다는 것이다. 더불어 오늘 우리는 그 당시 예수가 무엇을 하려고 했는지 명확하게 알 수 없다고 본다. 예수가 이 땅에서 한 사역의 핵심은 하나님의 부름을 받은 선지자로서 하나님이 제시한 율법, 계명의 뜻을 재해석하는 데 있다는 것이다. 이러한 관점은 예수를 유대의 선지자의 범주 내에 두는 것으로 볼 수 있다. 성서에서도 이러한 입장을 나타내는 견해를 찾아볼 수 있다.

실제 예수의 생애 동안 그의 주 활동 무대는 구약의 세계를 벗어나지 않는다. 예수의 우선적인 관심이 유대인들이었음을 나타내는 사건들이 성서 여기저기에 나타나 있다. 대표적으로 예수와 수로보니게 여인의 대화를 보자. 예수가 수로보니게 지방으로 갔을 때 한 여인이 자신의 귀신 들린 딸을 고쳐 달라고 예수에게 나온다. 그때 예수는 그들을 '상 아래 개들'이라고 표현하며 모멸감을 준다. 그러자 지혜로운 여인은 "상 아래 개들도 아이들이 먹던 부스러기를 먹나이다"(막 7:28)라고 예수의 은혜를 구한다. 예수의 한 일을 볼 때 예수는 결국 구약 즉 유대교의 컨텍스트를 벗어나지 않았다는 것이다. 이 관점에서 예수를 조명할 때만 참된 예수를 이해할 수 있다는 것이 자유주의 신학의 기본적인 입장이다. 이들이 이해한 예수는 하나님의 율법을 재해석하되 훨씬 더 높은 수준의 도덕성과 영성을 요구한 도덕선생으로서의 예수이다.

바리새인과 사두개인 등 당시의 종교지도자들로 대표되는 화석화된 문자적 율법주의에 빠진 사람들을 향해 율법의 참된 의미를 재해석하여 종교적인 각성을 일으키려는 유대교 내의 개혁이라고 보는 것이다. 산상수훈도 이런 관점에서 볼 수 있다. 또 예수의 가르침 중 "음욕을 품고 여자를 보는 자마다 마음에 이미 간음하였느니라"(마 5:28)고 한 것은 구약에서 문자 그대로 간음한 것만을 처벌하라고 한 것보다 훨씬 더 높은 차원의 도덕을 요구한다. 예수는 십계명에서 간음하지 말라고 할 때 그 속에 두었던 본래의 의도에 주목하였다. 그리고 그것을 더 높은 차원에서 해석하고 선언하였다. 여자를 보고 음욕을 품은 자마다 이미 간음했다는 것은 육체적으로 간음하지 않은 것으로 자기 의를 삼고 외적인 모양만을 지키고자 했던 이 땅의 사람들을 향한 도전이다. 예수는 율법을 재해석해서 다시 그 사람들에게 그 율법의 본래 의미가 무엇인지를 풀어 주려는 도덕적인 선생이라고 할 수 있다.

그런데 이 관점은 예수가 이 땅에서 행했던 일과 그 결국인 십자가의 죽음을 어떻게 볼 것이냐 하는 문제에 직면한다. 자유주의 신학에서는 예수가 죄가 없는데도 불구하고 당시 종교 및 세속 권력자들에 의하여 죽임을 당한 것으로 인식한다. 오늘날 예수를 믿는 것이 하나의 종교가 된 것은 3년 반 동안 모든 것을 버리고 예수를 좇았던 제자들이 예수에 대해서 사후에 가공했기 때문이라는 것이다. 예수가 부활했다고 하는 신화화 작업을 통해 기독교라는 종교가 새롭게 탄생했다는 것이다.

이 입장을 요약해 보면, 역사적으로 갈릴리에서 살았던 예수와 신앙의 대상인 그리스도와는 전혀 별개의 인물인데, 사도 바울이라는 탁월한 유대 율법자가 나타나서 체계적으로 교리화했으며, 이런 신화가 대중에게 폭발력 있게 받아들여졌다. 이것이 예수와 교회를 바라보는 또 다른 극단의 견해로 볼 수 있다. 이에 따르면 사도 바울이야말로 예수의 의도를 왜곡하고, 예수의 본질을 가려 버린 사람이다. 예수의 가르침을 종교로 만들어 버린 상징적인 인물이 될 수 있다.

이러한 주장이 언제부터 다수의 사람들에게 받아들여져 기독교의 뿌리를 뒤흔드는 위협으로 다가왔을까? 예수의 신성에 관한 논의는 사실상 초대 기독교 때부터 나왔다. 그러나 예수의 신성에 대한 본격적인 도전은 근대 이후의 산물이다. 영국의 기독교 사상가 C. S. 루이스는 계몽주의의 도전으로 18세기 유럽 세계의 대분열이 생겼다고 평가한다. 그 이전까지 교회를 흔든 굵직굵직한 사건들이 숱하게 있었지만, 이는 예수의 신성을 부정할 뿐 아니라 기독교 존재의 뿌리를 흔들었다는 점에서 이전과는 비교할 수 없는 충격이었다.[6]

자유주의 신학의 관점에서는 교회가 예수를 주로 고백하고 하나님의 아들로 고백하는 것은 오류에 지나지 않는 것이다. 예수의 제자들이 가공한 신화로 2천 년이 흘러온 것인가? 이것만으로도 충분히 혼란스러운데 자유주의 신학은 거기에 머물지 않는다. 19세기까지만 해도 자유주의 신학은 최소한 예수를 도덕선생, 율법학자 혹은 선지자로 긍정적으로 그렸다. 20세기 초반에 이런 자유주의 신학 체계를 바닥에서부터 흔들어 놓은 학자가 나타난다. 알베르트 슈바이처이다. 그는 신학, 의학, 음악 등에 두루 조예가 깊은 학자였다. 스스로도 자신이 천재라는 사실을 인식한 듯 보인다. 자서전에 보면 자신의 천재적인 재능을 어쩔 줄 몰라 하는 자부심이 곳곳에서 묻어난다.

슈바이처는 적어도 두 가지 면에서 인류에 큰 자취를 남겼다. 첫째는, 그가 인정 받는 학자요 유명한 오르간 연주자로서의 안정된 삶을 다 버리고 1913년부터 아프리카 선교사로 헌신한 것을 역사는 기억한다. 오늘날의 가봉 지역에 의료 선교사로 가서 그곳에서 평생을 사역한다. 그 공로로 나중에 노벨 평화상을 받지만 시상식에 참여하지 않고 그냥 아프리카에 머문다. 그는 삶으로 예수의 생애를 실천하고자 누구보다 치열하게 살았던 사람 중의 하나이다. 둘째로, 역사적 예수에 대한 연구를 통해 사상사에 큰 자취를 남긴다. 그는 예수는 도덕선생이라는 자유주의 주류의 견해에 대해 하나의 수정주의 견해를 내세웠다. 예수가 훌륭한 도덕선생이라는 이미지는 19세기와 20세기 초반 독일 중산층 개신교 지식인들이 가졌던 관념이라는 것이다.[7] 슈바이처의 탐구는 현대화된 예수가 아닌 1세기 당시의 실제 예수를 찾아가려는 시도였다. 그는 독일 지식인들이 이해했던 도덕적 권위자로서의 예수라는 개념을 깡그리 무너뜨린다.

실제로 역사적 예수가 살았던 당시의 예수를 본다면 사람들은 그를 도덕선생이라고 보기보다는 유대 사회에 대해서 전에 없는 획기적이고 과격하기까지 한 메시지를 던지고 종말을 외치고 다니는 기인으로 볼 것이라는 견해를 내세운다. 그러므로 그 예수가 오늘 한국 어느 교회에 나타난다면 우리 중 아무도 그 예수를 실제로 인식하고 맞아들이지 못하리라는 것이다. 그는 실제로 역사적 예수는 우리가 성서에서 읽는 것보다 훨씬 더 독특한 인물일 것이라고 보았다. 그는 예수를 역사적 실체로부터 분리하여 영원한 신적인 존재로만 인식하는 것은 잘못임을 주장한다.

성서가 기록으로 남긴 예수와 역사적 예수와도 간극이 크다면, 슈바이처는 성서에 기록된 예수의 생애를 어떻게 읽었는가? 그는 제자들과 후대 사람들이 예수의 가르침을 이해할 수 있고 도덕적으로 받아들일 수 있게끔 순화하였다고 본다. 슈바이처 역시 인간 예수와 종교로서의 기독교는 실질적 연관이 없다는 입장이다. 나사렛 예수는 자기가 살아 있는 동안에는 독자적인 교회를 세울 의도를 전혀 가지지 않았는데,[8] 후에 제자들이 예수를 신화화해서 수용할 수 있는 도덕적 이미지 혹은 종교적인 이미지로 만들었다는 것이다. 그는 인간 나사렛 예수와 신화화된 그리스도로서의 예수는 다르다고 보았다. 이 예수는 교회를 만들 의도가 없었다. 오히려 슈바이처는 예수를 생전에 종말이 오리라는 기대 가운데 살았던 유대 묵시 전통 속의 종말론자로 평가했다.[9] 따라서 교회가 곧 그리스도의 몸이라는 가톨릭의 등식은 여기에서는 성립할 수 없다. 예수는 유대교를 벗어날 의지가 전혀 없었다. 교회는 예수의 의도와 상관없이 우발적으로 생겨났다. 이 견해를 따르자면 기독교회의 출발은 유대교와 그 정체성이 완전히 분리된 1세기 말에서 2세기 초 정도로 보게 된다.

4. 복음주의 – 예수 승천 후 이루어진 교회

이 두 견해 속에서 예수와 교회의 관계를 어떻게 찾아가야 할 것인지, 즉 교회론에 대한 질문 앞에 서게 된다. 나사렛 예수와 우리가 경배하는 그리스도의 관계는 무엇일까? 물론 일반 그리스도인들에게 이 두 존재가 다르다고 한다면, 근본부터 흔들리는 중대한 문제에 직면한다. 이른바 복음주의 해석에서는 역사적 예수가 이 땅의 구원자 그리스도라는 것을 받아들인다.

여기에서 한 가지 조심할 점이 생긴다. 역사적 예수 탐구에서 슈바이처가 밝혔듯이, 만약 예수가 활동하던 시대에 가서 예수를 만난다면 어떻게 될까? 예수가 야이로의 죽은 딸을 살리고, 38년 된 병자를 일으켜 세우고, 오병이어로 5천 명을 먹이는 기적을 행하는 것을 보았다면? 그렇다면 이 기적에 동참한 사람들의 신앙이 더 깊어지고 좋아질까? 선뜻 '그렇다'고 답을 내리기 쉽지 않다. 당시에 육체를 입은 예수를 만난 사람들이 모두 개인적으로 예수를 구주, 메시야로 받아들였는가? 그렇지 않다. 오히려 당시 육체를 입은 예수를 만났기 때문에 예수를 구원자로 영접하지 못한 사람이 더 많다. 예수는 고향에서는 환영을 받지 못했고, 예수의 모친과 형제들조차 그가 귀신들렸다는 소문을 듣고 집으로 데려가려 했다. 육체를 입은 예수를 본 사람들이 오히려 예수를 하나님의 아들로 받아들이지 못한 경우가 더 많았다. 예수와 같은 시대에 살았다면 우리 자신도 예수를 인식하지 못할 가능성이 높은 셈이다. 이 때문에 예수는 "내가 떠나가는 것이 너희에게 유익이라"(요 16:7)고 하지 않았을까? 예수는 자신이 떠나고 나서 보혜사가 오면 모든 것을 알려 줄 것이라고 약속한다.

복음주의의 견해에서는 예수가 이 땅에 와서 한 일이 자유주의 신학자들의 견해처럼 자신의 의지에 반해 억울하게 죽임을 당한 것은 아니다. 예수가 이 땅에 온 사명 자체에 이미 십자가의 죽음과 부활이 포함되어 있었다. 여기까지는 기본적으로 복음주의 진영에서는 인식을 같이한다.

이제 그러면 유대교와 예수의 관계를 어떻게 설정할지가 남는다. 실제로 초대교회 당시에 예수를 따르던 무리는 사두개파 혹은 바리새파처럼 유대교 내의 한 분파 혹은 이단으로 알려졌었다. 이 지점에서 복음주의에서는 복음서에 나타난 예수의 십자가 죽음을 유대교와 예수 사이의 단절의 상징으로 제시한다. 예수가 십자가에서 죽을 때 성전의 휘장이 두 개로 찢어졌다. 유대교와 예수와의 관계, 유대교와 기독교와의 관계에서 가장 중요한 핵심이 여기에 나타난다. 유대인들 역시 인간에게 가장 핵심적인 근본적인 문제를 죄 문제로 본다. 죄의 해결을 위해 유대교에서는 희생제물을 드린다. 이것이 바로 예수가 이 땅에 와서 한 사역의 핵심이다. 예수가 스스로 희생제물이 되어 구약에서 제시한 율법의 요구를 완성한 것이다. 그리고 사도 바울이 표현한 대로 이 희생은 단 한 번의 사건으로 영원히 구약의 모든 요구를 완성한 것이다.

이제 예수의 십자가 죽음으로 인해 더 이상 사람들은 구약의 제사장처

럼 정결예법에 따라 잡은 양을 가지고 지성소에 해마다 들고 들어가 제
사 지낼 필요가 없게 되었다는 것이다. 그 결과는 무엇일까? 이 예수의
십자가 희생으로 인해 유대교와 기독교의 신학적 관계는 청산되었다. 예
수가 그 유대교의 율법의 요구, 죄 문제를 해결하는 요구를 완성했다. 이
제는 유대교가 요구하는 율법의 제사라는 적실성이 상실되었다. 예수로
완전한 대체가 이루어진 것이다. 이것이 바로 예수가 이 땅에 온 이유이
자, 궁극적으로 이 땅의 사역을 통해 성취한 것이다.

교회와 연결해서 볼 때 예수의 십자가가 전부는 아니다. 이제 부활 승
천한 그리스도를 교회는 어떻게 볼 것인지를 생각해야 한다. 예수의 지
상 사역은 자신의 몸을 희생함으로 구원을 완성한 것이다. 그렇다면 승
천한 예수의 역할은 무엇일까? 예수는 이제 승천하여 하나님 보좌 우편
에 앉았다. 이제 지상에서 천상으로 사역의 공간이 바뀐 것이다. 예수
는 자신이 승천한 후 그 대신 이 땅에 교회를 남겼다. 그때부터 교회가
이 땅에 실재하였다. 즉 예수가 이 땅에서 했던 지상 사역과 예수가 지
금도 하나님 보좌 우편에 앉아서 하는 천상의 사역을 연결시켜 주는 연
결점으로 교회가 탄생한 것이다. 교회는 바로 이 예수를 그리스도로 고
백한 사람들의 모임이다.

이 부분에서 가톨릭의 교회관과 차이가 생긴다. 가톨릭의 관점을 따
라가 보자. 예수의 승천 이후 제자들은 어떻게 되었는가? 그들은 이 땅
에 홀로 남겨졌다. 그리스도의 몸인 교회가 존립할 수 없게 된 것이다.
그들은 미사 때마다 하늘에 있는 예수를 육신으로 이 땅에 끌어내린다.
교회가 예수 그리스도의 몸이기 때문에 천상에 있는 예수를 미사 때마
다 성체성사를 통해 성찬 위에 놓인 살과 피로 이 땅에 임재하게 한다.
그리스도의 몸 된 교회가 이 땅에서 구원을 이끌어 가는 방주가 된다. 그
러나 예수는 한 번 하늘에 올라갔다가 다시 내려와서 살과 피로 임하겠

다고 약속하지 않았다. 그 대신 예수는 성령을 보내주겠다고 약속했다. 이와 같이 이 땅의 교회와 승천한 예수와의 관계를 이해한다면, 교회는 예수 그리스도를 주로 고백하고 성령이 함께함을 믿는 신자들의 공동체라는 결론에 도달하게 된다. 이러한 것이 일반적인 개신교 복음주의 교회관이라고 할 수 있다.

이 주장이 지지를 얻기 위해서는 성서적 근거가 필요하다. 제자들은 예수의 공생애 3년 반 동안 최고의 스승 밑에서 최고의 신학 교육을 받았다고 할 수 있다. 직접 예수로부터 교육 받은 제자들은 예수의 사역의 핵심과 목표, 궁극적인 의도를 잘 알았어야 마땅하다. 또 그랬을 것 같다. 하지만 실제로는 어떠한가? 실제로는 제자들도 잘 몰랐다. 심지어 예수의 부활을 경험한 이후에도 도마는 창에 찔린 옆구리와 손을 보여 달라고 했다. 그 이전 예수의 십자가 사건이 있기 전에도 "아버지를 우리에게 보여 주옵소서 그리하면 족하겠나이다"(요 14:8)라고 하지 않았는가? 3년 반 동안 최고의 교육을 받고서도 예수의 제자들은 십자가와 부활의 의미를 제대로 깨닫지 못하였다. 만약에 예수가 이 땅에 와서 사역 초기부터 즉 성육신부터 교회를 시작했다면 제자들은 그에 대해 충분히 이해를 하고 있어야 마땅하다. 또 제자들은 예수가 십자가에 죽기 전에 그 사역을 이어받을 준비를 하고 있어야 했다. 그것이 정답이다. 하지만 제자들은 전혀 그렇지 않았다.

예수는 지상 사역의 목표를 십자가와 부활을 통해 완성했지만 제자들은 그 의미를 완벽하게 소화하지 못했다. 또 어떻게 살 것인지 작정도 하지 못했다. 예수 죽음 이후 그들은 "물고기 잡으러 가노라"(요 21:3) 하고 갈릴리로 떠났다. 그런데 이들의 삶이 언제부터 바뀌게 되는가? 바로 예수의 부활 이후 승천하기 전까지 40일 동안의 가르침을 받은 때이다. 이 기간을 통해 예수는 제자들에게 왜 십자가에 죽고 부활했는지, 그것이 제자들과 인간들에게 어떤 의미가 있는지를 하나하나 깨닫게 설명한다. 예수의 부활·승천 전후로 바뀐 제자들의 모습에 대해 성서는 기록하고 있다. 마가복음과 누가복음은 모두 예수의 승천으로 끝이 난다. 그리고 사도행전 1장 역시 예수의 승천과 시기적으로 연결되어 있다.

하지만 예수의 부활·승천 이전과 이후의 제자들의 모습은 완전히 달라졌다. 사도행전에 그려진 제자들의 모습에서 좌충우돌하는 복음서의 제자들의 모습을 연상하기란 쉽지 않다. 오순절 성령 강림 때, 스데반 집사의 설교 때, 그리고 베드로의 설교 때에 설교의 핵심이 무엇일까? 바로 예수의 십자가 죽음과 부활이다. 제자들은 이제 비로소 예수가 이 땅에서 하고자 했던 그 사역의 의미를 깨닫게 된 것이다. 제자들은 예수의 십자가 사건 때 이를 깨닫지 못하여 다 도망갔었다. 하지만 이것을 깨닫게 되었을 때 그들의 삶은 완전히 바뀐다. 여기에서 예수의 부활 승천으로 인해 초대교회가 등장했다. 예수의 십자가와 부활, 하나님과 인간의 관계를 이어 주는 초대교회 공동체가 최초로 세워졌다. 이것이 복음주의에서 바라보는 교회의 시작이다.

다시 언급하지만, 천 년을 두 번 지내 온 교회의 긴 역사의 시작을 탐구함에 있어 거칠기 그지 없는 범주화를 한 이유는 우리는 모두 불가피하게 자신이 서 있는 지리적·문화적·사상적·신학적 경계 속에서 교회의 역사를 바라볼 수밖에 없기 때문이다. 우리의 시각은 결코 완전한 객관을 담보할 수도 지향할 수도 없다. 다만 우리가 믿는 토대가 무엇인지를 명확하게 인식할 때 그 한계도 인식할 수 있고, 나와 다른 시각에 대해 더 열린 자세도 가질 수 있게 된다.

2

기독교가 급속하게 확산된 이유

—

초대교회의 형성 배경

1. 구약의 세계에서 초대교회의 세계로

앞 장에서 교회의 출발에 대한 몇 가지 견해를 살펴보았다. 그 정확한 출발을 어디로 잡든 교회가 시작된 시점인 신약 시대는 인류 전체의 역사에 비추어 볼 때 한 세기가 채 되지 않는다. 그렇지만 신약 시대의 역사는 기독교회의 역사와 상당 부분 중첩되기 때문에 신약의 역사와 교회사는 함께 이해해야 한다.

신약 시대는 구약 시대를 이어받아 형성되었다. 하지만 구약의 마지막 선지자 말라기의 활동 시기와 신약성서 마태복음에 나온 선지자 세례 요한의 출현까지는 약 400년 정도의 공백이 있다. 이 시기를 신·구약 중간사 시대라고 부른다. 이 시기는 역사적으로 대단히 중요한 위치를 차지하고 있다. 신약의 역사, 더 나아가 교회의 역사를 서술할 때 예수의 탄생에서부터 시작하는 것은 충분하지 않다. 구약 시대와 신·구약 중간사 시대, 그리고 예수 탄생 시점의 역사적·사회적 배경을 정확하게 이해하는 것이 초대 기독교회의 역사를 공부하는 올바른 출발점이다.

구약은 말라기서로 끝이 난다. 이 시기부터 예수의 탄생까지는 중간사 시대가 된다. 그러나 구약 시대 말기를 다른 식으로 구별하기도 한다. 좀 더 폭넓게 바벨론 포로기를 기점으로 그 이후를 구약 시대 말기로 본다. 구약의 역사서 이후에 나오는 책인 학개, 느헤미야, 에스라를 비롯한 대부분의 묵시서나 문학서들은 유다의 바벨론 포로기 이후부터 형성되었다. 전반적으로 구약 시대 말을 바벨론 포로기와 귀환기부터 예수의 탄생까지로 볼 수 있게 된다. 이 시기는 유대의 역사뿐 아니라 보편적인 세계사 속에서 볼 때에도 중요한 시기이다. 무엇보다 이 구약 말기 시대인 중간사 시대는 인도의 석가모니(기원전 624년경)부터 고대 그리스의 소크라테스(기원전 470년경), 플라톤(기원전 429년경), 아리스토텔레스(기원전 384년)와 중국의 공자(기원전 551년), 맹자(기원전 372년경) 등에 이르는 세계사의 성현들이 탄생한 시기이기도 한다. 한마디로 세계의 지성사와 사상사의 대전환을 경험한 시기라고 할 수 있다.

이 중간사 시대가 예수의 초림에 어떤 역할을 했는지 역사적으로 이해한다면 신약 시대 당시의 정황이 좀더 쉽게 이해될 수 있다. 유대 역사에서 중간사 시대는 한마디로 고난당하는 시대였다. 이 시기는 엄밀하게는 이스라엘이 존재하지 않던 시기다. 바벨론 포로로 잡혀갔던 민족은 남유다에 속한 유다 지파와 베냐민 지파였다. 북이스라엘은 이미 기원전 722년에 아시리아의 침공으로 인해 멸망을 당했다. 예수 당시 북이스라엘 지역에 위치한 사마리아 땅과 그곳 거주인들이 멸시를 받을 정도로 종교적·인종적으로 혼합되어 북이스라엘은 구약의 역사에서 사라진 곳이 되었다.

그뿐 아니라 중간사 시기는 구약과 신약 시대 사이의 단절이 강화되고 새로운 흐름이 출현한 시기로 남아 있다. 단적인 예로 신약성서는 구약의 용어의 단절과, 새로운 용어나 집단 등의 출현이 두드러진다. 이 중간사 시대의 시작점을 바벨론 포로기부터로 잡는다면, 다른 한 쪽 끝은 좀더 유동적이다. 중간사의 종착점은 예수 그리스도의 탄생임은 분명하다. 그러나 유대 역사의 관점에서 본다면 일련의 연속성을 지닌 중간사 시대는 기원후 70년 예루살렘의 멸망으로 잡는 것이 더 타당할 수 있다. 이 관점에서 중간사 시대를 한마디로 표현하면 열방들 속에서 지배를 받는 피지배의 시기이고, 결국은 유대 역사가 끝을 맞이하는 시기이다. 유대인들에게 바벨론 포로기부터 예루살렘 멸망까지는 기억하고 싶지 않은 슬픈 역사의 시기이다. 이 기간 동안 유대는 수많은 서로 다른 왕조의 지배하에 들어간다. 페르시아의 통치를 받고, 그 후 알렉산드로스의 세력의 지배하에 놓인다. 알렉산드로스 사후에는 그의 후계자인 프톨레마이오스의 지배를 받고 후에 또 다른 지배자인 셀레우코스가 유대를 통치하게 된다. 이 시기에 마카비 왕조의 유대 민족운동이 일어난다. 그 후 기원전 63년에는 당시 지중해 패권을 장악하던 로마의 지배하에 들어가 100여 년 후 멸망할 때까지 그 체제에 예속된다.

신약 시대는 시기적으로는 예수의 출생으로 시작되었으며, 예수의 십자가와 부활, 승천, 성령 강림을 기점으로 교회가 시작되었다. 그렇다면 지리적인 면에서 신약 시대는 어디서부터 출발하며 어느 지역까지 포괄할까? 먼저는 예수의 활동 지역이었던 예루살렘을 신약 시대의 주요 거점이라고 볼 수 있다. 그곳으로부터 기독교가 탄생하여 확장되기 시작한다. 좀더 세밀하게 보면 예루살렘으로부터 동쪽으로는 오늘날 이라크 지역인 아시리아, 페르시아, 바빌로니아가 위치하고, 예루살렘 남서쪽에 이집트가 있다. 한마디로 신약 시대 예수가 활동하던 세계는 구약의 세계이다. 성서가 맨 처음 기록된 시대부터 예수의 생애까지는 구약의 세계가 핵심 근거지였다. 특히 유대를 지배했던 열강이 있던 시리아 지역은 메소포타미아 문명이 있는 곳이다. 또한 구약 시대의 핵심 지역인 우르 지역과 페르시아만 지역은 '비옥한 초승달 지역'이라고 불린다.

특이한 것은 예수 탄생까지 핵심 지역이었던 위 지역들과 신약 시대 초대교회의 번성 지역은 일치하지 않는다는 점이다. 거점인 예루살렘을 제외하고는 대체적으로 이 지역은 신약 역사의 중심부에서 벗어나게 되었다. 특히 구약에서 많이 언급되던 이집트는 신약 시대에 핵심적으로 등장한 예가 거의 없다. 복음서에서 예수가 헤롯왕의 핍박을 피해 이집트로 피신하였다는 기록이 신약 시대에 지리적 위치로 등장하는 유일한 기록이다. 그 외 신약 성서에 언급되는 이집트는 모두 출애굽 사건과 같은 구약을 인용할 때에만 등장한다. 신약 시대와 초대 기독교회 시대에 이집트는 거의 잊힌 지역이었다.

여기서 제기될 수 있는 의문은 이 비옥한 초승달 지역에서 교회 역사의 토대가 마련되었음에도, 왜 교회는 그 지역이 아닌 다른 지역으로 전파, 확산되었을까 하는 점이다. 아주 단순하게 표현하면 사도 바울이 어디로 선교를 갔는가 하는 문제와 직결된다. 교회의 전파 및 확산이 그의 선교와 연결되었기 때문이다. 사도 바울은 예루살렘을 기준으로 동쪽 아시아 지역으로 향하지 않고 유럽을 향하여 서진했다. 바울이 왜 그렇게 했는지에 대해서 사도행전은 부분적인 해답을 제시한 바 있다. "마게도냐로 건너와서 우리를 도우라"(행 16:9). 바울은 꿈에 환상을 보고 자신의 진로를 유럽으로 바꾸었다. 이 부분에서 고민이 필요하다. 단순하게 신약이 구약의 예언의 성취라고 한다면 교회가 번성하고 자라나는 것도 바로 그 지역에서 이루어지는 게 지극히 당연할 수도 있지 않겠는가? 그러나 초대교회 형성은 그 지역보다는 주로 서쪽에서 이루어졌다. 즉 초대교회는 비옥한 초승달 지역에서 형성되지 않고 지중해 지역으로 그 중심이 급속도로 이동하여 형성되었다는 것이다. 구약의 출발 이래로 예수 시대까지 배경이 되었던 문화권에서 벗어난 전혀 다른 지역에서 초대교회가 자리 잡고 퍼져 나갔다는 것, 이것은 곰곰이 생각해 볼 필요가 있다.

또 하나 눈여겨볼 것은, 어떻게 초대교회가 그렇게 급속하게 성장할 수 있었을까 하는 점이다. 물론 성서의 기록대로 '성령의 역사'라고 답한다면 이의를 제기하기 어려울 것이다. 하지만 그것은 역사적 궁금증을 해소해 주지 못할뿐더러 충분한 해답이라고 할 수 없다. 초대 기독교회 역사를 공부하기 위해서는 먼저 그 성장을 촉발시켰던 배경을 이해하고 추적해야 한다.

2. 중간사 시대 – 동서양의 만남

구약의 역사나 중간사 시대의 역사는 초대교회의 밑그림을 간직하고 있는 하나의 퍼즐처럼 엮여 있다고 이해할 수 있다. 중간사 시대에 어떤 일이 있었는지 간단하게 개념을 정리하면 초대교회사 이해에 큰 도움이 된다. 유다 백성들이 바벨론 포로로 간 이후부터 돌아온 후 계속 이방의 지배하에 놓였다는 것은 이미 언급한 바 있다. 여기에서 특기할 만한 것이 있다. 바벨론 포로기 이전에 아시리아, 바벨론, 페르시아 이 모든 지역은 오리엔트 문명 지역이다. 비옥한 초승달 지역에서 출발한 문명권으로 메소포타미아 문명권, 오리엔트 문명권의 지배를 받은 것이다.

그 후 알렉산드로스 대왕의 원정으로 페르시아가 멸망한다. 알렉산드로스 대왕은 어디 출신인가? 그는 그리스 상부에 위치한 마케도니아 출신이다. 알렉산드로스가 전파시킨 문명은 성서에서 헬라 문화라고 표현한 그리스 문명이다. 알렉산드로스 대왕이 이룩한 거대한 제국은 마케도니아로부터 동쪽으로 이동해서 인도까지 내려간다. 여기에서 흥미로운 사실 하나는 알렉산드로스 대왕이 유럽에 근거지를 두고 있었지만 오늘날의 서유럽 쪽으로 가지 않고 동진했다는 점이다. 그러다 보니 동방에 위치하고 있던 페르시아 제국과 불가피하게 일전을 치러야 했다. 그리고 이들을 물리치고 동방 지역의 헬라화를 성취했다.

이것이 문명사에서 의미하는 바가 무엇일까? 이 시기에 처음으로 진지하게 동방의 문화와 서방의 문화가 마주쳐 융합되었다는 것이다. 알렉산드로스가 이집트 지역을 점령하고 자신의 이름을 따서 건설하였던

알렉산드리아는 구약의 가시권에 있는 팔레스타인 인근 지역이다. 알렉
산드로스는 빠른 속도로 세계를 정벌했지만 33세라는 젊은 나이에 사망
하였다. 그의 사후 제국은 분열되고 만다. 팔레스타인을 포함한 이집트
지역은 프톨레마이오스 장군이 지배한다. 또 다른 중심 지역인 비옥한
지중해 지역은 셀레우코스 장군의 세력하에 놓인다. 이러한 지배 체제
가 남긴 결과, 동방 지역에 서방의 헬라 문화가 정착하였다. 동방의 효
율적인 지배를 위해 그리스 통치자들이 취한 정책이 무엇이겠는가? 그
들은 동방에 헬라 문화와 헬라어 사용을 요구하게 된다. 프톨레마이오
스가 가나안 지역을 정벌할 당시 이곳은 아람어를 사용하는 지역이었다.
그 후, 시리아 지역을 지배하던 셀레우코스의 후손이 이 프톨레마이오스
통치 지역을 정복하여 팔레스타인 지역을 지배하였다. 프톨레마이오스
에서 셀레우코스 왕조로 지배 왕조가 바뀐 것이다. 셀레우코스 왕조가
들어오면서 이 지역에 강한 헬라화의 압박이 가해진다.[1]

헬라화 혹은 로마화는 오늘의 개념에서 서구화 또는 근대화의 개념과
비교할 수 있다. 전통 사회의 가장 바람직한 특성을 제거함으로써 지역
사회와 개인이 좀더 높은 수준의 문명 또는 발전으로 나아가는 진보성
의 개념으로 표현될 수 있다. 이러한 패러다임은 근대 제국주의와 식민
주의 이데올로기와 유사하다. 이를 받아들이면 제국은 더 이상 침탈자가
아니라 야만을 문명화하는 고귀한 의무를 지닌 자로 탈바꿈하게 된다.

이 당시 유대교 형성에서 기억해야 할 인물이 안티오쿠스 에피파네스
이다. 그는 중간사에서 아주 중요한 인물이다. 그가 바로 유대인들로 하
여금 돼지고기를 먹게 하고, 안식일에 전쟁을 일으켜서 유대인들을 몰살
한 인물이다. 그 결과 유대교는 지배자의 의도에 따라 급속한 헬라화의
길을 걷게 된다. 이러한 셀레우코스 왕조의 헬라화 운동에 반대해서 유
대 독립 운동 내지 유대 민족주의 운동이라고 불리는 마카비 운동이 생

겨난다. 그 이후 대제사장들이 통치하는 신정일치 정치가 이루어져, 독립 후 종교 지도자들이 유대를 다스리는 시대에 돌입하게 된다.

이 시대는 오늘날 일반적으로 이야기하는 종교로서의 유대교가 조직화되어 가는 시기이다. 보편적인 의미의 종교에는 경전이 있고, 그것을 실천하는 율법이 존재한다. 유대인들에게 구약성서가 이러한 종교적 경전으로서 자리매김하게 되고 그들이 따를 율법이 온전하게 정립된 시기를 마카비 시대라고 본다. 유대교가 바벨론 유수 이후로부터 완만하게 중간사 시대를 관통하여 형성됐다고 할 수 있다.

여기서 유대교 하면 아브라함 시대부터 형성된 종교가 아닌가 의문이 들 수도 있다. 그러나 구약에서는 유대교, 혹은 유대인이라는 표현이 등장하지 않는다. 유대인의 모체가 된 유다 지파는 구약의 열두 지파의 하나에 불과했다. 그런데 신약에서는 유대인들, 그리고 그 유대인들 중에서 율법을 열심히 지키는 사두개인들, 바리새인들, 열심당원들 등 구약에서는 전혀 등장하지 않던 낯선 개념이 여럿 등장한다. 이 무리가 여러 왕조의 지배를 받으면서 자기들 나름의 종교와 율법과 신앙을 지키면서 스스로를 차별화시키게 된다. 이 과정에서 유대인, 유대교의 자의식과 정체성이 형성되고 더 세분화해서 바리새파, 사두개파 등의 종파로 나뉘게 된다.

이런 종파들의 특징 중 하나가 메시야 사상을 간직하고 있다는 것이다. 실제로 열방들의 정치적인 억압을 몇 세기 동안 받아오던 이들의 삶 속에 묵시를 통해 종말론적인 삶을 추구하고, 메시야를 대망하는 흐름이 들어오게 된다. 그리고 전반적으로 유대교 속에, 또 유대인들의 사고 속에 깊이 뿌리내리게 되었다. 신약에서도 예수를 만난 안드레는 "우리가 메시야를 만났다"(요 1:41)라고 외친다. 그리고 공생애 중반에 제자들에게 "너희는 나를 누구라 하느냐?"(마 16:15)라고 묻는 예수의 질문에 제자 베드로는 "주는 그리스도시니이다"(마 16:16)라고 대답한다. 메시야는 구약에서는 흔히 사용되지 않던 표현이다. 이러한 것이 신약에서는 다양하게 반복적으로 등장한다. 이 개념이 중간사 시대에 형성된 것이라고 이해할 수 있다.

유대인들은 마카비 전쟁 이후 독립을 유지하다가 기원전 63년에 로마의 폼페이우스 장군에게 정복당하고 로마의 지배하에 들어간다. 예수가 태어날 당시 로마의 황제 아우구스투스가 유대 사람들에게 호적 명령을 내려 정혼한 요셉과 마리아가 베들레헴으로 가야 했다는 신약의 기록이 남아 있다. 여기서 또 하나의 배경으로 알아야 하는 것이 기원후 66년 초대교회가 한창 형성될 무렵에 예수의 제자 무리에 있기도 했던 열심당원들이 로마 총독의 착취에 반대하여 일으킨 대규모 반란이다. 그 후 70년에 로마 장군 티투스에 의해 예루살렘 성전이 함락되고 성전이 불태워진다. 이 사건 이후 열심당원이 유대의 역사에서 사라진다. 또한 유대교의 본산이었던 예루살렘이 파괴되어 구약의 역사와 기독교회의 역사는 단절된다. 한마디로 신약 교회의 근거로서의 구약 및 유대교의 관계가 끊어진 것이다. 하지만 유대교를 신봉하는 유대인들에게 고통은 여기서 끝나지 않는다. 그들은 이때부터 나라를 잃고 세계 각지로 흩어진다. 제2차 세계대전 이후 팔레스타인에 이스라엘 국가가 세워진 1948년까지 무려 2천 년의 기간 동안 세계를 떠돈 것이다.

예루살렘의 멸망을 기점으로 해서 유대교와 기독교가 하나의 갈림길에 들어서게 된다. 유대교는 여전히 오실 메시야를 기다리고, 기독교는 이미 오신 메시야를 따른다. 유대교와 기독교는 같은 차원의 메시야를 대망하면서 시작했지만 전혀 다른 식으로 분화되었다.

중간사를 이해하는 역사적 맥락에서 중요하게 봐야 할 것이 바로 동방과 서방의 만남이라는 점이다. 동방 문화와 서방 문화가 함께 어우러지는 기회를 팔레스타인이 갖게 되었다는 것이 나중에 기독교 복음의 확장에 기여한 부분이 있다. 즉 복음의 가르침은 그 당시에 독특한 것이었지만 이 복음이 널리 퍼질 수 있는 토대, 사상적·법적·문화적인 토대가 동방과 서방의 문화를 통해 마련되어 있었다는 것이다. 초기 기독교가 원하였건 원치 않았건, 자발적인 것이었건 강제적인 것이었건 기독교에 미친 당대의 토착 문화의 영향을 부정할 수 없다. 팔레스타인 지역은 동방 문화권의 영향을 받았고 그 이후에는 헬라와 로마 문화권의 영향을 받았다. 이 문화는 기독교가 생성되어 독자적인 철학과 사상을 발전시켜 나가는 해석 틀로서 영향을 준다. 그뿐 아니라 외부의 문화권에 독자적인 유대인의 사고 체계도 전파되는 계기가 된다.

서양 철학사나 사상사에서 서양 사상의 원류를 이루는 두 가지 뿌리로 헬레니즘과 헤브라이즘을 든다. 하지만 당대의 상대적인 문화와 민족의 규모를 비교해 보면 헤브라이즘은 소수자에 불과했다. 반면 헬레니즘은 유럽과 소아시아를 관통하는 거대한 문화권이었다. 그런 상대적인 차이가 있에도 헬라 문화권과 더불어 양대 축을 이룰 만큼 심도 있게 히브리 문화와 히브리어권에서 발생한 사상들이 인정받았다. 이 모든 것이 중간사 시대에 양대 문화권의 만남을 통해 이루어진 것이다. 이런 문화권 위에 1세기 예수의 복음이 들어오고 전파되고 이해될 수 있는 준비가 이루어진 셈이다. 복음의 수용을 가능케 한 토양의 준비라는 측면에서 동방과 서방의 문화권의 만남을 본다면 이해가 쉬워진다.

그러면 예수는 어떤 토대 위에서 태어났는가? 앞서 언급한 바대로 예수의 세계는 구약의 세계, 즉 비옥한 초승달 지역의 세계이다. 예수가 태어나고 활동하던 주 무대는 신약 시대 사도 바울과 제자들의 활동 무대인 지중해 지역과 다르다. 구약 시대에 가장 중요한 장소를 꼽자면 광야를 들 수 있다. 모세도 광야에 들어갔고, 엘리야도 광야에 거주했었다.

이는 예수 당시까지 이어진다. 예수도 40일간 광야로 들어가 그곳에서 시험 받았다. 이 광야는 오늘날 생각하는 사하라 사막처럼 아무것도 없는 무한한 모래 사막과는 다른 곳이다. 광야는 당시 사람들의 핵심적인 활동 무대의 하나였다. 지중해와 같이 당대 상업 무역과 문화 소통의 중심지로 대표되는 바다와는 달리, 광야는 그 특성상 단절된 공간이다. 대부분의 사람들의 삶은 이 광야의 범위를 벗어나지 않았다. 구약성서에 남아 있는 기록 중 가장 먼 거리를 여행한 이는 아마 요나 정도일 것이다. 솔로몬 시대에 아라비아 남쪽에서 온 시바의 여왕도 원거리 여행을 한 예외적인 사람 중 하나이다. 그 나머지는 모두 비옥한 초승달 변경을 벗어나지 못했다. 신약에서 예수도 가장 멀리 여행한 지역이 헤롯의 핍박을 피해 이집트로 내려왔던 때다. 적어도 성서에서 그 외의 지역에서 활동한 예수의 행적에 대한 기록은 없다. 모두 다 구약에 바탕을 둔 세계였다. 예수의 탄생을 좇아 동방에서 박사들이 오고, 예수가 박해를 피해 이집트로 피난하는 것 등 모든 신약 시대의 예수의 행적이 다윗과 솔로몬 왕국의 범위 내에서 이루어졌다. 이렇게 보면 대단히 제한적이고 협소한 공간에서 기독교회가 시작되었음을 알 수 있다.

3. 헬레니즘과 디아스포라 유대인

여기서 놀라운 것은 기독교의 확산 지역이 구약과 예수의 활동 범위를 훌쩍 넘어선 전혀 다른 지역들이라는 점이다. 여기에서 앞서 제기한 문제, 즉 "어떻게 초대교회에 기독교가 문자 그대로 폭발적으로 퍼져 나갈 수 있었는가?"라는 질문을 다시금 마주하게 된다. 예수와 그 뒤에 활동했던 바울을 비교해 보고, 사복음서와 사도행전 이후 서신서들의 무대를 비교해 보자. 사도 바울의 무대와 예수의 무대가 다르다. 예수의 활동 지역은 팔레스타인 지역을 넘어서지 않았다. 바울은 예수의 활동 무대인 갈릴리에서 활동하지 않았다. 게다가 그는 팔레스타인 지역과는 무관한 현대 터키의 다소 지방 출신이다. 그는 팔레스타인 지방에 거주하던 유대인이 아닌 유대 이주민의 후예였다.

여기서 생각하고자 하는 핵심은 유대인들의 분화이다. 지역적 분화 못지않게 언어도 중요한 요소다. 예수는 무슨 언어를 썼을까? 그는 구어로 아람어를 썼다. 에스라, 느헤미야 등 구약성서의 일부도 아람어로 기록되어 있다. 그러나 신약성서에는 아람어라는 표현 대신 히브리어라고 되어 있다. 이는 히브리어가 아람어와 유사하기 때문이다. 그럼 언제부터 유대인들이 아람어를 쓰게 되었을까? 이것은 아시리아의 영향 때문으로 짐작된다. 아시리아인들은 아람어를 쓰는 민족이었다. 처음에는 유다 사람들이 아람어를 쉽게 이해하지 못했다. 이사야서 36장에 보면 아시리아 왕의 사자 랍사게가 예루살렘에 와서 유다 사람들을 무시하고 항복하라며 비방하는 말을 할 때, 유다왕 히스기야의 관원들이 그에게 히브리 말로 말하지 말라고 요청하는 장면이 나온다. 그가 히브리 말을 할 경우 유다 사람들이 두려워 떨게 될 것이기 때문이다. 여기에서 당시 히브리어와 아람어가 통하지 않았다는 것을 짐작할 수 있다. 그러던 것이 바벨론 점령기로 가면서 유대인들이 아람어를 자신의 언어로 수용하기 시작한다. 페르시아의 지배를 받을 때에도 계속해서 아람어를 사용했다. 이러한 전통으로 인해 유대 팔레스타인 지역에는 두 가지 언어가 공존하였다. 예배 때는 전통 히브리어를 쓰고 일상생활에서는 아람어를 구어로 사용하였다. 그런 면에서 예수는 최소 이중언어를 구사했다. 물론 여기에 당대 예수와 제자들이 헬라어를 쓰고 이해할 수 있었는가는 별개의 논쟁거리이기는 한다.

바벨론 포로기 이후부터 여러 민족의 지배를 받으면서 자의 반 타의 반으로 유대인들은 소아시아와 지중해 세계 전역으로 이주하게 된다. 셀레우코스가 알렉산드리아를 지배하게 되면서 대규모 유대인 이주 정책을 편다. 다소 과장은 있어 보이나 이집트 알렉산드리아 거주자의 대략 4분의 1이 유대인이라고 했을 정도로 큰 공동체를 형성하였다. 사도 베드로는 그의 서신에서 이들을 '흩어진 나그네들'이라고 불렀다. 이 유대인들이 이주 지역에 가서 독립적인 공동체를 형성한다. 그것을 디아스포라 공동체라고 부른다. 사도 바울도 정통 팔레스타인 지역의 유대인이 아니라 디아스포라 공동체에 속한 유대인이었다는 것이다. 이미 초대교회가 형성되기 훨씬 이전에 그 범위가 팔레스타인 지역을 벗어날 수 있었다는 것을 내포하고 있었음을 알 수 있다.

이들 공동체를 좀더 살펴보자. 이 흩어진 나그네인 유대인들은 자신들의 종교를 엄격하게 유지하면서 각각 아시아와 유럽과 북아프리카 지역에 정착한다. 그들이 정착한 지역은 당연히 모두 헬라 문화의 영향권에 속해 있다. 여기에서 헬라 문화와 유대 문화의 충돌이 불가피하다. 이 관계를 이해하는 핵심 단어는 인종주의라고 할 수 있다. 헬라 문화와 유대 문화를 이해하는 데 인종주의라는 용어를 사용하는 것은 분명 오해의 소지가 있다. 현대의 개념에서 인종주의는 인종의 생물학적 특성을 따라 구별하여 다른 민족을 억압하는 것을 합리화시키는 사고를 의미하는 것으로 자연스럽게 히틀러의 유대인 대학살 등을 상기하게 된다.

하지만 초대교회를 이해할 때 헬라인과 유대인이라는 두 인종을 정의하는 개념은 오늘날과는 사뭇 다르다. 헬라 문화가 유럽과 아시아에 널리 퍼질 수 있었던 것은 그들이 이러한 생물학적·혈통적 인종주의자가 아니었기 때문이다. 그들은 피부색이나 혈통을 근거로 헬라인이냐 아니냐를 따지지 않았다. 피부 색깔과 인종과 관계없이 헬라어를 말하고 올림픽과 같은 헬라 문화를 수용하는 사람들은 다 헬라인이라고 할 수 있다. 그들은 헬라인(Greek)에 대한 대칭 개념으로 이러한 문화를 가지고 있지 못한 사람들을 야만인(barbarian)이라고 불렀다. 사도 바울도 로마서에서 '헬라인이나 야만인이나'(롬 1:14)라고 표현함으로 당시 헬라인이라는 용어의 의미를 보여 준다. 굳이 따지자면 그들은 혈통적 인종주의자들이 아닌 문화적 인종주의자들이라고 할 수 있다.[2] 문화적 인종주의란 타자를 전통·문화·종교·언어·역사적인 기준을 통해 다른 집단으로 규정하는 것이다. 혈통·인종 등과 같은 타고난 차이가 차별을 불러왔듯이, 문화적 차이가 용인의 대상이 아니라 불평등한 지배와 착취의 관계를 나타낸다는 점에서 인종주의의 한 형태라고 할 수 있다. 그러므로 앞선 헬라의 문명을 수용하고 공유하는 사람은 꼭 그리스 지역에 살지 않아도 헬라인이라고 할 수 있다.

반면에 유대인들은 어떠한가? 이들은 오늘날의 개념에서 혈통적 인종주의자들이다. 유대인과 유대인이 아닌 자들은 혈통적으로 분명하게 구별된다. 이방인으로서 유대인이 되기가 쉽지가 않을뿐더러 유대교에 입교하는 것도 간단한 문제가 아니다. 유대교를 받아들이고 공동체의 일원이 되기 위해서는 율법을 준수하고 할례를 받아야 되고 갖가지 음식 규례를 지켜야 한다.[3]

헬라 문화와 유대 문화 사이의 긴장의 핵심은 무엇일까? 이는 헬라인이 유대인이 되기는 어렵지만, 유대인이 헬라화되기는 쉽다는 것이다.[4] 디아스포라 유대인에게서 발견되는 성향이 바로 이런 것들이다. 유대인들은 자신들의 종교는 보존하지만, 언어와 문화는 헬라의 것들을 수용했다. 이는 두 가지 의미를 내포한다. 하나는 유대인들의 삶과 그들이 믿는 사상이 헬라화될 수 있다는 것이다. 디아스포라 유대인 공동체는 불가피하게 헬라의 언어와 헬라화된 문화를 수용하였다. 또 다른 하나는 헬라 문화를 신봉하는 헬라인들도 이제 유대인들이 무엇을 믿고 무슨 생각을 하는지, 자기들의 언어인 헬라어를 통해 알 수 있게 되었다는 것이다. 헬라 문명이라는 매개를 통해 이 이질적인 두 세계 간의 커뮤니케이션이 가능하게 되었다. 로마 제국은 소아시아, 시리아, 팔레스타인, 이집트 등으로 지리적 확장을 이루면서 김나시온을 통해 헬레니즘 문화를 확산시켰다. 하지만 유대주의의 시각에서 김나시온은 헬라화된 위험스러운 공간이기도 했다.[5] 디아스포라 유대인들은 종교를 제외한 모든 것에서 헬라화를 수용한 사람들이다. 그렇다면 이 디아스포라 커뮤니티에서 쓴 언어들은 무엇이었겠는가? 예수 당시 팔레스타인 유대인이 아닌 디아스포라 유대인들이 사용한 언어는 헬라어였다. 그 때문에 신약성서가 헬라어로 기록되게 된 것이다.

4. 칠십인역, 기독교 확산의 언어적 토대

신약 시대 이전에 이미 유대인들의 언어와 종교의 문제는 또 하나의 발전을 낳았다. 성서는 흩어진 유대인들의 정체성을 하나로 묶어 주는 대단히 중요한 도구였다. 그러나 종교로서 유대교를 지키지만 언어나 교육 문화는 헬라화된 디아스포라 유대인들에게 히브리어로 되어 있는 성서는 더 이상 자신들의 종교적 일체성을 유지시켜 줄 수 없게 되었다. 이는 마치 현대 북미주에 거주하면서 한국어보다 영어를 더 편하게 사용하는 한인 2세대, 3세대들에 대해 한인 교회가 겪고 있는 어려움과 유사하다.

히브리어로 된 구약성서를 디아스포라 유대인과 헬라인들이 읽을 수 있게끔 헬라어로 번역할 필요성이 제기된 것이다. 이러한 필요에서 나온 것이 바로 헬라어 구약성서 '칠십인역 성서'의 등장이다. 70명의 학자(실제로는 이스라엘 12지파에서 각 6명씩으로 구성된 72명의 학자)가 번역하였다고 하여 '셉투아긴타'로 불리는 이 구약성서의 헬라어 번역은 기원전 250년경 프톨레마이오스 2세가 위임하여 수행되었다.[6]

성서의 번역은 단순한 언어 변환의 문제가 아니다. 언어란 그 언어를 사용하는 민족의 정체성을 나타낸다. 실제 서유럽의 종교개혁기와 그 이후 근대적인 교회의 형성 과정에서 라틴어 성서를 사용하지 않고, 각 민족의 언어로 성서를 번역한 것은 각 개별 국가의 민족적 정체성을 높이는 데 큰 역할을 하였다. 특히 잉글랜드의 경우 헨리 8세의 이혼 문제로 갑작스럽게 로마 가톨릭교회와 결별한 후 에드워드, 메리 여왕, 엘리자베스 1세 여왕 등의 통치 시기 내내 국교회의 성립을 두고 사회적 논란이 끊이지 않았다. 한쪽의 끝에는 가톨릭 옹호자들과, 중도에 대다수 온건한 국교회 신봉자들과, 또 다른 끝에는 잉글랜드를 철저하게 프로테스탄트 국가로 탈바꿈시키고자 하는 청교도들이 자리하여 갈등의 골이 깊어졌다. 이러한 갈등을 잠재우기 위해 엘리자베스 여왕의 뒤를 이어 잉글랜드의 왕이 된 제임스 1세의 주도로 킹제임스 성서로 잘 알려진 흠정역 성서(Authorized Version) 번역이 이루어졌다. 그 후 수 세기 동안 흠정역 성서는 잉글랜드와 신대륙에서 교파와 교단에 관계 없이 널리 사용되어 잉글랜드의 일치와 정체성을 높이는 데 큰 역할을 하였다.

그럼에도 성서 번역은 위험성을 내포하고 있다. 한 종교의 경전은 신성성을 생명으로 한다. 언어의 변환은 자칫 권위가 퇴색되고 도전받을 수 있는 여지를 남긴다.[7] 이것이 오늘날 이슬람이 쿠란의 각 나라 번역본의 권위를 인정하지 않는 이유이기도 하다. 당시의 디아스포라 유대인 공동체에도 성서 번역을 두고 이런 논쟁에 휘말릴 가능성이 있었다. 이 권위를 담보하기 위해 내려오는 전승이 있다. 전승에 따르면 구약을 헬라어로 번역할 학자 70명을 세워 번역하도록 한 후 번역본을 비교해 보니, 모두가 글자 하나 틀리지 않고 똑같았다는 것이다. 그 전설이 의도하는 바는 이 번역본을 히브리어 성서와 똑같이 신적인 감동으로 번역된 신성한 작품으로 높이려는 것이다. 오늘날 대다수 학자는 70명의 학자들에게 각각 분량을 나눠줘서 작업하여 한 권으로 모았을 것이라고 추측한다. 그러나 만약 70명이 똑같은 번역본을 만들어 내었다고 한다면 이 성서가 대단한 권위를 갖게 됨은 의문의 여지가 없다. 디아스포라 유대인 공동체 내에서는 이 히브리어 성서를 세속어인 헬라어로 번역하는 것이 유대교의 정체성을 훼손할 수 있다는 위기의식으로 인해 칠십인역의 권위를 인정하지 않는 흐름이 존재하였다. 이것이 결국 국수적인 유대 민족주의와 보편적인 인류애를 지향하는 기독교가 결별하는 단초가 되었다.

그렇지만 칠십인역이 세상에 번역되어 나온 후 큰 영향력을 가지게 되었다는 점만은 분명하다. 그 당시 유대의 사상을 헬라인들이 접근할 수 있고 유대 사상과 헬라 사상이 소통할 수 있는 통로로 활용되었기 때문이다. 이런 칠십인역의 배경을 알 때 예수 당시와 사도행전에서 몇몇 이방인의 행동을 이해할 수 있게 된다. 사도행전 10장에 나오는 백부장 고넬료는 유대인이 아니었다. 하지만 성서에는 그가 '하나님을 경외하는 사람'(행 10:22)이라고 기록되어 있다. 예수가 십자가에 못 박힌 것을 본 한 백부장은 "이는 진실로 하나님의 아들이었도다"(마 27:54)라고 고백한다. 그뿐 아니라 복음서에는 한 백부장이 자신의 병든 하인을 위해 예수를 청하면서 "다만 말씀으로만 하옵소서. 그러면 내 하인이 낫겠사옵나이다"(마 8:8)라고 했다. 이들 모두는 유대인이 아닌 헬라 문화권에 속한 로마 군인들이었다.

헬라 문화는 히브리 문화에 비해 인간 중심적이며, 세속적인 문화다. 헬라의 신들은 서로 죽이기도 하고 시기도 하고 결혼도 하고 간통도 하는 인간의 욕구를 그대로 가지고 있다. 그런 신들에 비해서 유대인들이 믿는 신은 어떠한가? 유대인의 신은 유일신이며 지극히 도덕적이며 윤리적인 가르침을 주는 신이다. 그렇기 때문에 헬라 문화가 지닌 비윤리성과 퇴폐성 속에서 인생을 진지하게 고민하는 헬라인들이 디아스포라 유대인들과 칠십인역을 통해 유대의 신앙에 편입된 것이다.

물론 완전히 유대화되었다고 하기는 어렵지만, 적어도 이들은 유대 사상과 유대의 세계관을 수용한 사람들이다. 이들을 가리켜 '하나님을 경외하는 자들'(God-fearers)이라고 부른다. 이들이 구약의 신을 자신들의 신으로 완전히 수용했는지는 모르지만, 적어도 구약성서의 가르침을 받아들였다. 이러한 예는 구약성서에서도 볼 수 있다. 가나안 정복 전쟁 당시에 이스라엘 첩자들을 숨겨 준 여인 라합은 이스라엘의 신을 '상천하지에 하나님'(수 2:11, 개역한글)이라고 한 바 있다. 이 여인은 이방인이었지만 이스라엘의 신에 대해서 인식하고 있었고 두려워하였다. 마찬가지로 헬라 문화권에 퍼진 이 디아스포라 유대인들로 인해서 지역마다 유대의 신을 경외하는 이방인들이 존재하게 되었다. 하지만 이들 대부분은 너무나 엄격하고 까다로운 유대교로 입교하지는 않았던 사람들이다. 하나님을 경외하는 자들이라고 불리는 것은 여러 가지 이점이 있었다. 애국심이 없다거나, 무신론 혹은 미신을 믿는다는 혐의에서 벗어나게 해준다.[8] 이들이 후에 유대교에서 기다려 왔던 메시야로서의 예수를 받아들이게 된다. 이들에게 예수의 가르침은 훨씬 더 큰 수용력이 있었다. 왜냐하면 유대인처럼 엄격한 율법을 요구하지 않으면서도 신 앞에서 의미 있고, 윤리적이며, 가치 있는 삶을 살고 싶은 그들의 욕구를 충족시켜 주었기 때문이다.[9] 구약 율법의 성취를 위해 온 예수를 유대인의 구원자가 아니라 온 세상을 구원하기 위해 온 자신들의 메시야로 받아들였다. '하나님을 경외하는 자들'은 헬레니즘 유대교를 문자적인 의미에서 세계 종교화하는 데 크게 기여했다는 평가를 받는다.[10]

이 모든 것이 바로 디아스포라 유대인들의 형성, 그들에게 영향을 주었던 페르시아 문화와 헬라 문화의 융합, 그리고 헬라어 구약성서인 '칠십인역'으로 가능해졌다. 토라 번역은 프톨레마이오스와 유대인들 사이의 상호작용의 결과물이다. 프톨레마이오스의 토라 번역의 동기는 알렉산드리아 도서관의 장서 컬렉션을 완성하기 위한 것이었지만,[11] 유대인들의 입장에서는 성서 번역을 통해 유대교의 경전을 왕으로부터 인정 받고, 유대인들은 정치적·문화적으로 명예를 존중 받을 수 있는 기회가 되었다. 여기에서 중요한 점은 유대교와 지배적인 헬레니즘 문화 사이에 대한 재해석이 가능하게 되었다는 것이다. 즉 헬레니즘과 유대교를 양립 가능한 것으로 판단하고 있는 것이다. 유대교는 본질적으로 헬라의 이성 철학을 가장 윤리적이며 신학적으로 구체화하는 삶의 방식이다. 엄격하게 율법을 지키려고 노력하는 유대인들에게는 헬라 문화를 수용하는 것은 유대교 신앙에 대한 배교로 볼 수 있지만, 팔레스타인에서 발생한 유대교와 헬라 문화의 충돌이라는 구도로만 보는 것은 지나치게 단순한 접근이다.[12]

이런 배경의 흐름을 이해하게 될 때 초대 기독교회의 급속한 확산의 이유가 해명된다. 상식적으로 볼 때 팔레스타인 지역에서 활동하며 아람어를 사용하던 예수의 열두 제자에게 구약의 세계를 벗어나 신약 시대의 세계인 헬라 문화권인 지중해로 나아간다는 것은 쉬운 일이 아니었다. 어떻게 예수의 활동 이후에 초대 기독교회의 폭발적인 성장이 가능하였을까? 교회가 설립되기 수 세기 전부터 이른바 사전 정지 작업이 이루어져 왔기 때문에 가능한 것이다. 이렇게 비유를 들 수도 있겠다. 기름이 온 유럽과 아시아 사방에 뿌려졌고, 갈릴리에서 예수의 사역이 그 도화선을 당겼다. 순식간에 교회는 꺼지지 않는 들판의 불길처럼 퍼져 갔다. 그러므로 초대교회의 사도들이 복음을 들고 간 지역은 아무것도 없던 메마른 토양이 아니라, 바로 이 유대 사상을 통해서 어느 정도 유대의 신에 대해서, 또 메시야에 대해서 기대와 관심을 지니고 있던 곳이라는 점이다. 초대교회에 신자들의 대부분은 물론 유대인이었다. 그런데 유대인이 아닌 그리스도인들에 대해 유대교의 율법을 어떻게 적용할 것인지가 기원후 60년경부터 대단히 중요하게 논의되었다. 이 정도로 예수의 승천 이후 채 30년이 되지 않아서 이방인 그리스도인들의 숫자가 급성장하였다.

같은 맥락에서, 본래 아시아로 가고자 했던 사도 바울이 유럽으로 목표를 수정한 의의를 유추할 수 있다. 사도 바울이 가고자 했던 마케도니아는 어떤 곳인가? 마케도니아는 헬라 사상의 중심 근거지라고 이해할 수 있다. 사도 바울은 유대 사상뿐 아니라 헬라 사상에도 정통하였다. 이런 바울이 선교 사역의 방향을 아시아 지역, 즉 구약의 세계인 비옥한 초승달 지역에서 지중해 지역으로 바꾼 것은 그의 사역 초기부터 복음의 세계화를 인식하고 있었음을 보여 준다. 바울은 메시야의 도래로 인해서 유대인들만 구원을 받는 것이 아니라, 온 세계 모든 이방인에게까지 복음의 소식이 전해져야 한다는 분명한 철학을 갖고 있었다. 이런 모습은 베드로를 비롯한 예수의 직계 제자들이 교회 내 이방인들의 문제, 유대 율법 준수의 문제 등을 놓고 갈등했던 것과는 분명한 차별을 보여 준다. 로마서를 비롯해 바울의 서신서를 읽어 보면 회심 이후 바울의 선교에 대한 철학은 분명했다. "헬라인이나 야만인이나 지혜 있는 자나 어리석은 자에게 다 내가 다 빚진 자라"(롬 1:14), "모든 이방인 중에서 믿어 순종하게 하나니"(롬 1:5). 유대 세계의 범주를 넘어선 기독교의 세계화라는 측면에서 바울은 전략적으로 헬라 문화의 중심부에 도전하였다. "내가… 로마도 보아야 하리라"(행 19:21). 로마가 당시 헬라 세계의 수도라고 할 수 있기 때문에 그곳에서 기독교 전파의 토대를 놓고자 시도한 것이다.

5. 로마와 초대교회

초대 기독교회와 로마와의 관계에서 중요한 한 가지를 생각해 보자. 로마의 성격과 로마 제국의 통치 방식에 대한 것이다. 로마가 국가인가 아니면 도시인가? 로마는 지금도 이탈리아의 수도로 하나의 도시이다. 그 도시를 국가처럼 로마 제국이라고 부른다. 이것이 바로 로마 제국의 정체성을 이해하는 핵심이자 로마의 정복 전쟁의 특징을 보여 주는 것이다. 로마가 세계로 확장하는 방식은 직접 통치 방식이 아니었다. 도시 국가 로마가 인접 국가와 전쟁을 벌여 승리하면 조약을 체결한다. 그 조약은 해당 국가의 지배 체제는 그대로 두고 단지 로마에 조공을 바치고 로마의 법과 행정, 로마의 가치관을 수용하도록 한다. 그렇게 되면 그들도 로마에 편입되는 것이다. 수많은 식민지 국가가 하나의 언어와 문화로 통합되는 것이 아니라, 독특한 로마 체제를 수용한 각각의 나라가 공존한다. 로마는 점령 국가마다 다른 정책을 취했다. 그 이유는 피지배국이 믿는 종교와 문화, 언어, 관습이 달랐기 때문이다. 복음서에도 이러한 로마 지배의 성격이 잘 드러나 있다. 예수 당시 팔레스타인 지역을 통치하는 이들은 다양했다. 유대 총독으로 온 로마인 본디오 빌라도가 있었지만 갈릴리 분봉왕 헤롯도 있었고, 실질적인 종교 지도자 대제사장 가야바가 있었다. 예수가 체포되어 재판할 때 재판권을 놓고 셋 사이에서 혼선이 빚어졌다.[13] 그 이유는 이 셋이 각각 로마에 대해서 서로 다른 계약 관계에 있었기 때문이다. 예수가 주로 갈릴리 지역에서 사역을 했지만 어떤 때는 가버나움, 사마리아 등 전 유대 지역을 배경으로 움직였다. 팔레스타인 내에서 볼 때는 동일한 지역이지만 로마와 결부시켜 볼 때는 각각이 서로 다른 관할 지역이 되는 것이다.

로마의 간접 통치를 보여 주는 또 하나의 사례도 성서에 기록되어 있다. 예수의 제자가 된 세리 마태의 경우가 그것이다. 로마는 로마인이 직접적으로 세금을 걷지 않고 식민지 백성 가운데 관리를 뽑아 이 민감한 세금 징수를 했다. 로마가 이런 식으로 간접 지배를 기본적 통치 수단으로 할 수 있었던 이유가 무엇일까? 이는 당시 이미 헬라 문화가 전 지역에 충분히 뿌리내리고 있었기 때문이다. 또 로마 역시 이 헬라 문화를 수용하고 있었다. 로마는 굳이 라틴어와 라틴 문화의 수용을 피지배 국가에 요구하지 않아도 되었다. 물론 제국의 공식 언어는 라틴어였다. 하지만 사람들이 자국어를 버리고 라틴어를 사용할 필요가 있었을까? 빌라도는 라틴어를 썼을 것이다. 로마 황제도 마찬가지였을 것이다. 그러나 실제로 유대 사람들은 아람어와 헬라어를 사용했다. 이 때문에 예수가 십자가에 달릴 때 그 죄패가 '히브리와 로마와 헬라 말'(요 19:20)로 기록되었다.

로마의 제국 확장을 위한 정복 전쟁에는 일정한 원칙이 있었다. 근대 제국주의 시대의 유럽 열강들의 팽창 정책과 비교해 보면 그 차이가 드러난다. 근대의 제국주의 침탈은 '식민지 건설'(colonization)과 '정복'(conquest)이라는 두 방향으로 이루어졌다고 할 수 있다. 예컨대 영국의 아메리카에 대한 정책과 인도에 대한 정책이 이 두 가지의 차이를 보여 준다. 영국인들이 아메리카 신대륙에 들어갔을 때 그곳 원주민인 인디언들이 존재하고 있었지만, 원주민들은 문명화된 정부 체제를 갖추고 있지 못했다. 영국은 그들에게 영국의 제도와 관습, 언어와 문화를 이식하기보다는 원주민 주거 지역과 떨어진 지역에서, 영국 이주민들을 통한 독자적인 식민지를 건설했다. 황무지에 땅을 일구고 집을 짓고 교회와 관공서, 학교를 짓는 등 하나부터 열까지 전혀 새로운 생활 터전을 일구어 가야 했다.

반면 인도를 점령했을 때는 상황이 달랐다. 인도는 이미 오랫동안 독자적인 국가 체제로 문명을 발전시켜 온 국가였다. 영국이 한 일은 인도의 지배 체제를 바꾸는 것이었다. 영국의 정책을 수용하고 순응할 수 있는 집단으로 하여금 인도를 통치하게 함으로써 효과적인 정복을 이루어 낼 수 있었다. 이러한 구분에서 본다면 로마가 소아시아 지역과 팔레스타인 지역에서 취한 정책은 식민지 건설이기보다는 정복이라고 할 수 있다. 특이한 것은 근대의 제국주의와 달리 로마는 문명이 없는 지역에 들어가서 식민지 건설을 시도하지 않았다는 점이다.

이 점이 초대교회와 중세교회를 이해하는 데 중요한 요인이다. 로마는 분명 오늘날 유럽에 속해 있다. 당시 로마가 취한 정책은 서진이 아니라 동진이었다. 서유럽은 당시 어떠한 안정된 문명도 지니지 못한 지역이었기 때문이다. 로마가 서유럽으로 진출한 지역은 오늘날 프랑스인 갈리아 지방과 잉글랜드 일부 지역이었다. 큰 지리적 경계로 보자면 북쪽으로는 라인강과 동쪽으로는 다뉴브강이 로마의 정복 전쟁의 한계선이다. 절대로 이 지역을 넘어가지 않았다. 그 이유는 이 한계선이 로마인들에게는 대단히 중요한 생태적 경계를 제공했기 때문이다. 로마인들은 문명을 건설할 수 있는 지역의 기준을 포도주를 생산하고 올리브가 자라는 비옥한 지역에 둔 것이다(포도주와 올리브 오일은 문명을 이루는 필수 요소이다: *Partes humani cultus necessariae vinum atque oleum olivarum.*) 다뉴브강과 라인강 너머는 포도와 올리브가 자라지 않는 지역이다. 오직 지중해 지역에서만 포도와 올리브가 자란다. 그 서쪽 한계선이 프랑스 갈리아 지역과 요크를 포함한 잉글랜드 일부 지역이었다. 음료로 포도주를 마시고 요리를 할 때 올리브 기름을 사용하는 이른바 '포도주와 올리브' 지역과 대비되는 비문명권의 지역을 맥주를 주조해서 마시고 요리할 때 동물성 지방을 쓰는 '맥주와 버터' 지역이라고 할 수 있다. 이 지역에 속한 독일과 아일랜드는 맥주가 특히 유명하다. 이 생태적 경계가 초대와 중세 기독교회의 큰 흐름을 가르는 중요한 지점이다. 트라야누스 황제의 재위(98~117년) 기간에 비로소 이 라인강과 다뉴브강을 넘어 제국이 확대된다. 다키아(Dacia) 지방에 정착된 로마 문명이 루마니아이며, 이 지역이 문명의 생태적 경계를 넘어선 상징적인 지역이다.[14]

기독교가 확산되고 초대교회가 한창 성립될 무렵, 당시 세계는 로마의 지배를 받았지만 소아시아 지역에서는 로마의 언어를 쓰지 않고 자국어와 헬라어를 사용했다. 물론 초대교회의 예배 때에도 헬라어가 사용되었다. 그렇다면 로마에서의 상황은 어떠했을까?

바울이 로마서를 쓴 후 마지막 16장에서 로마에 거주하는 그리스도인들에게 문안하는 내용이 나온다. 그들은 사도들이 건너가서 형성한 교회가 아니라 자생적으로 이루어진 교회로 알려져 있다. 이 당시 로마에서 예배를 드린 그리스도인들은 그럼 무슨 언어를 사용했을까? 그들은 헬라어로 예배를 드렸다. 약 250년경까지 제국의 수도인 로마에서조차 교회에서 사용된 언어는 라틴어가 아닌 헬라어였다.[15] 초대 기독교는 헬라어권의 영향을 강력하게 받은 헬라 문화의 전통 위에 기반을 두고 있다고 볼 수 있다. 그 기반 위에 점차로 로마 문화가 이식되면서 초대교회의 다양한 교리적·사상적 분화와 발전이 이어졌다. 그러나 초대 기독교가 로마 세계하에서 형성되었지만 아직 라틴 교회라고 할 수 없다. 그 균형추가 헬라에서 라틴 문화로 이동한 것은 중세교회에 들어와서부터이다.

이때부터 서유럽, 오늘날의 프랑스나 독일, 잉글랜드 지역으로 기독교가 전파되게 되면서 로마인들이 남긴 법과 행정, 언어 등의 유산이 크게 영향을 미치게 되었다. 이 중세교회는 초대교회와 같은 정복 지역이 아닌 아무런 문명의 토대가 없어 모든 문명을 이식해야 했던 식민지 건설 지역에서 이루어졌다. 중세 기독교는 초대 기독교와는 전혀 다른 형태로 변화, 발전을 이루었다. 중세를 지배했던 세계는 바로 라틴어에서 파생된 언어들인 프랑스어, 이탈리아어, 에스파냐어, 포르투갈어권이 지배했던 세계이다. 이 점에서 중세교회를 형성한 서유럽의 교회의 토양과 소아시아 지역에서 처음 기독교가 생겼을 때의 토양은 전적으로 다르다는 점을 인식해야 한다.

지금까지 살펴본 것이 예수 당시와 초대교회 당시의 문화 지형도라고 할 수 있다. 문화적 토대 위에 기독교회가 형성되고, 그리스·로마 문명권의 길을 따라 초대 기독교가 퍼져 나갔다. 기독교와 문화 사이의 관계를 어떻게 설정할 것인지는 사도행전 시기부터 교회의 끊임없는 숙제였다. 비기독교 문화와 기독교 신앙은 서로 양립할 수 있는가? 복음은 기존의 문화를 배제하고 나아가야 하는가? 아니면 기존의 문화를 수용하고 그 토대 위에 형성되어야 하는가? 일정한 법칙이 있다고 할 수는 없지만, 성서의 기록과 초대교회 역사의 기록은 기독교 복음과 문명길은 서로 영향을 주고받으며 한 줄기로 이어져 나갔음을 보여 준다.

그렇다면 초대교회의 확산을 어떻게 이해하고 결론 내릴 수 있을까? 초기 기독교는 히브리의 메시야 사상에서 출현한 예수 그리스도의 복음이 헬라와 로마 문화의 토양 위에서 확산되어 갔다고 할 수 있다. 그 복음을 설명하고 해석하는 방식에서 헬라 철학과 로마법의 영향이 지대하게 나타났다. 즉 로마법이나 헬라 철학이 없었더라면 오늘날 이해하는 복음의 설명은 대단히 불충분하게, 혹은 다른 모습으로 나타났을 것이다. 헬레니즘 철학과 기독교가 상징하는 철학적 이성과 신학적 초월을 각각 대립적인 관계로만 이해하는 것은 초대교회와 중세교회의 사상적 뿌리를 놓치는 것이다.[16]

초대교회가 성립되기까지 유대 문화는 수많은 문명권의 세례를 받았다. 또한 팔레스타인 지역과 각지로 흩어진 디아스포라 유대인들은 당시의 헬라 문화와 영향을 나누었다. 장차 복음이 당대의 선진화된 법률과 사상과 화학적으로 결합하여 발전할 수 있는 토대를 마련했다는 측면에서 중요하게 볼 수 있다.

다시 말하자면, 기독교가 세계화될 수 있는 환경이 먼저 마련된 것이다. 초대 기독교는 갈릴리에서 시작한 것으로 보지만, 그 전체의 그림을 좀더 멀리서 바라보면, 갈릴리는 복음의 완성과 확산이라는 초대교회의 거대한 퍼즐의 마지막 조각으로 볼 수 있다는 것이다. 기독교가 퍼져 나갈 수 있는 모든 여건이 동방과 서방을 아울러서 마련되었다. 만약 이러한 배경이 없었다고 한다면, 초대 기독교 전파는 그렇게 빨리 이루어질 수 없었을 것이다.

3

민족주의, 인종주의를 넘어 세계로

—

유대교와 기독교

1. 유대교와 기독교 분화의 흐름

교회의 역사를 공부하는 데 가장 중요한 것은 교회 역사에 관한 큰 흐름을 잡는 것이다. 이 틀이 견고하지 않을 때 세부적인 사항들에 대해 오해가 발생하는 경우가 많다. 기독교의 형성에 관한 정확한 그림, 당시 곳곳에 여러 모습으로 존재했던 초대교회를 최대한 아우를 수 있는 그림을 그리기 위해서는 그 시대의 정치·사회·문화적 환경까지 고려할 필요가 있다. 초대교회를 제대로 이해하기 위해서는 이것이 첫걸음이 될 것이다. 앞 장에서 언급한 칠십인역 즉, 히브리 성서를 헬라어로 번역하는 것은 새로운 시도인 동시에 위험한 시도였다. 칠십인역으로 인해서 기독교가 빠르게 퍼져 나갈 수 있는 기회가 생겼다는 점에서, 결과적으로 기독교의 역사에는 긍정적인 새로운 시도였다. 다른한편에서는 칠십인역이 유대교 신자들에게는 종교로서 유대교가 기독교에 우선권 혹은 정통성을 넘겨주게 되는 재앙과 같은 결과를 낳았다고 볼 수도 있다.

여기서 한가지 질문을 해보자. 기독교가 유대교에서 나온 종교인가? 기독교와 유대교의 관계에 대해서는 정통적인 해석이 존재하며, 그를 기준으로 다른 여러 가지 해석도 존재하고 있다. 그렇지만 대부분은 기독교가 유대교의 한 분파였다가 스스로 독립적인 자의식을 형성하면서 별개의 종교로 갈라져 나왔다고 생각한다. 그것이 일리가 있기는 하지만 유대교라는 종교의 특성을 고려해 볼 때 정답이라고 할 수는 없다. 기독교와 유대교의 가장 큰 차이점은 무엇일까? 예수를 어떤 존재로 생각하는가, 그를 메시야로 영접하느냐 그렇지 않느냐가 유대교와 기독교를 구분할 때 상정할 수 있는 가장 명확한 기준이라고 할 수 있다. 그것에 버금가는 중요한 차이점도 있지 않을까?

사실 이슬람교에서도 예수를 선지자로 인정하고 있다. 예수는 알라의 계보에 속해 있다. 그렇다면 이슬람의 신과 기독교의 신을 동일하다고 할 수가 있는가? 여기에 대한 답은 분명 엇갈린다. 비슷한 맥락에서, 유대의 신과 기독교의 신은 동일한가? 예수를 인정하는 알라의 신과 기독교의 신이 다르게 해석될 수 있는 것처럼, 공통점도 있을 수 있겠지만 차이점도 다양하다. 그중에서도 가장 큰 차이점은 아마 예수를 어떻게 보느냐 하는 문제일 것이다. 이것도 유대교를 정확히 이해한다면 절반의 진실만을 담고 있는 이야기이다. 예수에 대한 수용 여부와 별개로 유대교와 기독교는 신은 누구이며, 신의 성품은 어떠한가에 대한 근본적인 관점의 차이가 존재한다. 그리고 이것이 유대교와 기독교를 다른 종교로 나누는 기준이 된다.

유대교에서는 신이 유대인을 선택하여 자신의 일, 즉 구원의 역사를 행한다고 본다. 이러한 사상이 결국 신으로부터 선택 받은 유대 민족의 배타성을 강화시키는 방향으로 나아갔다. 반면 기독교는 이러한 유대의 배타성이 가려 놓은 신의 존재와 신에 관한 인식에 존재하던 차별의 장막을 거두어 해방시켰다. 그렇기 때문에 "동일한 하나님을 믿는다," "구약과 신약에서 말하는 하나님이 공통의 하나님"이라고 고백하지만, 신 존재와 신의 성품에 대한 유대인의 인식과 그리스도인들의 인식에는 차이가 있다는 것이다. 이 인식이 점차 확장되고 강화되면서, 유대교와 기독교 사이에는 종교적 정체성 자체가 서로가 양립하기 어려운 상태로 나아갔다.

유대교와 기독교는 종교라는 관점에서 보면, 고대 이스라엘의 종교라는 동일한 뿌리에서 왔다. 유일신에 대한 믿음, 예언자적 전통, 경전의 존재, 창조와 타락, 종말론의 관념 등을 동일한 뿌리에서 나온 공통점으로 공유하고 있다. 그러나 동일한 전통 내에서도 차이를 보인다. 유대교와 기독교의 차이를 살펴보면, 유대교는 히브리 성서, 그리고 그 이후에는 미쉬나라고 하는 유대의 재판 기록과 그것을 해석한 탈무드 등의 율법 해석서들을 주요 경전으로 신봉하고 있다. 기독교에서는 구약과 신약을 경전으로 신봉하며, 신약에 등장하는 예수 그리스도를 구약의 성취로 이해한다는 점에서 큰 차이를 보인다. 초기 기독교 형성의 큰 흐름을 파악함에 있어 유대교라는 이스라엘 민족의 종교로부터 출발하여 유대교와 초기 기독교의 관계를 이해하는 것이 도움이 될 것이다.

2. 유대주의의 형성과 발전

바벨론 포로기 이후 귀환 공동체에서 원시적 형태의 유대교가 형성되었다고 본다. 그리고 이 원시적인 형태의 유대교가 포괄하는 시기적 범위는 헬레니즘 시대를 관통하여 기원후 70년, 즉 유대 전쟁으로 예루살렘이 함락되기 직전까지이다. 물론 바벨론 포로기에서 기원후 70년의 예루살렘 멸망까지를, 그 이후의 약 250년까지의 시기를 어떻게 보느냐에 대해서는 다양한 이론이 존재한다. 이 시기를 흔히 원시 유대교라고 한다. 이 용어의 뉘앙스에 대해서 다시 한번 생각해 볼 필요가 있다. 보통 원시라고 할 때는 어떠한 체계나 형태가 정확하게 갖춰지지 않고 형성 과정 중에 있는 것을 의미한다. 이 초대 유대교 이후 유대교는 후기 유대교로 불린다.[1] 이 원시 유대교가 가장 보편적인 의미에서의 유대교라고 할 수 있다. 이 시기의 유대교는 포로기 이후 이스라엘의 정체성 문제에 대해, 특히 어떤 종교적 정체성을 확립해 나아가야 할 것인지를 고민하는 시기요, 더불어 헬레니즘 문화의 영향 속에서 자신들의 정체성을 지키기 위해서 유대적인 성향을 강화하는 시기였다. 이것이 유대교가 형태를 갖추어 나가는 주요한 기반이 된다.

유대주의란, 유다 지역, 구체적으로는 남유다 지역의 명칭에서 나온 것이다. 유대인은 유다 지역의 거주민을 의미한다. 영어로는 유대교나 유대주의 모두 다 유다이즘(Judaism)이라고 쓴다. 이는 혈연 공동체로서의 유대와 종교 공동체로서의 유대가 분리될 수 없는 것을 의미한다. 유대인으로 정체성과 유대교라는 것이 이같이 일체화된 것에는 역사적 배경이 있다. 바벨론 포로에서 귀환한 사람들과 포로로 잡혀가지 않고 그 지역에 남아 거류하던 기존의 팔레스타인인들 사이의 주도권 경쟁에서 귀환한 유대인들이 승리를 하면서 그들이 가지고 있었던 종교적 정체성이 정통으로 서고, 그들은 그것을 확산시켜 나간다.

이렇게 형성된 유대인의 정체성은 곧 유대교의 중심 요소가 된다. 이 시기의 유대교를 최초로 형성된 원시 유대교, 유다이즘이라고 부른다. 그리고 바벨론 포로기 이후에 유대교가 형성되어 기원후 130년경까지의 시기를 구약이 확립된 후기 성서 시대 유다이즘(Post Biblical Judaism)이라고 부른다. 이 시기에 느헤미야와 에스라가 귀환해 성전을 지었다. 그래서 이 시기를 제2성전기 유대교라고 한다. 귀환 공동체 이후 제2성전을 재건하고 당시의 헬레니즘 문화의 혼합주의의 위협 속에서 자기 정체성을 강화하면서 독특하게 정형화된 형태의 종교를 확립해 나간 것이다.[2]

헬레니즘의 도전은 기독교의 관점에서는 기독교회가 세계로 확장되는 데 어떤 형태로든 쓰임 받은 것으로 해석할 수 있다. 반면 유대교의 입장에서는 헬레니즘은 유대교의 존립을 위협하는 거대한 도전이었다. 헬레니즘의 도전에 대한 대응으로 나온 것이 유다이즘의 고착화라고 할 수 있다. 마카비 가문과 하스모니아 왕가는 헬레니즘의 공세 속에서 민족의 독립을 쟁취하였다. 기원전 143년에 독립해서 기원전 63년경까지 약 80년의 독립국가를 형성하면서, 이 시기에 자신들이 점령한 지역에 유대주의를 강요하였다. 당시 독립국가에는 이두매, 사마리아, 갈릴리 등 예수 당시에 이방인이나 다름없는 것으로 멸시 받던 지역까지도 포함되었다.

과거 알렉산드로스 제국이나 이를 계승한 프톨레마이오스와 셀레우코스 왕조는 이 지역에 헬레니즘화를 강요하였다. 독립한 유대는 이에 버금가는 강도로 이 지역의 헬레니즘 문화를 제거하고 엄격한 유대주의를 뿌리내리게 하고자 하였다. 이는 독립된 국가이자 민족적·종교적 공동체로서의 정체성을 분명히 하기 위한 것이다. 유대인들은 사마리아인이나 이두매인들, 즉 북쪽에 있는 지역의 주민들에게까지 강제로 할례를 행하게 하였고, 유대의 율법을 지키게 하여 민족적 정체성을 강조하였다. 결국 이러한 강요된 유대주의로 인해 유대인들과 사마리아인들 사이에 깊은 골과 상처가 생겼다. 요한복음 4장에서 예수와 사마리아 여인의 대화에서 볼 때, 그들은 서로 상종도 하지 않는 갈등 관계에 있었음을 볼 수 있다. 이런 민족적 정체성, 민족 의식의 고양은 유대주의와 민족주의(물론 이는 근대적 의미의 민족주의와 다소 차이가 있을 수 있다)라는 것이 떼려야 뗄 수 없는 관계에 있다는 것을 보여 준다. 이 민족주의는 기원후 70년, 제2성전이었던 예루살렘 성전이 무너지고, 유대인들이 흩어지면서 점차 쇠퇴의 길로 접어든다. 결국 로마 통치에 대항해서 115년과 132년에 유대인들이 일으킨 봉기가 실패하면서, 그 보복으로 유대인들은 팔레스타인 지역에 더 이상 거주하지 못하고 뿔뿔이 흩어진다.

제2차, 3차 유대인 봉기 이후, 초기 유대교에 형성된 하나의 특징으로 자리 잡은 요소가 사라지면서 변화된 유대교를 랍비 유대교라고 한다.[3] 이는 그들의 삶과 종교를 지탱하던 성전이 무너져 내리면서 유대교의 정체성을 유지하던 중심이 옮겨졌기 때문이었다. 당시 유대교에는 바리새파, 사두개파, 에세네파, 열심당 등의 분파가 있었다. 기원후 70년의 유대 전쟁과 그 후의 박해를 거치면서 사두개파, 에세네파, 열심당이 역사에서 사라지고, 유대주의는 바리새파를 중심으로 재편된다. 바리새파 유대주의가 형성한 것이 랍비 유대교이다. 기원후 70년 예루살렘 멸망 이후에 예루살렘에서 종교 · 정치적 중심 역할을 하던 산헤드린을 대체하여 랍비 위원회 혹은 랍비 공동협의체가 탄생했다.[4] 이들이 기원후 90년, 구약성서 39권을 최종적으로 확정한다. 이때 이를 확정한 사람들의 협의체를 랍비 위원회라고 부른다. 그후 팔레스타인 본토와 디아스포라 유대교 전체가 랍비 중심의 제도적 협의체인 랍비 위원회를 중심으로 변화하는데, 이 시점을 랍비 유대교의 출현으로 본다.

이 랍비 유대교의 특징은 책의 종교라고 할 정도로 경전들이 집대성된 것이었다. 이때 유대의 탈무드의 판례들과 율법의 해석을 나타낸 미쉬나가 집대성되고, 5~6세기경에는 팔레스타인의 탈무드, 바벨론의 탈무드가 편집된다. 그리고 정리된 경전들이 유대교의 골격으로 형성이 되었고, 이 골격이 그대로 랍비 유대교로부터 현재의 유대교로까지 이어졌다. 유대교라고 하는 것은 바리새파 유대교의 한 흐름 속에 있는 것이라 할 수 있다. 초기 유대교는 예수 탄생기 전후였던 랍비 유대교의 형성기에 성립된 것이 아니라, 2~3세기 사이에 형성된 것이다. 기원전 100년으로부터 기원후 100년 사이에 유대교의 특징 중 하나였던 종파주의가 나타나 다양한 종파들이 서로 경쟁하였다. 2세기에서 3세기 사이에 이러한 여러 종파들이 바리새파를 중심으로 하나가 된다.

기독교가 도래한 시기를 기원후 30년경으로 간주한다면, 이 시기는 유대교의 다양한 분파들이 형성되는 시기였다고도 할 수 있다. 이런 의미에서 보자면 기독교를 유대교의 한 분파로 여기는 것이 그리 문제시되지 않는다. 앞서 이 시기의 유대교를 원시 유대교라고 했다는 것을 떠올려볼 때, 당시에는 유대교 역시 어떤 완전한 형태가 갖춰지지 않은 상태였다는 것을 알 수 있다. 유대교와 기독교는 다른 종교이기보다는 유대교 여러 종파 중의 하나였다.[5] 유대교로 발전하는 바리새파와 정체성을 달리하던 나사렛파가 기독교로 분리되었다. 다시 말하자면 오늘날 말하는 랍비 유대교라는 것과 기독교는 직접적인 상관 관계가 희박하다는 것이다. 기독교는 랍비 유대교가 형성되려던, 형태가 완전하지 않던 초기의 시점에 독자적으로 형성되었다. 따라서 기독교가 유대교의 뿌리에서 나왔다고 하는 것은 논란의 여지가 있다. 형성기에 여러 갈래로 존재했던 분파들 중 하나의 독자적인 흐름으로 나사렛파가 있었고, 그것이 나중에 바리새파 유대교와 경쟁할 만한 세력으로 본래 유대교의 경계를 넘어서 하나의 독자적인 종교로 성장해 나간 것으로 보는 것이 더 정확한 해석이라고 할 수 있다. 이는 기독교가 유대교의 종파의 하나로부터 나왔다는 것을 부정하는 것이 아니라, 그 당시의 유대교가 가지고 있던 정체성의 요소와 현대 유대교 사이에 차이가 있다는 것이다.

이때 기독교를 유대교의 연장으로 인식할 경우 간과할 수 있는 점들을 제대로 볼 수 있게 된다. 사도행전 24장이나 28장을 보면 바울을 나사렛 이단의 우두머리, 새번역에는 나사렛 이단이라고 부르는 것을 볼 수 있다. 당시 유대교 지도자들이 기독교를 그렇게 인식하고 있었다. 이는 기독교가 당시 어디서든 반대를 받는 파였다는 것을 보여 준다. 당시에 기독교는 다양한 유대교 분파들 중 하나로 인식되면서도 유대인들로부터 반대를 받았다.[6]

왜 초대 유대교와 기독교가 명확하게 분리되지 않는가? 사도 바울이 1차, 2차, 3차 전도 여행을 할 때, 그는 안식일에 복음을 전하러 회당으로 들어갔다. 당시 유대인들의 모임이었던 회당에서 바울을 받아들여 설교단에 세웠음을 말해 준다. 유대인들은 바울이 유대교인이라는 것 자체를 부정하지 않았다. 그가 주장하는 것이 무엇인지 들어 보자는 자세로 바울을 대했다. 그들은 유대교의 다양성 속에서 바울이 하는 주장이 자신들이 판단할 수 있는 범위 안에 있다고 생각했을 것이다. 예컨대 어떠한 목회자가 외부 교회에 가서 초청 집회를 하기만 하면 초청한 교회 내에 갈등과 분열이 생긴다면 다시는 초청 받지 못할 것이다. 초대 유대교 공동체에서도 사도 바울은 그런 대접을 받았다. 당시 유대인들은 바울이 바리새파이며 학식이 있는 유대인이었기 때문에 그가 무슨 말을 하는가 듣고 싶어 했고, 회당으로 불러 설교할 기회를 주었다. 바울이 초청 받아 설교하는 회당마다 분열과 갈등이 생겨나자 결국 그를 배척하였다. 바울은 더 이상 회당을 중심으로 사역할 수가 없게 되었다. 기원후 70년의 예루살렘 멸망 이전까지는 종교로서 기독교는 여전히 터부시되었다. 이렇게 회당에 받아들여지지 못하면서 포괄적인 의미의 원시 유대교 바깥에 있었다. 초기 기독교와 유대교와의 관계를 이러한 사회적 컨텍스트에서 보는 것이 좀더 명확하다.

또 다른 문제는 당시의 사도들이 예수의 탄생과 승천에 대한 믿음과 더불어 유대교와 전혀 다른 기독교회가 시작됐다는 자의식을 분명히 갖고 있지는 않았다는 것이다. 그러한 기독교의 시작에 대한 관점은 오늘날 우리의 신학적인 평가로부터 유추해서 그 시기가 유대교와 별개의 기독교회가 형성된 시기라고 보는 것이다. 그렇기 때문에 당대 사람들이 유대교와 전혀 다른 기독교라는 자의식을 가지고 있었다고 보기도 어렵다. 그들은 유대교에서 대망해 오던 약속의 메시야가 예수 그리스도로 성취된 것으로 보았다. 유대교의 성취라는 측면에서 자신들이 믿는 예수 그리스도를 증거한 것이었지, 유대교와는 전혀 다른 종교를 만든 이로써 예수 그리스도를 이야기하지는 않았다.

기원후 이스라엘 민족이 흩어지게 되는 사건은 여러 의미를 지닌다. 이것은 제2성전기의 종말, 성전 중심의 종교가 막을 내린 것이라고 할 수 있다. 가시적으로 이것이 눈에 보이는 성전의 파괴로 확정되었다. 이 시기를 기독교가 상징적으로뿐 아니라 실질적으로 유대교의 테두리에서 벗어나서 고유한 정체성을 확립한 시기라고 볼 수 있다. 유대교의 성전을 중심으로 한 제의라는 틀을 넘어서 예수 그리스도를 따르는 것으로 신앙의 핵심이 이동하면서 기독교가 유대교와는 구별되는 독자적인 종교로 서게 되었다. 이것은 70년 무렵에 일어난 중요한 역사적 사건이었다.

3. 기독교, 유대의 인종주의와 민족주의를 넘다

기독교와 유대교의 분화가 지닌 역사적 의미를 생각해 볼 필요가 있다. 유대교는 유다이즘이라는 종교인 동시에 유대 민족을 의미한다. 유대교의 지향점, 이스라엘 민족을 이루는 정체성은 무엇일까? 유대인이라는 혈통적·종교적 정체성은 신의 택함을 받은 선민인 자신들과 그렇지 않은 이방인을 명확하게 구별하게 한다. 이는 헬라인이 스스로를 야만인과 구별하여 자신을 문명인으로 인식하게 하는 대립과 유사한 것이다.

당시 유대인들은 신의 백성인 이스라엘 민족으로 살 것인지, 아니면 문명인인 헬라인으로서의 정체성을 가지고 살 것인지 선택해야 하는 도전에 직면했다. 그들이 유대인임을 선택하면 선민으로 살게 되지만, 헬라인이 아닌 야만인이 되는 것이다. 헬라 문화를 받아들여 헬라인으로 살게 되면, 신의 선민이 아닌 이방인이 되는 것이다. 당시에 직면한 이런 도전 앞에서 유대인들은 자신들의 정체성을 확고히 하기 위해 대응했다. 유대교는 헬라 문화의 다신교 사상을 배격하면서 유일신 신앙을 확고히 하고 모세오경을 중심으로 한 토라를 수용함으로 정체성을 확보하였다. 이것이 가져온 결과가 폐쇄주의와 배타성이었다. 신으로부터 택함을 받았다는 것은 천부적 권리라고 할 수 있다. 선민은 인간의 의지나 노력, 선택으로 될 수 있는 것이 아니라, 유대인으로 태어나야 가능한 것이다. 반면 헬라인이 되는 것은 헬라어를 배우고, 헬라 문화를 수용하여 그 생활 방식에 따라 살면 가능한 것이다. 후천적인 노력으로 가능한 선택이다. 단순히 유다이즘을 인정하고 유대교를 수용하는 것이 유대인이 되기 위한 충분조건이 아니다. 그만큼 유대인으로 태어나는 것은 배타적 권리이며, 유다이즘이 강화되는 것은 필연적으로 배타성의 강화로 나타날 수밖에 없다.

유대교와 기독교의 신 인식의 차이에 대해서도 비슷한 관점에서 말할 수 있다. 유대교의 신은 이스라엘 민족에게 선민으로 천부적 권리를 부여한 존재이지만, 기독교에서는 그렇지 않다. 종교적 관점에서 유대교는 민족 종교, 즉 택함 받은 민족의 종교라는 범위를 벗어나지 못한다. 유대의 신이 자신들을 택하고, 자신들을 위해서만 싸웠다는 유대교의 입장은 자기 정체성을 수호하기 위해서 극단적인 배타성을 띠게 되며, 본래의 신 의지의 축소, 혹은 왜곡의 지경으로까지 나아간 것이라고 말할 수 있다. 그런 의미에서 기독교의 신 인식과 인간관은 왜곡된 유다이즘을 회복하는 것이라고 볼 수 있다. 유대교가 배타적인 민족주의로 나아가면서 왜곡된 것을 바로잡는 역할을 종교로서 기독교가 하였다. 기독교가 단순히 유대교의 틀에 머물러 있지 않고, 보편 종교 혹은 세계 종교로 방향을 선회한 것이 궁극적으로 엄청난 차이를 만들어 냈다.

더불어 기독교가 유대교와 구별되는 점은 율법의 종교에서 약속의 종교로 나아간 것이다. 이러한 변화는 신에 대한 인식 자체가 바뀌었음을 나타낸다. 예수의 십자가 상에서의 죽음과 함께 성전의 휘장이 찢어져 둘로 나누어졌다는 성서의 기록은 성전을 중심으로 제사를 드려 율법의 요구를 불완전하게나마 따르던 것에서 이러한 율법의 요구가 완성된 것으로 변화되었음을 보여 준다. 할례와 성전의 속죄 제의가 기독교의 세례와 성만찬으로 대체된 것이다. 더불어 신약성서의 규정을 통해 예수의 가르침은 새로운 신앙의 척도를 마련하였다. 이는 유대교가 감당하지 못한 것, 유대교가 잃어버린 본질을 기독교가 새롭게 회복한 것으로 볼 수 있다. 역사적으로 유대인의 종교로부터 기독교의 역사가 실질적으로 독립하게 된다. 기독교는 모든 계층, 성별, 인종 등을 포용하는 개방성이 있었다. 기독교회는 이전의 신앙 체계에서 분리되어 있던 행위들을 조직화하고, 거대한 종교 집단으로 구성하였다. 이 기독교회는 단순히 종교적 의례뿐 아니라 당대의 철학과 윤리적 가치를 밀접하게 아우르는 것이었다.[7]

출애굽기 19장 6절의 "너희가 내게 대하여 제사장 나라가 되며 거룩한 백성이 되리라"는 것은 무슨 의미인가? 이 언약은 출애굽 당시 이스라엘 백성에게 주어진 명령이자 약속이었다. 그런데 그 약속의 대상은 단순히 이스라엘 백성만 가리키는 것일까? 출애굽기 19장 5절은 "세계가 다 내게 속하였나니"로 시작하고 있다. 유대 민족, 유대 종교를 신봉하는 혈통에만 적용되는 배타적인 권리선언이 아니라, 모든 세계에 대해서 유대인들이 감당할 역할이 바로 화목하게 하는 제사장의 역할이라는 것이다. 신과 화목하게 되는 조건이 유대인이 되는 것이라는 의미가 아니다. 이러한 오해, 잘못된 해석이 유대교 속에 있었다.

사도 베드로는 이에 대해서 신약에서 새롭게 해석하고 있다. "그러나 너희는 택하신 족속이요 왕 같은 제사장들이요 거룩한 나라요 그의 소유가 된 백성이니 이는 너희를 어두운 데서 불러 내어 그의 기이한 빛에 들어가게 하신 이의 아름다운 덕을 선포하게 하려 하심이라"(벧전 2:9).

베드로는 선택 받은 백성이란 혈통적 유대인이 아니라, 예수 그리스도를 따르는 신자 공동체라고 가르친다. 더 이상 유대인이나 헬라인이라는 민족적인 구별은 아무런 상관이 없다. 오직 예수를 따르는 자들이 신의 선택을 받아 세상에 대하여 신과 인간을 이어 주는 제사장의 역할을 해야 한다. 이러한 활동을 통해 이 세계는 신의 뜻에 부합하는 거룩한 나라가 된다. 유대인들이 감당하지 못한, 혹은 유대인들 스스로 포기해 버린 역할을 이제는 그리스도인들, 예수 그리스도를 주로 고백하는 이들을 통해서 수행한다는 것을 의미한다. 역할의 주체가 옮겨졌다는 것이 사도 베드로의 고백 속에 분명하게 드러나 있다.

이러한 시각은 마치 1세기의 종교개혁이라고 부를 만한 중요한 의미가 있다. 본래의 역할을 감당하지 못하던 낡은 종교가 새롭게 회복되고 개혁되는 것이었다. 고등 종교의 가장 큰 핵심은 자기중심성의 극복에 있다. 보편 종교가 되는 것은 그 시대에서 진정한 보편적 가치를 추구해야 가능하다. 그 시대 속에서 진정한 보편적 가치, 세계시민주의를 추구할 때 성장하고 꽃을 피워 대안이 될 수 있다. 기원후 약 100년까지도 그리스도인들은 스스로를 새 이스라엘이라고 생각했다. 이 때문에 유대교와 기독교와의 관계는 밀접했다. 하지만 그리스도인들의 자의식은 이스라엘의 범위를 넘어섰다. 결국 팔레스타인과 헬레니즘 문화권에서 독선과 배타성, 자기중심주의를 극복한 종교는 다름 아닌 기독교였다.

기독교가 자기중심성을 극복하여 보편 종교로 성장했다고 해서, 영원히 자기중심성을 극복한 보편성을 보존해 나갈 것이라고 보장할 수는 없다. 다만 기독교가 성장한 시기는 유대교의 독선과 배타성, 자기중심주의를 극복하면서, 유대 인종, 유대혈통주의와 선민주의를 벗어나서 세계시민주의를 외쳤을 때였다. 이때 기독교는 빠르게 퍼져 나갈 수 있었고 실질적인 영향력을 발휘할 수 있었다.

4. 교회의 갱신 - 자기 중심성의 극복

오늘날 과연 기독교가 독선과 배타성, 자기중심주의를 극복하고 보편성을 지향하고 있는가 하는 질문 앞에서 고민해야 할 필요가 있다. 역사에서 유대주의나 스콜라주의 등 '주의'라고 불리는 것은 어떠한 사상이 이데올로기 단계에 접어든 것을 의미한다. 대부분 새로운 사상적 흐름은 운동으로 시작한다. 이 운동의 특징은 역동성일 것이다. 이런 예를 어디서 찾을 수 있는가? 헬라화의 물결 속에서 유대교의 가치, 유대인의 정체성을 지키기 위해서 일어났던 바리새파 운동도 처음부터 수구적이거나 폐쇄적인 것은 아니었다. 이것의 시작은 헬라 문화에 오염된 유대인의 신앙을 개혁하는 개혁운동이었다. 하지만 바리새파 운동이 그 역동성을 상실했을 때, 유대인만의 이데올로기로 박제화되어 버렸다. 역사에서 이런 예들은 셀 수 없이 많다.

예컨대 12세기 서유럽에서 등장한 스콜라학은 이성과 논리로 신과 구원, 인간 등을 이해하고자 한 것으로, 초보 수준에 머물러 있던 중세 유럽의 지성계에 혁명과도 같은 것이었다. 그 결과 13세기에 오늘의 대학의 모태인 우니베르시타스가 등장하였다. 하지만 모든 것을 사변적 논리로 풀어 나가고자 했던 스콜라학은 스콜라주의로 이데올로기화되어 16세기 종교개혁자들의 개혁 대상이 된다. 루터나 칼뱅, 츠빙글리의 사상 역시 중세의 가톨릭 이데올로기를 극복한 혁명적인 것이었다. 그런데 흥미롭게도 종교개혁으로부터 한 세기가 지난 17세기를 역사는 개신교 스콜라주의 시대라고 부른다. 종교개혁의 혁명적 사상도 한 세기가 지난 뒤에는 생명력을 상실하고 고착화되어 버려 가톨릭 스콜라주의의 전철을 다시 밟았다.[8]

초대교회 역사에 나타난 교회의 역동성을 이야기할 때 그리스도인들은 그에 대해 향수를 느낀다. 오늘의 교회 역시 초대교회와 같기를 바라고, 그것이 올바른 길이라고 생각한다. 역사를 살펴보면, 16세기에도 종교개혁자들이 초대교회로 돌아가고자 하는 노력으로 종교개혁의 혁명적인 운동성을 확보하였다. 이 운동은 17세기 내내 종교전쟁과 프로테스탄트의 분화 과정을 겪으며 역동성을 상실했다. 도르트 신조와 웨스트민스터 신앙고백서 등이 만들어졌지만, 오히려 이 시기는 신학과 지성사가 분리된 시점으로 평가 받는다. 결국 이러한 흐름이 18세기 계몽주의와 탈기독교화의 원인을 제공하고 말았다.

유대교와 기독교의 갈등과 분화를 살펴보며, 오늘날 기독교가 기독교답게 되고, 교회가 이 세상 속에서 자기중심성을 극복하기 위해서는 회복해야 할 것이 무엇인가 고민하게 된다. 유대교의 민족주의의 틀을 극복한 기독교를 생각할 때, 교리를 정교하게 다듬는 노력보다는 보편적인 가치를 회복하는 것이 회복의 길이 될 수 있다. 그렇지 않고 조직화를 추구해서 무엇인가를 바꿔 나간다는 것은 대단히 한계적이다.

본질적으로 바리새파가 지향했던 것도 이스라엘의 신이 어떤 존재이며, 그 앞에 어떻게 살아야 하는가를 철저히 추구하는 것이었다. 신앙의 본질, 삶의 본질에 천착하여 나온 것이 바리새 운동이었다. 이런 신앙의 정화 운동이었던 바리새 운동이 역동성을 상실했을 때, 조직으로 바뀌고, 형식적인 것으로 굳어졌다. 모든 역사 운동의 메커니즘이 그렇다. 본질에 대해서 고민하고, 그것을 회복하고자 길을 찾아 나서는 것, 이것이 바로 이 시대에 바람직한 교회의 모델을 세워 나가고, 우리 시대의 종교개혁을 이끌어 궁극적으로는 사회에까지 영향을 줄 수 있는 방법이다.

결국 기독교를 통해서 그 당시의 로마나 헬라 사람들이 깨달은 것은 교리가 아니라 그들의 삶 속에 무엇인가 다른 것이 있다는 본질에 대한 것이다. 종교를 수용하는 일반 대중이 관심을 가지는 가치는 교리가 아니라 믿는 사람들의 삶이다. 교리로 판정을 내리는 단순하고도 획일적인 시각은 대중과 소통을 이루어 내지 못한다. 교리에 대한 판단과 논리만 점점 강해지고 삶의 측면에서의 영향을 외면하면, 결국 교리나 도그마의 강화로 모든 것이 귀결된다. 이런 부분에서 유대교와 기독교의 명백한 분화 내지는 단절이 일어났다고 본다. 종교가 지향하고 보여 주는 보편적 가치에서 차이가 나는 것이다. 단순히 유대교가 메시야 예수를 부정했기 때문에 사양길로 접어들었던 것이 아니다. 보편적 가치, 신의 인간을 향한 본질에 대한 오해가 오히려 유대교의 자멸을 낳은 것이었으며, 반면에 인간 본질에 대한 재해석을 기반으로 보편적 가치를 추구하는 방향으로 나아갔던 기독교가 역할을 대체한 것이다.

초대 유대교 형성기는 구약성서를 정리하여 확정하는 시기로부터 시작해서 오늘까지 남아 있는 랍비 유대교라는 정체성이 분명하게 확립되기까지 다양한 분파와 흐름이 존재했음을 볼 수 있다. 이러한 흐름의 한가운데라고 할 수 있는 기원전 1세기와 기원후 1세기 사이의 약 200년의 시기를 종파 형성기라고 볼 수 있다. 제2성전기 유대교에서 회당 제도가 핵심으로 자리 잡았다.

여기서 앞서 제기한 질문을 다시 생각해 보자. 기독교와 유대교의 차이를 예수를 그리스도로 인정하느냐 그렇지 않느냐에 둔다는 것은 완전한 답이 아닐 수 있다고 했다. 어떻게 그럴 수 있는가? 조금만 더 생각해 보자. 유대교의 핵심 사상이 메시야 사상이다. 그 메시야가 바로 예수라고 인정하는 것이 메시야를 기다리던 당시의 유대교의 정체성에 어긋나는 것일까? 그렇지 않을 수 있다. 또한 유대인이면서 그리스도인이 된 사람, 즉 할례를 행하고 율법을 지키면서 예수를 그리스도로 고백하는 유대인들이 존재할 수 있었을까? 아니면 예수를 주로 고백한 유대인들은 할례와 율법을 모두 폐기했을까?

이런 이중의 정체성을 가지는 것이 가능할까? 소규모이지만, 바로 메시야닉 쥬(Messianic Jew)라고 불리는 이들이 이 정체성을 유지하고 있었다. 사람들은 대체로 그들을 유대인 중에서 기독교로 개종한 사람들이라고 간편하게 생각한다. 사실 그렇지 않다. 메시야닉 쥬는 유대교의 한 분파이다. 그때부터 지금까지 그렇다. 근대 유대교의 주류를 형성하는 것은 랍비 유대교인데, 이 주류 유대교는 중세 때부터 기독교로부터 많은 핍박을 받았다. 그런데 이렇게 박해 받던 랍비 유대교로부터 가장 처참하게 박해를 받는 집단이 메시야닉 쥬이다. 이 사람들은 왜 핍박을 받았을까? 유대인들은 이들을 그리스도인들보다 너 가혹하게 대하고 있다.

메시야닉 쥬와 그리스도인의 차이가 무엇일까? 유대인들은 메시야닉 쥬가 유대인 공동체를 허무는 집단이라고 생각한다. 기독교는 유대인과 공통분모를 가지고 있지 않은 다른 종교이다. 기독교로부터 박해를 받을 수는 있어도 기독교의 존재 때문에 유대 공동체의 정체성이 무너질 위협을 받지는 않는다. 하지만 메시야닉 쥬들은 유대교의 공동체 안에 있으면서, 주류와는 다른 목소리를 낸다. 현대에도 미국에 이 그룹이 150개가 있고, 전 세계적으로는 200개 정도의 메시야닉 쥬 공동체가 있다고 한다. 심지어 이스라엘에도 약 14,000명의 메시야닉 쥬들이 살고 있다. 그들은 때로 정통 랍비 유대교로부터 극단적인 테러와 여러 견디기 힘든 핍박을 받고 있다. 스스로 기독교로 개종한, 유대인이 아닌 유대교인들로 예수를 약속된 메시야로 받아들인 부류이다. 율법과 할례, 음식 규례와 안식일을 지키고 있다.[9]

그런데 메시야닉 쥬라는 개념은 비교적 근래에 생겨났다. 1895년에 이런 이중의 정체성을 유지하면서 사는 사람들을 메시야닉 쥬라고 정의했으며, 성서적·역사적 유다이즘이라고도 부른다. 이들은 원죄나 사탄, 타락, 삼위일체, 대속 같은 개념들도 받아들인다. 이로 미루어 볼 때,

1세기 기독교 공동체 형성기와 유대교의 형성기에는 오늘의 기준으로 명확하게 구별하기 어려운 다양한 형태의 종교적 제의들이 혼재되었다고 보아야 한다.

유대 멸망 이후 디아스포라 공동체는 헬라 문화의 확산으로 인해 유대주의가 훼손될 것이라는 두려움으로 더욱 배타적인 성격을 띠게 된다. 유대 공동체를 넘어 헬라 공동체 전반으로 확장하고자 하는 그리스도인들과의 갈등이 고조된다. 그 갈등의 결과 역사적으로 90년 팔레스타인의 얌니아에서 열린 랍비 회의를 유대교와 기독교가 결별한 시점으로 본다.[10] 이 회의에 모인 랍비들은 구약 성서 39권의 목록을 결정했으며, 헬라어로 번역된 칠십인역 성서의 권위를 인정하지 않았다. 또한 이 시점 이후 그리스도인들이 유대교 회당에서 축출되게 되면서 독자적인 길을 걷게 된다. 그렇다면 유대교 공동체가 우려했듯이 기독교가 세속적인 헬라 문화를 수용함으로써 세속화되었는가? 오히려 기독교는 고대 유대의 혈통적 인종주의와 헬라의 문화적 인종주의를 극복한 제3의 대안으로서 세계종교화될 수 있었다.

초기 그리스도인들은 새로운 인종,[11] 혹은 헬라인과 유대인과 다른 제3의 인종이라고 불렸다.[12] 그들의 정체성은 헬라인의 문명과 야만의 구분, 유대인의 선민과 이방인의 구분을 넘어서는 것이었다. 그랬기 때문에 인종의 벽, 계급의 벽, 문화의 벽, 성별의 벽을 넘을 수 있었다. 그리스도인들 역시 이러한 정체성을 공유한 듯 보인다. 알렉산드리아의 클레멘트 역시 스스로를 헬라인이나 유대인이 아닌 새로운 제3의 방식으로 신을 경배한다고 했다.[13] 테르툴리아누스는 기독교의 반대자들이 그리스도인들을 '제3의 인종'(tertium genus)이라고 경멸의 의미로 부르는 것을 알고 있었다.[14] 초대 그리스도인들은 인종과, 성별, 계급의 경계를 넘어선 새로운 인종이었다. 유대 그리스도인들은 계속해서 모세의 율법을 지킬 수 있었으며, 동시에 이방인 그리스도인들의 자유도 존중했다. 초대교회 그리스도인들은 경계를 세우고 나누는 이들이 아니라 넘어서는 이들이었다.

하지만 헬레니즘으로 대표되는 문화적 인종주의는 근대 유럽에서 제국주의와 결부되었다. 근대 유럽 제국들은 고대 그리스를 이상적인 체제로 규정하고, 고대 문화와 자신들을 동일시하였다. 이러한 태도가 제국의 열강 침략과 야만적인 문화 약탈을 정당화하였다.[15] 현대 한국 교회 역시 교세가 크게 확장된 이후 종교적 인종주의의 덫에 걸려 있다. 사회적 약자, 성 소수자, 타종교 등 타자에 대한 배려를 교회 공동체 내에서 찾을 수 없는 것은 초대교회의 정신에 비추어 보면 심각한 일탈이다. 오늘날 교회 성장의 정체와 교인 수의 감소 등의 근본 원인이 포스트모더니즘 시대의 정서나 신학적 혼란 때문이기보다는, 교회가 타자에 대한 감수성을 잃어버리고 기독교의 외피를 입은 민족주의나 인종주의에 갇혀 있기 때문은 아닐까? 그렇다면 그것은 문화적·혈통적 인종주의와 자기중심성을 극복하지 못하고 쇠퇴한 헬레니즘과 유대주의에 다름 아니다.[16]

4

대안적 세계관과 가치관의 승리

—

초대교회의 성장과 박해

1. 폐허 위에서 돌아보는 초대교회의 성장

초대교회는 구약의 세계였던 팔레스타인을 넘어 유럽으로 이어지는 소아시아 지역으로 확대되었다. 사도 요한이 계시록에서 초대 일곱 교회에 편지를 썼을 때 그 교회들은 모두 오늘날 터키 지역에 위치하고 있었다. 지리적으로 아시아와 유럽을 연결시키는 다리 역할을 하는 터키는 초대교회의 흔적을 살필 수 있기 때문에 기독교 유적 답사지로 유명하다. 터키는 2차 대전 이후 근대화가 시작되면서 이슬람권에서 최초로 서구화를 시도했다. 터키의 국부로 칭송 받는 케말 파샤는 이슬람식 이름을 버리고 국교를 없앴다. 하지만 현대 터키는 인구의 99퍼센트가 무슬림이다. 한국 전역에 빨간 십자가가 걸린 교회가 있는 것처럼, 터키 어느 지역을 가나 온통 녹색 초승달 상징이 걸려 있는 모스크들이 보인다. 초대 일곱 교회 여행은 지금은 이슬람 지역이 된 과거 기독교 유적을 찾아가는 것이다. 초대교회라고 해서 번듯한 건물을 기대했던 사람들은 대부분이 폐허이고, 심지어는 지진으로 완전히 사라져 터만 덩그러니 남아 있는 것에 놀란다.

한편으로는 그 흔적이 진정한 역사의 교훈이 무엇인가 돌아보게 한다. 옛 유적지 답사를 하다 보면 옛 영화가 사라지고 건물 잔해와 풀만 무성한 터만 남아 있는 곳에 가는 경우가 있다. 널따란 터 위에 존재했던 과거의 영광스러웠던 모습을 상상해 보노라면, 허무한 인간사의 흥망성쇠가 떠올라 처연한 마음마저 든다. 마찬가지로 사방이 초승달 모스크로 둘러싸인 무슬림 도시 한가운데 녹슬어 부스러지는 철제 울타리로 둘러쳐 순전히 관광 수익을 목적으로 연명되는 교회 터와 이곳저곳 흩어져 있는 초대교회의 잔재와 마주하다 보면 오늘의 교회는 어디로 가고 있으며, 어디로 돌아가야 하는지 고민이 켜켜이 쌓일 수밖에 없다.

어떤 신앙을 지키고, 어떠한 신학을 고수할 것인지는 갈수록 큰 고민거리이다. 이런 생각으로 살펴볼 초대교회도 오늘날과 동일한 고민을 안고 있었다. 그 점에서 초대교회사에 대한 배움은 과거 그들이 처했던 그들만의 역사가 아니라 실은 오늘날 동일하게 생각해 봐야 하는 현재의 역사라고 해야 한다. 아마 초대교회가 성장한 원인을 거꾸로 뒤집어 보면 왜 현대교회가 쇠퇴하는가 짐작할 수도 있을 것이다. 흥미로운 현상은 초대교회는 그 성장기와 박해기가 중첩된다는 점이다. 물론 일시적으로 박해기 때에 기독교의 확장이 움츠러든 적도 있지만, 큰 틀에서 볼 때 기독교의 확장기는 결국 기독교 박해기와 같은 시기였음이 드러난다.

이 현상은 당대의 기독교에 적대적이었던 로마의 학자들에게도 대단히 흥미로운 것이었다. 그들은 아주 빠른 속도로 그리스도인들의 숫자가 늘어나고, 그리스도인들만의 일련의 정체성을 확보해 나가는 과정을 대단히 놀랍게 여겼다. 로마의 정신 세계에서는 쉽게 납득할 수 없는 현상이었기 때문이다. 로마인들 입장에서 볼 때 기독교는 신뢰하기에는 그 토대가 부실한 종교였다. 기독교의 가르침을 반박한 2세기의 이교도 비평가 켈수스는 기독교를 받아들인 그리스도인들을 지적으로 열등한 사람들이라고 비판했다. 그는 예수와 그의 추종자들의 사상이 헬라 철학의 아류에 불과하다고 보았다. 그뿐 아니라 기독교가 헬라 사상을 단순히 활용한 것이 아니라, 왜곡하였다고 비난하였다.[1] 무엇보다 이들이 추앙하는 신은 로마로부터 사형당한 예수라는 청년이었다. 그리고 그가 죽은 후 사흘 만에 부활했다는 것을 사람들이 믿고 따르고 있었다. 주로 헬라 문화로부터 도입된 오랜 역사를 지닌 로마의 신들에 비추어 볼 때 예수를 신으로 모시고 경배한다는 것은 매우 놀라운 현상이었다.

더 놀라운 것은 그리스도인들이 기성 권력인 로마 제국의 핍박을 받을 때에 움츠러들거나 패배하지 않았다는 것이다. 오히려 더 단결해서 그 핍박을 이겨 냈다. 기독교에 대해 비판적이고 부정적인 비그리스도인들에게 이 사실은 아주 의미심장하게 다가왔다. 그렇다면 로마의 지식인들은 이런 기독교 확산을 어떤 식으로 이해했을까? 그들은 하나의 사회적인 관점에서 기독교 확산을 해석하려고 했다. 예컨대 과거 국가가 처한 위기를 온 국민이 일체감을 갖고 극복하도록 독려하기 위해 "흩어지면 죽고 뭉치면 산다"는 표현이 사용된 적이 있다. 이와 같이 로마인들이 볼 때 기독교가 성장한 것은 박해로 인한 존망의 기로에서 위기의식을 갖고 똘똘 뭉쳐 극복했기 때문이라는 것. 로마 학자들의 견해도 분명 일리는 있다. 실상 사도 바울이 언급했듯이 초기 기독교회의 구성원들은 문벌 좋은 자가 많지 않았다. 예수의 열두 제자도 일반적인 기준으로 볼 때 뛰어난 인물들은 아니었다. 갈릴리 나사렛 어부 출신이 다수이고 로마로부터 해방을 꿈꾸는 열심당도 있었고, 로마에 양심을 판 세리 출신도 있었다. 사회적으로 볼 때 대부분은 특별하지 않은 평민 출신이었다.

그러나 기독교는 일반 대중에게만 영향력을 준 종교가 아니었다. 네로 황제 재위(54~68년) 때에는 궁중에까지 기독교가 확산되었다. 더 놀라운 것은 150~160년 즈음, 즉 기독교가 시작되고 한 세기 지난 이후 알렉산드리아의 클레멘트는 "부자도 구원을 받을 수 있는가?"라는 제목의 설교를 했다. 이 말을 뒤집어 생각해 보면 그 당시 이미 문벌 좋은 사람들, 부자들이 기독교 공동체 안에 상당히 많이 들어와 있었으며, 그리스도인과 세속의 부의 문제를 어떻게 이해해야 할 것인지에 대해 신학적으로 문제가 야기될 정도였다는 것이다. 그만큼 기독교가 양적으로뿐 아니라, 사회의 가장 낮은 계층에서 상류 계층에 이르기까지 폭넓게 확장되었음을 알 수 있다. 그 조짐은 이미 사도 바울의 서신 중에 '가이사의 집 사람들'(빌 4:22)에게도 문안하라는 문구에 드러나 있다. 가이사의 집 사람들이 왕족을 의미하는 것인지 아니면 그 속에 들어가 있는 하인들을 이야기하는 것인지는 명확하지 않지만 사도 바울이 편지를 쓸 당시에도 기독교가 로마의 고위 왕실에도 전해질 정도로 확산되었다는 것은 분명하다.

2. 교회, 대안적 인간관과 사회관을 제시하다

로마 세계에서 기독교의 성장은 아주 흥미로운 현상이었다. 그렇다면 당시에 로마는 아무런 지배적인 종교가 없었는가? 로마인들은 종교를 가지고 있지 않은 상태에서 기독교의 등장에 매료되었는가? 답은 '그렇지 않다'이다. 당시 로마에는 충분히 다양한 종교, 수많은 신이 이미 존재하고 있었다. 그럼에도 기독교라는 신흥 종교가 나타나 지위고하와 지역을 넘어서 로마인들에게 영향을 주었다. 그 이유는 로마의 전통 종교가 주지 못했던 뭔가를 기독교회에서 발견했기 때문이다.[2] 그 이유에 대해 대략적으로 세 가지 정도를 들 수 있다.

첫째는 바울이 고린도전서 13장에서 노래한 것처럼 기독교의 본질인 사랑이다. 둘째는 기독교회가 내세우고 실천한 인권과 평등 사상이다. 셋째는 로마인의 인식에 비교해 기독교가 지니고 있는 독특한 내세관이다. 어떻게 보면 아주 당연하고 뻔한 이유들같이 들린다. 그렇다면 기독교의 소망, 평등의식과 사랑의 핵심이 무엇이었을까? 우선 사랑을 보면, 성서에서 예수는 사랑할 수 있는 사람을 사랑하는 것을 세리의 사랑이라고 표현했다. 세리도 자기 가족들은 사랑한다는 것이다. 기독교에서 보여 주었던 사랑은 흔히 이야기하는 사랑과는 차원이 다른 사랑이었다. 실제로 1세기의 그리스도인들이 이방 세계의 사람들에게 몸으로 보여 준 것이었다. 기독교의 박애 정신이라고 부를 수 있는 것이 초대교회부터 실천되었다. 당시 로마가 하지 못했던, 가난한 자들을 돌보고 고아와 과부를 돌보는 구제 사역을 교회가 감당했다.

물론 오늘의 시각에서 보면 이것이 그리 새삼스러운 것은 아닐 수 있다. 하지만 당시의 상황에서 보면 그렇지 않다. 로마인들이 사람을 지칭할 때는 오직 남자, 성인, 자유인만을 의미했다. 여성이나 미성년자, 노예는 사람의 범주에 들지 못했다. 이것이 당시의 사람을 보는 시각을 단면적으로 나타내는 것이다. 한 로마 백부장이 예수에게 찾아와 자신의 병든 하인을 고쳐 달라고 했다. 이는 대단히 놀라운 요청이다. 그 당시에 노예들은 움직이는 가구로 불렸다. 다치거나 병들 경우, 집 안에 쓸모 없는 가구를 버리듯이 버릴 수 있는 존재였다. 사회적으로도 그러한 행위가 전혀 문제 되지 않았다. 이런 사회 상황에서 그리스도인들이 버려진 사람들을 데리고 와서 돌본 것이다.

또한 당시의 여성은 사회적으로 심한 차별을 받고 있었다. 남아선호 사상이 폭넓게 용인되던 시기이다. 멀리 집을 떠나 생활하던 한 로마인이 고향의 아내에게 쓴 편지에는 "당신이 잉태했다는 소식 반갑소. 아들이거든 잘 키우고 딸이거든 강가에 버리면 좋겠소"라는 기록이 남아 있다.[3] 영아 살해, 특히 여아 살해는 고대 로마 세계에서 그리 낯설지 않은 풍경이었다.[4] 오늘의 인권의 기준과 시각에서가 아닌, 그 시대의 잣대로 보면 그리스도인들이 베푼 사랑은 놀라운 것이다. 그리스도인들이 버려진 가구 취급 받던 노예를 사람으로 영접하고 고아들을 데려다 키우고 교육했다는 것은 인간의 존엄성에 대한 이해가 남달랐음을 보여 준다. 초대 기독교에는 여성이 남성보다 월등하게 많았는데, 그 이유로 낙태나 유아 살해를 교리와 교회법으로 금지한 것을 든다.[5] 어떻게 초대교회 그리스도인들이 이런 식의 사고를 할 수 있었을까?

바로 성서의 복음과 예수가 그들에게 가르쳐 준 인간관 때문이다. 지나가는 여행자들에게 무료로 숙소를 제공하고 가난한 자들과 나누는 삶을 사는 것은 그들이 이해하는 복음의 관점에서는 당연했다. 당시의 기독교는 오늘로 치면 사회 안전망의 역할을 감당했다. 아주 낮은 계급의 소외된 사람들부터 사회적으로 유력한 사람들까지 흡인할 수 있는 힘이 여기서 나온 것이다. 이에 비하면 현대 기독교는 보여 주기 위한 봉사와 구색 갖추기 식의 구제에 그칠 때가 적지 않다. 또 물질을 베풀기는 하지만 정작 소외 받고 핍박 받는 자들, 우는 자들과 함께 울고, 기뻐하는 자들과 함께 기뻐하는 형제애를 나누는 것은 오히려 인색해 보인다.[6]

로마는 신분제 사회였다. 노예는 부속물이기 때문에 버려도, 심지어 죽여도 무관했다. 이런 사회에서 노예를 동일한 존엄성을 지닌 인격체로 대접한다는 것이 얼마나 어려운 사고의 전환을 요구하는 것이겠는가! 더 중요한 것은 이러한 인식이 항상 기독교회 내에서 이어져 왔던 것은 아니라는 것이다. 중세교회 이래로 근현대 유럽의 역사를 살펴 보면 유럽의 기독교가 인종주의적인 시각을 지닐 때가 적지 않았다. 특히 19세기 제국주의 선교의 시대에 들어서 이러한 현상은 두드러졌다. 영화 '미션'에 보면 예수회 수사들이 남미에 가서 원주민 선교 활동을 하는 모습이 나온다. 예수회 선교사들의 전도로 그리스도인이 된 원주민 소년이 아름다운 성가를 총독 앞에서 부르는 장면이 나온다. 그 노래를 들은 총독은 원숭이에게도 노래를 가르치면 할 수 있다고 폄하해 버린다. 근대의 인종주의적인 편견에 비해 초대교회 그리스도인들은 가히 혁명적인 인간관을 가졌다고 볼 수 있다.

적어도 초대교회에는 현대와 같은 인종주의 개념이 존재하지 않았다. 빌레몬서가 그 예이다. 바울은 도망간 노예 오네시모를 주인 빌레몬에게 돌아가게 하면서, 주인에게 오네시모를 잘 맞아 줄 것을 조언한다. 이에 대해 어떤 이들은 바울을 노예제도를 용인한 전근대적인 인물로 평가하기도 한다. 물론 사도 바울이 성서에서 노예제도 자체를 폐지하라는 얘기를 하지는 않았다. 하지만 당시의 사회적 맥락에서 살펴본다면 대단히 앞서간 인식을 보여 준 것이라고 할 수 있다.[7] 그리고 이 관념은 점진적으로 진보한다. 노예 소유주였던 사람이 그리스도인이 되어 자신이 소유했던 노예를 풀어 주겠다고 선언하고 교회 감독에게 가서 서약하면 이는 사회법과 동일한 효력을 지니게 되었다.

초기의 기독교회는 단순한 종교 기관을 넘어 실질적인 사회 개혁의 선두에 서 있었다. 상징적으로 나타내는 한 가지 사건이 있다. 약 3세기에 로마에서 해방 노예 출신인 칼리스투스가 로마 감독, 즉 교황으로 선출된 것이다. 어느 정도 진정성 있는 행위였는가는 별개로 치더라도, 교회가 지닌 개방성을 상징적으로 보여 주는 사건임은 틀림없다. 여러 가지 사회 경제적 요인이 있지만, 노예제도가 사라진 데 기독교의 역할이 결코 작지 않다. 개인의 존엄과 가치를 주장한 기독교는 노예에 대한 인식도 극적으로 변화시켰다. 로마법에서 인정되지 않던 자유인과 노예의 결혼도 기독교 내에서는 인정되었다.[8]

이 흐름은 중세교회에도 이어졌다. 중세 라틴 교회에서는 그리스도인이 같은 그리스도인을 노예 삼는 것을 금했다. 경제활동에서 필요한 노예를 충당하기 위해서는 비기독교권 지역에서 노예를 공급받아야 했다. 중세 초기에는 슬라브인들이 주로 노예사냥의 대상이 되었다. 노예를 뜻하는 영어단어 슬레이브(slave)가 슬라브인에게서 유래되었다. 또 교황 그레고리우스 1세가 교황이 되기 전, 로마 시내를 거닐다가 노예로 팔려 온 금발머리의 앵글로색슨 미소년을 보고 잉글랜드 선교를 계획했다는 것은 널리 알려진 일화이다.

여성에 대한 시각도 기독교가 바꾸어 놓았다.[9] 당시에 남녀 평등을 이야기하는 것은 시대착오적이다. 여성들이 사회적인 권리를 누리지 못하고 차별 받는 것은 당연해 보였다. 그러나 기독교에서 여성의 역할은 커졌다. 일례로 사도 바울은 자신의 서신 두 곳에서 '브리스길라와 아굴라'라고 남편 대신 아내 이름을 먼저 소개하고 있다. 사도 바울이 초대교회 때에 동역했던 사람 중 여성이 많다. 여성에 대한 인식에서 차별이 없었다. 특히 소아시아 지역은 기독교가 상대적으로 여성친화적으로 발달했다고 평가된다. 사도행전 16장에 나오는 두아디라 출신의 루디아는 최초의 유럽인 개종자라고 알려져 있다. 그녀는 여성으로서 기독교회의 중심적인 역할을 수행했다. 당시 유대교 내에 있었더라면 소아시아 선교의 주도적인 역할을 할 수는 없었을 것이다.[10]

여성 인권의 존중은 종교사회학자들이 이야기하는 기독교의 성장 요인과도 연결된다. 초대교회의 탄압기에는, 그리스도인으로 적발되면 로마의 원형경기장에서 굶주린 맹수의 먹잇감이 되는 공개처형을 당해야 했다. 공개처형이라는 것은 그 자체가 사람들에게 전달하려는 메시지가 있다. 로마에서 그리스도인이 되면 똑같은 운명에 처한다는 공포심과 경각심을 주려는 것이다. 공공 장소인 원형경기장에서 사람을 사자의 밥으로 던져 주었다. 이 처형을 본 로마인들은 그리스도인의 모습을 보고 두 번 놀랐다. 첫째는 그들이 죽음을 의연하게 받아들인다는 사실 때문이고, 둘째는 그리스도인들이 얼마만큼 여성을 위하는가를 보았기 때문이다. 맹수가 달려올 때 여성들을 먼저 감싸고 보호하는 모습에서 여성들에 대한 박애와 사랑을 보았다. 이 때문에 오히려 로마 중산층 여인들이 감동을 받았다는 기록들이 있다. 도미티아누스(재위 81~96년) 때에는 이미 황제의 아내 중 한 사람이 그리스도인이었다. 1세기 말에 황제의 아내가 그리스도인이 되었을 정도로 기독교의 박애 정신에 사람들이 큰 감화를 받았다.

로마인들이 의도 없이 원형경기장에서 기독교를 경멸하고 행한 행위들이, 오히려 그리스도인들을 경외하고 존중하는 결과로 나타났다. 당시로서는 혁명이라고 볼 수밖에 없는 성 인식이 그리스도인들의 세계 속에 나타났다. 여성이 새로운 문화와 종교를 수용하는 데 남성보다 더 개방적이어서 여성이 그리스도인이 되면 가족 모두 그리스도인으로 개종하는 경우가 많았다.[11] 초대교회에서 남성 못지 않게 여성들이 활발하게 교회의 지도적 역할을 수행하기도 했다.[12] 여성 존중과 여성의 교회 내에서의 활발한 역할이 초대교회 성장의 중요한 요소였다는 점을 생각한다면 교회 내에서 여성의 역할에 대한 전향적인 고려가 필요할 뿐 아니라, 남성 중심의 체제에 순응하는 것을 모범적인 여성관이라고 틀 지워 놓고 가두어 버리는 시각을 먼저 해체해야 한다.[13]

마지막으로 초대교회의 성장에서 빼놓을 수 없는 것이 그리스도인들의 인생관 혹은 세계관이다. 로마인들은 헬라 철학의 영향을 받은 사람들이다. 이들은 죽음을 사람이 태어나서 자라고 성년이 되고 장년이 되고 늙으면 죽는 자연현상 속에서 이해한다. 역사에 대한 인식 역시 봄, 여름, 가을, 겨울과 같은 자연의 순환처럼 반복된다고 주장한다. 그리스 사상을 지닌 로마인들에게 역사란 동일한 과정이 무의미하게 반복되는 그 이상도 이하도 아니다. 이를 순환론적 역사관이라고 부른다.

하지만 히브리 사상의 영향을 받은 그리스도인들은 역사를 다르게 본다. 그리스도인들은 역사를 신의 창조부터 종말까지 이어지는 직선적 역사관으로 이해한다. 더 중요한 것은 기독교에서는 역사란 신의 의지가 역사에 실현되며, 역사는 신의 주권 아래 있는 것으로 파악한다. 개개의 인생에 신의 뜻과 목적이 있으며, 그 뜻을 구현하기 위한 것이 인생의 목적이다. 이러한 세계관 속에 살아가는 인생은 그렇지 않은 세계관과 비교할 수 없는 차이를 낳는다. 그뿐만이 아니다. 이 땅에서 어떻게 사느냐에 따라 결국에는 하늘나라에서 결산을 하여 상급을 받는다는 그리스도인들의 독특한 내세관 역시 그리스적 사고를 지닌 로마인들에게는 충격으로 다가왔다. 신을 섬기고, 그 안에서 의미와 가치를 추구하고, 그 가치를 위해 헌신하는 그리스도인들의 모습은 그들에게 신선했다.

그리스도인들의 이런 가치관, 인생관이 가장 극적으로 드러날 때가 언제였겠는가? 바로 박해를 받을 때였다. 그리스도인들은 박해를 받을 때 무엇 때문에 박해를 받는지 이유를 분명하게 의식하고 있었다. 그리고 박해의 고통은 잠시지만 하늘나라에서의 영원한 복락을 누릴 것을 믿기 때문에 의연하고 당당하게 견뎌 냈다. 이방의 종교 제의에서는 발견할 수 없는 그리스도인들의 높은 수준의 윤리 의식과 도덕성 역시 주목을 받았다.[14]

3. 로마의 박해 이유와 양상들

초대교회의 박해를 다룰 때 먼저 생각해야 할 것이 처음 박해한 당사자가 누구였는가 하는 점이다. 성서에 보면 이방인들이나 로마 제국이 그리스도인들을 박해한 것이 아니다. 처음에는 누가 박해를 했는가? 바로 사울과 같은 유대인들로부터 그리스도인들에 대한 핍박이 시작되었다. 유대교의 기독교 핍박이 먼저 일어났다. 그 이유는 간단하다. 초기에 그리스도인들이 늘어나면서 잠식당한 세력이 바로 유대교였다. 열두 제자들을 비롯해 첫 그리스도인들 역시 유대인들이었다. 유대교에 속했던 사람들이 기독교로 개종하게 되면서 유대인 공동체 내에 분열이 생겨났다. 그 수가 늘어나고 영향력을 발휘하게 되면서 그리스도인들은 공동체의 실질적인 위협으로 다가왔다. 그 결과 오히려 기독교 공동체는 유대교 공동체를 넘어서 헬라 문화 속으로 확장될 수 있었다.

초기의 유대교의 박해가 지난 후, 당시 지배 세력인 로마가 그리스도인들을 박해하기 시작했다. 로마의 관점에서 유대교는 합법적이었지만, 기독교는 그렇지 않았다. 교회는 제국의 일체성을 훼손하는 집단으로 간주되어 공개적으로 탄압의 대상이 되었다.[15] 박해는 기독교가 제국에서 공식적으로 인정되기 전까지 두 세기 이상 이어졌다. 하지만 무지막지한 박해가 쉼 없이 지속된 것은 아니다. 매일 수십 명씩 원형경기장에서 사자의 밥이 된 것으로 박해를 극적으로 묘사하는 것은 바람직하지 않을뿐더러 사실과도 부합하지 않는다. 박해는 꾸준히 일어났지만 대체적인 주기가 있었다. 박해기가 지나면 평화기가 오고, 일정 기간 관용의 시기도 있었다. 기독교에 대한 박해는 대체로 로마의 지배자인 황제의 개인적인 성향이나 로마가 처한 정치적인 상황에 따라 정도가 달라졌다.

로마에 의한 박해가 본격적으로 시작되면서 기독교회에는 이전에 등장하지 않았던 두 가지 형태의 그리스도인들이 출현한다. 순교자와 변증가이다. 순교자들은 표현 그대로 기독교 신앙 때문에 로마의 박해로 죽임을 당한 사람들이다. 그들은 사람들에게 수많은 오해와 멸시를 받았다. 순교자들은 자신의 죽음을 통해 그리스도인이 죽임을 당하는 이유, 그리고 살아 있으면서 핍박과 고통을 당하는 이유를 사람들에게 알리고자 했다. 자신들이 믿는 믿음을 죽음으로써 증거한 자들이 순교자들이라면, 기독교 신앙의 편에 서서 진리를 입증하기 위해 살아서 외친 자들이 호교론자라고도 하는 변증가들이다. 이 두 부류의 사람들이 초대교회의 발전과 형성을 설명하는 데 중요한 두 축이라고 할 수 있다.

박해는 64년 로마 황제 네로의 통치 때 본격적으로 시작되었다. 이때부터 313년 밀라노 칙령으로 기독교가 공인되기까지 약 250년 동안 지속적인 박해와 산발적인 관용 정책이 이어진 셈이다. 박해는 시기마다 독특한 특징이 있다. 물론 박해기에 많은 일반 그리스도인도 죽임을 당했다. 하지만 로마의 박해에서 중심이 되었던 것은 교회의 재산 몰수와 성직자들에 대한 박해였다. 또한 기독교의 세력이 쉽게 통제할 수 없이 커진 이후에는 박해의 대상이 사람이 아니라, 성서와 기독교 서적 몰수의 형태로 나타난다. 기독교 신앙의 핵심이라고 할 수 있는 성서를 소유하고 읽는 것을 금하는 것이 기독교에 대한 박해의 한 형태로 등장했다.

여기서 한 가지 짚고 넘어가야 할 것이 있다. 본래 로마는 이방 종교에 대단히 관용적이었다는 점이다.[16] 로마는 피정복지의 종교와 언어, 문화를 인정하는 정책을 취했다. 심지어 로마가 숭배하는 신들이 모두 그리스 신화에서 따온 신들이었을 정도였다. 유독 유대교와 기독교만은 박해를 당했다. 그 이유가 무엇일까? 기독교 박해를 낳은 배경으로서 종교에 대한 로마인들의 인식을 먼저 이해할 필요가 있다. 로마인들은 종교에 대한 인식과 그 역할에 대해 남다른 관념을 가지고 있었다. 그들에게 종교란 개개인의 신앙심을 고취하기 위한 신념 체계이기보다는, 로마 제국이 지향하는 사회 통합과 제국의 일체성을 유지하는 데 필요한 기제였다. 로마인들은 종교를 피에타스(*pietas*)라고 부른다. 이 단어는 흔히 종교에 적용되는 경건이라는 의미와 더불어 충성이라는 의미를 내포하고 있다. 로마가 인정하는 종교를 가진 사람은 로마 제국에 충성하는 제국의 신민으로 동일시되는 것이다. 로마의 사상가 키케로가 "피에타스에서 로마적 의미를 뺀다면 사회 일체성과 정의는 무너질 것"이라고 한 것이 이 때문이다. 이러한 관점을 지닌 로마인들은 기독교를 제국에 도움이 되는 종교로 볼 수 없었다.[17]

그 대신에 로마인들은 기독교를 미신(*superstitio*)이라고 불렀다.[18] 약 110년경 로마 역사가 타키투스가 남긴 서신에도 기독교를 미신이라고 표현하고 있다. 로마에서 기독교는 국가의 일체성을 해치는 미신 중의 하나라는 이유로 탄압을 받았다. 종교를 로마 제국의 일체성에 기여하는 것으로 보는 시각은 비단 박해 시기에만 등장했던 논리는 아니다. 3세기

중엽부터 로마가 게르만 이민족들의 침입으로 점차 쇠퇴해 가면서 로마인들은 쇠퇴의 원인 찾기에 골몰했다. 그 이유 중 하나로 로마를 강성하게 했던 신들을 무시하고 기독교를 받아들인 것을 들었다.[19] 로마 제국에 충성하는 종교 대신 기독교가 들어옴으로써 제국의 일체감이 사라져 결국 지중해 패권을 상실했다는 것이다. 이러한 논리를 반박하기 위해 나온 저술이 바로 아우구스티누스의《신국론》이다.

실제로 미신이라면 정통 종교와는 다른 행태를 보여야 한다. 로마인들의 입장에서는 기독교를 정통 종교로 볼 수 없는 여러 이유가 있었다. 그리스도인들은 로마인의 시각에서 볼 때 베일에 싸인 사람들이었다. 대개 아무도 일어나지 않는 새벽에 조용히 숨어서 예배를 드렸다. 그리고 애찬을 나누며 그리스도의 살과 피를 먹는다는 소문이 돌았다. 자연히 그 배경을 모르는 로마인들에게 식인 풍습을 행하는 것으로 오해를 살 소지가 있었다. 풀 수 있는 오해였지만 어쨌건 로마인들은 이러한 종교 행태를 혐오스럽게 보았다. 또 하나 그리스도인들에게 덧씌워진 혐의는 근친상간이었다. 모두가 다 하나님의 자녀요, 형제자매라고 부르며 성적으로 문란한 반사회적 삶을 산다는 것이다.[20] 이러한 혐의는 반가족적 행태를 조장하는 것으로 비춰지기도 했다. 예수의 가르침도 이런 오해를 부풀리게 했다. "누가 내 형제요 자매냐?" "부모와 자식과 전토를 버리고 나를 따르지 않으면 내 제자가 아니다"라는 것은 반가족적이라는 굴레를 벗기 어렵게 했다. 혈연 공동체인 유대교 공동체에서 그리스도인으로서 믿음을 갖게 되면 가족 공동체에서 떨어져 나와야 하는 현실이 그리스도인들을 가정 파괴의 주범으로 몰고 간 것이다. 열려 있는 공동체에 속하지 못하고 은둔하는 공동체에 들어오다 보니 받게 된 오해들이다. 로마 역사가 타키투스도 유대교 개종자들이 개종 후 우상을 버리고 모국과 부모, 자녀, 친족을 포기하였다는 혐의를 제기했다.[21]

그러나 그리스도인들에게 드리워진 가장 큰 오해는 그들이 무신론자라는 것이다. 폴리갑이 순교할 때 로마인들이 "저 무신론자를 우리 눈앞에서 사라지게 하라"라고 외쳤다. 왜 팔레스타인 지역에서 오랫동안 숭배되던 유대의 신을 섬기는 그리스도인들을 무신론자라고 본 것일까? 로마인들이 가지고 있는 신관에서 볼 때 기독교는 신을 섬기는 종교가 아니었다. 로마인들은 눈으로 볼 수 있는 수많은 신들을 만들었다. 그들은 제우스 같은 신의 조각상을 만들어 신전에 모셔 놓고 경배하는 것을 종교적 제의로 보았다. 로마인들의 눈에는, 가시적인 신들을 인정하지 않고 오로지 보이지 않는 하나님을 믿고 경배한다고 하는 그리스도인들은 실제로는 신을 믿지 않고 인정하지 않는 무신론자로 비춰진 것이다. 더구나 유대 총독 빌라도가 십자가에 처형한 나사렛 출신의 예수라는 청년을 신의 아들로 믿고 따른다고 하니, 기독교는 도무지 수용하기 힘든 신흥 사이비 종교에 다름 아니었다. 로마의 시각에서 볼 때, 보이지 않는 신을 숭배한다는 면에서 유대교와 기독교는 동일하지만, 신흥종교라는 면에서 유대교와 비교해 기독교는 더욱 열등했다. 기독교회 설립 초기 로마 당국은 유대교의 한 분파로 기독교를 인식했다. 그리고 유대교와 기독교의 갈등을 유대인들 사이의 갈등으로 판단하여 개입하지 않았다. 네로 황제 때부터 기독교에 대한 견제 분위기가 감지되었다.[22]

오랫동안 사람들에게 수용된 종교를 로마가 용인해 주었다는 점에서 유대교는 기독교와는 다른 입장에 있었다. 그럼에도 유대교 역시 로마의 박해의 대상이 된 다른 독특한 이유가 있다. 유대교는 그 출현 자체가 외세의 핍박과 침략에 맞서 유대인들의 정체성을 지키기 위해 형성되었다. 항상 지배 세력인 로마에 대항하였기에 로마는 유대교를 잠재적으로뿐 아니라 실질적으로 반국가적 종교로 인식하고 있었다. 이 시각은 기독교에 대해서도 그대로 이어졌다.

로마에서 허용되지 않은 이방 종교를 받아들이는 것은 로마 시민들에게 금지되었다. 그리스도인들에 대한 핍박은 단순히 인정되지 않는 종교를 신봉하기 때문만이 아니라, 로마 시민에게 요구되는 제국에 대한 애국심의 결여라는 정치적인 이유에 기인한 것이기도 했다.[23] 예를 들어 로마의 황제숭배가 행해지면서 로마 제국에 속한 모든 신민은 황제에게 절을 해야 했는데 그리스도인들은 거부하였다. 황제에게 절하는 행위를 우상숭배로 보았기 때문이다. 하지만 같은 현상을 보는 로마 황제의 입장은 다르다. 단순히 황제에게 절하는 행위와 기독교 신앙을 지키는 것이 양립할 수 없다는 전제를 이해할 수 없는 것이다. 황제에게 절도 하고 자신의 신앙을 지킬 수도 있는데, 그렇게 하지 않는 이유를 황제가 신이 아니라고 믿어서가 아니라, 로마 제국에 대한 애국심, 충성심이 부족하기 때문이라고 본 것이다.

유대교와 비교해서, 로마의 입장에서는 기독교를 관용하기 어려운 점이 한 가지 더 있다. 유대인들은 혈통적 동질성이 강하다. 누구나 원한다고 유대인이 될 수 있는 것이 아니다. 그리고 이방인으로서 유대교에 관심이 있다 할지라도 할례와 여러 가지 율법을 준수해야 한다는 점에서 유대교에 입교하기는 쉬운 일이 아니다. 근본적으로 유대교의 범주는 유대인 공동체를 넘어서지 않는다. 반면에 기독교는 유대인이나 이방인이나 차별이 없다. 그리스도인이 되기 위해서 유대교에 입교할 필요도 없고 율법을 지킬 의무도 없다. 유대교와 달리 기독교는 문자 그대로 누구나 받아들일 수 있다. 기독교가 잠식하는 세력은 잠재적으로 비유대인들, 즉 로마인들이다. 이 점에서 기독교는 로마 제국을 흔드는 새로운 위험 요소로 자라 가고 있었다.

공식적인 기독교 박해는 네로 황제 때 시작되었다. 64년 6월 19일 발생해 7일간 지속된 로마시의 대화재로 인해 도시의 3분의 2가 불탔다.

대부분 목조건물들이었기 때문에 화재의 피해는 걷잡을 수 없었다. 네로 황제가 자신의 취향에 맞게 로마 시를 재건축하기 위해 일부러 불을 냈다는 소문이 시중에 떠돌았다. 또 실제로 그랬을 것이라고 보는 역사가들도 다수 있다. 당대 이 사건을 목격하고 기록한 로마사가 타키투스는 고의로 네로가 불을 낸 것은 아니라고 적고 있다. 하지만 네로의 폭정으로 괴로워하던 민중은 황제에게 혐의를 돌릴 수밖에 없었다. 이를 무마하기 위해 네로가 유대인과 그리스도인들에게 책임을 전가한다. 로마인들은 예루살렘의 유대인들이 로마에 극단적으로 항거하는 상황을 알고 있었다. 이 항거의 결과 70년 예루살렘 멸망과 함께 민족 자체가 팔레스타인에서 흩어지게 되었다. 그들이 볼 때 유대인들은 얼마든지 방화와 같은 범죄를 저지를 수 있는 민족이었다. 로마에 살고 있는 유대 그리스도인들은 이렇게 희생양 삼기에 가장 좋은 대상들이었다.[24] 네로가 자신을 향한 비난과 의심의 화살을 모면하기 위해 로마 시민들의 관심을 그리스도인들에게 돌렸다. 그리고 참혹하게 그리스도인들을 핍박하고 죽였다. 기독교에 대해 호의적이지 않았던 타키투스조차 이 핍박이 얼마나 참혹했는지 그리스도인들에게 동정심이 생길 정도였다고 기록하고 있다.[25] 그는 그리스도인들의 죽음이 사회의 공공선이나 안녕을 위한 희생이 아니라, 네로라는 한 인간의 광적인 잔혹성을 충족시키기 위한 것이었음을 분명하게 밝히고 있다.

이 최초의 박해 때에 사도 베드로가 순교했다고 전해진다. 다음 박해는 도미티아누스 황제 때에 이루어진다. 이때 사도 요한이 밧모 섬으로 유배를 갔다고 전해진다. 이 두 박해의 특징은 네로와 도미티아누스는 모두 자신들이 처한 정치적 난관을 극복하기 위해 그리스도인들을 희생양으로 삼았다는 것이다. 네로의 박해는 로마의 잔혹성을 적나라하게 드러내는 박해였다. 그러나 박해는 점차 정교화, 조직화, 세분화된다.

도미티아누스 황제의 경우 유대인과 그리스도인을 구별하지 않고 박해를 가했다. 이 당시는 이미 그리스도인들의 수가 늘어 대규모의 박해를 통해 그리스도인을 뿌리 뽑기가 어려운 상황이 되었다. 국지적으로 박해가 행해졌다. 지역마다 통치자가 누구며 어떤 이념을 가지느냐에 따라 박해의 모습이 달라졌다. 일반적으로 그리스도인을 색출하여 체포하는 식의 박해보다는, 제3자가 어떤 혐의점을 갖고 그리스도인을 고발할 경우 잡아들였다. 체포된 그리스도인에게 기독교 신앙을 부인하도록 회유와 협박을 한다. 그리스도인들에 대해 접근하는 시각이 달라지고 있음이 보인다.

트라야누스 황제 때는 법에 따른 정교한 박해가 이루어진다. 125년에 내린 황제의 칙령은 안식일에 회당에서 읽는 율법을 금지하고 예루살렘 성전 터에 제우스 신전을 세우고 우상 제사를 강요하였다. 또한 기독교를 받아들이는 것은 국법을 어기는 죄로 처벌하였다. 초기 네로의 박해 때에는 무조건적이고 무자비한 핍박만이 기다리고 있었다. 점차 시간이 흐르면서 그리스도인의 수가 늘어나자 극단적인 정책만으로 실효를 거둘 수 없었다. 유화정책이 도입된 것이다. 그리스도인들이 체포되면 사형에 처해지던 데서, 신앙을 공개적으로 포기하고 로마에 충성하기로 맹세하면 처벌을 면해 주는 것으로 바뀐다. 이 기회를 거부할 경우에는 엄격한 처벌을 피할 수 없다. 이렇게 해서 그리스도인들 중에 새로운 부류가 등장하게 된다. 바로 배교자들이다. '순교는 영광'이라고 한 안디옥의 감독 이그나티우스도 이 박해 때에 순교한다. 이때부터 그리스도인으로서 이 땅에서 누릴 수 있는 최고의 신앙적 영예가 순교라는 등식이 등장한다. 배교를 선택하지 않고 신앙을 위해 자발적으로 죽음을 선택한다는 면에서 순교를 영광스러운 것으로 보기 시작했다.

하드리아누스 황제(재위 117~138년)의 박해 때에 사도 요한의 제자로 알려진 서머나의 감독 폴리갑이 순교한다. 본래 박해가 시작되었을 때 폴리갑의 나이가 너무 많아 주변 사람들이 그에게 숨으라고 권고하였다. 폴리갑은 은둔하다가 체포된다. 그는 이때 순교가 자신에게 주어진 뜻임을 받아들였다. 폴리갑의 체포는 로마 집행관들에게 고민을 안겨 주었다. 이 나이든 노인을 잔인하게 죽이면 사람들의 마음이 동요할 것이 뻔했다. 그래서 폴리갑을 회유하였다. "당신이 기독교를 부인하는 말만 하면 용서해 주겠다." 사형장에서 폴리갑이 대답한다. "내가 86년간 예수를 섬길 동안 그분은 한 번도 나를 배반한 적이 없는데 내가 어떻게 그분을 배반하겠는가?" 폴리갑은 의연하게 순교한다. 폴리갑의 죽음은 수많은 순교자의 죽음 중의 하나이다. 하지만 사람들은 이 폴리갑의 죽음을 보고 큰 두려움을 느낀다. 폴리갑이 믿고 따르는 예수가 누구이기에, 그를 위한 죽음을 영광스럽게 여길 수 있단 말인가? 죽음 앞에서 자신의 신앙을 고백한 폴리갑을 목격한 사람들은 오히려 기독교에 대해 동정과 관심을 갖게 된다. 로마는 기독교회에 대해 이런 식으로 핍박하는 것이 무슨 실효성이 있는지 고민하게 된다. 그 결과 폴리갑의 순교 이후 아시아에서 순교 역사는 종지부를 찍게 된다.

박해 앞에서 순교자들의 의연한 죽음은 살아남은 그리스도인들에게 믿음에 대한 확신과 더불어 큰 용기를 주었다. 하지만 때로 부작용도 낳았다. 박해를 유도하여 순교를 자청하는 이른바 자발적인 순교 후보자들이 나타난 것이다.[26] 이 문제를 떠안은 것이 교회였다. 교회가 이렇게 순교를 원하는 자들을 어떻게 처리해야 하는지 고민하게 되었다. 위대한 동방 교부 오리게네스(185~254년)가 그랬다. 그는 부친이 신앙 때문에 순교한 순교자 집안의 자녀였다. 오리게네스 역시 그리스도인으로서 최고의 영예인 순교자가 되고자 결심했다. 그러나 어머니와 친족들이 오리게네스를 만류한다. 고집하는 오리게네스를 집 안에 발가벗겨 가두고 밖으로 내보내지 않았다.[27] 만약 그가 자신의 뜻대로 순교했다면 초대교회 신학은 훨씬 퇴보했을 것이다. 순교란 최고의 영예임에는 분명하지만, 인간의 의지로 선택할 수 있는 것은 아니다.

아우렐리우스 황제(재위 161~180년)는 《명상록》으로 잘 알려진 철학자이다. 그는 처음에는 그리스도인들에게 관용을 베풀었으나 후에 기독교 박해의 대열에 동참한다. 아우렐리우스의 박해의 동기는 좀 다르다. 그가 볼 때 예수를 신으로 떠받드는 그리스도인들은 우매한 자들이었다. 그들을 몽매한 신앙에서 계몽시키려는 명목으로 핍박이 행해졌다. 그 당시에 순교자 유스티누스가 순교하고 프랑스 리용 지방에서도 50명 이상의 순교자가 생겨났다. 이 박해 당시에는 그리스도인들을 색출해 지도자를 투옥시키는 방법이 흔히 사용되었다. 순교보다는 투옥이 주로 이루어졌다는 것은 그리스도인들의 세력이 커졌으며, 공개 처형이 실제적인 효과를 거두지 못했다는 반증이다.

그 이후 기독교가 공인될 때까지 간헐적으로 이어졌다. 로마가 대하는 기독교의 양상은 이전과는 판이하게 달라진 것이다. 이때 로마가 선택한 방식이 황제에게 절하는 것이었다. 데키우스 황제(재위 240~251년) 시절에는 황제에게 일정한 예만 갖추면 기독교 신앙을 누릴 자유를 얻었다. 분명 그럴 듯한 유화책인 동시에 유혹이었다. 로마는 황제에게 절한 사람들에게는 증명서(*libelus*)를 발부했다. 그 증명서를 가진 사람은 제국의 충성스런 신민으로 인정되는 것이다. 반면에 이 증명서를 가지고 있지 않은 사람들은 신앙의 지조를 지킨 사람들이다.

발레리아누스 황제(재위 253~260년) 때 재개된 박해는 종교적인 이유만이 아닌 경제적인 이유도 있었다. 이 시기는 로마의 침체기였다. 북아프리카에서는 거의 새로운 공공 건물이 지어지지 않을 정도로 경제적인 어려움이 있었다. 하지만 교회는 달랐다. 카르타고에서는 성직자들이 안정적인 급여를 받았다. 로마에서는 교회가 1,500명의 과부와 가난한 사람들에게 보조금을 지불할 수 있을 정도였다. 이 당시에는 제도교회의 재산을 몰수하고 지도자들에게 박해를 가했다.[28] 그후 311년 갈레리우스 황제가 임종 시 관용령을 내려 박해는 사실상 종료되었다.[29]

4. 박해가 남긴 유산, 그리고 오늘의 과제

이 박해가 남긴 문제가 무엇일까? 순교냐, 배교냐의 양 갈래 선택에서는 한 사람의 신앙이 분명하게 드러난다. 죽느냐 사느냐의 문제라면 신앙생활이 죽음을 각오한 삶이 된다. 참된 신앙을 가지고 있다면 언제든지 순교를 당할 마음 준비를 해야 했기 때문이다. 그런데 이제 신앙을 지킨다는 것에 대한 여지를 주는 일이 발생했다. 다만 절하기만 하면 되니까 기독교 신자들 가운데 고민이 생겨나는 것이다. "단순히 절만 하고 증명서를 받으면 되는데, 이것이 신학적으로 심각한 문제인가?"라는 질문이 충분히 제기될 수 있었다. 그러나 그 결과는 그리 간단하지 않았다. 이 문제로 인해 교회는 최초로 분열을 경험한다. 무자비한 박해 앞에서 교회는 단결했지만, 유화책 앞에서 교회는 분열했다.

일제강점기에 일본이 한국 기독교에 강요한 방식이 신사 참배였다. 살아 있는 신이라고 주장하는 일본 황제에게 단체로 절하기만 하면 교회의 모든 활동을 용인해 준다는 것이었다. 신사 참배를 거부한 이들이 출옥했을 때 신사 참배한 자들과는 함께할 수 없다고 선을 그었다. 반면 신사 참배를 했던 이들은 더 힘들게 밖에서 교회를 지켰노라고 주장했다.

한 가지 예를 들어보자. 디오클레티아누스 황제(재위 284~305년)는 둘째 부인을 비롯해 황실의 관원들 중 많은 사람이 그리스도인이라는 것을 알게 된다. 이제는 황제가 사람을 살리고 죽이는 차원에서 박해할 범위를 넘어선 것이다. 하지만 그는 기독교를 완전히 용납하면 사회 기강이 무너진다는 절박함을 안고 있었다. 이때 취한 박해 정책이 그리스도인들이 읽고 믿는 성서를 압수한 것이다. 성서를 압수하러 다니는 로마군인들은 그리스도인들이 가지고 있는 책이 성서인지 아닌지 분간하지 못했다. 그 결과 그들은 그리스도인들이 가지고 있는 모든 책들을 빼앗는다. 이른바 초대교회판 분서갱유가 일어났다.

교회 내에서도 이 문제로 인해 고민이 깊어진다. 책을 압수한다고 해서 성서를 내놓는 것이 배교인가, 아닌가? 예수를 부인한 것도 아니요, 황제에게 절하고 증명서를 받는 것도 아니라, 다만 책만 넘겨주었을 뿐인데 배교자로 낙인 찍는 것은 지나친 것은 아닌가? 한국어 표현에서는 똑같이 배교자라고 하지만 라틴어 표현에서는 이 둘이 엄밀하게 구분되어 있다. 신앙을 버린 배교자들을 *apostata*라고 부르는 반면, 책을 넘겨준 배교자들을 *traditor*라고 한다. 그리스도인들이 책을 넘겨주는 (trade) 박해 때부터 파생한 용어이다. 엄밀한 의미에서 성서를 넘겨주었다는 것은 신앙의 양심을 넘겨준 것으로 여겨졌다.

이러한 형태의 배교는 핍박기가 끝난 이후 교회에 거대한 후폭풍을 남긴다. 기성 교회는 도나투스파와 갈등과 분열을 겪는다. 핍박의 시기가 끝나고 평화기가 돌아오면서 교회 내는 핍박을 견딘 사람들과 변절했다가 다시 회개하고 돌아오려는 사람들 사이의 갈등을 겪는다. 그들을 받아줘야 하는지, 그렇지 않은지가 문제의 핵심이었다. 이 갈등은 교회를 어떻게 볼 것이냐에 대한 고민으로 이어진다. 북아프리카의 도나투스는 배교한 자들을 교회가 수용할 수 없다고 주장한다. 배교자들을 다시 교회가 받아들이면 교회의 수준이 떨어진다고 본 것이다. 이 논쟁은 잠시 동안의 논쟁이 아니라 기독교 공인이 된 훨씬 이후 아우구스티누스 때까지도 교회 내에서 벌어졌던 첨예한 논쟁이었다.

박해가 남긴 결과는 다양하다. 박해로 인해 교회가 정화되었다. 박해의 때에 신자들은 스스로의 정체성을 확인한다. 진정으로 예수에 대한 신앙을 고백하고 있는지, 자신의 신앙을 위해 십자가를 지고 골고다를 오를 수 있을 것인지가 드러난다. 평화로운 관용기에는 심각하지 않던 문제들이 핍박의 때에 드러나 열매와 쭉정이가 구분되듯이 갈라진다. 박해의 때는 어느 것이 진짜 열매인지, 어느 것이 쭉정이인지 드러나는 때이다. 또한 박해는 역설적이게도 교회가 확산되는 결과를 낳았다. 박해를 받음으로써 교회가 움츠러들어야 되는데 오히려 박해 때 더 많은 사람들이 기독교 신앙으로 돌아오게 된다. 박해 받고 순교하는 자들을 통해 기독교의 위대성이 드러나게 되었다. 터키 세바스테의 박해와 관련하여 '40인의 순교자'의 전설이 있다. 얼음물에 그리스도인임을 고백한 군인 40명을 집어넣고 서서히 얼려 죽인다. 그리고 그 반대편에는 따뜻한 목욕물을 받아놓고 빠져나오면 편안히 쉴 수 있게 한다. 견디다 못한 한 사람이 빠져나와서 따뜻한 목욕물 속으로 들어간다. 남은 39명은 흔들리지 않고 기도하고 찬송하면서 의연하게 죽음을 맞이한다. 간수로서 그들을 지켜보던 병사 한 명이 기독교 신앙에 감동을 받아 얼음물 속으로 들어가 함께 순교한다. 이로써 40인의 순교자가 탄생하게 되었다.[30]

기독교는 말로 증거되기보다 죽음으로써 더 많은 증거를 보였다. 초대교회 당시에는 증인이란 말이 순교라는 말과 동의어로 쓰였다. 이중적인 의미이다. 하나는 진정한 증인으로 살려고 하면 순교를 각오해야 한다는 것이고, 또 하나는 한 사람의 순교는 산 자들이 복음을 전하는 이상으로 훨씬 더 큰 신앙의 증거를 남긴다는 것이다. 북아프리카의 신학자 테르툴리아누스는 "순교자가 흘린 피가 교회의 씨앗이다"라는 유명한 말을 남겼다. 순교자들이 흘린 피를 통해서 교회의 씨가 틔었고 자라고 열매를 맺었다는 것이다.

물론 그 당시와 오늘의 모습을 획일적으로 비교하는 것은 무리가 있지만 순교자들의 신앙은 여전히 우리에게 유효한 질문을 던진다. 오늘날 기독교는 독단성과 비타협성으로 많은 비판을 받고 있다. 특히 기독교의 교리적 배타성에 대해 공격 받으면 적절한 대답을 하기 어려운 것이 사실이다. 그리스도인들과 교회의 잘못된 행태에 대한 비판은 감수하고 수용할 수 있으나, 신앙의 본질이자 핵심에 대한 문제에 있어서는 섣부르게 답하기 곤란하다. 한 걸음 양보해 타협하면 관용의 모습은 가지겠지만, 교회의 근간이 되는 복음의 본질을 지켜나갈 수 있는가 하는 문제에서는 답이 나오지 않기 때문이다.

현대 유럽 교회의 쇠퇴에 대해 여러 가지 원인을 얘기한다. 그중의 하나는 교회가 사회적 관용과 사랑, 평등이라는 인류의 보편적 가치를 복음의 본질과 양립시키는 데 실패했기 때문이라는 것이다. 하지만 교권주의에 빠진 권위적인 종교의 폐해만을 유럽 기독교의 쇠퇴의 원인의 전부라고 할 수는 없다. 그 책임 소재를 떠나 기독교 복음의 가치가 부정되고 상대화된 것도 종교로서의 기독교가 쇠퇴하게 된 큰 이유이기 때문이다.

유럽의 기독교는 점차로 세속화의 길을 걷고 있다. 반면 유럽에 뿌리를 확장하고 있는 이슬람은 훨씬 강한 보수적 입장을 지닌다. 유럽에서 가장 빠르게 성장하는 종교가 이슬람이다. 그리고 세속화된 백인 기독교 사회와 강고한 종교 사회인 이주 무슬림 사회가 첨예한 대립을 낳고 있다. 여러 해 전, 진보적 입장의 전직 캔터베리 대주교 로완 윌리엄스가 영국 사회의 일체성을 높이는 데 필요하다면 이슬람 종교법인 '샤리아'도 수용할 것을 고려해야 한다고 언급해 당시 사회를 혼란에 빠트린 적이 있다. 유럽의 다른 나라와 마찬가지로 영국은 제2차 세계대전을 겪으며 생긴 인력난을 보충하기 위해 인도, 파키스탄, 방글라데시, 예멘 등 과거 식민지 국가에서 이민자들을 대거 받아들였다. 이들이 영국에 들어온 후 백인 사회와 혼합되지 못하고 독자적인 공동체를 이루며 반세기 이상을 지내 왔다. 소규모 공동체였을 때에는 사회적으로 큰 문제가 되지 않았지만, 이들 공동체가 영국 사회에서 무시할 수 없는 규모로 커지게 되자 기존의 영국 사회와 갈등이 불거졌다. 더욱이 이들 이민 공동체가 대다수 무슬림으로 구성되어 이 문제는 종교 문제와 결부되어 풀어 나가기 매우 복잡한 문제로 대두되었다.

영국을 포함한 유럽 교회나 신학계는 사회 속에서 기독교의 효용에 대한 깊은 고민에 빠져 있다. 다원주의 신학, 포스트모던 신학도 이러한 컨텍스트 속에서 출현했다. 포스트모던 신학의 선구자로 잘 알려진 존 힉은 젊은 시절 복음주의 학생 단체에서 활동하였다. 하지만 그는 자신이 소속된 지역 공동체의 다양한 종교를 연구하면서 기독교 복음만의 절대성을 주장하던 데서 입장을 선회한다. 사회 상황 속에서 존 힉의 신학이 뿌리내리고 영글어 간 것이다. 그러나 동시대 네슬리 뉴비긴과 같은 영국의 복음주의자들은 존 힉의 신학이 '목욕물을 버리려다 아기까지 함께 버리는' 우를 범한 것이라고 비판하였다.

오늘의 한국 교회에서도 기독교의 가치와 절대성을 강조하는 집단일수록 더 비타협적이고 불관용적이고 수구적인 행태를 보이는 것을 어떻게 읽어야 할까? 이와 반대로 사회의 보편적 가치의 회복을 위해 애쓰지만 기성의 기독교가 중요시하는 가치를 외면한 진영 역시 순수한 일반 그리스도인을 무지한 계몽의 대상으로 볼지언정, 그들의 건전한 종교적인 욕구를 채워 주기에는 버거워 보인다.

쾌도난마와 같은 해답만을 즐겨 듣고, 믿음의 확신만을 요구 받는 한국의 그리스도인들에게 이러한 문제 제기는 쓸데없이 위험한 고민만 안겨 주는 것일지도 모르겠다. 하지만 초대교회도 성장과 박해의 시기에 이 고민은 비껴갈 수 없었다. 순교를 각오하면서까지 지켜야 했던 그들의 믿음이 맹목이었는가, 아니면 진리를 위한 진실한 헌신이었는가? 그렇다면 오늘의 교회에서도 동일한 가치가 주장될 수 있는가? 어떤 해답을 주장하기 전에 이런 고민은 과거 그들이 마주했던 그들만의 것이 아니라, 오늘날 우리도 동일하게 안고 있는 것임을 인정하는 것부터 시작해야 한다. 또 초대교회의 성장의 원인을 뒤집어 보면 오늘의 교회가 사회 속에서 외면 받고 있는 원인을 파악할 수 있을 것이다.

분명한 것은 적어도 순교자들은 신앙의 본질을 타협하지 않았기에 그 자리에 갈 수 있었다. 이 지점에서 초대교회가 박해 앞에서 신앙이 정화되고 성장했다는 것이 우리에게 주는 의미는 결코 작지 않다. 아마 박해 없이 살아가는 우리의 신앙은 진지하게 검증된 것이 아닐 수 있다. 진리라고 소리 높여 주장하는 것이 진정한 믿음에서 나오는 것인지는 박해가 가해질 때 드러날 것이다.[31] 그러므로 이 시대는 역설적으로 박해가 필요한 시기인지 모른다. 기독교가 정화되기 위해서, 그리고 올바른 성장을 이루기 위해서.

5

죄인을 구원하는 은총의 통로

—

라틴 교회

1. 라틴 교회, 헬라 문명을 넘어서다

시기적인 순서를 엄밀하게 따지자면 라틴 교회보다 동방 교회를 먼저 다루는 것이 맞다. 동방 교회의 전통 위에서 라틴 교회가 탄생했기 때문이다. 하지만 우리에게 익숙한 전통을 먼저 다루는 것이 접근하는 데 용이하기에 편의상 라틴 교회부터 거꾸로 교회의 전통을 추적해 간다. 라틴 신학이라는 통로를 거슬러 들어가야 동방 신학에 다다를 수 있다. 궁극적으로는, 한 걸음 더 나아가 초대교회의 문화적 토대였던 동방 교회의 전통을 기반으로 서방 전통을 재고해야 한다. 이것이 우리가 낯설지만 동방 신학으로의 여행을 해야 하는 이유이다.

라틴은 본래 이탈리아 남부 라티움 지역에서 사용하는 언어를 가리키는 말이다. 여기에서 중세 유럽의 공용어였던 라틴어가 나왔다. 보통 라틴 교회라고 할 때에는 라틴어를 공용어로 쓰는 지역의 교회를 뜻한다. 이 구분에 따르면 라틴어를 사용했던 서유럽 교회와 북아프리카 교회가 라틴 교회에 속한다. 중세 시대로 넘어가면서 북아프리카 지역이 이슬람의 영향권 아래에 놓이게 되어, 라틴 교회는 서방 교회, 서유럽 교회, 가톨릭교회와 동일한 의미로 사용되고 있다.

이 라틴 교회와 구별하여 지리적으로는 소아시아 지역에 위치하고 있으며 언어로 헬라어를 사용하는 지역의 교회를 통상 정교회, 헬라 교회, 동방 교회, 동방정교회 등으로 부른다. 당시 로마 제국의 구분으로는 서로마 지역의 교회가 라틴 교회이고, 동로마 지역의 교회가 동방 교회에 속한다.

하지만 처음부터 라틴 교회와 동방 교회가 대등한 관계에서 출발한 것은 아니었다. 라틴 교회는 기독교가 탄생한 지역인 헬라 교회의 뿌리로부터 나왔기 때문이다. 간단한 예를 들어 보자. 초대교회 당시 로마의 그리스도인들은 예배 때 무슨 언어를 사용했을까? 당연히 라틴어 예배였을 것이라고 추측하기 쉽다. 하지만 초대 로마의 그리스도인들의 예배 언어는 헬라어였다. 첫 로마 그리스도인들 대부분이 소아시아 및 헬라 문화권 지역에서 건너간 무역업자나 상인들이었기 때문이다. 처음 로마 교회는 오늘날의 개념으로 보면 이민 교회로 시삭하였다고 할 수 있다. 이를 뒷받침하는 증거들은 많이 있다. 사도 바울이 로마에 있는 성도들에게 편지를 쓸 때 라틴어가 아닌 헬라어를 사용했다. 또 신약성서는 모두 헬라어로 쓰여 있었다. 로마에 있는 성도들이 모두 헬라어를 이해했다는 것을 의미한다.

당시 지중해 세계에서 헬라어는, 현대의 영어처럼 만국 공용어의 역할을 하는 국제적인 무역언어이자 상업언어였다. 로마에서도 대부분의 사람들이 헬라어를 알고 있었다. 초대교회에서 서유럽 지역으로 선교사를 파송할 때에도 마찬가지로 헬라어를 아는 사람을 보냈을 것이다. 소아시아의 서머나 교회에서 이레니우스라는 성직자를 프랑스 갈리아 지방의 감독으로 파송한다. 그가 프랑스에서 사역할 때 사용한 언어 역시 헬라어였다. 서방 교회에서 헬라어 사용은 3세기 중반까지 이어졌다. 기독교가 공인되기 채 60년이 남지 않은 시점까지 동·서방을 막론하고 모든 교회의 언어는 헬라어였다는 것이다. 동·서방 교회가 참여하여 초대교회 신학의 틀을 정한 여덟 차례의 초대교회 공의회도 공식적으로 헬라어를 사용하고, 헬라어로 기록되었다. 이것이 무엇을 의미하겠는가? 초대교회의 발전에서 동방의 언어와 문화의 영향이 절대적이었다는 것이다.

서방 라틴 교회의 핵심이라고 할 수 있는 이탈리아는 지리적으로 보면 동방과 서방이 만나는 지점에 있다. 서방의 기준에서는 가장 동편에 있는 지역이다. 그렇기 때문에 헬라 문화의 영향을 가장 많이 받은 지역이 로마였다. 얼핏 생각하면 로마가 당연히 라틴어의 핵심이고 중심권이어서 라틴어 예배나 라틴 문화가 자연스러울 것 같지만 처음에는 그렇지 않았다는 것이다. 이 현상이 바뀐 것이 게르만 민족이 서로마 제국으로 이동하면서부터이다. 서유럽 이민족들이 독자적인 문화를 가지지 못했기 때문에 로마를 중심으로 한 서유럽은 자연스럽게 라틴 문화를 일구어 가게 되고 중세 내내 발전시켜 나갔다.

그러나 예외도 있었다. 헬라 문화의 영향에서 벗어나 로마보다도 독자적인 라틴 문화를 발전시킨 지역이 있었다. 바로 북아프리카 지역이다. 현대 개념으로 아프리카는 사하라 이남의 남부 아프리카까지 포괄한다. 하지만 초대교회 시절의 아프리카는 사하라 이북으로 제한되었다. 또 같은 아프리카 대륙에 있지만 이집트는 헬라 문명권에 속하게 되어, 이집트 역시 아프리카로 분류되지 않았다.

고대 역사에서 아프리카의 중심은 오늘날 튀니지 지역 끝에 있는 카르타고 지역이다. 카르타고는 두 차례 포에니전쟁을 겪으며 로마에 의해 철저하게 파괴되었다. 기원전 149년 카르타고를 점령한 로마는 도시를 황폐화시키고 해안 지경의 거주를 금지하였다.[1] 카르타고는 로마에 의해 멸망당한 지 약 100년이 지난 후에 로마가 새로운 식민지를 건설한 곳이다. 이 지역에 로마의 이주민을 보내서 처음으로 헬라 문화권과는 대별되는 라틴어를 사용하는 라틴 문화권이 형성되었다. 카르타고는 지배 계층과 대중이 모두 로마 문화와 언어를 사용하며 발전하게 되었다. 그 이전까지는 라틴어를 쓰고 발전한 문명을 가진 지역은 도시로서의 로마가 유일했었다.

문명권의 기준에서 보면 카르타고는 지중해에 연해 있기 때문에 포도와 올리브가 재배될 수 있는 지역이다. 이 카르타고를 보통 제2의 로마, 이식된 로마라고 부른다. 카르타고가 위치한 북아프리카는 엄밀하게는 서유럽에 속하지 않지만 라틴 문명권에서 가장 빠르게 성장하고 발전하는 곳이었다. 초대교회의 지형도에서 서방 교회에서 단일 지역으로서 카르타고만큼 기독교 전파와 사상의 확립에 중요한 역할을 한 곳은 없었다. 그 지역에서 탄생한 인물들의 면면을 보거나 신학적 발전을 볼 때 서방에서는 로마보다도 앞서 있던 지역이다.

초대교회를 대표하는 주교구 교회가 로마, 콘스탄티노플, 알렉산드리아, 안디옥, 예루살렘 등 다섯 곳에 있었다. 로마를 제외한 나머지 네 지역이 헬라 문화권인 동방 지역이다. 더욱이 로마조차도 동방 지역과 근접해 있어 헬라 문화의 영향력에서 벗어나지 못했다. 언어가 다르면 그것이 만들어 내는 문화도 달라진다. 언어의 차이만큼이나 동방 교회와 서방 교회의 사상과 문화도 차이가 있다.

실제로 초대교회의 교부로 알려진 인물들 대다수가 동방 교회 출신이다. 동방의 신학이 훨씬 더 깊이가 있고 심오한 발전을 해왔던 것을 부정할 수 없다. 헬라 문화의 정수라 하면 무엇일까? 헬라 철학이다. 이 철학이 기독교와 융화되면서 복잡하고 정교한 신학적 교리를 발전시켜 나갔다. 엄밀하게 말하면 기독교의 교리와 사상 체계는 헬라 철학의 방법론을 근거로 정밀화되었다. 로마로 대표되는 서방 교회와는 달리 동방 교회는 서로 경쟁하는 네 개의 주교구가 독자적인 신학 사상을 발전시켰다. 고대 헬라 철학이 다양한 학파들이 경쟁하며 발전한 것과 마찬가지로, 크게 보면 알렉산드리아와 안디옥 학파로 구분할 수 있는 두 큰 흐름이 다양한 논쟁 속에서 경쟁하고 발전하였다.

2. 북아프리카, 라틴 신학의 중심에 서다

로마는 동방의 영향권에서 크게 벗어나지 못하고 독자적인 사상을 발전시키지 못했다. 그런데 라틴 교회에서 로마를 대신해 동방의 신학 사상과 견줄 만한 성과를 낳은 유일한 지역이 바로 북아프리카 지역이다. 북아프리카 지역은 로마의 직접적인 영향을 받은 지역이기 때문에 헬라 문화의 영향을 상대적으로 덜 받았다. 또한 라틴 지역은 신학적으로 경쟁할 대상이 없었기 때문에 단일 신학을 발전시켜 나가기가 수월했다. 이 서방의 단일 신학의 발전에 가장 큰 공헌을 한 지역이 북아프리카의 카르타고 지역이다. 이 지역 출신의 초대교회의 사상가들이 라틴 신학 형성에 중추적인 역할을 담당한다. 초대 라틴 교회의 저명한 학자들은 유럽이나 로마 출신이 아니라, 대부분 북아프리카 출신이다.

초대교회 역사에 접근할 때 이러한 배경을 이해하고 있어야 한다. 개별적인 사건과 사상을 이해하는 것보다 중요한 것은 전체적인 흐름과 맥을 잡아 나가는 것이다. 큰 틀에서 동방정교와 서방 교회의 차이와 특징 등을 인식하고 있으면 세부적인 내용의 살을 붙여 나가는 것은 훨씬 수월하기 때문이다. 이를 염두에 두고 북아프리카에서 탄생한 라틴 신학, 좀더 직접적으로 로마 가톨릭과 연결되는 신학의 흐름을 살펴보자.

초대교회에서 북아프리카 지역이 차지했던 중요성에 비해 역사적 평가가 제대로 이루어지지 않은 점이 있다. 초대교회를 이해하는 데 북아프리카 교회는 대단히 중요하다. 7세기에 이슬람이 이 지역을 점령한 이래 북아프리카에서 교회는 완전히 흔적도 없이 사라졌다. 지금 그곳에 살고 있는 그리스도인들은 유럽에서 새로 이주한 사람들이거나, 근대 선교 활동으로 개종한 사람들이다. 한마디로 초대교회의 기독교 역사는 북아프리카에서는 단절되었다. 그럼에도 북아프리카는 기독교 역사에서 큰 의미가 있다. 초대교회가 어떠한 일을 했고, 어떠한 핍박을 받았는지에 대해 비교적 소상히 알 수 있는 사료들이 이 지역에 풍부하게 남아 있다.

기독교 박해기 당시 북아프리카는 특히 박해를 많이 받았다. 로마의 기독교 박해에 관해 연구하는 학자들은 북아프리카 지역에 기독교가 침투한 수준에 대해 놀라움을 나타낸다. 북아프리카 기독교의 독특성은 주로 도시를 중심으로 형성되었던 동방 지역과 비교해 볼 때 뚜렷해진다. 보통 기독교 박해는 도시 지역에서 일어났다. 초기 기독교 확산 자체가 상업이 이루어지는 교역로와 도시를 끼고 이루어졌기 때문이다.[2] 도시 지역은 바로 헬라 문화가 수용된 지역이다. 대부분은 지역 토착민들이 아니라 헬라어를 사용하는 이주자들이었기 때문에 이들이 성서를 보고 신앙을 가진다. 도시에 거주하는 이들이 주로 핍박을 받으므로 박해는 도시적인 현상이었다.

바꾸어 말하면 동방 지역에서는 기독교가 도시를 벗어난 농촌 지방까지 완전히 확산되지는 않았다는 것이다. 또 동방 지역은 대부분 독자적인 언어와 문화를 지니고 있었다. 이들에게 헬라 문화는 상위 지배 엘리트들의 문화였다. 그러니 대부분 민중의 정서와는 거리가 있었고, 잘 통하지 않았다. 동방에서 엘리트 헬라 문화는 일반 대중문화와 섞이지 않았다. 초대교회사에서 동방 지역에 전파된 기독교는 이러한 특징을 지닌다. 지배 엘리트 문화는 조직적으로 확산될 수 있는 반면 그것이 지니는 한계 역시 분명했다. 지배 세력이 바뀌어 지배자의 문화와 언어가 달라지면 그 지역에 존재하던 기성의 엘리트 문화 자체가 통째로 사라질 수 있게 된다는 점이다.

일제강점기 때 출세했던 소수의 한국 엘리트 계층은 일상생활에서 일본어를 썼다. 그리고 해방 후에도 그 향수가 남아 있었다. 과거 한일 의원 연맹 회의 때 의원들이 자연스럽게 일본어를 사용했다는 것이 그 예가 될 것이다. 하지만 일제강점기가 끝난 후 한국의 일반 대중은 누구도 일본 문화나 일본어를 사용하는 것에 대해 향수를 느끼지 않았다.

반면 북아프리카 지역은 로마의 이주 정책으로 아주 밑바닥부터 라틴 문화가 이식된 지역이다. 모든 사람이 라틴어를 썼다. 대중의 언어가 라틴어인 이 지역에 기독교가 들어왔을 때, 기독교는 엘리트와 대중문화의 벽을 넘었다. 도시를 넘어 지방까지 기독교가 아주 깊숙하게 수용되었다. 다른 지역에서는 볼 수 없는 독특한 현상이었다.

그 외에도 북아프리카 기독교의 차별성은 여러 곳에서 찾을 수 있다. 로마의 박해 때 가장 심하게 탄압 받은 곳이 북아프리카 지역이다. 순교자들이 많이 나왔고, 순수하게 모범적으로 신앙을 지키고자 애쓴 흔적들이 곳곳에 보인다. 이런 신앙적인 기조가 이슬람이 침입했을 때 다른 지역처럼 혼합 문화를 형성하지 않고, 완전히 소멸하게 된 원인의 하나로 지적된다.[3]

약 7세기부터 소아시아 지역, 북아프리카, 남부 에스파냐 지역까지 이슬람 세력이 빠르게 확장했다. 이슬람 확장을 설명할 때 '한 손에는 코란을, 한 손에는 칼을' 이라는 정형화된 이미지가 여전히 강하게 남아 있다. 하지만 각처에서 일어난 이슬람 세력의 빠른 확산을 설명하기에는 충분치 않다. 무슬림들은 기독교 지역을 정복할 때 무조건적인 개종을 요구하지 않았다. 그리스도인들이 이슬람으로 개종하지 않을 때에는 개종한 무슬림들에 비해 더 높은 세금을 부과했다. 그렇기 때문에 세금을 더 내는 조건으로 기독교 신앙을 용인해 준 것이다. 이슬람은 기독교뿐 아니라 유대교에 대해서도 마찬가지 정책을 취했다. 이슬람 세력이 등장하면서 기독교와 여러 지역에서 충돌이 발생하고, 어느 정도 기독교 세력이 꺾이기는 했지만 완전히 사라지지는 않은 이유가 된다. 이 때문에 이론적으로 한 지역 내에 기독교, 유대교, 이슬람교를 신봉하는 세 집단이 거주할 수 있게 되었다.

그 대표적인 지역이 바로 에스파냐이다. 로마 가톨릭교회가 11세기부터 에스파냐 지역의 재정복(Reconquista) 전쟁을 수행하면서 놀랍게도 무슬림 통치 지역 내 독자적으로 보존되어 온 토착 기독교 전통을 발견하였다. 모자라브 기독교라 불리던 이 토착 기독교 전통은 이슬람의 통치 기간 동안 유지될 수 있었다. 이러한 이슬람의 개방성의 전통은 공존한다는 의미를 지닌 콘비벤시아(Convivencia)라고 불렸다. 서로 다른 종교와 민족의 공존이 가능하기 위해서는 정복자와 피정복자 간에 종교 정책을 놓고 일정한 합의가 있어야 한다.[4]

이슬람의 세력하에 있었던 소아시아의 이슬람 점령 지역이나 에스파냐나 다른 지역에서는 기독교가 존재했다는 사실에 비춰 보면 북아프리카 교회의 쇠퇴 원인은 북아프리카 교회 내부의 독특성에서 찾는 것이 필요하다. 중세 기간 에스파냐의 이슬람 정복 지역에서 지속되었던 이러한 형태의 타협이 북아프리카에서는 일어나지 않았다. 과거 로마의 박해 때에 꿋꿋하게 박해를 감당하며 순교자를 많이 낳았던 전통처럼, 북아프리카에서는 종교적 관용을 미끼로 회유하는 이슬람의 정책에 타협하기를 거부한다. 4세기에 걸친 북아프리카의 도나투스파 교회의 순교를 들 수 있다. 도나투스파 교회는 보편 교회를 지향하는 가톨릭교회와 달리, 순교에 대한 숭배나 천년왕국 운동 등과 같이 선택 받은 공동체라는 자의식을 가지고 있었다.[5]

도나투스파 운동을 단순히 종교적인 성격만으로 규정하기는 어렵다. 로마 제국의 경제적 착취에 대한 지역 사회의 빈곤의 문제와 로마 교회의 종교적 지배에 대한 반발이 겹쳐졌다. 마치 독일에서 종교개혁이 진행 중이던 1525년, 사회정의와 천년왕국을 꿈꾸는 농민반란이 일어났던 상황과 유사하다. 경제적 분노와 종교적 열광은 서로 배타적인 것이 아니다. 그들은 자신들의 열악한 삶의 환경에서 특권층에 대한 경제적 분노를 표현했으며, 내부적으로는 금욕적인 삶을 실천했다. 그것이 특히 순교에 대한 광적인 열정으로 나타났다. 그들의 신앙에 대한 자세는 교회란 무엇인가에 대한 근원적인 고민을 던졌다. 도나투스파들은 종교에 대한 탄압으로 순교자가 되는 것을 높이 기렸고, 심지어 자발적인 순교의 행태까지 나타났다.[6] 그러므로 도나투스파는 협소하게 종교적인 관점에서만 바라볼 수 있는 것이 아니다. 그들은 교회가 세상으로부터 받는 박해와 세상과의 타협 속에서 순수성을 상실했다고 비난하고, 박해와 타협으로부터 자신들의 신앙의 정체성을 지키고자 했다. 교회는 바로 그러한 자들이 모인 집단이어야 한다고 주장했다. 이러한 도나투스파의 순결한 교회에 대한 지향은 아프리카의 종교적 심성 속에 뿌리내려 북아프리카만의 독특한 박해의 신학이 정립되었다.[7]

　교회에 가해지는 박해를 신학적으로 어떻게 볼 것인가 하는 것이 북아프리카 기독교회의 오랜 고민이었다. 세상의 권세를 지닌 자들의 통치 행위이므로 소극적으로 지나가기만을 바라거나 적당히 타협하는 것을 선택할 수도 있었다. 하지만 그들은 박해를 적극적인 입장에서 수용하였다. 박해 받는 것이 진정한 그리스도인의 삶의 모습이라는 확신 때문이다. 예수가 산상수훈에서 "의를 위하여 박해를 받는 자는 복이 있나니 천국이 그들의 것임이라"(마 5:10)고 했다. 북아프리카 그리스도인들의 박해 앞에서의 신앙 철학이 바로 이것이다. 진정한 신앙을 고수하고 타협하지 않을 때 박해를 받지만, 하늘나라에서 그 보상이 크다는 것을 믿고 받아들인 것이다. 박해를 받는다는 것은 그만큼 신실하게 신앙을 지킨다는 징표인 셈이다. 박해가 없는 신앙생활은 타협의 산물이기 때문에 진정한 그리스도인의 삶이 아니라는 인식이 존재했다.

　하지만 그 이전에 이미 교회 내부적으로 분열이 발생할 여지가 있었다. 북아프리카는 엄격한 박해의 신학을 강조하며 박해를 이겨 냈다. 도나투스주의가 북아프리카에서 활성화되었던 이유도 이러한 박해의 신학 때문이다. 박해 앞에서 실상은 모든 사람이 다 하늘나라의 보상을 바라며 고난을 견디거나 옥에 갇히거나 순교하지 못했다는 것이다. 순교자가 나오는 동일한 지역 내에서 배교자들도 출현했다. 북아프리카 교회는 이 문제에 대해 깊이 고민하게 된다.

교회가 이런 배교자들을 어떻게 처리해야 하는가? 다시 받아들여야 할지 말아야 할지가 박해 이후 실질적인 문제가 되어 약 4세기에 하나의 거대한 신학적인 논쟁거리까지 되었다. 북아프리카 교회에서는 배교자를 교회가 다시 수용하는 것을 거부했다. 이 문제를 엄격하게 처리한 셈이다. 이러한 엄격성과 엄정성이 북아프리카 교회의 기조를 이루고 있었다.

북아프리카가 엄정한 기준을 교회 구성원들에게 적용했을 때 박해 후 큰 분열을 경험한다. 도나투스파가 기존의 가톨릭교회와 분리되어 독자적인 교회를 형성한 것이다. 이 분열과 갈등은 7세기까지도 이어진다. 그리고 이 타협하지 않은 엄정함은 이슬람 세력에 대응할 때에도 그대로 적용이 되었다. 그 결과 초대교회 때 강성했던 북아프리카 기독교는 이슬람으로 집단 개종하고 7세기 이후 완전하게 사라졌다. 이는 남부 에스파냐 지역에서 공존하던 형태와는 전혀 다른 양상이다.

로마와 더불어 서방 교회를 대표한다고 할 수 있는 북아프리카 교회의 신학적 기조는 오늘날 로마 가톨릭 신학을 이해하는 데 중요한 단초를 제공해 준다. 구원 받고 천국을 소유하는 것이 간단치 않다는 것이다. 그리고 그 천국에 들어갈 수 있는 자격이 있는 교회 구성원이 되는 문제 역시 쉽지는 않았다. 박해를 받을 때 그리스도인들의 신앙은 살아 있었다. 박해를 이긴 다음에 그리스도인들의 신앙과 복음에 대한 열정이 지속되지는 않았다. 박해가 잦아든 후 교회가 안정되면서 내적인 갈등과 분열이 싹텄다. 이러한 문제를 해소하기 위해 교회는 자연스럽게 제도화의 길에 들어서게 된다. 분명 불가피한 변화였다. 그렇지만 오늘의 관점에서 초대교회의 역사를 되돌아볼 때, 아쉬운 방향으로 교회가 변해 갔음을 부인할 수는 없다.

특히 도나투스 논쟁의 핵심은 교회와 국가 간의 관계에 대한 고민이다. 가톨릭교회는 기독교 공인 이후 국가 체제에 순응적인 태도를 취했지만, 도나투스파는 여전히 제국 로마에 대한 비판적인 시각을 거두지 않았다. 그러나 아우구스티누스는 교회 분열을 방치하는 것이 더 큰 문제를 야기한다고 보고 도나투스파에 대한 제국의 탄압을 용인하였다.[8]

3. 테르툴리아누스 - 라틴 교회의 빛과 그림자

교회가 제도화되면서 자연스럽게 종교적 율법이 들어오게 된다. 처음부터 명시적으로 나타난 것은 아니지만, 점차 구원의 조건은 무엇이며, 구원을 위해서 무엇을 해야 되고 하지 말아야 하는지 등에 대한 규정이 생겨난다. 이러한 규정화는 서방 교회가 초대교회부터 오늘에 이르기까지 지속해 온 작업이다. 그렇기 때문에 가톨릭교회의 구원관은 단순하지 않다.

하루아침에 어떤 교리가 확정되었다기보다는 여러 시대를 겪으면서 하나씩 더 첨가된다. 서방 교회는 성서와 함께 교회가 결정하여 수용한 전통도 궁극적 권위로 동등하게 인정한다. 사도 교회의 전통에서는 예수 그리스도의 십자가 복음을 수용하는 것이 구원의 필요충분조건이었다. 하지만 교회가 제도화되어 가면서 서방 교회의 구원론은 정밀하게 진화한다.

서방 교회, 즉 가톨릭교회 신학의 뿌리를 형성한 대표적인 인물이 테르툴리아누스다. 하지만 테르툴리아누스는 서방 교회가 나아가야 할 뚜렷한 신학적 목표를 염두에 두고 체계를 세워 나간 것은 아니다. 다만 점차 교회가 필요에 따라 그의 가르침을 수용해 나갔다고 보는 것이 타당하다. 교회의 정의, 역할, 권위에 대해 다룰 때에 테르툴리아누스는 철저하게 자신이 처해 있던 시대 상황에서 주장을 이끌어 냈다. 교회는 그것을 받아서 하나의 전통으로 수립한 것이다. 테르툴리아누스의 주장과 견해를 보면서 교회가 복음의 본질을 잃고 지나치게 비대해졌을 때에 생기는 문제를 생각해 볼 수 있다.

초대 교부들을 부를 때 이름 앞에 '성'이 붙는 인물들이 많다. 성 암브로시우스, 성 히에로니무스, 성 아우구스티누스 등 많은 교부들이 성인으로 추대되었기 때문이다. 테르툴리아누스는 성인으로 인정되지 않았기에 성 테르툴리아누스라 불리지 않는다. 테르툴리아누스가 서방 교회에서 가지는 대표성에 비하면 의아한 점이다. 그는 라틴 교회의 첫 번째 신학자이다. 라틴어로 신학서를 저술한 선구자이기도 하다. 그가 저술한 책이 지금까지 31권이나 보존되어 있다고 한다.

이런 공적들이 있음에도 가톨릭교회에서는 그를 성인으로 추대하지 않았다. 그뿐 아니라 교회 내부에서 테르툴리아누스에 대한 평가가 극명하게 갈린다. 그 이유는 테르툴리아누스가 정통 교회가 인정하지 않는 이단 운동에 빠져 버리기 때문이다. 현대의 시한부 종말론에 비유할 수 있는 당시의 재림파 운동인 몬타누스파가 그것이다. 보통은 이 정도면 역사에서 이름이 지워질 만하다. 하지만 테르툴리아누스가 가톨릭 신학에 끼친 공과를 따져 보면 이러한 오점이 있음에도 기억할 공로가 더 크다는 것을 교회가 인정한 것이다. 그랬기에 비록 성인의 반열에 속하지는 않지만 서방 신학에 뚜렷한 족적을 남긴 신학자로 인정받는다.

초대교회의 신학적 발전은 거의 대부분 동방 교회 지역에서 일어났다. 주요 거점 교회도 로마를 제외하고는 다 동방 지역에 위치하고 있다. 이러한 여러 열세 속에서 유일하게 동방 교회와 견줄 만한 신학자로 등장한 이가 테르툴리아누스다. 그는 라틴어를 신학적 언어로 사용한 첫 번째 신학자이다.

언어는 그것이 사용되는 지역과 사람들의 정서를 반영한다. 지배 엘리트 세력과 일반 대중의 언어와 문화가 일치하지 않을 때 독자적인 문화와 사상이 그 지역에서 꽃필 수 없다. 동방 지역에서 기독교회가 대중 속으로 파고드는 것이 더디게 진행되었던 이유도 지배 문화와 대중 문화가 달랐기 때문이다. 초대교회의 언어는 헬라어였다. 로마의 직접적인 식민지로 발전한 북아프리카에서는 지배자와 대중의 언어가 동일한 라틴어였다. 이 지역에 기독교가 전파되었을 때 발 빠르게 진행된 것이 바로 기독교의 라틴화이다. 4세기 히에로니무스의 라틴어 불가타 번역본으로 기독교의 라틴화가 완성되었다면 라틴화의 시작은 테르툴리아누스의 신학 저술부터이다. 초대교회 당시 구약성서의 헬라어 번역본인 '칠십인역'이 사용되었다. 신약성서는 처음부터 헬라어로 작성되었다. 신학 용어와 신학 사상의 발전이 헬라어와 더불어 이루어진 것은 자연스러운 것이었다.

기독교의 라틴화란 두 가지 작업이 수반된다. 먼저는 헬라어로 정착된 신학 개념과 사상을 라틴어로 번역하는 작업이었다. 동시에 더 중요하게 이루어진 것은 아직 진화 단계에 있던 신학을 라틴어를 사용해 독자적으로 발전시킨 것이었다. 단순히 낱말을 문자적으로 번역하는 작업을 넘어서, 독자적인 신학 용어와 사상을 만드는 것은 무에서 유를 창조하는 작업이다.

한 가지 예를 들어 보자. 루터의 핵심 사상인 '믿음으로 의롭게 된다'(롬 3:28)를 한국어로 옮길 때 적어도 두 가지 어려움에 직면한다. 첫째는 그에 상응하는 한국어 조어를 만드는 문제이다. 여기에서 나온 것이 바로 이신칭의라는 표현이다. 둘째는 좀더 어렵다. 로마서에 나온 '하나님의 의'와 '믿음으로 의롭게 된다'고 할 때의 '의'가 각각 다른 단어이지만, 한국어로 번역될 때 그 용어와 의미, 뉘앙스의 차이까지 전달되지는 않는다. 언어의 번역에 따르는 불가피한 산물이다. 너무나 당연하게 받아들이는 여러 용례가 보편적으로 수용되기까지는 긴 과정이 필요했다. 서방 교회의 테르툴리아누스는 이러한 라틴 신학의 틀을 세우는 데 천재적인 기여를 한다. 테르툴리아누스의 인생은 정통 신학에 기여한 시기와 인생 말년 약 10~20년 동안의 몬타누스파라는 이단 운동에 가담한 두 시기로 크게 나눌 수 있다.

테르툴리아누스는 역사가 기억하는 유명한 언설들을 많이 남겼다. "순교자들이 흘린 피가 교회의 씨앗이다"와 "박해는 그리스도인의 무죄를 증거한다"라는 말이 그 대표적인 것이다. 또 "아테네와 예루살렘이 무슨 상관이 있는가?"라는 말도 빼놓을 수 없다.[9] 테르툴리아누스는 수사학에 탁월한 재능을 지닌 법률가 출신이었다. 그의 말에는 당시 사회 속에 교회가 처한 상황이 명료하게 들어 있다.

"순교자들이 흘린 피가 교회의 씨앗이다"라는 것은 박해 시대 순교자들이 교회의 확장과 발전에 끼친 영향을 웅변한다. 순교자들의 죽음을 통해 기독교 신앙의 진정성과 가치를 깨달은 많은 사람이 교회로 몰려들었다. "박해는 그리스도인의 무죄를 증거한다"는 말은 핍박을 받는 그리스도인들이 처한 상황을 나타내는 표현이다. 당시 그리스도인들은 법정에서 재판을 받을 때 스스로를 변호할 기회를 갖지 못했다. 아무런 자기 방어의 도구나 기회가 없는 상태에서 그리스도인들은 유죄 판결을 받고 처벌 받았다.

전승은 테르툴리아누스를 재판정에 출입했던 법률가로 본다. 그는 본래 그리스도인이 아니었다. 재판정에서 아무런 변명 없이 신앙을 지키고 죽어가는 그리스도인들을 보며 큰 감동을 받고 그 자신이 그리스도인으로 회심한다. 스스로의 무죄를 공식적으로 주장하지 못하는 재판대의 그리스도인들을 위해 테르툴리아누스가 변호의 글을 남겼다. 그는 글속에서 로마 황제가 그리스도인을 핍박하면 안 되는 이유를 변증하면서 "박해는 그리스도인의 무죄를 증거한다"라고 주장했다.

"아테네와 예루살렘이 무슨 상관이 있는가?"는 동방 신학과 서방 신학 사이에 가장 큰 획을 긋는 표현이다. 테르툴리아누스의 아테네가 상징하는 것이 무엇일까? 바로 헬라 철학이다. 한마디로 헬라 철학과 기독교 복음이 무슨 관계를 지니느냐 하는 도발이다. 이 말은 동방 신학의 전통인 헬라 철학으로 기독교를 이해하려는 데 대한 나름의 반발이라고 볼 수 있다.[10] 더 나아가 서방의 독자적인 신학적 자의식의 선포이다. 테르툴리아누스의 신학은 기존의 동방 신학과 큰 차이를 보인다. 동방 신학은 헬라 철학의 바탕 위에서 기독교 신학을 설명하고 있다. 반면 서방 신학은 로마법에 기대고 있다. 그 자신이 법률가로서 테르툴리아누스는 로마법 체계와 사상을 빌려 기독교 신학을 변증하고 설명한다.

테르툴리아누스는 기괴하다고 표현할 수 있을 정도로 뚜렷한 개성을 지닌 인물이다. 그는 신앙을 지키는 기준이 무척 엄격했고, 그에 미치지 못하는 사람들을 심하게 비판했다. 북아프리카 기독교가 기록을 많이 남겼는데 테르툴리아누스의 사상과 사고도 그가 남긴 책들 속에 충분히 녹아 있다.

테르툴리아누스는 무엇보다도 당시 교회의 세속화에 대해 큰 위기의식이 있었다. 세속 문화를 교회가 거리낌 없이 수용하는 것에 거부감을 보였다. 극장에 가거나 검투사들의 싸움을 보러 검투장에 가는 것을 금지해야 한다는 주장을 펼치기도 하였다. 이러한 행위들을 거의 배교에 버금가는 것으로 인식했다. 엄정한 북아프리카 신학의 전통을 고스란히 이어받은 것이다. 그뿐 아니라 그리스도인들이 정치에 참여하거나 아고라의 토론 행위에 동참하는 것도 반대했다. 교회의 세속화를 막아서며 도덕적·윤리적 기독교를 주창한 것이다. 그 주장의 실현 가능성 여부를 떠나 테르툴리아누스가 교회의 본질이 세속화의 흐름을 거부하고 막아서는 시대의 파수꾼의 역할을 하는 것이라고 본 것은 충분히 평가 받아야 한다.

우리는 교회가 지나치게 부유하고 힘이 세지고 세속화된 시대에 살고 있다. 적어도 한국 사회에서 교회는 물질만능과 성공지상이라는 세속의 자본주의의 폐해와 모순을 그대로 안고 있다. 큰 교회는 축복이며, 대형 교회가 사회에 더 큰 역할을 할 수 있다는 식의 주장은 더 이상 낯설지 않다. 지역사회나 미자립 교회를 위해 더 많은 자원을 내놓을 수 있기 때문이라고 한다. 그러나 마치 가진 자가 선심 쓰듯 낮은 자들에게 물질을 내놓는 것이 진정한 사랑에서 나오는 봉사인지는 모르겠다. 대형 교회의 수는 동네마다 들어서는 대형 마트마냥 늘어나지만 역설적으로 그들을 향한 질타의 목소리가 더 크게 들려온다.

이런 흐름 속에 정작 교회가 이 시대에서 놓쳐 버린 부분이 있다. 교회가 사회에서 도덕적·윤리적 파수꾼으로서의 역할을 해야 한다는 부분이다. 무한대로 뻗어 나가는 인간의 욕망은 그 퇴폐성과 비윤리성을 교묘히 위장한 채 상품화되어 팔리고 있다. 아마 오늘 이 시대는 과거 노아 시대나 로마 제국 시대처럼 육체가 된 시대가 아닌가 생각한다. 이런 대중문화의 폐해에 대해 기독교가 내야 할 목소리가 있다. 그럼에도 기독교가 이런 속에서 목소리를 내지 못하는 이유는 무엇일까? 그것은 단적으로 기독교가 그런 시대 문제와 결코 차별성을 보이지 못하고 있기 때문이다. 고스란히 교회 내에 이런 문화가 똬리를 틀고 있다. 긍정과 비전과 축복과 성공이라는 그럴 듯한 이름으로.

테르툴리아누스가 살았던 시대는 이런 세속화의 흐름이 몰려 들어온 시기이다. 기독교가 세력을 얻고 확장되면서 도덕적·윤리적 수준 자체도 낮아졌다. 테르툴리아누스는 교회가 세속화를 눈감아 버린다면, 이는 곧 배교로 향하는 길이라고 주장한다.

테르툴리아누스가 싸웠던 대상은 세속화뿐만이 아니었다. 테르툴리아누스는 당시 마르키온주의라는 이단에 적극적으로 대항했다. 마르키온주의는 동방의 마니교에 영향을 받은 이원론 이단이다. 이들은 구약과 신약을 어두움과 빛으로 구별하여 구약의 신을 악한 신으로, 신약의 신을 진정한 신으로 여겼다. 구약은 인정할 수 없다는 구약 폐기론을 낳았다. 구약의 가르침은 예수의 진정한 가르침과는 거리가 멀다는 것이다. 마르키온은 자신의 주장을 뒷받침하기 위해 스스로 정경을 채택해, 구약은 빼고 복음서들과 사도 바울의 서신들 일부만을 정경으로 받아들였다.

마르키온이 기독교 사상사에서 끼친 긍정적인 기여는 바로 율법과 은혜의 관계를 명확하게 했다는 점이다. 그는 성서의 하나님이 율법의 하나님이 아니라 은총의 하나님이라는 것을 받아들였다. 그는 특별히 사도 바울이 진술한 복음의 내용에 대해 이해하고 있었다. 인간이 어떻게 구원을 얻을 수 있으며, 죄와 인간의 관계는 무엇인지에 대해 이해했다. 또 신과 인간의 관계도 율법이 아닌 은총의 관점에서 이해했다. 그는 구약의 하나님과 신약에 나타난 신은 서로 모순되기 때문에 구약은 폐기되어야 한다고 주장했다. 이러한 마르키온주의에 반대해서 테르툴리아누스는 "나는 모순되기 때문에 믿는다"라고 주장했다. 그리고 그는 율법에 대한 이해에서 색다른 모습을 보이고 있다.

교회와 신자들의 세속화에 반발해 테르툴리아누스는 엄격한 금욕주의를 주장한다. 하지만 그 금욕주의는 고대 동방의 종교에서 보이는 금욕주의와는 차이를 보인다. 고대 동방 종교에서 금욕은 자신의 몸을 학대하는 육체적인 고행을 중심으로 한다. 하지만 테르툴리아누스는 좀더 고상한 형태의 금욕, 정신적인 금욕을 내세운다. 결혼에 대한 테르툴리아누스의 시각은 그 대표적인 예라고 할 수 있다. 테르툴리아누스는 성서에서 결혼을 수용하기 때문에 결혼 제도를 받아들인다. 하지만 그것을 기독교 신앙에서 중요한 것으로 추천하거나 장려하지는 않는다.

테르툴리아누스는 인간이 지켜야 할 세 종류의 동정에 대해서 말한다. 먼저는 인간이 누구나 태어나면서부터 갖게 되는 육체적 동정이다. 이것을 지키는 것은 그리 특별한 것은 아니다. 두 번째는 그리스도인이 되면서 예수를 통해 얻게 되는 동정이다. 이는 누구나 가져야 하고 인정받을 만한 것이다. 세 번째로 얻을 수 있는 동정은 유혹을 이김으로서 얻게 되는 동정이다. 세 번째 동정은 테르툴리아누스가 '영적 결혼'이라고 주장한 가장 숭고한 형태의 동정이다. 부부가 결혼을 하고 같은 집에 머물면서 같은 침대를 사용하지만 부부생활을 하지 않음으로 종교적인 성숙을 보이는 것이었다.[11] 이것이 가장 숭고한 이유는 매일같이 잠자리의 유혹에 자신을 노출하면서, 매일 그 유혹을 극복해 나가기 때문이다. 분명 일반적인 설명은 아니다. 하지만 그 시대의 상황 속에서 테르툴리아누스의 주장을 위치시키면 이해할 수 있다.

그의 시대는 박해가 여전하던 시대였다. 박해는 신학적으로 무엇을 의미하는가? 박해는 마지막 때가 가까웠다는 의미이다. 예수의 재림이 가까웠기 때문에 깨어서 예수를 맞을 준비를 해야 한다. 이 땅에서 세속의 것을 누리며 지체할 시간이 없다. 테르툴리아누스는 만일 누군가 임신하고 있을 때에 예수가 재림한다면 영원히 임신한 상태로 있을 것이라고 주장했다. 일견 지나치게 보이는 주장이지만, 이러한 예수의 재림과 종말에 대한 긴박성이 타협 없는 인생을 이끌어 갔던 원동력이었다.

테르툴리아누스는 가정에 대한 시각에서 양면적이다. 가정을 긍정적으로 묘사한 《가정론》이라는 책을 쓰기도 했지만, 실제로 그가 묘사하는 가정의 가장 이상적인 모습은 세 번째 동정을 지키는 것이었다. 실현 불가능한 형태의 이상론이라고 할 수 있다. 테르툴리아누스는 여성에 대한 관점도 부정적이었다. 테르툴리아누스는 인간이 범한 최초의 범죄는 아담이 선악과를 먹은 것이 아니라, 아내 하와의 말을 들은 것이라고 보았다. 초대교회를 넘어 중세를 관통하는 여성 혐오라는 오랜 라틴 교회의 전통은 바로 테르툴리아누스에서 그 뿌리를 찾을 수 있다.[12] 여기에서 발전해 형성된 것이 바로 가톨릭 사제의 독신주의 전통이다.[13] 하나님께 진지하게 자신을 헌신하고자 하는 자는 결혼하지 않고 독신으로 살아야 한다는 것이다. 독신으로 사는 수사나 사제들이 구원에 가장 근접한 자들이라는 인식이 가톨릭교회에 퍼져 나갔다.[14] 디모데전서에서는 교회 지도자에게 '한 아내의 남편'(3:2)이 되도록 권유하며, 그리스도인 공동체에 모범적인 가족이 될 것을 권면하고 있다. 하지만 초대교회 여러 공동체 안에서 결혼 생활이 그리스도인의 이상에 반하는 것이라는 주장이 일찍부터 제기되었다. 왜 갑자기 초대교회에서 결혼에 대한 반감이 생겨났을까? 이는 그리스도인들의 정체성이 이 땅에서 순례자와 이방인이라는 것이라는 개념 때문이었다. 예수님의 재림에 대한 기대 때문에 이 땅의 육체적이고 물질적인 삶의 추구는 가치가 없다는 합의가 생겨나게 되었다. 예수에게로 회심한 이후 초기 그리스도인들은 예수의 삶을 완벽하게 따르려 했고, 자신들처럼 열광적이지 않은 그리스도인들에게 분노했다. 시리아의 여러 공동체에서 결혼은 기독교 이상과 반대된다는 견해들이 강력하게 대두되었고, 독신을 세례의 조건으로 삼기도 했다.[15]

서방 교회 전통에 끼친 테르툴리아누스의 역할을 논할 때 세례를 빼놓을 수 없다. 초대 서방 교회에는 세례를 둘러싼 복잡한 논쟁들이 있었다. 그 이유는 세례를 구원과 직결된 문제로 보았기 때문이다. 사실 개신교 신학에서 세례는 예수를 구주로 받아들이고 그 가르침대로 살고자 하는 결단을 공적으로 인정하는 것이다. 세례를 받았느냐의 여부가 구원과 영생에 직결된 문제라고 보지 않는다. 테르툴리아누스의 인식론에서는 세례는 아주 직접적으로 구원과 영생과 관련이 있다.

테르툴리아누스는 엄밀하게는 원시적인 형태의 유물론자로 볼 수 있다. 그는 세계를 구성하는 기초 단위를 물질이라고 파악했다. 영의 세계를 그 물질세계의 가장 숭고한 형태라고 정의했다. 테르툴리아누스는 세례가 바로 가장 높은 단계의 물질계인 영의 세계와 가장 낮은 단계의 물질계인 감각계를 이어 주는 통로라고 보았다. 세례를 줄 때 수세자를 물속에 잠기게 하면, 그때 물속에 존재하던 성령이 물을 통해 세례를 받는 자의 몸에 들어가 구원을 이룬다고 보았다. 세례를 받으면 새 사람이 되고 거듭난다는 원리를 물과 성령의 물리적인 연결이라는 차원에서 설명한 것이다.

테르툴리아누스는 세례 이후 범한 죄의 회개와 용서에 대한 두 번째이자 마지막 기회를 허용했다. 교회 장로들 앞에 옷을 찢고 재를 뒤집어쓰고 금식하고 기도하면서 자신의 죄를 회중 앞에서 고백하여야 했다. 그러나 그 후 10년 후 테르툴리아누스는 세례 후 배교, 간음, 살인 등과 같이 중죄를 범한 경우 교회가 용서할 수 없다는 훨씬 더 엄격한 입장을 취했다. 그 결과 테르툴리아누스는 제2의 세례로 피의 세례, 이른바 순교를 주장한다. 또한 세례 예비자가 세례를 받기 전에 종교로 인한 박해를 받아 죽을 경우에도 피의 세례로 인정해 주었다.[16] 또한 세례식을 치를 수 없을 정도의 급박한 상황을 만난 경우 '긴급한 세례' 또는 '임종 시 세례'를 허용했다. 이것이 대중에게 광범위하게 유포된다. 세례로 인해 자신의 직업을 바꾸고 싶지 않거나 사회적인 지위를 잃고 싶지 않은 이들이 주로 세례를 연기한 후 임종 시 세례를 받는다. 세례 교리의 엄격함으로 인해 3세기 무렵에는 사람들이 세례 받는 것을 연기하고, 심지어 죽기 직전에 세례를 받는 관행이 생겨났다.[17]

그 연장선에서 테르툴리아누스는 유아 세례를 반대한다. 테르툴리아누스는 세례는 지적으로 성숙하고 인격이 형성된 책임 있는 자들에게 주어져야 하며, 유아들이 실제로 죄를 짓지 않았으므로 죄의 용서가 필요 없기에 세례의 필요가 없다고 주장한다.[18] 테르툴리아누스는 세례를 받으면 유아일지라도 자동으로 거듭나고 새 사람이 된다는 것을 믿었다. 그는 이러한 것이 공정하지 않다고 보았다. 테르툴리아누스는 구원에 대해 대단히 엄격한 기준을 가지고 있었다. 그는 한 사람이 예수를 주로 고백하고 거듭나 세례를 받으면 죄가 사라지지만, 세례 받은 후에 죄를 짓는다면 구원의 기회를 놓치게 된다고 주장하였다. 그리고 세례 받은 이후 지은 죄를 속하고 구원을 얻을 수 있는 통로는 순교밖에 없다고 보았다. 이러한 논리를 어린아이에게 적용시켜 보면 지나치게 가혹하다. 어린아이가 자신의 의지와 상관없이 세례를 받고 거듭났지만, 그 이후 자신이 지은 죄로 인해 구원의 기회를 상실한다면 결코 공평하지 않은 것이다. 논리적으로 세례를 받은 어린아이가 구원을 얻을 수 있는 길은 순교밖에 없게 된다. 그래서 초대교회에는 세례를 베푸는 자들이 유아 세례를 거부하기도 했다.

로마 가톨릭교회의 칠성사가 발전한 이면에는 이러한 테르툴리아누스의 논리가 자리하고 있다. 세례를 구원의 필수로 보지만, 유아 세례를 반대한다고 할 때 중요하게 남는 질문은 언제 세례를 주어야 하느냐이다. 테르툴리아누스가 내세운 기준은 30세에 세례를 주도록 한다. 30세는 예수가 세례를 받았던 나이이다. 30세를 자신의 의지로 죄를 짓지 않고 거듭난 새 삶을 살 수 있는 기준으로 보았다.

하지만 이런 논리에도 몇 가지 틈이 존재한다. 테르툴리아누스의 주장은 당시의 낮은 의료 수준과 위생 상태로 인한 높은 영아 사망률을 간과했다는 것이다. 세례를 받을 정년인 30세까지 도달하지 못하고 죽음을 맞이할 확률이 크게 높아진다. 근대 이전에 영아 사망률은 대단히 높았다. 중세 시대에는 일반적으로 40퍼센트에 달했다고 알려져 있다. 초대교회에는 정확한 사료가 남아 있지 않아 영아 사망률을 추정하기 어렵지만 중세 시대의 상황과 크게 다르지는 않다고 본다. 테르툴리아누스의 논리대로 유아 세례를 금한다면 세례를 받지 않고 죽은 아이의 구원 여부에 대한 심각한 신학적 논란이 야기된다.

이러한 구원의 문제에 대한 안전장치로서 변형된 형태의 세례가 삶의 출생에서부터 사망 때까지 성사라는 형태로 자리를 잡게 된 것이다. 점차로 유아 세례는 필수불가결한 것으로 인식되고, 영세는 가톨릭의 칠성사의 하나가 되었다. 다른 성사들은 서품 받은 사제 이상만이 집전할 수 있는데 반해 유아 세례는 비사제도 줄 수 있게끔 되었다. 이 때문에 위급한 상황에서 산파가 세례를 베푸는 것도 낯설지 않은 광경이었으며, 중세 시대에는 세례를 베푸는 자가 비그리스도인인 경우도 세례의 효력이 용인되었다. 그만큼 높은 영아 사망률을 반영한 조치였다. 이런 보완책으로 영아가 자라서 스스로 기독교의 진리를 깨닫고 수용할 수 있게 된 때에 견진성사를 행하게 되었다. 개신교에서는 보통 입교식으로 표현되는 이 견진성사가 가톨릭에서 하나의 성사로 진화되었다. 비사제도 집전할 수 있는 세례에 비해, 견진성사는 주교만이 집전할 수 있다는 것이 특징이다.

테르툴리아누스의 주장의 또 다른 틈은 실제로 30세 이후 세례를 받더라도 죄를 지을 가능성이 현저하다는 것이다. 그렇게 될 때 또다시 구원이 취소될 수 있는 극단의 상황을 맞게 된다. 그 결과 일반적으로 죽기 직전에 세례를 주는 관행이 행해지기도 했다. 313년 로마에서 기독교를 공인한 황제 콘스탄티누스의 예를 들어 살펴 보자. 그의 기독교 공인과 별개로 진정으로 콘스탄티누스 자신이 그리스도인이었는지에 대한 견해는 분분하다. 그가 통치하던 기간 동안 여전히 황제 숭배가 이루어졌으며, 그가 죽기 직전에야 세례를 받았기 때문이다. 이러한 것들이 콘스탄티누스의 진정성을 의심하는 결정적인 원인 중의 하나이다. 학자들 사이에는 콘스탄티누스가 진정으로 기독교로 회심한 것이 아니라 정치적 목적 때문에 기독교를 공인한 것이라는 주장도 강하게 제기된다. 그런데 콘스탄티누스의 개종의 진정성 여부를 세례라는 기준에서만 놓고 보면 오해의 소지가 있다. 테르툴리아누스가 주장한 바대로 세례 이후의 죄는 용서를 받지 못한다는 인식이 커지면서 임종 직전에 세례를 주는 것이 보편적인 시기가 있었기 때문이다. 이것이 나중에 가톨릭의 종부성사로 발전했다고 볼 수 있다.

초대교회에 세례를 구원과 직결되는 것으로 평가하는 이 전통이 점차로 구원 받는 과정을 복잡하게 만들었다. 개신교에서는 세례와 성찬을 그리스도를 받아들인 것을 공개적으로 선언하는 것으로, 또 그리스도의 희생을 기념하는 상징적인 것으로 본다. 하지만 가톨릭교회에서는 구원에 이르는 필수적인 과정으로 본다는 것이 분명한 차이점이다. 이러한 것이 잘못 이해되면 큰 문제를 야기할 수 있다. 즉 교리라는 이름이 하나씩 들어와 복음의 자리를 대체할 수 있다는 것이다. 중세 가톨릭이 교회가 제정한 칠성사를 통해서만이 구원을 얻을 수 있다는 주장도 여기서부터 진화한 것이다.

개신교 전통에서는 세례를 구원의 기준으로 보지 않는다. 그렇다면 왜 초대교회에 세례를 구원과 연결시키는 신학이 발전하게 되었는지를 생각해야 한다. 초대교회에서 신앙을 고백하고 세례를 받는 행위가 의미하는 바는 무엇이었을까? 이는 이 땅에서 살면서 그리스도를 주로 섬기며 박해를 견디는 삶을 살겠다는 공적인 선포이다. 세례를 받는다는 것은 단순한 의식을 넘어서는, 어떠한 삶을 살 것인가 하는 궁극적인 목적과 결단이 포함되는 것이었다. 진정한 확신과 분명한 결단이 없이는 선택할 수 없는 길이기도 했다. 이렇게 그 사회 맥락에서 세례와 구원의 깊은 연관성을 살피는 것은 어느 정도 공감을 줄 수 있다. 문제는 이러한 본질이 사라지고 성사라는 의식만이 남아 기계적인 구원론을 낳는 것이다.

오늘의 개신교에서는 값없이 주어지는 복음을 강조하다 보니 오히려 복음이 진술하는 구원 자체를 지나치게 가볍게 다루는 경향이 있다. 오직 믿음으로 받아들이면 된다는 것을 강조하여 나타나는 역작용이 작지 않다. 몇 장 되지 않는 전도용 소책자의 도식을 따라가서 읽고 고백하면 구원을 받았다는 식의 설명은 구원이 값없는 것임을 강조하는 것은 분명하지만, 구원을 가벼이 대하게 만들기도 한다. 진정으로 예수를 믿고 따른다는 것, 구원을 받는다는 것은 본질상 무거운 일이다. 세상에서 많은 것을 포기하고 세상의 길을 거부해야 하는 불편한 일이다. 테르툴리아누스가 세례에서 강조한 핵심은 바로 이것이다.

최초의 라틴 교부로서 테르툴리아누스의 업적 중 하나는 삼위일체라는 용어를 고안하여 처음 사용한 것이다.[19] 삼위일체를 신학적으로 정립한 이는 테르툴리아누스보다 한 세기 이후의 인물인 4세기 교부 아타나시우스이다. 그가 니케아 공의회를 통해 삼위일체 신학이 정통으로 정립되는 데 크게 기여한다. 하지만 테르툴리아누스가 삼위일체 개념을 제시하지 않았다면 교회사의 지형은 근본적으로 바뀌었을 것이다.

테르툴리아누스는 어떤 차원에서 삼위일체를 주장했는가? 삼위일체란 그 문자적 표현대로 세 인격이 한 실체 안에 존재한다는 것이다. 테르툴리아누스는 삼위일체를 '관계'로 설명한다. 즉 각각 독립적인 위격을 지닌 성부, 성자, 성령 하나님이 서로 관계성을 가지고 연결되어 있다는 것이다.

테르툴리아누스가 사용한 인격체라는 단어는 로마법의 용어이다. 로마법 체계하에서는 흔히 말하는 인간과 인격체는 별개로 구분된다. 인간 중에서 오직 성인, 남자, 자유인만 인격체의 범주에 속했다. 여자, 아이들, 노예는 독립적인 인격체가 아닌 것이다. 또 반대로 인간이라는 실체를 가지고 있지 않지만 인격체가 되는 경우도 있다. 그것을 법인(legal person)이라고 부른다. 그렇다면 인격체와 비인격체를 나누는 기준이 무엇일까? 로마법에서 인격체라는 것은 사람이건 법인이건 간에 소송을 걸거나, 소송을 당할 수 있는 자격을 갖춘 것을 뜻한다. 법인체도 물리적으로 존재하는 실체는 아니지만 소송을 할 수 있고, 당할 수 있다는 면에서 자유인, 남자, 성인과 동등한 인격체로 취급된다.

삼위일체를 테르툴리아누스는 이 관점에서 설명한다. 삼위의 하나님이 각각 독립성을 띤 책임 있는 행위자요 법적인 존재이다. 다만 이 삼위의 하나님이 별개로 세 본질을 지닌 것이 아니라 친밀한 관계성 속에서 하나의 실체를 이루고 있다고 테르툴리아누스는 본 것이다. 이는 성부, 성자, 성령의 관계를 양태론적으로 설명하는 것과 분명 반대된다. 양태론은 삼위가 각각 법적으로 독립된 위격을 지닌 것으로 보지 않는다. 성부, 성자, 성령은 동일한 위격이며 그 필요에 따라 바뀌는 것이라고 본다. 똑같은 물이지만 액체로 있으면 물이고, 고체로 있으면 얼음이 되고, 기화하면 수증기가 되는 식으로 삼위의 하나님을 설명하는 것이 양태론이다.

테르툴리아누스가 관계성이라는 관점에서 삼위일체를 설명했다는 것은 매우 중요한 의미를 지닌다. 아타나시우스가 동방 신학에서 발전시킨 삼위일체와는 큰 차이를 보인다. 테르툴리아누스의 강조점은 신앙의 대상이 인격신이라는 것에 있다. 그리스·로마의 신들처럼 인간이 만들어 낸 신화의 신들이 아니다. 기독교의 신은 인간과 인격적인 관계를 맺을 수 있고, 인격적인 교제를 할 수 있는 존재이다. 신·구약에 등장하는 신은 모두 인간의 삶에 직접적으로 영향을 주며 교제할 수 있는 대상이다.

그래서 신과 인간이 올바른 관계성을 맺고 있느냐 그렇지 못하느냐를 중요하게 여기게 된 것이다. 테르툴리아누스가 신과 인간의 관계를 일방적인 것이 아닌, 상호간의 관계라는 차원에서 이해했다는 것이 큰 의미를 지닌다. 이는 동방 신학이 위로부터 아래로라는 계서적인 면에서 삼위일체를 이해하고 발전시켜 왔다는 점과 분명한 차이를 보인다. 계속해서 서방 신학의 신 이해는 관계라는 측면에서 발전된다. 개인적이고 인격적으로 신을 체험할 수 있고, 만날 수 있고, 신적인 비밀을 깨달을 수 있는 살아 있고 생동감 있는 신학으로 나간 것이다.

4. 라틴 신학, 공로주의의 길을 열다

테르툴리아누스는 로마법 체계에 근거하여 헬라 철학의 영향을 받은 동방 교회의 신학과 다른 독특한 라틴 교회의 신학 전통을 발전시켰다. 법적인 테두리에서 신학이 발전했다고 해서 율법주의라고 표현할 수는 없다. 율법주의라는 말은 법을 오해하고 남용하는 것이기 때문이다.

테르툴리아누스의 율법과 복음에 대한 이해가 전형적인 것은 아니다. 그는 율법과 복음을 구약과 신약의 상호관계로 파악하고 있다. 테르툴리아누스는 구약을 율법서로 보는 동시에, 신약의 복음 역시 새로운 율법이라고 이해한다. 기독교 복음과 유대교의 율법은 본질적으로는 같다. 이것이 저것보다 우월하다거나 열등한 것이 아니다. 핵심적인 차이는 구약의 율법보다 신약의 복음이 사람들에게 부과하는 요구 수준이 더 높아진 것이다.

이 관계에 대해 쉽게 이해할 수 있는 예를 보자. 테르툴리아누스는 유대의 율법이 사람을 구원하지 못한 이유는 그 법이 충분히 엄격하지 않기 때문이라고 주장한다. 이혼에 대한 견해에서 테르툴리아누스는 모세를 자유주의자로 파악했다. 모세가 아내에게 이혼증서를 써 주면 이혼할 수 있도록 했기 때문이다. 하지만 이는 남자가 부모를 떠나 아내와 합하여 한 몸을 이루라(창 2:24)는 가르침에 반대되는 것이다. 테르툴리아누스의 시각에서 모세는 율법을 충실하게 따르지 못한 자에 불과하다.

하지만 한 가지 문제가 발생한다. 바로 신약에서 예수도 이혼을 허락했기 때문이다. 예수는 모세의 이혼법에 대해 '음행한 이유'(마 5:32)가 있을 경우에는 이혼을 허락했다. 배우자가 혼인 서약을 위배하는 부정행위를 했을 때에는 이혼을 하고 다시 결혼을 해도 간음이 아니라고 했다. 모세의 이혼에 대한 이해보다는 분명 진일보한 것이지만 예수는 여전히 이혼을 허락했다. 그렇다면 예수의 가르침을 어떻게 보아야 하는가?

테르툴리아누스는 이 문제를 다른 시각으로 접근한다. 그는 예수가 이혼을 용인한 것은 분명 아니라고 보았다. 예수의 의도는 이혼을 엄격하게 금지하는 것이었다. 다만 모든 사람이 하루아침에 그 가르침을 지키는 것이 가능하지 않기 때문에 일종의 선도기간 내지 유예기간을 둔 것이다. 실제로 예수가 가르치고자 한 목적이 무엇인지, 예수가 의도한 것이 무엇인지 자체에 주목해야 한다고 본다.

이 말은 충분히 공감할 수 있다. 예수의 복음을 갓 받아들인 사람에게 하루아침에 옛 습관을 벗어버리도록 기대하거나 요구할 수는 없다. 변화에는 시간이 필요하다. 예수가 자신이 원하는 수준으로 모든 사람을 대했다면 사람들이 예수를 받아들이지 못했을 것이다. 예수는 사람을 얻기 위해 어느 정도 수준을 낮추어 주었다고 본다. 테르툴리아누스는 이혼에 관한 신약 시대의 도덕 윤리를 이혼을 인정한 것으로 보기보다는, 예수 가르침의 본래의 취지대로 더 엄격하게 금지하도록 나가는 과도기적인 것으로 이해했다.

자동차 전 좌석 안전띠를 매는 것을 법으로 정한 후 일정한 계도기간을 준다. 그 기간 안에 적발되었을 경우에는 과태료나 벌점 부과가 없다. 일정한 계도기간이 끝난 이후에 안전띠 미착용으로 적발될 경우에는 예외 없이 처벌을 받는다. 마찬가지로 예수의 가르침에 대한 계도기간이 끝나고 엄격하게 적용해야 하는 시기가 돌아왔다. 테르툴리아누스는 초대교회가 그 수준을 적용하고 지켜야 한다고 보았다. 기독교회는 신약 시대의 예수의 가르침보다 더 엄격한 기준을 적용해야 한다고 주장한다. 세례 이후 중죄를 범한 자들에게는 구원이 취소된다는 논리도 이런 연장선에서 나온 것이다.

초대교회는 예수가 부과한 도덕률보다 더 높은 것을 부과하는 것이 아니라, 실제로 예수가 의도하던 바를 요구하는 것이다. 예수가 하려고 했고, 마땅히 했어야 했으나 상황이 사람들이 수용할 수 없었기 때문에 유예기간을 둔 것을 이제는 지켜야 한다는 것이다. 테르툴리아누스는 예수의 행위보다 그 의도에 초점을 두었기 때문에, 예수의 가르침에 대해 매우 적극적인 해석을 하게 되었다. 엄격하게 되는 것은 불가피하다.

엄격해진다는 것은 최소한 두 가지 문제를 낳는다. 하나는 사람들이 진정으로 엄격한 요구들을 다 지키고 따라올 수 있는가 하는 것이다. 또 하나는 그러한 것을 요구하고 지키게 하는 주체로서의 교회의 역할이 어디까지이냐 하는 점이다. 단적으로 교회가 예수의 의도에 따른 엄격한 도덕률을 그 구성원들에게 적용할 때 그 수준에 미치지 못하는 사람들을 어떻게 처리해야 하는가의 문제에 부딪친다. 높은 수준의 요구만 하고 실제로 지키도록 배려와 도움을 주지 않는다면 교회로서는 책임 회피가 될 수 있다. 테르툴리아누스의 주장대로라면 교회 구성원들을 제대로 돕기 위해서는 교회의 역할과 권한이 확대되는 것은 당연한 결과이다.

앞에서 구원이 이루어지는 방식으로 살펴보았던 성사의 제정이 교회의 역할에 포함된다. 칠성사의 대부분은 일생에 단 한 번 받는 성사이다. 그러나 한 번의 성사의 참석이 모든 사람에게 기준 이상의 도덕적 수준을 갖추도록 돕지는 못한다. 여기에서 파생된 것이 바로 반복되는 성사인 성찬식과 고해성사이다. 교회는 수시로 범할 수밖에 없는 죄를 씻어내기 위해 교회 구성원들로 하여금 신부에게 고해를 하고, 예수의 살과 피를 마시는 행위인 성찬에 참여토록 하는 의무를 부과하였다. 즉 교회가 모든 구원을 결정하는 성스러운 기관이 되어 버린 것이다. 예수의 복음이 사라지고 교회가 그 역할을 대체하는 모양으로 되었다.

테르툴리아누스가 주장하는 신앙의 핵심은 거룩이다. 복음은 유대 율법보다 더 높은 차원의 율법의 완성이기 때문에 부과되는 수준도 더 높아야만 한다고 본다. 이 주장이 바로 가톨릭의 신학의 핵심을 형성하였다. 중세 서방 교회의 신학의 발전은 이러한 기초 위에서 이루어졌다. 거룩해지고 신과 가까워지고 싶은 것은 교회의 요구이기도 하지만 모든 경건한 그리스도인의 바람이다. 그것이 스스로의 힘으로 쉽게 성취할 수 있는 것이 아니다. 이런 인간의 약점을 보완하기 위해 교회가 여러 가지를 고안해 낸다.

그중의 하나가 성인을 만들고 떠받드는 것이다. 성서에서 등장하는 성인은 가톨릭교회에서 사용하는 의미와 다르다. 사도 바울이 빌립보서의 인사말에서 "모든 성도(saints)와 또한 감독들과 집사들에게 편지하노니"(빌 1:1)라고 했을 때 그들은 그리스도인 전체를 의미한다. 바로 예수를 따르는 신자들 모두가 성인들이다. 가톨릭교회에서는 성인의 의미를 바꾸었다. 이 땅에 순교를 하거나 종교적으로 뛰어난 자취를 남긴 사람들을 성인으로 추대한다. 그들은 인간들과 똑같은 연약함과 약점을 지니고 있었지만 그것을 극복한 뛰어난 사람들이다. 이들이 하늘에 있으면서 이 땅에 살아가는 인생들을 위해 중보해 줄 수 있다고 본다. 인간 스스로가 완전하게 신약의 요구를 지켜 구원을 얻기 어렵기 때문에 성인들의 도움이 있을 때 엄정한 성서의 요구를 충족시킬 수 있다는 것이다. 교회가 구성원들의 구원을 보증하고 도움을 주어야 한다는 인식 때문에 갖가지 관념들이 도입이 되는 것이다.[20]

테르툴리아누스의 관념에서는 사도 바울이 믿음으로 인하여 의롭게 된다고 했을 때 그 의미는 성화와 동일하다고 보았다. 이는 바로 가톨릭교회 구원 교리의 핵심이기도 하다. 칭의와 성화, 의화와 성화가 같은 개념이기 때문에 이 안에서는 "'예수를 통해서 믿음으로 구원을 받았다"는 식의 표현이 나올 수 없는 것이다. 구원은 확보된 것일 수 없기 때문에 교회가 어떻게 구원을 담보할 것인지에 대해 체계적인 설정과 안내가 뒤따라야 하는 것이다. 마르틴 루터는 수사가 되어 이러한 가톨릭 구원관의 요구를 충족시키고자 고민하고 노력했지만, 결코 성취하지 못했다.

복음을 복음으로 이해하지 않을 때, 복음은 만족시키기 더욱 어려운 율법의 구실을 하게 된다. 테르툴리아누스의 이 관점은 중세를 관통해서 이어진다. 가톨릭교회에서 제정하는 여러 가지 성사와 더불어 면벌부의 발급도 바로 교회가 구원을 안전하게 안내하기 위해 마련된 것으로 볼 수 있다. 면벌부가 발전하고 매매되면서 '공로의 보고'라는 교리가 형성된다. 공로의 보고에는 자신의 십자가 피흘림으로 무한한 공로를 쌓은 예수의 공로와, 구원에 필요한 공로를 넘어선 성인들의 잉여의 공로가 저장된다. 일반 신자들이 천국에 들어가기 위해 쌓은 공로 중 부족한 부분을 이 공로의 저장소에서 끌어와서 메울 수 있게 된다. 이러한 공로를

바로 면벌부를 구입하면서 얻을 수 있게 된다는 것이다.[21]

최초의 라틴 신학자 테르툴리아누스의 복음에 대한 이해가 바로 공로주의로 가는 가톨릭 신학의 길을 열었다고 해도 지나치지 않다. 이런 관점은 복음으로 자유를 얻어야 할 그리스도인들이 교회의 체계 안에서 오히려 새롭게 노예화되는 문제를 낳았다. 교회가 정한 기준을 만족시키기 위해서 율법에 얽매임 당할 수 있게 된 것이다. 이러한 차이는 테르툴리아누스가 신약의 복음을 이해하는 관점 때문에 발생한다. 신약을 구약의 모든 요구를 완성한 것으로 보기보다, 구약의 가르침을 더욱 엄격하게 적용하기 위한 과도기의 가르침으로 보았기 때문에 초대교회에서 엄정한 기준을 요구했다.

테르툴리아누스만큼 학자들 사이에서 논란이 많은 인물도 드물다. 가톨릭과 개신교 학자들을 불문하고 찬반이 뜨겁다. 쉽게 수용하기도, 배척하기도 어렵다. 쉽게 평가하기도 어렵다. 인간의 행위와 공로에 의해 구원에 가까워진다는 논리가 서방의 신학에 들어오게 된 것이 그의 신학 사상의 영향 때문이라는 것을 외면할 수는 없다. 그렇지만 그의 주장이 나오게 된 시대 상황을 볼 필요가 있다. 테르툴리아누스는 여전한 박해의 시대 속에서 살고 있었다. 박해는 곧 종말이 가까운 때이다. 급박한 종말, 즉 예수의 재림이 곧 임할 것이기 때문에, 노아 시대 사람들이 홍수 심판을 앞두고 그랬던 것처럼 시집가고 장가갈 틈이 없다고 주장한다. 정결하게 준비된 처녀로 예수의 재림을 맞아야 한다는 종말론적인 사고에서 테르툴리아누스의 신학은 출현하고 전개되었다. 테르툴리아누스의 견해의 정통성 여부를 떠나, 동의 여부를 떠나 그의 엄격한 사상이 등장한 시대적 배경을 이해하는 것이 전제되어야 한다. 그렇게 될 때 조금 더 테르툴리아누스의 진의를 알게 되기 때문이다.

또한 가톨릭의 공로주의와 테르툴리아누스를 연결 지으며 그의 한계를 지적하는 것만으로는 충분하지 않다. 종교개혁에서 가장 핵심적인 논의는 '의롭게 됨'에 대한 문제이다. 가톨릭의 공로주의에 반대하여 루터는 전적인 하나님의 은총을 주장하였다. 하지만 구원을 물리적 실체를 획득하는 것으로 본다는 점에서 가톨릭의 방식과 본질적인 차이가 없다. 은총의 물리적 범위와 공로의 물리적 범위를 따져 구원의 가능성을 논하는 것은 여전히 라틴 신학의 법정적 맥락 안의 논의일 뿐이다.

이 지점이 우리가 익숙한 라틴 신학에 대한 논의를 넘어 동방 신학으로 관심을 옮겨야 하는 이유이다. 칭의나 정의 논쟁이 의미 있는 것이 되려면 우선 의롭게 된다는 단어의 중립화가 필요하다. 그 의미의 맥락은 동방 교회의 전통까지 연결되어야 한다.[22] 중세 가톨릭교회의 틀을 벗고 종교개혁을 이룰 수 있었던 핵심적인 힘 중의 하나는 헬라어 원전을 연구하면서 초대교회의 의미를 다시 돌아본 것에 있었다. 비록 그것이 충분했는지는 별개이지만 말이다. 오늘 길을 잃은 듯한 한국 교회에 대한 고민, 어디에서 다시 길을 찾을 수 있을까? 익숙하지 않아 낯설지만 동방 신학을 살펴보는 것도 한 방법이다.

6

신비를 추구하는 신앙

—

동방 교회

1. 오리엔탈리즘을 넘어서

오늘날 그리스 정교의 바탕이 된 동방 교회의 지역적 특성을 이해하는 것은 매우 중요하다. 동방 교회 지역은 예수의 성육신, 십자가 죽음과 부활, 승천 등을 역사적으로 경험했던 지역이자, 초대교회의 출발지였다. 예수와 제자들이 활동하며 세운 공동체를 고려할 때, 초대교회와 동방 교회는 동일하다고 주장할 수 있다. 실제로 동방 교회는 그렇게 주장한다. 7세기 이후 서방 교회와 신학적 마찰을 빚자 서방 교회를 정통에서 벗어난 것으로 간주하고 스스로를 정교회라고 불렀다. 역사적으로도 그렇게 주장할 근거는 충분하다. 신약이 처음 기록된 그 언어로 자신들의 교회는 유지되고 있으며, 그 문화권에 속해 있기 때문에 진정한 원조인 셈이다. 초대교회가 사실 안디옥에 먼저 생기고 대부분 그 지역에 자리잡게 되지 않았는가? 이러한 점이 동방 교회가 서방 교회와는 다르게 가지고 있는 컨텍스트였다.

그런데 한국인의 입장에서 교회사를 연구할 때, 교회사를 서양의 역사의 일부로 간주하고 서방 신학의 입장에 서서 바라보기 쉽다. 적어도 기독교가 한국에 전파되게 된 경로만을 놓고 본다면 기독교는 서구로부터 유래된 서양의 종교이기 때문이다. 교회사를 서양 역사의 일부로 환원하여 단순화시키면 간단하지 않은 여러 문제가 생길 수 있다. 중세 시대와 근대의 교회를 서구의 역사와 동일시하는 것은 자연스러울 수 있으나, 초대교회, 그중에서도 초대교회 형성과 사상의 발전에 절대적인 기여를 한 동방 교회를 이해할 때에는 큰 문제가 생긴다. 우선 동방 교회에 대한 신학을 서구의 시각에서 해석한 것을 받아들이게 된다. 문제는 가톨릭의 전통과 그로부터 생성된 프로테스탄트 전통을 지닌 서유럽 교회에서도 동방 교회는 대단히 이질적이며 낯설다. 하물며 평생 한 번도 동방 교회의 전통이나 예배를 경험하기 어려운 우리에게는 그 정도가 훨씬 더할 수밖에 없다. 그러니 오늘날 그리스 정교나 러시아 정교 등으로 대표되는 동방 교회란 우리에게는 서유럽의 가톨릭과는 비교할 수 없을 정도로 멀게 느껴진다. 우리가 자연스럽게 받아들이는 초대교회, 중세 가톨릭교회, 근대 프로테스탄트 교회의 등식을 가지고는 동방 교회가 교회 역사에 끼친 공헌이나 역할을 제대로 평가하지 못하게 된다.[1]

소련이 붕괴되기 전 냉전 시대 세계 구도를 이해하기 위해 종속이론이나 세계체제론이라는 개념이 사용되었다. 미국과 소련의 양극을 중심으로 수직적으로 구조화된 체제이기 때문에 대부분의 제3세계 국가들은 그 체제에 종속되게 되어 벗어날 수 없다는 것이다.[2] 마치 식민지가 제국으로부터 벗어나지 못하고 모든 것이 제국의 결정에 따르는 것처럼, 현재는 제국과 식민지의 관계는 아니지만 여전히 강력한 중심 국가들에 의해서 제3세계 국가들이 종속된다는 것이다. 이러한 지배와 종속의 관계는 사상적인 면에서도 예외는 아니었다. 서유럽의 전통과 사상의 틀에서 이미 선진국에서 지금까지 닦아 놓고 쌓아 놓은 방법론의 틀에서 한국 사회를 보게 되는 것이다. 이것은 한국에 관한 독자적 연구 같지만, 결국은 그들의 틀에서 한국을 보는 연구가 될 수밖에 없는 것이다. 이같이 어떤 관점을 선택하는 것은 쉬운 일이 아니다. 신학에서도 방법론의 선택은 중요한 의미를 갖는다. 방법론의 선택 자체가 가질 수 있는 함의를 고려하면서 좀더 신중하게 균형 있는 관점을 찾아 내는 것이 중요하다.

오리엔탈리즘이라는 개념도 이와 연결된다. 오리엔탈리즘이란 서양 중심의 시각에서 보는 동양에 관한 인식과 규정들의 집합을 의미한다.[3]

예를 들어 우리나라에서 과거에 지폐의 원판을 제작할 때, 그것을 독자적으로 할 수 있는 기술이 부족했기 때문에 외국에 의뢰를 해서 만들었다고 한다. 그 원판에 들어간 인물의 초상은 서구화된 양식의 동양인의 얼굴이었다. 우리의 화폐를 만들면서도 기술 부족으로 서구 중심의 관점으로 그려진 초상을 사용한 것이다.[4] 이같이 서양인들이 자기 중심에서 동양을 재단하여 규정하는 관점을 오리엔탈리즘이라고 부른다. 이러한 오리엔탈리즘에서는 서양의 동양에 대한 우월함을 강조하는 경향이 있고, 이로부터 유럽 예외주의가 나오게 된다. 유럽 예외주의는 서구의 발전사를 비서구와 구별하며, 유럽의 문명과 문화는 비서구 세계의 그것과는 전혀 다른, 오직 유럽에서만 가능했던 것으로 규정한다.

오리엔탈리즘은 오목거울이나 볼록거울로 사물을 비출 때, 상이 왜곡되는 것처럼 동양의 상을 재단한다. 그러나 이러한 왜곡이 동양에 대해서만 적용되는 것은 아니다. 역사를 서술할 때 역사적 텍스트들을 선택하고 편집하는 특정한 관점이 존재함에 주목해야 한다. 예를 들어 보통 서양사의 시대 구분에서 헬레니즘 문명을 서구 역사의 기원으로 삼는다. 하지만 헬레니즘 문명은 유럽 문명의 중심으로 생각하는 프랑스나 독일, 영국과는 본질적으로 다른 정체성을 가진 문명이었다. 고대 서유럽은 헬레니즘 문명과는 아무런 관계도 없었고, 오히려 그리스는 페르시아와 같은 소아시아 문명과 밀접한 관계를 형성하고 있었다. 마케도니아가 알렉산드로스 대왕 시절 페르시아를 정복하면서 탄생한 헬레니즘 문화는 페르시아나 이집트와 같은 아시아권 문화와 융합했다. 헬레니즘을 서양 역사의 뿌리로 인식하고, 서유럽을 이 문명의 계승자로 보는 것은 르네상스 시기 이후 서유럽 근대가 만들어 낸 이미지이다.

이러한 서구 중심의 사고를 극복하기 위해 사회과학 분야를 중심으로 다양한 시도가 등장했으며, 신학에서도 마찬가지였다. 중남미 해방신학

의 등장과 한국에서 독자적으로 발전한 민중신학도 그러한 시도의 하나
였다. 서구가 정한 프레임이 아닌 독자적인 시각으로 바라보고자 하는
신학의 토착화 시도는 어느 정도 성과를 거둔 점이 있다. 물론 이러한
토착화 신학도 단순하지 않다. 이러한 지향이 극단화되어 한국의 굿과
같은 토속 신앙의 토대 위에 기독교를 접목하려는 움직임도 있었다. 이
러한 현상은 그동안 서구에 지나치게 경도되었던 경향에 대한 반작용이
라고 말할 수 있을 것이다. 마치 시계추가 한 방향으로 갔다가 반대 방
향으로 돌아가면서 진자 운동을 하는 현상과 같다. 물론 그 사이의 중도
를 모색하는 것, 혹은 제3의 길을 찾아내는 것은 간단하지 않은 일이다.

　여기에서 한 걸음 더 들어가 보자. 어떠한 사상의 전통이 우리에게 익
숙하지 않고 직접적으로 경험하지 못한 것인데, 그에 대해 제3자가 그것
을 바라보는 틀을 마련하고 제시했다면 그 틀을 깨는 것은 훨씬 더 어려
운 일이다. 동방 교회는 우리에게는 그런 대상이다. 라틴 교회의 역사와
마찬가지로 동방 교회의 형성과 발전을 이해하기 위해서도 그에 영향을
미친 다양한 텍스트들을 상호 연결하는 컨텍스트의 존재에 주목해야 한
다. 사상의 형성과 수용은 어느 한 가지 관점만을 고집할 수 없는 다양
한 상황과 사건들의 상황 아래에서 전개되는 것이다. 이를 무시하고 사
상에 포함된 특정한 텍스트만을 바라볼 때, 개별적 텍스트들이 절대화
되어 우리의 관점을 제한하고 종속시키기 쉽다. 신학에서도 서방 교회를
보편의 핵심으로 상정하게 되면 동일한 문제가 생긴다.[5]

　교회사 연구 역시 동방 교회와 서방 교회를 딱 잘라 구별하며 이해하
기보다 교회의 역사가 더 넓은 범위의 역사적 상황 전개라는 컨텍스트
에 기반하고 있다는 것을 염두에 두면서 연구해야 선택적 수용이나 주
체적인 수용이 가능해진다. 이러한 문제는 동방 교회에 국한되지 않는
다. 동방 교회가 발전했던 비잔틴 제국 전반에 대한 왜곡이나 무시가 이

루어졌다. 비잔틴 제국은 로마 제국 멸망 이후에 생성된 별개의 제국이 아니다. 5세기에 사라진 제국은 서로마 제국이다. 동로마 제국은 그 후 천 년간 더 생존하며 독자적인 문명을 이룩했다. 우리가 흔히 접하는 '로마의 멸망'은 다분히 서구 중심의 시각이다.[6] 우리에게 전해질 때 한 차례 더 곡해되어 2차적인 왜곡이 발생한다. 그러면 교회사는 다를까? 서구 전통의 신학과 역사 이해를 금과옥조로 받아들이는 분위기 속에서 동방 교회의 전통에 대한 진지한 접근이나 존중은 애초에 기대하기 어려운 것인지도 모른다.

그러므로 교회사에 관해서도 특정 개인이 수행한 개별적 사건에 대한 이해보다는 그런 것들이 어떤 컨텍스트에서 일어나게 되었는지 전반적인 흐름을 이해하고, 그런 흐름 속에서 자신의 역사와 상황을 보는 관점을 세우는 것이 중요하다. 컨텍스트에서 출발하지 않으면 텍스트 지상주의에 매몰되기 쉽다. 모든 신학이나 사상은 컨텍스트에서 출발하여 텍스트를 만들어 낸다. 컨텍스트를 읽어 나가는 법을 알지 못하면 텍스트에 맹목적으로 의존하게 되며, 무리하게 다른 컨텍스트에 적용하여 결과적으로 편향된 시각을 낳을 수밖에 없다. 이렇게 자신이 가지고 있는 텍스트의 견해를 기초로 모든 것을 단순화시켜서 해석하는 것이 환원주의이다. 컨텍스트에 대해 끊임없이 관심을 기울일 때만이 균형 잡힌 시각을 유지할 수 있다.

2. 언어의 전환이 만들어 낸 다른 전통들

초대교회의 역사는 헬라어와 헬라 문화가 발전한 동방 교회 지역에서 일어났다. 그리고 초대교회의 역사가 끝날 무렵에 동방 교회와 서방 교회가 문화적으로 분화되기 시작한다. 물론 초대교회 역사의 끝이 언제인지는 명확하지 않으며 논란의 여지가 있다. 로마 교회가 예배에서 라틴어를 공식 언어로 사용하기 시작한 약 250년경부터 문화적 단절이 일어나기 시작하여, 기독교가 공인되고 공의회를 통해 교회의 주요 교리들이 규정되기 시작하는 4세기 말 정도 사이에 초대교회의 시대는 끝났다고 볼 수 있다. 좀더 명확하게 표현하자면, 헬레니즘 철학과 헬라어라는 동방 교회와 서방 교회가 공유하던 문화의 틀이 서방 교회에서 라틴어를 기반으로 한 독자적인 사고 체계를 형성하기 시작하면서 분리의 길을 걷는다. 이러한 컨텍스트를 발전시켜 나가는 데 테르툴리아누스가 서방 교회 신학에 크게 기여하였다는 점에 대해 학자들은 대체로 합의한다. 여기에 로마 교회와 콘스탄티노플 교회를 둘러싼 정치적 세력 다툼이 이러한 분화를 촉진한다. 결국 양 교회가 결별하게 된 결정적인 문제는 신학적 견해 차이였지만, 사건이나 교리의 차이에 따른 분리 선언 이전에 토양의 차이라는 언어와 문화의 차이가 미치게 되는 영향을 무시할 수 없는 것이다.

언어의 차이가 만들어 내는 큰 변화의 예를 살펴보자. 동방 교회에서 성사를 의미하는 용어는 미스테리온(mysterion)이었다.[7] 동방 교회에서 성사에 대해 주목한 것은 성사를 통해서 생겨나게 되는 변화였다. 한 사람이 세례 받기 이전과 세례 받은 후의 차이는 현격하다. 세례 받기 이전에 사람은 심판의 대상이지만, 세례를 통해 구원과 천국이 약속된 것이다. 세례 자체가 엄청난 의미를 지니게 된다. 이때 동방 교회에서 초점을 둔 것은 사람이 세례를 받아 거듭났다는 의미 자체보다는, 세례가 어떻게 그러한 차이를 만들어 낼 수 있는가, 어떠한 힘과 메커니즘이 인간 존재의 본질을 변화시키는가 하는 점이었다. 미스테리라는 단어 자체가 의미하는 바가 무엇인가 신비스러운 것이 존재하지만, 숨겨져 있어서 어떻게 작용하는지 겉으로 드러나지는 않는 것, 알 수 없는 것을 의미한다. 동방의 신학자들이 성찬을 미스테리온이라고 부른다는 것은 그

숨겨진 비밀이 무엇인가에 대해서 관심을 가지고 있었다는 의미이다. 이러한 사고를 뿌리로 하여 동방의 신학은 발전되어 간다.

그런데 헬라어에 비해 상대적으로 신생 언어인 라틴어에서는 신비를 의미하는 철학적 용어인 미스테리온에 해당하는 단어가 없었다. 서방 교회에서 이 용어를 번역할 때 사용한 용어가 세크라멘툼(sacramentum)이다. 굳이 한글의 뉘앙스로 비교해 보자면 미스테리온이 영어 단어 mystery 즉 '신비'에 가깝다면, 세크라멘툼은 secret과 같은 뿌리를 가진 '비밀'을 의미하는 단어이다. 신비와 비밀, 뉘앙스의 차이를 보자면 신비는 풀려고 해도 쉽사리 풀 수 없는 것, 신비스러움 그 자체로 존재 의미가 있는 것인 반면, 비밀은 풀어 나가는 것, 풀어야 의미가 있는 것 등으로 볼 수 있다. 세크라멘툼은 법률적 테두리 속에서 신학을 이해하고자 했던 대표적인 용어의 하나이다. 라틴어에서 이 용어는 군인이 훈련소에 들어가 군인으로 선서하는 것을 의미하였다. 민간인이 선서를 통해 군인으로 신분 자체가 법적으로 바뀌는 것처럼 그리스도의 군사로서 자신의 신분의 변화와 정체성을 법적인 용어로 설명하였다.

세례에 대한 생각과 접근 방식의 차이가 중요한 의미를 가지고 있다. 세례를 받으면 죄가 사해지고, 성령이 임하는 것으로 믿는다. 서방 교회에서는 세례를 그리스도의 군사로서 자신의 신분을 확인하고, 그에 걸맞는 삶을 살고자 한다는 결단이 내포된 법률적 자격이나 정체성의 변화로 받아들였다. 이 서방 교회의 전통에 따라 개신교에서도 세례를 상징적인 의미로 받아들인다. 예수를 구주로 영접하고 고백한 것에 대해서 증명한다는 의미이다. 고백함으로 그런 상태로 되었다는 것에 대해서 봉투에 편지를 넣고 그 위에 도장을 찍고 봉인하는 것으로 생각한다. 이같이 서방에서는 이런 문제에 대해서 세례의 상징적 의미를 규정하고, 그것을 성립하게 하는 자격이나 표시에 대해 집중하였다.

반면 동방 교회는 세례라는 행위를 통해 어떻게 죄가 용서되며 성령이 임하는 변화가 가능한 것인가 탐구하며 그에 대해서 설명을 시도하게 된 것이다. 동방 교회에서는 "과연 세례를 받을 때 사람의 내면에 어떤 변화가 일어나는가?" "세례 자체가 변화를 일으키게 하는 것인가?" 등의 다양한 질문을 던졌다. 계속해서 동방 신학에서는 "과연 성령의 역할은 무엇이며, 성령이 어떻게 사람을 변화시킬 수 있을까?"와 같은 좀 더 본질적인 문제에 대해서 집중하게 되었다. 이런 문제는 '~은 무엇이다'라는 식으로 정의를 내림으로 완전히 해결할 수 있는 문제가 아니다. 세례가 작용하는 방식을 포괄적으로 연구를 해야 조금씩 해명이 가능한 신비이다. 신비라는 것은 알면 알수록 더 많은 알 수 없는 것들이 나오게 되는 것이다. 신비는 신비 그 자체로 남아 있을 때, 무언가 설명하기 어려운 의미가 숨겨져 있을 때, 더 의미 있는 것이 된다. 동방 신학은 신학적인 문제들에 대해 신비라는 관점으로 파악하는 태도를 유지하고 있다.

이에 대해 또 다른 하나의 예는 혼인에서 찾을 수 있다. 혼인이란 인생의 중대한 변화 내지 전환이라 볼 수 있다. 서방 가톨릭 신학에서 혼인은 세례, 성찬식과 더불어 칠성사에 들어갈 정도로 중요한 것이다. 세례의 본질과 세례 의식의 관계와 마찬가지로 혼인과 혼인 예식의 관계에 대해서도 유사한 생각을 할 수 있다. 그렇다면 혼인 예식의 의미와 본질은 무엇일까? 혹은 혼인이 완성되는 순간은 언제인가? 혼인식을 열고 많은 증인들이 모인 가운데 신랑과 신부가 입장하고, 예물을 교환한후, 사제나 집례자가 혼인 서약을 받고 성부와 성자와 성령의 이름으로 성립되었다고 선포하는 순간 완성된다고 할 수도 있다. 혹은 근대 국민국가에 살고 있으니까, 동사무소에 가서 혼인신고를 해서 정부의 주민등록부에 공식적으로 혼인관계가 등록이 되는 순간 완성이 되는 것이라볼 수도 있을 것이다.

교회에서는 혼인의 완성 시점을 부부간에 합방했을 때로 보았다. 영어 단어 consummation은 '완성', '초야를 치름으로 결혼의 완성'이라는 의미를 지닌다. 초야를 치르지 않는 결혼은 무효가 된다는 것을 의미한다.[8] 이는 의식에 따른 선포나 계약을 승인하는 서명 같은 것과는 다르게 구체적인 것이라고 할 수 있다. 그렇기 때문에 합방이라는 구체적인 행동을 행하지 않으면 결혼이 취소될 수도 있었다. 잉글랜드 종교개혁의 발단이 된 헨리 8세의 이혼 문제를 보면, 헨리 8세의 첫 번째 아내인 아라곤의 카타리나는 헨리 8세의 형 아서의 아내였다. 형이 죽은 후 형수와 결혼한 것이다. 이 혼인이 어떻게 가능했을까? 아서가 병약하여 카타리나와 초야를 치르지 못해 혼인이 성립되지 않았다고 주장하여, 교황에게 혼인 무효 소송을 제기하고, 교황이 이를 인정했기 때문이다.

의식이나 호적 등록 등과 같은 상징적 표시보다, 결혼의 본질로 들어가는 행위를 하는 것이 실제적으로 결혼의 완성을 의미한다는 것이다. 결혼의 본질이 부부가 서로 사랑을 하고 생명을 낳는 것이라고 본다는 점에서 합방이 결혼의 본질적인 부분이라 할 수 있다. 합방이 이루어져야 하나의 신비로 여겨지는 결혼이 완성되는 것이다.

그렇게 되면 성사와 같은 의식의 필요성에 문제가 제기될 수 있다. 예컨대 세례라는 의식 자체가 어떠한 변화를 가져오는 것이 아니라, 그저 상징적인 행위에 불과하다면 세례는 불필요할 수도 있지 않을까? 동방 교회는 실제로 본질의 변화가 세례라는 의식 자체를 통해 생기는 것이 아님을 인정하지만, 여전히 의식 자체의 중요성을 인정한다. 서방 교회에서 세례를 그리스도인으로서의 공적인 선포로 본다면, 동방 교회에서는 세례라는 행위가 더 깊은 그리스도의 신비로 들어가는 첫걸음으로 본다. 서방 교회에서 법률적인 관점을 가지고 성사를 보기 때문에 성사가 구원과 직결되는 것처럼 간주한다면, 동방은 이와 다르게 신의 신비를 향해 가는 과정의 시작으로 보는 것이다.

동방 교회와 서방 교회에서 사용하는 성사의 언어에 대한 차이와 인식의 차이가 교회의 역할의 차이를 가져왔다. 서방 교회에서처럼 법률적 관점에서 성사를 규정하면 한 개인의 구원의 여정에서 교회가 정한 의례의 중요성은 절대적이 된다. 이것이 라틴 신학을 중심으로 형성된 중세 가톨릭의 체제에서 생겨난 문제이다. 즉 교회가 정한 성사를 통하지 않고는 구원을 얻을 수 없게 된 것이다. 인문주의자들과 종교개혁가들에 의하여 이러한 틀이 깨진다. 어떻게 그것이 가능하게 되었을까? 에라스무스와 같은 인문주의자들이 헬라어 성서를 번역하여 성 히에로니무스의 라틴어 성서인 불가타 성서와 비교 편집함으로써, 언어의 변환으로 인해 생긴 오류를 규명하였다.

대표적인 것이 혼인을 성사로 인정한 불가타 성서의 번역상 오류이다. 에베소서 5장 31~32절 "그러므로 사람이 부모를 떠나 그의 아내와 합하여 그 둘이 한 육체가 될지니, 이 비밀이 크도다 나는 그리스도와 교회에 대하여 말하노라"는 혼인에 대한 사도 바울의 가르침이다. 여기에서 '이 비밀이 크도다'에서 비밀은 혼인의 신비스러움을 의미하는 미스테리온이다. 이 용어가 라틴어 세크라멘툼으로 번역되면서 혼인이 '중요한 성사'(sacramentum hoc magnum est)로 바뀌었다. 이처럼 인문주의자들과 종교개혁가들은 헬라어 텍스트 연구를 통해 중세 가톨릭 체제를 지탱하던 성사의 중요한 축을 허물고, 개신교 신학의 새로운 지평을 열었다. 만약 혼인 의식이 구원의 여정에서 필수불가결한 성사가 아니라면, 더 이상 지탱하기 어려운 혼인관계를 해소하는 이혼이 허용되는 것은 자연스러운 논리적 귀결이다. 헨리 8세가 원했던 바는 본래 교황으로부터 혼인 무효 선고를 받아 자신이 원하는 여인과 결혼하는 것이었지만, 루터의 개혁 사상의 추종자인 케임브리지 대학의 신학자 토마스 크랜머는 잉글랜드 의회로 하여금 위와 같은 논리로 왕의 이혼을 허용하도록 함으로써 이 문제를 매듭지었다.

3. 동방 교회, 신비를 숙고하다

그런데 초기의 교회와 동방 교회의 관계를 이러한 지리적·언어적 유사성만으로 설명하는 것은 충분하지 않다. 이 지점에서 한 가지 더 고려해야 할 점은 유대 히브리인의 사유에서 생긴 기독교라는 종교와 당시 헬레니즘 철학과의 연관성이다. 흔히 고대 세계에 두 경쟁하는 사유로 드는 헤브라이즘과 헬레니즘의 관계이다. 흔히 대부분의 그리스도인들은 헤브라이즘과 신본주의, 헬레니즘과 인본주의라는 단어를 연결시키는데, 이는 큰 오해다. 편리한 구분이긴 하지만 이렇게 구분할 때 예기치 않은 문제들이 생긴다. 우선은 신본주의라는 표현은 학문적인 용어가 아니다. 신본주의를 신을 중심으로 한 가치관과 세계관을 유지한다는 신앙의 관점에서는 사용할 수 있기는 하나 헤브라이즘과 연결시키는 것은 다소 무리가 있다. 또 다른 오해는 헤브라이즘과 헬레니즘을 서로 다른 철학적 사유를 가진 것으로 본다는 점이다. 하지만 그렇지 않다. 헤브라이즘은 철학 체계가 아니다. 더 정확하게 표현하자면 유일신 여호와와 이스라엘 민족 간의 계약 관계를 핵심으로 하는 히브리인의 삶과 문화, 전통을 의미한다. 그러나 이들은 자신들이 믿고 따르는 그 신의 본질에 대한 신학적·철학적 사유는 없었다. 이는 헤브라이즘의 전통 속에서 생겨 나온 기독교를 이해하는 것에는 좀더 복잡한 문제를 제기하였다. 기독교가 초기에 하나의 운동을 넘어서 종교로서의 정체성을 갖추게 되면서 기독교의 신과 메시야, 성령, 선악의 문제, 구원 등을 이해하기 위한 체계적이고 철학적 사유가 필요했다. 헬라 철학이 이러한 기독교의 교리 형성을 이해하는 철학적인 사유를 제공했다. 그러므로 헤브라이즘과 헬레니즘을 신본주의와 인본주의의 대립이라는 틀로 보는 한 기독교 신학의 이론과 체계가 헬라 철학을 기반으로 성립되었다는 것을 인정하지 못한다.

동방 교회에서의 용어나 개념은 신플라톤 철학과 같은 복잡한 철학적 개념에 뿌리를 두고 있는 경우가 많다. 동방 교회의 성례와 성사 개념도 그렇다. 철학적 개념이다 보니 법률적인 규정과 비교했을 때 설명하기 훨씬 복잡하다. 동방 교회가 형성된 토대 자체가 서방의 그것과는 다른 것이다. 동방 교회는 서방 교회의 로마와 같은 하나의 특별한 중심이 없다. 안디옥, 예루살렘, 알렉산드리아, 콘스탄티노플이라는 네 개의 교회가 서로 경쟁하고 있었다. 그중에서도 안디옥 학파와 알렉산드리아 학파가 신학적으로 경쟁하였다. 물론 그들이 자신들의 주장을 정당화하기 위해서 의존하고 있는 신학을 풀어 나가는 철학적인 틀 역시 제각각이었다. 동방에는 서방 교회의 테르툴리아누스에 비견할 만한 훌륭한 학자들이 많이 등장했지만, 그와 같이 누구나 인정할 대표성을 지닌 학자를 찾기 어렵다.

헬라 철학은 스토아주의, 플라톤주의, 아리스토텔레스주의 등 다양한 학파가 서로 경쟁하고 있었다. 로마 중심의 서방 교회와 달리 동방 교회는 네 개의 주교구로 경쟁하고 있었고, 각 교회마다 추종하는 철학 학파가 서로 달랐다. 그중 기독교 신앙을 해석하는 데 주류로 등장한 것이 플라톤주의이다. 이른바 거듭난 플라톤주의라고 할 수 있는 이 사조를 신플라톤주의라고 부른다.

이 신플라톤주의 형성 과정에 일정한 기여를 한 인물로는 이집트 알렉산드리아 출생의 오리게네스를 들 수 있다. 공정하게 표현하자면 오리게네스는 다양한 철학 학파들이 동일하게 경쟁하는 시대에 살았고, 그의 말년에 신플라톤주의가 대세가 되었다. 신플라톤주의는 오리게네스의 사후에 결정적으로 활성화되어 기독교 신학이 융화되고 체계화되었다. 오리게네스는 성서의 통일성과 진실성을 밝히는 것이 성서 해석의 목적이라고 보았고, 알레고리적 해석만이 이를 가능하게 한다고 믿었다.[9] 라틴 교회의 테르툴리아누스와 마찬가지로 오리게네스 역시 논쟁적인 인물이다. 실제 제2차 콘스탄티노플 공의회에서 오리게네스는 아리우스, 네스토리우스, 유티케스 등과 더불어 교회에서 파문되었다. 그 결과 그가 남긴 저작들은 파괴되거나 논쟁적인 부분들이 삭제된 채 전해졌다. 그럼에도 동방 신학은 오리게네스에 근거하여 설명할 수 있다. 안수 받은 사제가 아닌 평범한 교사 출신의 오리게네스는 언어에 천재적인 재능을 가진 것으로 알려졌다. 그의 재능을 눈여겨본 알렉산드리아 감독이 그를 붙잡아 두기 위해 사제로 안수해 준다. 하지만 후에 이것이 문제가 되어 사제직을 박탈당하게 된다.

오리게네스의 사상은 플라톤주의에 기반하였다. 플라톤 철학에서는 이데아라는 개념이 중심을 이룬다. 이데아는 만물의 본질 같은 것이라고 할 수 있다. 플라톤은 우리가 살고 있는 현실 세계는 이데아의 그림자에 불과하다고 본다. 이 논리에 따르자면, 천상과 현실 세계에는 건널 수 없는 본질적인 간극이 존재한다고 볼 수 있다. 천상이 이데아라면 현세는 그 그림자 세상에 불과한 것이다. 진실한 것, 궁극적인 존재는 개념이고 이데아이다. 가시적인 것들은 궁극적으로 부패하고 한계적인 존재이다.

신플라톤주의에서 가장 먼저 일자(一者)라는 개념이 나온다. 창조는 일자로부터 모든 실재가 계층적으로 유출되어서 생성되는 것으로 생각한다. 태양을 보면 태양이 빛을 내서 소멸하는 것이 아니라, 가스를 사용하여 빛을 내면서 가스가 나오고, 다시 태워지면서 빛을 내는 식으로 끊임없이 재생산하는 것으로 보인다. 흘러 넘치는 액이 유출이 되어 다른 행성들도 만들어진다. 신플라톤주의자들은 창조도 이와 비슷한 원리로 신의 충만함이 넘쳐 창조의 역사가 일어나게 된 것으로 해석한다. 처음에는 로고스가 존재했다. 로고스로부터 다른 실재들이 유출되어서 나오면서 일자와 연관성을 맺게 된 것이다.

신과 인간의 관계도 일자와 실재의 관계이다. 이 둘의 관계가 어떠한가? 얼마나 떨어져 있을 것인지가 문제가 된다. 겨울이 추운 것은 지구가 태양과 멀리 떨어져 있기 때문이고, 더운 것은 태양과 가깝기 때문인 것과 마찬가지로, 인간이 신으로부터 나왔지만 거리는 가까울 수도, 멀수도 있다. 이 거리에 따라 인간과 신의 관계는 달라진다. 이런 전제에서 신플라톤주의의 이데아는 실재와 전혀 다른 본질이다. 즉 실재는 일자를 향해 끊임없이 나아갈 수는 있지만, 그 사이에는 분명하게 구분되는 계층이 존재하고 있기 때문에 일자가 될 수는 없는 것이다.

이 신플라톤주의에 따르면 세상에는 신을 정점으로 인간, 동물, 식물 등으로 이어지는 계층이 존재한다. 인간도 다 같은 인간이 아니라 민족이나 성별, 신분 등에 따른 계층이 존재한다. 그렇다면 삼위일체는 어떠할까? 삼위일체라는 용어를 최초로 사용한 것으로 알려진 서방 신학자 테르툴리아누스는 삼위일체를 서로 다른 역할을 가지고 서로 상호작용하는 관계라는 측면에서 이해했다. 이러한 견해는 서방 가톨릭 신학에 연결되어 성부, 성자, 성령이 동등하게 상호 관계를 형성하는 것으로 본다. 반면 동방 교회에서는 삼위에도 계층이 나눠진다고 보았다. 성부가 가장 위에 있고, 그다음이 성자, 그다음이 성령으로 보는 것이다.

이 삼위일체에 대한 관점은 구원이라는 관념에도 차이를 발생시킨다.[10] 서방 신학에서는 삼위의 신과 올바른 관계성을 맺는 것이 구원이다. 예수를 통해서 성부와 올바른 관계성 안으로 들어가는 것이 구원이다. 동방 교회의 구원의 개념은 조금 다르다. 동방 교회에서는 구원을 계층 구조를 하나씩 밟고 올라가면서 가장 높은 곳까지 올라가는 과정으로 본다. 이런 개념은 창세기에 등장하는 야곱의 사다리를 비유로 설명할 수 있다. 야곱이 자다 꿈을 꾸는데 천사들이 사다리를 오르락내리락하면서 신을 야곱에게 보여 주는 것과 같이, 신을 만나려면 사다리 같은 계층 구조를 한 단계씩 올라가야 되는 것으로 본 것이다. 오리게네스에게 세상은 고통의 장소요 구원은 물질적이고 육체적인 이 세상에서 벗어나 비물질적인 본래의 영의 상태로 회복되는 것이다.[11]

이러한 이해는 동방에서 삼위일체 신학을 정립한 아타나시우스에서 비롯되었다. 천사가 야곱의 사다리를 오르락내리락하면서 신의 메시지를 야곱에게 전해 주어 신과 야곱이 교통한 것처럼, 성자의 성육신이 그런 사건이었다는 것이다. 예수가 신으로서의 모든 권위와 영광을 버리고 이 땅에 육신을 입고 온 것처럼, 인간도 이 예수를 본받아 예수처럼 살아가면 계층의 사다리를 올라가서 신과 같이 될 수 있다는 주장이 제기된다. 그리스도의 성육신은 구원과 더불어 인간이 신적 형상을 회복하는 방법을 제시하는 모범이 된다.[12]

오리게네스학파는 이런 논리를 극단적으로 발전시켜 이른바 신플라톤주의와 기독교가 융합되는 가운데 새로운 구원론의 가능성을 제기한다. 바로 '신이 인간이 되었기 때문에 인간도 신이 될 수 있다'는 관점이다. 이를 '신화'(神化, theosis)의 신학이라고 표현한다.[13] 그 예는 동방 교회와 서방 가톨릭교회에서 공통적으로 인정하는 성인이라는 존재에서 찾아 볼 수 있다. 인간이지만 인간의 죄성과 한계를 넘어 신의 성품에 가까이 간다고 인정된 이들이 성인으로 추대된다. 동방 교회는 구원을 특정 시점에 성취되는 것으로 이해하기보다는 신화의 과정과 동일한 것으로 본다.[14] 서방 교회와 동방 교회의 구원을 이해하는 방식이 이같이 서로 다른 컨텍스트에서 출발했기 때문에 후에 좁히기 어려운 차이를 낳은 것으로 보아야 한다.

서방의 신학은 법 체계에 바탕을 두고 이루어져 있어서 동방의 신학에 비해 구원에 대한 개념이 상대적으로 뚜렷하다. 신의 은총과 자신의 공로, 성례전을 지킴으로 구원을 얻는다고 본다. 구원을 얻는 방식이 조직화되어 있다. 이렇듯 동방 신학과 서방 신학의 차이는 출발에서부터 갈리고 있다.

결국 신비를 어떻게 볼 것인가 하는 문제의 차이이다. 서방 신학에서는 비밀은 결국 드러나는 것이라고 생각했다. 예수는 "등불을 가져오는 것은 말 아래나 평상 아래에 두려 함이냐 등경 위에 두려 함이 아니냐"(막 4:21)라고 함으로써 "들을 귀 있는 자는 들으라"(막 4:23)고 가르친 바 있다. 즉 신비는 드러내기 위해 존재하는 것이므로 신비를 분석하고 이해하려고 시도하는 것이 서구 신학에서의 기본 태도이다. 여러 신학의 주제들을 논리와 이성으로 명확히 드러내고자 하는 스콜라철학은 신비에 대한 이러한 태도에서 출발한 것이다.

반면 신비를 대하는 동방의 태도는 신적인 신비란 인간의 언어로 설명할 수 있는 대상이 아닌 것으로 본다. 오히려 신비를 인간의 언어와 논리로 드러내려 할수록 그것은 진정한 진리와는 다른 비진리가 된다고 보았다. 그렇기 때문에 동방 교회는 신에 대해서 다 알 수 없기 때문에 분석하여 어떤 사실들로 끄집어 내려고 하지 말고 신비를 그 자체로 경배해야 한다고 주장한다. 그렇게 될 때 진정 신비로 남아 있을 수 있고, 오히려 더 많은 사람의 관심과 경배를 받을 수 있다는 것이다. 신의 성품에 대해서 이야기할 때도, '신은 ~이다'라고 규정하면 신을 인간의 좁은 언어의 프레임으로 규정해 버리는 것이 될 수 있다.

서방 신학에서 시도하는 것처럼 신비이자 경배의 대상인 신을 인간의 언어로 규정하면, 진정한 신의 모습은 단순한 규정 속에 갇히게 될 수 있다. 그렇다면 규정된 신은 진정한 신이 아닌 것이다. 신비를 신비

그 자체로 남겨 두어야 한다는 동방 신학의 이러한 태도를 부정의 신학(via negativa)이라고 부른다. 부정신학은 신의 성품에 대해 규정하는 것이 아니라, 신의 성품이 아닌 것을 말하는 것을 통해 신의 무한성과 절대성을 추구한다.[15] 예를 들자면 '하나님은 인간을 사랑하신다'라는 표현 대신 '하나님은 인간에게 무관심하지 않으시다'라고 표현하거나. '하나님은 선하시다'라고 표현하기 전에 '하나님은 악하지 않으시다'고 한다. '하나님은 무한하시다'라고 할 수도 있지만, '하나님은 시간과 공간의 제한을 받지 않으신다'고 선언함으로 신의 속성에 대한 일반화를 피한다. 신의 성품을 규정하게 되면 신의 속성 중에 선함이란 무엇인지, 무한이란 무엇인지 등에 대해서도 계속해서 규정해야 한다. 반면 동일한 내용도 부정문으로 표현하면 신의 진정한 성품은 여전히 신비로 남아 있을 수 있다. 동방 신학의 관점에서는 신은 시공에 제한 받지 않는 무한한 존재이므로 유한한 인간의 언어로 초월자를 표현하는 것은 불가능하다.[16]

서방 신학과 동방 신학은 로마법과 그리스 철학이라는 신학의 기초를 이루는 바탕 자체에 차이가 있었기 때문에 시간이 지날수록 서로 융화가 되기보다는 서로 이해하기 어렵게 되는 방향으로 발전했다.

동일한 단어가 동·서방에서 다르게 이해되는 예를 모나키에서 들 수 있다. 모나키는 현대 정치 시스템에서 군주제를 의미하는 용어로 사용되고 있다. 모나키는 고대 신학에서 신의 통치를 의미하는 용어였다. 신은 우주의 통치자로서 모나키였다. 그런데 헬라어에서 모나키는 '통치'라는 개념과 더불어 궁극적인 시작, 원천이라는 의미도 지닌다. 성부를 지칭할 때, 이는 통치자로서의 신을 의미하기도 하지만 만물의 시작과 원천이 되는 우주의 창조주를 의미한다. 이러한 의미가 좀더 신의 본질에 가깝다고 할 수 있을 것이다. 이와 관련해서 초대교회 내내 사람들이 고민했던 문제가 나오게 된다. 바로 예수와 모나키의 관계를 어떻게 볼 것인가 하는 점이다. 이 문제에 대한 해석이 갈려 동서 교회가 결국 분열된다.

예수를 모나키라고 할 수 있는가? 성자 예수를 세상의 통치자라는 면에서 모나키라고 하는 것은 문제가 없다. 유대 전통에서나 로마 전통에서 동시대에 한 나라에 두 명의 공동 통치자가 있는 것은 흔히 있는 일이었다. 성서에서도 왕이 죽어야 반드시 후계자가 등장하여 왕을 계승하는 것이 아니라, 섭정 기간을 두어 공동 통치하는 경우가 있었다. 로마 제국의 경우도 커다란 제국을 효율적으로 통치하기 위하여 로마를 네 부분으로 분할하여 2명의 정제(augustus)와 2명의 부제(caesar)를 선출했다. 각각의 임기를 두고 부제가 정제를 계승하여 연속성 있게 제국을 통치했다. 따라서 당시 사람들은 2인의 모나키라는 개념을 받아들일 수 있었다. 성부와 성자의 관계처럼, 공적인 권력을 아버지와 아들이 공유하는 것도 가능했다.[17]

그러나 모나키를 통치라는 의미가 아닌 근원이나 출처라는 의미로 사용할 경우 의견이 갈리게 된다. 성자 예수가 성부로부터 나왔다고 표현을 할 수 있다. 성서에서는 예수가 '하나님의 독생자', 즉 성부로부터 나온 아들이라고 표현된다. 이때 근원은 성부이고, 예수는 거기서 유출된 독생자, 아들이 되는 것이다. 테르툴리아누스의 관점에서도 성자와 성령이 모두 성부와 함께 영원 전부터 존재했다는 것을 설득하기가 쉽지 않았다. 아타나시우스의 관점에서 보더라도 모나키는 유일한 원천(arche), 유일한 시작이라는 의미이다. 따라서 성부만이 원천이 되고, 아들은 그로부터 난 것이 된다. 그렇다면 성부는 모나키라는 것이 성립될 수 있지만, 성자가 모나키라는 표현은 성립되기 어렵다고 할 수도 있다.[18] 이 논리대로라면 성부와 성자가 서로 다르니 예수의 신성을 부정하는 방향으로 나아갈 수 있다. 실제로 서방에서는 이때 아리우스 이단이 크게 일어나 예수의 신성을 부인했다. 이 당시에 아리우스가 등장하여 예수가 하나님과 동격도 아니고, 하나님의 영원한 아들도 아닌, 하나의 피조물이라고 주장했다.[19]

하지만 325년 개최된 니케아 공의회에서 아리우스파를 이단으로 단죄하고, 삼위일체, 즉 예수는 완전한 신이라는 원리를 받아들인다. 그렇지만 논쟁은 중세 서방 교회 지역에서 다른 방향으로 불똥이 튄다. 초대교회가 끝날 무렵 동방에서는 아리우스파의 영향이 그렇게 크지 않았다. 그러므로 성부와 성자가 동등하다는 원리에 대해서 관심이 적었다. 반면 중세교회 초기에 서유럽 교회는 아리우스파의 영향력이 지대하였다. 독일인의 사도로 알려진 울필라스는 콘스탄티노플에서 파송된 아리우스파 선교사였다. 독일을 비롯한 여러 중부 유럽 지역에서는 가톨릭이 6~7세기에 확립되기 이전까지 아리우스 기독교를 신봉하였다. 프랑크 왕국을 제외한 서방에서는 예수의 신성을 유지하기 위해 성자와 성부가 동등하다는 원리를 고수하는 것이 중요한 문제였다.

니케아 공의회에서 성령에 대해 설명하면서 "성령이 성부로부터 발현한다"는 표현이 들어간다. 본래 이 표현은 삼위일체의 한 위로서의 성령의 지위를 확립하기 위해 등장한 것이다. 이 성령이 성부로부터 발현된다는 것은 모든 것의 동등한 원천인 모나키로서의 예수가 부정되는 것이다. 그러므로 서방 교회의 아리우스파가 계속해서 성부와 성자는 동일하지 않다고 주장할 수 있는 여지가 남아 있는 셈이다. 이러한 배경 속에서 서방 가톨릭교회에서는 동방 교회에 "성부로부터 성령이 발현"하였다는 표현에 "성부, 그리고 성자로부터 성령이 발현하였다"라고 바꿀 것을 요구한다. 이를 위해 단어 하나를 추가해 줄 것을 요구한다. '그리고 성자'라는 라틴어 단어가 필리오케(filioque)이다. 이 단어를 추가함으로 인해 동·서방 교회 분열의 원인으로 알려진 필리오케 논쟁이 시작된다.[20]

신플라톤 철학에서 성부와 성자는 그 위계상 차이가 있기 때문에 동등한 관계성을 지니고 있지 못하다. 성부와 성자는 분명히 격이 다르다고 볼 수 있다. 이와 같은 동방 교회의 삼위일체 이해에서는 성부와 성자가 지위가 분명히 다르다. 성부와 성자가 동등한 위치로 표현된다는 것은 인정할 수 없었기에 이 표현을 거부한다. 그뿐 아니라 동방 교회로서는 아리우스파에 대한 고민이 없었으므로 이 표현을 추가하는 것이 불필요했다. 결국 서방 교회에서는 아리우스파가 계속 강성해지자 이를 저지하기 위해서 6세기 중반에 에스파냐 지역의 톨레도에서 교회회의를 열어 필리오케라는 문구를 추가하였다. 전 세계 교회의 대표가 참여하는 공의회(council)가 아닌 톨레도에서 열린 지역 교회회의(synod)에서 서방 교회가 추가한 사항을 동방 교회에서는 인정하지 않았다.

동방 교회에게 초대교회 공의회는 특별하다. 325년의 니케아 공의회와 381년의 콘스탄티노플 공의회에서 동방과 서방 교회는 두 교회가 함께 모인 이 회의에서 결정한 사항은 성령에 의해서 이루어진 것이기 때문에 성서의 권위와 동일하게 받아들여야 한다고 선언한 바 있었기 때문이다. 서방 교회만이 모인 교회회의에서 일방적으로 이것을 삽입하였으니 권위를 인정할 수 없었고, 극단적으로는 신앙의 정통성을 저버린 것으로 받아들였다. 자신들이 정통이고, 서방 교회는 그렇지 않다고 생각했다.

동방 교회와 서방 교회가 분리되는 것도 이런 배경에서 단어의 의미 차이를 둘러싼 논쟁을 벌였던 것이 계기가 되기도 했다. 동방 교회 사람들이 모나키를 보는 시각이 서방 교회와 차이가 있을 때, 문제가 불거지게 된 것이었다. 사실 이 신학논쟁으로 인해 동·서 교회가 분열되었고, 1962년 동·서 교회가 상징적으로 파문을 철회함으로써 하나가 되기까지 거의 천 년 동안 이 문제를 가지고 싸웠다. 이들은 이것이 서로를 인정할 수 없을 만큼 중요한 문제라고 보았다.

또 하나의 문제는 성화상이었다. 동방은 황제가 교회의 수장을 겸하는 정교일치 지역이었다. 동방에는 네 개의 주교구가 있고, 감독들은 비잔틴 황제가 총괄하는 제1사제였다. 황제가 종교적인 의미를 지닌 사제직을 보유하고 있다. 자연히 교회와 황제가 계속해서 마찰을 빚게 되었다. 교회는 수도원에서 성화를 만들어 팔아서 부를 축적하는 방식으로 황제에 대항해 세력을 키워 갔다. 황제는 교회를 견제하기 위해서 성화상 제작을 금지한다.

물론 표면적인 이유는 신학적인 것이었다. 이 논쟁이 야기된 8세기는 이슬람이 확장되던 시기였다. 이슬람은 성화를 만들지 않는다. 그들은 기독교 정복지에서 교회가 만든 성화를 훼손하였다. 십계명에서도 성상을 금지하고 있다. 황제의 논리는 우상을 만들면서 무슬림과 유대인을 전도할 수 없으므로 성화 만드는 일을 금지한다는 것이다. 레오 3세 황제가 성상 금지령을 내린다. 물론 앞서 설명한 대로 교회와 황제 사이의 갈등이 배경으로 작용했다. 이에 반대하는 사제들이 순교하는 갈등이 있었다. 문제는 로마 교회였다. 교황의 입장에서는 비잔틴 황제의 명령을 전혀 받아들일 수 없었다. 서방 교회에서는 성상을 만들기는 하지만 이것을 경배하는 것이 아니라 존중한다는 의미라는 것으로 정리했다. 그러나 필리오케 논쟁과 더불어 성화상을 둘러싼 동방 교회와 서방 교회의 갈등이 점점 악화되어서 결국 양 교회가 결정적으로 분리된다.

실제로 동방 교회와 서방 교회가 갈라진 것은 11세기의 일이었지만, 이미 2세기 말에서 3세기 초부터 양 교회 사이의 오해와 갈등은 쌓여 가고 있었다. 서로 다른 언어로, 서로 다른 철학적 배경과 입장을 가지고 신학을 발전시켜 나가면서 차이가 갈수록 커졌다. 니케아 공의회에서도 이들이 동일한 삼위일체를 토론했지만 결국에는 서로 다르게 이해하고 있었다. 신학을 이해하는 컨텍스트가 달랐기 때문에 필연적인 일이었는데, 이는 서양과 전혀 다른 컨텍스트에 놓여 있는 우리에게도 마찬가지일 수 있다. 결국 이런 문제가 누적되다 보면 분리까지 되는 것이다. 개신교인들은 가톨릭의 미사에만 참석해도 그 차이로 인해서 낯섦을 느낀다. 아마 동방 교회의 예배에 참석한다면 그 낯섦은 더 클 것이다. 각각의 전통이 서로 다른 토대 위에서 성장해 왔기 때문이다.

4. 낯설지만 열린 마음으로

언어의 차이, 혹은 언어를 사용하는 문화적 풍토나 환경의 차이가 문제를 낳기도 한다. 마르틴 루터가 교황과 충돌하며 종교개혁을 시작했을 때 가톨릭교회에 공동으로 대응하기 위해 동방 교회와 접촉하였다. 마르틴 루터의 측근인 멜랑히톤이 시도했지만, 동방 교회에서 루터가 제안한 이신칭의 원리를 받아들이지 못하여 협상이 결렬되었다.

같은 대상을 지시하는 단어를 사용하더라도, 다른 컨텍스트에서 사용할 때 다르게 이해하게 될 수밖에 없다. 기독교회의 역사에서 이러한 문제를 직접적으로 인식하게 된 것은 종교개혁기 이후였다. 종교개혁 이전, 유럽은 사방으로 이슬람 세력에 포위되어 있었다. 동쪽으로는 헝가리로 이슬람이 진출하고 있었고, 서쪽으로는 에스파냐로 이슬람이 들어오는 상황이었다. 가톨릭의 세력 범위는 제한되어 있었다. 대서양으로 가로막혀 있던 유럽은 조선술과 항해술을 통해 대서양을 넘어 신대륙으로 진출하게 된다. 콜럼버스가 신대륙을 발견하게 되던 때가 종교개혁의 시기와 일치하며, 루터의 종교개혁이 발생한 지 2년 후 마젤란이 세계 일주에 성공한다. 이러한 유럽의 극적인 상황 변화는 가톨릭과 개신교에게 새로운 희망을 제시하였다. 대서양을 건너 신대륙으로 진출해서 유럽 안에서 잃어버렸던 것, 성취하지 못했던 것을 이루자는 의지와 희망이

넘치게 되었고, 이러한 자신감은 선교사 운동으로 나타났다. 중남미에 가톨릭이 널리 전파된 것도 이런 움직임으로 영향을 받은 교황청이 예수회를 파견했기 때문이었다. 이런 방식으로 근대에 선교가 이루어졌다.

이 근대 선교 운동은 동방과 서방 교회에 얘기치 못한 결과를 가져온다. 19세기 영국을 중심으로 세계 선교가 활발하던 시기, 개신교와는 다른 자신들만의 토착화된 신앙과 신학을 지키고 살고 있던 그리스 정교 지역에 개신교 선교사들이 와서 전도를 하자 이미 토착화된 그리스 정교와 갈등이 생기게 되었다. 역사적·문화적으로 한 번도 서로 접촉하지 못했던, 전혀 성격이 다른 두 종교가 만난 셈이다. 그리스 정교 지역에서는 이러한 개신교의 시도를 인정할 수 없어 개신교 선교사들을 이단시하였다. 같은 기독교를 뿌리로 하고 있지만 다른 문화에서 성장한 교회가 근대에 다시 마주치게 되면서 일어난 갈등이었다. 그리스 정교 입장에서는 스스로를 초대교회의 토대가 되어 온 언어와 문화 속에서 신학을 발전시켜 온 정통으로 자부하는데, 타지에서 온 선교사들이 복음을 전한다고 하니 반발할 수밖에 없었다.

그렇다면 제기해야 할 질문은 이런 차이를 어떻게 보아야 할 것인지가 될 것이다. 기성의 관념을 흔들 만한 낯설고 다른 것들을 접하게 되었을 때, 어떤 태도로 보아야 할 것인가? '이들은 이렇게도 이해하고 있구나'라는 자세로 보는 것이 좋지 않을까? 이에 대해서 도그마를 앞세워 다름을 단죄하는 자세로는 신학에 대한 풍부한 이해에 도달하기 어려울 수 있다. 물론 이런 포용은 자신이 위치해 있는 신학의 기반을 분명히 파악하고, 그 위에 안정되게 서 있을 때 가능할 것이다.

다양한 토양 속에 세워진 교회의 역사와 신학을 이해하고 받아들일 필요가 있다. 우리는 흔히 한국의 기독교가 서구 신학자들이나 서양 선교사가 씨를 뿌려서 된 것으로 단순하게 치부하기도 한다. 그러나 한국에 기독교가 뿌리내릴 때 한국적으로 토착화된 복음에 대한 신앙이 존재했고, 이런 토대 위에 한국 교회가 독특한 문화적 전통을 가지고 성장했음을 부인할 수 없다. 한국 교회는 세계에서 유일하게 선교사들 없이 자생적으로 기독교를 받아들인 곳이었다. 서양의 기독교를 주체적으로 수용했다는 의미이다. 물론 나중에 서구와 교류를 하면서 신학적으로 영향을 받았고 그 영향이 작다고 할 수 없지만, 분명히 그 속에서 독자적인 신앙과 신학이 분명하게 자리 잡고 있었다. 이런 부분을 잘 살리면서, 다양성에 대한 이해를 넓혀 지식을 더 풍성하게 하는 것이 필요하다. 우리 자신의 신학이나 신앙의 컨텍스트와 정체성을 잘 정립한 가운데, 여러 경향에 대한 포용하는 이해의 자세를 가질 때, 갈등하고 분열하는 것이 아니라 통합하며 발전해 가는 신학을 세워 갈 수 있을 것이다.

가톨릭교회와 개신교회는 서방 교회의 전통에 따라 죄에서의 해방과 자유로서의 구원을 선포한다. 서구 신학은 스콜라학으로 대표되는 논리 신학으로 신, 대속, 구원, 종말 등 모든 신학적 문제들을 인간의 논리와 이성으로 규정하고자 한다. 그러나 무엇인가를 정의한다는 것은 초월적인 존재로서의 신과 그를 둘러싼 지식들을 편리하게 이해하게 하는 점은 있지만, 언어로 다 담을 수 없는 신의 성품과 특성을 인간의 이성의 범위 내로 제한해 버린 것이다. 반면 동방 교회는 구원을 인간을 창조 당시의 모습으로 회복해 나가는 과정으로 본다.

특히 개신교에서 구원을 그리스도인이 이미 성취한 것으로 보는 것과는 다르게, 동방 교회에서 구원은 미래에 성취될 현재 진행 중인 여정으로 그려 나간다는 점에서 진지하면서도 끊임없이 삶을 되돌아볼 수 있게 해준다. 법정적 의미의 칭의와 구원 개념에 익숙해 있는 개신교에서 동방 교회의 구원에 대한 태도는 여러 가지 고민하고 성찰할 지점을 제시해 준다. 과연 구원이란 과거 어느 특정 시점에 값없이 얻은 것으로,

결코 취소될 수 없는 물리적인 성취의 대상으로만 보는 것으로 충분할 것인가? 구원의 확신의 정도를 이른바 좋은 신앙의 척도로 간주하는 한, '두렵고 떨림으로 구원을 이루어가는 삶'(빌 2:12)이라는 것을 제대로 이해하고 실천하기는 요원할 뿐이다. 초대교회로 돌아간다는 명제 속에는 겸손한 마음으로, 또 열린 마음으로 낯설지만 더 오랜 뿌리라고 할 수 있는 동방 교회에 관심을 두는 것도 포함되어야 마땅할 것이다.

오늘날에도 이 정교회 문화는 동유럽과 중부 유럽의 경계를 넘어 확대되고 있다. 우선은 민족 공동체로서의 정교회가 이민 등을 통해 확산되기 때문이다. 하지만 미국 복음주의자들 가운데 자신들의 신앙의 역사적 뿌리의 취약함 때문에 정교회로 개종하는 흐름이 이어지고 있다는 알리스터 맥그래스의 지적은 주목할 만하다.[21]

7

근본을 추구하는 급진파들

—

초대교회의 이단 운동

1. 교회사 속에서의 이단의 역할

독일의 종교사회학자 트뢸치는 기독교를 정통 교회, 이단, 신비주의의 세 가지로 분류하였다.[1] 역사상 기독교회에 주류를 벗어난 흐름은 항상 존재해 왔다. 정통의 역사가 흘러온 것과 거의 동시대부터 유사한 강도로 이단의 역사는 지속적으로 이어진 것이다.

우선 이단의 역사가 정통의 부수물이나 부작용으로만 보기에는 그리 만만치 않은 흐름을 지닌다는 것을 이해하는 것이 필요하다. 정통 교회사를 통해 초대, 중세, 근현대를 읽을 수 있는 것과 마찬가지로 이단의 역사 자체도 통시적으로 초대교회부터 중세교회, 종교개혁기, 근현대교회를 하나로 아우르는 흐름이 있다는 것이다. 핵심은 주류 교회 역사도 다양한 역사의 흐름이 반복되어 나타나듯이 이단사도 그 시대에 잠깐 있다가 사라지고 마는 것이 아니라 반복적으로 역사의 고비고비마다 유사한 흐름들이 나타난다는 것이다.

이단이나 신비주의 혹은 수도원의 역사 등을 잘 알아 두어야 할 이유도 거기에 있다. 어떤 일정한 흐름들이 그 속에 있다는 것은 초대교회의 이단의 역사가 과거 그 시대에 있다가 사라져서 오늘의 현실과는 무관한 그들만의 역사가 아니라 고비고비마다 유사한 흐름이 반복되어 나타나는 오늘 우리의 역사일 수도 있다는 것이다.

이단의 역사를 이야기하기 전에 하나의 틀을 잡아 가야 할 필요가 있다. 이단이 무엇일까? 이단을 어떻게 정의할 것인지가 핵심이다. 두 가지 관점이 있을 수 있다. 하나는 신학적 관점에서 바라보는 것이고, 또 하나는 실천적이거나 사회적이라고 부를 수 있는 관점이 있다. 기본적으로 주류 교회나 주류 신학이 가진 신학적 프레임에 어긋나거나 미치지 못하는 것을 이단이라고 생각하게 된다. 하지만 이러한 시각은 교파나 교단의 시각이 주관적으로 반영되어 보편성이 결여될 수 있는 문제가 생길 수 있다. 반면 종교사회학의 관점에서 보자면 이단이란 사회적으로 건강한 모습을 띠느냐 그렇지 않느냐로 따지는 경우가 많다. 그런 부분에서 여호와의 증인이나 몰몬교는 종교학 구분에서 이단이라고 규정하지 않는다. 좀더 명확하게는 기독교의 유사종교, 타종교라고 부르는 게 타당하다. 그래야 기독교의 이름을 띠고 활동하는 다른 종파의 흐름들과 구분된다.

이단을 다룰 때 다양한 분파들을 명확히 구별하지 않고 두루뭉술하게 취급하기 쉽다. 예컨대 초대교회 시대의 도나투스파나 16세기의 재세례파를 어떻게 보아야 할까? 종교개혁기에 재세례파를 탄압하기 위해 가톨릭과 프로테스탄트가 협력한 유례 없는 역사가 있다. 기독교 역사에서 어느 집단보다 핍박을 많이 받은 파가 재세례파이며, 역사에서 상당 부분 잊히거나 왜곡되었다.

종교개혁 전 개혁자들인 존 위클리프나 얀 후스, 종교개혁가 루터도 현재 가톨릭의 규범 속에서는 이단으로 규정되어 있다. 이 모든 것을 고려할 때 역사적으로 이단을 규정하고 단죄하는 것은 그리 간단하지 않은 문제이다. 교리적인 독특성뿐 아니라, 해당 집단이 사회적으로 미치는 영향이 부정적인 것이 자명할 때 이런 집단을 통념상 이단이라고 하는 것이 무난하지 않을까 싶다. 그 외에는 신중한 접근이 필요하다.

초기 교회의 도전 중의 하나는 신앙을 공고화하는 것이었다. 하지만 이것이 최우선 과제는 아니었다. 사도 시대의 복음이 확산됨에 따라 이것이 옳다, 저것이 옳다고 주장하는 사람들이 생겨나고, 서로 복음을 이해하는 강조점의 차이가 생겨나게 된다. 무엇을 믿어야 하며 신앙이라는 것을 어떻게 정의해야 될 것인가 하는 문제는 결코 피할 수 없음을 알게 된 것이다. 2세기 중엽까지도 대부분의 그리스도인들의 신학 체계는 잡혀 있지 않았다. 신학적으로 정밀하지 않은 것이 교회의 일치에 위협이 되지는 않았다. 적대적인 문화나 정치 환경 속에서 살아남는 것이 중요했기 때문에 교리적인 문제는 덜 중요했다. 하지만 일련의 분쟁들이 생겨나면서 정확하게 규정해야 할 필요가 생긴 것이다. 삼위일체와 성육신의 교리에서 그 핵심적인 예를 찾을 수 있다. 성육신의 교리가 체계화된 것은 4세기이지만, 교회는 나사렛 예수를 육신을 입은 하나님으로 줄곧 인식해 왔다. 필요한 것은 그것을 정당화하기 위한 틀을 어떻게 잡느냐 하는 것이었다. 이미 초대교회가 이해하고 있었지만, 어떻게 교회가 진리라고 믿는 것의 이론적인 틀을 세우느냐가 중요했다. 아리우스 논쟁도 혼란 속에서 그리스도인들이 믿어야 할 바른 믿음이 무엇인지에 대해 더욱 명확하게 교회가 인식하게 한 계기가 되었다.[2]

신자들의 공동체인 교회는 신앙인들이 믿는 믿음이 무엇인지, 어떤 것을 고백해야 하는지 등의 문제에 대해서 서로 다른 견해들이 나오면서 넓은 의미의 신학적 규범과 틀을 만들어 가는 과정을 거치게 된다. 당연히 이 시대에는 다양한 분파들이 등장한다. 한편으로는 대단히 혼란스러운 시대임이 분명하다. 하지만 이 시대는 단순히 파괴적인 혼란보다는 교회와 믿음이 무엇인지에 대한 틀을 세워 가기 위해 반드시 거쳐야 했던 '생산적인 혼란'의 시대라고 말할 수 있다.[3]

생산적인 혼란을 통해서 믿고 따라야 할 체계적인 교리가 자리 잡히게 되었기 때문이다. 어떠한 신학적 문제에 대한 이견이 생겼을 때, 기존의 관점에 대한 도전이 왔을 때, 그중에 어떤 것을 용인하고 수용하고 또 어떤 것을 배척할 것인가 하는 일련의 과정들이 진행된다.

2. 이단 - 신비와 논리 사이

공식적으로는 325년의 니케아 공의회부터 초대교회의 일곱 차례의 공의회 동안 교회가 합의한 신학의 규범이 정의되고, 수용되고, 인증되는 과정을 거치게 된다. 삼위일체의 문제, 예수의 신성과 인성의 문제, 교회론 등이 하나씩 논의되고 받아들여진다. 즉 여기에서 최종적으로 수용된 것을 이른바 정통이라고 하고, 인정되지 않고 배척된 것은 하나의 의견으로 본 것이다. 이단(heresy)이라는 단어 자체는 부정적인 함의를 강하게 갖고 있기보다는 하나의 주장, 의견이라는 의미이다. 정통적인 가르침, 참된 가르침이라는 것이 강조되면서 의견이라는 단어에 참된 가르침에 대립되는 잘못된 가르침, 오도하는 가르침과 같은 부정적인 뉘앙스가 가미된다.

정통과 이단과 관련해서는 초대교회부터 중세, 종교개혁기, 근대, 오늘날에 이르기까지 매우 다양한 흐름이 존재했다. 이단에 대한 내용을 살피기 전에 먼저 정통과 이단이란 어떠한 관계에 있는지 살피는 것이 중요하다. 다음과 같이 간단하게 질문할 수 있다. 정통과 이단 중 어느 것이 먼저 존재했을까? 본래부터 모두가 인정한 바 정통이 존재했고 이단이 반기를 든 것으로 보아야 할까? 아니면 여러 가지 견해들이 서로 경쟁하다가 궁극적으로 논쟁에서 이긴 것이 정통으로 인정된 것일까? 사실 이단으로 간주되는 이들은 대체로 그리스도 복음을 더 잘 이해하고 효과적으로 증거하고자 하는 진정한 열정으로 출발하였다.[4]

분명 다양한 견해들이 제시되었다. 이단이 먼저고 정통이 나중에 정리된 것이라는 견해를 수용한다면 서로 경쟁하는 견해들 중에서 힘 있는 다수의 의견이 받아들여져 정통이 된 것이다. 승자와 패자의 구도인데 그럴듯하게 보인다. 예를 들면 삼위일체 교리가 인정되기까지는 삼위일체를 추종하는 무리들과 아리우스파, 즉 예수의 신성을 부인하는

파들이 치열하게 싸웠고 삼위일체파가 결국은 승리해서 삼위일체 교리가 형성되었다는 것이다. 표면적으로는 그렇게 볼 수 있다. 하지만 이러한 관점에서 볼 때 심각한 난점이 생긴다. 오늘날 기독교가 진리로 믿고 받아들이는 것이 역사적 진실성, 역사적 실체와 관계없이 승자의 논리를 답습한 것이라고 한다면 실로 허무해지는 것이다. '만약 아리우스파가 승리했다면 지금은 교회가 삼위일체가 이단이라고 배우고 가르치게 될 것이 아닌가'라는 논리가 성립된다. 여러 의견이 서로 경쟁하다가 그중에서 수용된 것을 정통이라고 한다면 완전히 틀렸다고 할 수는 없겠지만, 신학적으로 흔쾌히 수용하기에 마음 편한 주장은 아니다.[5] 기독교의 핵심적인 가르침을 규정하기 위한 초대 기독교의 교리 발전은 일련의 지적 여정이다. 하지만 이것을 승자와 패자의 관점에서만 바라보는 것은 적절하지 않다.[6]

또 다른 극단은 무엇이 있을까? 정통은 확고부동하게 항상 존재하고 있었으며, 참된 교회는 정통을 보유하고 있었다. 그 이후에 나온 모든 견해들은 이단이고 악의 역사일 뿐이라고 하는 것이다. 성서의 표현으로 하자면 알곡이 자라는데 마귀가 들어와 몰래 가라지 씨앗을 뿌리고 도망갔고 그것이 자라 이단이 된 것이다. 많은 초대교회 교부들이나 가이사랴의 유세비우스가 이런 관점을 지니고 있었다. 이 관점에서 보면 정통은 언제 출발했는지 시작점이 없다. 정통은 영원 전부터 존재했던 사실이다. 반대로 이단은 어느 한 시점에 누군가가 새로운 주장을 제시한 것이다.[7] 모든 이단은 특정한 시점에 특정한 교사를 통해 들어온 것이기 때문에 정통과는 비교할 수 없다고 본다.

그럴 듯하다. 그러나 여기에 생기는 난점은 무엇일까? 정통이 본래부터 명확하게 존재하고 교회가 항상 보존하고 있었다면 왜 치열한 엎치락뒤치락이 생겼을까? 정통을 시기한 이단이 휘저어 버린 것으로 손쉽게 규정할 수 있을까? 이러한 주장도 단순하고 명확해서 이른바 믿음으로 받아들이기에는 좋은 정의이지만, 모든 것을 포괄한다고 보기에는 애매한 부분이 있다. 교회사에서 과연 이단의 역할은 무엇인가 곰곰이 생각해 볼 필요가 있다. 원 정통(proto-orthodoxy)이 존재했다는 것을 부정하지 않는다. 정통은 끊임없이 문화 속에서 적응하고, 전승되며, 명확해지는 과정을 거치게 된다. 이단이 발생하고 이단과 싸우는 과정에서 정통 교회는 반드시 붙들어야 할 건전한 교리와 주장 등을 더욱 두드러지고 명확하게 알게 된다는 것이다. 이러한 측면에서 이단적인 도전들은 교회의 역사에서 나름의 역할이 있었다고 본다. 이단의 도전에 대하여 전통적으로 초대교회로부터 믿고 고백해 온 것을 확인하고, 보존하고, 강화하고 발전시켜 나가는 과정이 교리화의 과정이라고 할 수 있다.[8]

진리는 항상 존재하고 있었지만, 그 진리는 다소간 암묵적이고 함축적인 진리였다. 사람들이 논리적으로 충분히 수용할 수 있게 설명되지 않은 진리이다. 예컨대 조직신학에서 삼위일체론이나 신론을 다룰 때 삼위일체의 성서적 근거 등을 제시한다. 하지만 성서에 삼위일체라는 단어가 명시적으로 등장하지는 않는다. 이와 같이 암묵적이고 함축적으로 내포되어 있어 완벽하게 설명되지 않은 실체들이 있다는 것이다. 마치 진주가 있는데 흙 속에 파묻혀 있어 그 빛깔이 완전하게 드러나지 않는 상태에 있다. 그렇다고 진주 자체가 결함이 있는 것은 아니다. 영롱한 진주의 빛이 완전히 드러나지 않기 때문에 진주에 붙어 있는 불순물을 깨끗하게 제거하여 그 빛을 잘 드러나게 하는 보석을 세공하는 과정이 필요할 따름이다.[9] 이와 같이 이단들이 교회의 전통적이고 정통적인 가르침에 대해 문제 제기를 하고 공격할 때, 교회는 암묵적이고 함축적인 내용을 좀더 선명하고 명확하게 사람들이 이해할 수 있는 언어와 방식으로 설명할 필요가 생긴다. 이단의 역할, 그 나름대로 긍정적인 역할이 있다면 진리를 더욱 명확하게 설명되도록 하는 도구가 되었다는 점이다.

삼위일체를 부정하는 아리우스파의 도전에 직면한 교회와 신학자들은 삼위일체가 무엇이며, 어떻게 삼위일체를 모든 사람이 고백할 수 있는 언어로 만들어 갈지에 대해 논의하였다. 정통은 본래부터 존재하고 있었지만 함축적인, 암묵적인 정통이었다. 이단의 문제 제기로 인해서 그 정통이 더 잘 설명될 필요가 생겨났고, 결과적으로 더욱 명확하게 신앙의 신비를 설명하고자 하는 정통 신학이 형성되었다고 보는 것이다.

신자들이 이해할 수 있는 언어와 논리로 표현된다는 것이 결코 신학이 이성과 논리를 지향한다는 의미만은 아니다. 또한 논쟁에서 정치적 승자의 견해가 정통으로 받아들여졌다는 것도 명백한 사실은 아니다. 초대교회에서 가장 큰 논쟁인 삼위일체 논쟁에서 드러난 아이러니는 정치적으로 아리우스파가 다수를 차지하고 있었다는 것이다. 콘스탄티누스 황제가 소집한 니케아 공의회에서 삼위일체 교리를 정한 후에도 아리우스파는 사라지지 않았다. 오히려 니케아 공의회 이후 아리우스파인 니코메디아의 유세비우스와 추종자들이 정치적인 영향력을 회복하였다.[10] 그 단적인 예는 기독교를 공인한 황제 콘스탄티누스가 죽기 전에 그에게 세례를 베푼 이가 아리우스파 지도자인 니코메디아의 유세비우스라는 것에서 알 수 있다. 4~7세기까지 소아시아 지역뿐 아니라 기독교 선교가 이루어진 독일 등 서유럽에도 실제로 아리우스파가 상당한 세력을 유지하고 있었다.

이성과 논리로만 따져 보면 어느 것이 더 논리적으로 수용성이 있을까? 아타나시우스가 주장하는 삼위일체는 인간의 이성과 지혜로 수용하기 어려운 신적인 계시, 영감을 강조하지만, 아리우스파의 주장은 보편적으로 이해할 수 있는 이성에 근거한 것이다. 즉 십자가에서 죽은 예수가 완전한 하나님이라고 믿는 것보다는 그분이 하나님의 사랑을 받은 특별한 첫 번째 피조물이라고 믿는 것이 이성적으로 더 수용하기 쉽다는 점이다. 아리우스파의 확산 원인을 찾을 때 신비에 대한 합리적 설명을 시도했기 때문이라는 평가가 나오는 것이 그 때문이다.[11]

신학적인 논의는 별개로 하더라도 적어도 역사의 흐름 속에서는 삼위일체의 교리를 지키는 집단이 종교성의 명맥을 이어 온 반면, 예수의 신성을 부인한 교회는 실질적으로 종교성을 유지하지 못했다. 신학과 신앙의 신비를 설명하고자 하기보다는 신앙의 신비 자체를 공경하고 간직하고자 해왔던 동방 교회의 부정의 신학의 한 단면이 담겨 있다고 볼 수 있다. 삼위일체를 고백하는 교회의 신학은 반이성이기보다는 초이성이라는 것이다. 하지만 초월의 영역으로 남겨 두어야 할 부분까지 이성의 영역에서 해결하고자 하는 시도는 교회가 시작된 이래 오늘까지도 이어져 오고 있다. 신비란 너무 광대해서 인간의 관념으로 완전히 이해할 수 없는 것이다.

1985년 약 150명의 성서학자들이 참여하여 설립한 예수 세미나(Jesus Seminar)는 예수의 가르침을 사복음서와 나그 함마디(Nag Hammadi)에서 발견된 제5복음서라고 불리는 도마복음 등 다섯 개의 텍스트를 비교하는 작업을 수행했다. 예수 세미나는 연구 과정에 대해 대중과 공개적인 토론을 한다. 조직적인 일군의 학자들이 민감한 신학 작업을 미디어와 대중과의 소통 속에서 진행한다는 점이 특징적이다.[12] 하지만 여전히 예수 세미나의 방법론과 연구 결과와 학자들의 대표성에 대한 문제는 계속해서 제기되고 있다. 역사적 예수 연구의 하나로서, 복음서를 비교하는 작업을 통해 실제로 예수가 하신 말씀, 예수의 말씀으로 짐작되는 말, 혹은 예수가 직접 말씀하시지는 않았지만 예수의 이념과 사상 속에 충분히 들어 있어서 수용할 수 있는 말과 후대에 제자들이 예수가 이렇게 생각했을 것이라고 가공해서 집어넣은 말, 예수가 전혀 생각하지도 않았는데 후대 저자들이 끼워 넣은 말 등을 가려 내고자 했다. 복음서의 예수의 말씀에 대해 서로 논의한 후 투표로 결정했다. 예수의 진정한 말씀이라고 보면 붉은 구슬, 정확히 말씀하지는 않았지만 유사한 것이라고 판단되면 핑크 구슬, 예수의 사상 속에 들어 있었을 정도의 말씀을 첨가한 것이라고 보면 회색 구슬, 후대의 완전한 창작물이라고 판단되면 검은 구슬을 넣어 의사를 표현했다.[13] 이 모든 것이 역사적 예수의 실체를 파악해 내기 위한 목적에서 비롯된 것이다.

그 결과 산상수훈의 가르침이 92퍼센트의 찬성으로 최고 득표를 한다. "가이사의 것은 가이사에게 하나님의 것은 하나님께 바치라"(마 22:21)는 예수의 말씀도 82퍼센트라는 높은 수준의 표를 얻었다. 선한 사마리아인의 비유, 겨자씨 비유 등이 상위를 차지한다. 이러한 상위 득표를 한 내용들의 특징은 바로 예수의 도덕적인 가르침에 초점을 둔 것으로, 한마디로 비신화화라고 할 수 있다. 핑크구슬도 마찬가지이다. 무화과나무를 저주하신 것이나 "여우도 굴이 있고 공중의 새도 거처가 있으되 인자는 머리 둘 곳이 없다"(마 8:20), "선지자가 고향에서는 환영을 받는 자가 없느니라"(눅 4:24), "네 보물 있는 그곳에는 네 마음도 있느니라"(마 6:21)라는 말씀과 집 나간 탕자의 비유 등도 아마 예수의 직접적인 말씀이었거나 그런 생각을 가지고 있었을 것이라고 보았다.

사복음서를 다 분석하여 그중 약 15퍼센트 정도만이 실질적으로 예수의 말씀이라고 판단했다. 예수 세미나는 근본주의적인 문자주의를 비평한다는 취지에서 출발했지만 또 다른 극단의 보수적인 입장을 취하는 역설일 수 있다. 실제로 성서에서 나타나는 예수의 이미지, 또 역사적으로 존재했던 예수의 다양한 모습을 인간의 이성의 수준으로 순화되고 제한된 이미지로 축소하거나, 역사적 예수를 밝힌다는 취지가 오히려 역사적 예수의 생생함을 감소시킬 수도 있다. 기독교에서 신비를 풀어내 이성으로 모든 것을 수렴할 수 있다는 것은 초대교회뿐 아니라 오늘까지도 이어져 내려오는 첨예하고 지속적인 싸움이라고 할 수 있다. 교회에 대해 제기되는 도전에 대해 반이성, 초월성, 신비성만을 강조하여 대응하는 것이 해답은 아니지만, 기독교에서 초월과 신비라는 가치가 제거되는 순간 종교로서의 기능을 상실하는 또 다른 딜레마에 빠진다. 교회가 직면하는 도전에 대해 교회는 교회의 초월과 신비를 설명하는 교리적인 정밀함이 아닌, 교회다움의 본질로서 거룩을 보여 줌으로써 대응해 나가야 한다.

오롯하게 교회가 교회다움의 지표인 거룩을 보여 주지 못할 때 교회는 또 다른 도전에 직면하게 된다. 초대교회에서 종교 자체가 그 이론적 틀에 걸맞은 삶을 보여 주지 못할 때 그에 대한 반작용으로 또 다른 형태의 이단 운동들이 출현했다. 초대교회 이래 모든 이단이나 수도원 운동은 그 자체의 필요에 의해 탄생했다기보다는 제도 교회의 흐름에 대한 대안적인 성격을 가지고 있다. 이런 점에서 이단이 횡행할 때 이단 자체에 대한 공박을 넘어서서 그 당시 기성 교회가 어떠한 역할을 감당했는가 되짚어 볼 필요가 있다. 기성 교회와 이단 문제는 항상 연결되어 있기 때문이다.

3. 마르키온파와 몬타누스파의 역사적 위치

아리우스파와 더불어 초대교회의 대표적인 이단 운동은 마르키온파와 몬타누스파를 들 수 있다. 마르키온주의는 영지주의의 영향을 받은 운동이다. 소아시아의 기독교 가정에서 태어난 마르키온은 구약과 신약 사이의 관계에 대해, 율법과 은혜 사이의 관계에 대해 깊이 고민했던 인물이다. 무엇보다 사도 바울이 구약의 율법보다 신약의 은혜의 교리를 강조한 것을 기반으로 구약의 신과 신약의 신을 별개로 보았다.

그는 구약의 신을 악한 창조자로 인식하고, 신약의 신을 진정한 성부로 인식하였다. 이렇듯 마르키온은 세상을 창조한 신과 지존자 하나님이 동일한 신이 아니라고 보았다. 구약의 하나님이 정의로운 분이기는 하지만 자비와 사랑의 지존자 하나님보다는 열등하다. 이러한 구분 속에서 구약의 신을 따르는 유대교와 새로운 구원과 자비의 신을 숭배하는 기독교를 전적으로 다른 개념으로 이해하였다. 구약의 하나님이 악한 세상을 창조해서 회충과 맹수와 성 등이 이 세상에 들어오고 물질은 악하고 육체는 더럽다고 주장한다. 그는 구약의 가르침을 인정하지 않고, 자신의 이성의 이해를 기반으로 성서를 편집한다.[14] 당시 교회에 아직 정경이 완벽하게 채택되기 이전이어서, 마르키온은 독자적으로 교회가 받아들일 수 있는 정경을 채택하는 작업을 한다. 사도 바울의 저작들 대부분이 마르키온이 주장한 정경에 포함되고 구약은 모두 빠진다. 복음서에서는 유일하게 누가복음을 채택하는데, 신비적인 것은 제외하고 이성적으로 납득할 수 있는 부분만 편집한다. 누가복음은 3장 1절과 4장 31절을 혼합해서 "디베료 황제가 통치한 지 열다섯 해에 갈릴리 가버나움 동네에 예수가 내려오사 안식일에 가르치셨다"로 시작한다.[15]

마르키온주의에 대해 어떤 평가가 내려지겠는가? 긍정적인 측면에서 초대교회에서 4세기 아우구스티누스 사상의 출현 이전까지 유일하게 바울의 은총 교리를 이해했던 사람으로 평가된다. 물론 마르키온의 바울 사상 이해는 오해한 부분이 적지 않다. 이러한 마르키온의 엄격한 율법과 은총의 분리 주장에 대해 교회는 고민하게 된다. 그리고 이러한 주장에 맞대응할 필요가 생겼다. 이단의 역할이 기존의 제도 교회에서 함축적으로 보유하고 있던 사상들을 명확하게 하는 것이라고 한 것처럼, 마르키온주의의 출현으로 교회는 율법과 은총과의 관계에 대한 신학적 이해를 정밀하게 다듬어 갔다. 실질적으로 이러한 작업의 결과 교회가 수

용하는 정경을 채택하였다.[16]

몬타누스주의는 마르키온주의와는 성격이 다르다. 몬타누스주의는 종교적 실천의 행태나 신앙의 행위로 볼 때 초대교회의 신비주의 운동, 성령 운동이라고 정의할 수 있다.[17] 2세기 중반 소아시아 프리지아 지역에서 출현한 한 분파로서 그 정체를 명확하게 이단이다, 아니다 규정하기가 간단치 않다. 몬타누스와 두 명의 여성 예언자인 프리스가와 막시밀리아가 새 예루살렘의 출현을 주장하였다. 신학적 관점에서 보자면 이 새 예언은 전통적인 기독교 신앙을 침해하지 않았으며, 이 운동이 말기에 도달하기 전까지는 이단으로 판정을 받지 않았다. 그 이유는 그들의 주장이 대부분 당대의 기독교의 윤리적·도덕적 타협과 타락에 대한 경고였기 때문이다. 몬타누스파는 강렬한 종교적 열정, 엄격한 신앙적 고행, 임박한 종말을 강조하였다.

당대 주류 기독교가 교회의 제도적이고 성례적인 부분에 치중하는 반면, 몬타누스파는 도덕적 순결성과 거룩함이 교회가 나아갈 방향이라고 제시하였다. 독신에 대한 강조, 재혼 금지, 순교에 대한 예찬 등을 반복적으로 강조하였다.[18] 예루살렘의 키릴리우스를 비롯한 초대교회 여러 교부들은 몬타누스파에 대해 사악하고 신성모독적인 종교 행위의 혐의를 제기하였다. 대표적으로 특정 종교 의식에서 어린아이의 몸을 바늘로 찔러 피를 내고 어린아이를 희생제물로 드리는 행위를 한다는 것이다.[19] 몬타누스파의 특징은 한마디로 성령에 대한 강조라고 할 수 있다. 초대교회 사도들이 활동하던 시기가 지나가면서 교회는 이른바 예언과 기적과 신유 등 초자연적인 능력이 점점 사라진다. 왜 교회는 이러한 활발한 초대교회의 초자연적 기적을 더 이상 행하지 못하는가? 그 이유를 전통적인 교회에서는 어떻게 해석했는가? 예수와 성서를 통해 이미 완벽하게 충족적인 계시를 보여 주었기 때문에 더 이상 교회가 초자연적인 능력에 의존할 필요가 없다는 이른바 은사 중지론이 제기되었다. 몬타누스파는 이러한 견해를 반대한다. 교회에 성령의 은사가 사라진 이유는 정경이 마련되고 교회 직제가 마련되었기 때문이 아니라 교회가 성령을 소멸시키는 죄를 범했기 때문이라고 주장했다. 즉 교회가 성령을 잃어버렸다는 것이다. 사람들이 세속화되고 교회도 더 이상 성령을 수용하고 성령의 역사를 기대할 만큼 준비되지 못했기 때문에 초자연적인 역사가 교회에서 사라졌다고 주장한다.

이에 몬타누스파는 예수의 시대가 가고 성령의 시대가 도래했다고 주장하며, 여전히 성령이 말씀하시고 교회는 그 말씀을 받아들여야 한다고 했다. 문제는 성령의 음성을 전하는 전달자가 누구인가이다. 몬타누스파는 몬타누스와 그의 두 동역자인 프리스가와 막시밀리아, 세 사람을 통해 신이 직접 말씀하시고 계시하신다고 했다. 재림과 종말에 대한 강조, 곧 다시 오실 예수 그리스도를 기대하면서 그들은 이 세상과 절연하였다. 더 나아가 그들은 재림 그리스도가 몬타누스가 있는 소아시아 프리지아 지방에 새 천년왕국을 건설할 것이라고 주장하고 다녔다. 분명 급진적이고 극단적인 종교 운동이었다. 기독교 신앙의 한 형태인 2세기의 몬타누스파는 이방인들이 보기에 더욱 광적인 모습으로 비추어졌다. 성적인 금욕생활을 통해 더 높은 종교적 무아지경의 경험을 강조하는 것이 몬타누스파와 가톨릭 사이의 분열의 핵심 원인이 되었다.[20]

그럼에도 서방 신학의 틀을 놓았던 지성인인 테르툴리아누스에게까지 영향을 끼쳤다는 것은 몬타누스파에 독자적인 흡인력이 있었다는 것이다. 몬타누스파의 긍정적 기여를 보자면 성령의 계시의 지속성, 즉 성령의 역사와 역할에 대해 교회의 주의를 새롭게 환기시켰다는 것이다. 몬타누스파가 가지고 있던 문제의식은 교회가 교회다움, 본질적 거룩함을 회복해야 한다는 것이다. 테르툴리아누스가 말년에 몬타누스파에 깊이 관여하여 정통 교회로부터 벗어나게 된 이유도 여기에서 찾을 수 있다. 이미 당시 그리스도인들이 종교의 힘을 통해 세속적인 성취를 추구한다는 비판을 이방인들로부터 받았다. 실제로 그리스도인들은 당대 사회에 뿌리내린 미신적 행위를 버리지 않았다. 이로 인해 대중 사이에는 '저속한 기독교'라는 이미지가 형성되었다.[21]

몬타누스파는 당대의 교회가 안고 있던 종교적 결핍의 문제를 지적하였다. 구체적으로 그 부분이 무엇일까? 거룩에 대한 관심, 하나님의 자녀로 산다는 것이 무엇인가에 대한 근본적인 고민, 금욕, 절제 등에 대한 추구, 세속성에 대한 거부이다. 신앙의 엄격성, 엄정성, 교회의 훈련과 권징, 성서에서 강조하는 종말적인 삶의 자세, 그리스도의 재림을 소망하며 이 땅에서 살아가는 삶 등을 추구하였다. 그럼에도 그들의 주장은 기성 교회에서 수용하기에 이미 급진적으로 보였고, 결과적으로 이단으로 단죄 받게 되었다.[22]

유사한 흐름이 중세 유럽의 교회와 종교개혁기에도 반복된다. 유럽 중세 시대의 프란체스코 수도회 운동은 수도회 운동과 이단 운동의 경계선 속에 있다. 프란체스코회는 당대 교회의 타락을 개혁하기 위한 대안 운동으로 출현했다. 그들은 성서에서 예수의 제자들의 삶을 이상으로 추구하는 사도적 청빈을 주장했다. 초대교회의 정신으로 돌아가 교회를 회복하기 위해서는 당시 예수의 제자들이 추구했던 무소유의 삶을 추구해야 한다는 것이다. 교회의 사회적 지위와 역할을 고려할 때 매우 급진적이고 과격했다. 프란체스코회의 이와 같은 주장은 대중에게 엄청난 반향을 불러 일으킨 동시에 교회에 걷잡을 수 없는 분란을 야기하였다.

분란은 프란체스코회 내에서도 생겨나 수도회 창설자인 프란체스코가 죽기 전에 이미 프란체스코 수도회가 분열된다. 분열의 결과로 생성된 것이 온건파 프란체스코회인 콘벤투알과 급진적인 영성파 프란체스코회이다. 교황은 온건파는 교회 체제 내에 수용하고 영성파 프란체스 코회는 급기야 십자군을 소집해서 처단하기에 이른다.

정통과 분파의 구분은 그들이 주장하는 신학적, 교리적 지향점과 별 개로 사회적 맥락에서 보자면 지향하는 기대 수준의 차이에서도 찾을 수 있다. 교회에 기대하는 도덕 수준을 낮추고, 보편을 지향할 수 있다면 정 통 제도 교회에서 인정되지만, 구성원으로 인정하는 자들에 대한 엄격한 수준을 요구하는 경우 분파로 불릴 가능성이 높다.

초대교회의 몬타누스파와 유사한 주장은 종교개혁기 재세례파 운동 에서도 찾을 수 있다. 재세례파는 중세교회가 교황이 신의 위치를 대신 하였기에 타락한 교회로 본다. 그뿐 아니라 재세례파는 루터의 종교개 혁도 충분하지 않은 것으로 비판한다. 루터가 권위의 근거로서 주장하 는 성서가 신을 대신한 것으로 비판한다. 다양한 재세례파의 분파 중에 서 폴란드 츠비카우에서 시작된 츠비카우의 예언자들이라는 조직은 급 진 종교개혁자들로 분류된다. 이들은 교황이나 루터의 성서 해석을 통 해서가 아니라 직접적으로 성령의 음성을 듣고 지상왕국 건설을 꿈꾸었 다. 독일에서는 민중의 지지를 얻은 재세례파들이 뮌스터 시를 점령하 고 뮌스터를 도래할 메시야 왕국으로 선포하고 예수의 재림을 예언했 다. 자신들이 성령으로부터 직접 계시를 받았다고 주장하는 이들은 반 대파들을 살해하고 사유재산을 폐지하고 일부다처제를 시행하는 등과 같은 과격한 행동을 일삼았다. 그 결과 뮌스터는 전무후무한 극심한 종 교적 타락, 무정부 상태와 혼란을 경험하게 되었다. 결국 가톨릭과 개 신교 연합군이 뮌스터시를 전복시키고 재세례파를 흩어 버린다. 이 재 세례파의 위기 속에서 메노 시몬스(1496~1561년)가 지도자로 등장하여 비폭력 평화주의를 주창하게 된다. 이렇게 모인 재세례파는 후에 메노 나이트파로 불린다.

몬타누스파와도 마찬가지이지만 재세례파들이 주장한 신과의 직접적인 계시 등은 시대에 비춰 보면 급진적으로 흐르는 것이라 하겠다. 이단을 판단할 때에 교리적인 것과 더불어 사회 속에서 그들이 어떻게 자리매김하고 있었는지가 중요한 요소인데, 뮌스터시의 급진파들과 마찬가지로 몬타누스파도 이 부분에서 견제를 받았다. 몬타누스파와 재세례파의 공통분모가 무엇일까? 교회론이다. 그들은 교회가 지향하는 지향점이 보편이 아니었다. 교회의 구성원으로 되기 위한 조건을 매우 높였다. 313년의 기독교 공인 이후 국가교회가 형성되었다. 국가교회란 해당 영토 내에서 태어나는 자는 자연히 영아 세례를 받음으로써 국가교회의 구성원이 되는 것이다. 재세례파는 교회란 누구나 다 태어나자마자 들어갈 수 있는 곳이 아니라 개인적으로 신앙을 고백하는 자만이 들어갈 수 있는 곳이라고 다르게 정의하였다. 몬타누스파도 마찬가지이다. 그들이 지향하는 신앙의 엄정성, 금욕, 거룩한 삶의 추구 등이 사람들의 지지를 얻을 수 있는 바탕이 되었지만 사회의 보편적인 맥락 속에서 수용되기 어려운 급진적인 태도는 주류로부터 인정을 받을 수 없었다. 국가 등과 같은 세속의 기관과의 연계성을 거부하고 스스로 분파로서 정체성을 만들어 나감으로써 이들의 주장은 국가를 거부하는 것으로 비춰진다. 이는 자연스럽게 국가 권력의 탄압으로 이어진다.

4. 개혁 – 이단적이고 급진적인

이단은 전통적인 개념에 따르면 참된 믿음의 경계를 넘어간 외부자들이다. 정통이 모두가 믿어야 할 규범을 제시한 것이라면, 이단이나 이설은 내부의 정통의 경계를 넘어선 것이다. 이제 학자들은 기성 교회의 신앙 체계로부터 벗어난 '이단'과 신앙의 실천이나 방식에서 차이를 가져온 '분열'을 구별한다. 물론 이 구별이 내부자와 외부자라는 경계를 흐리게 한다. 하지만 이것은 우리에게 새로운 가능성을 열어 둔다.[23] 이단의 문제는 단순히 교리적인 일탈을 넘어서 사회적인 맥락 속에서 봐야 하기 때문에 그리 간단하게 평가할 수 있는 문제는 아니다. 급진이라고 부르는 영어 단어 'radical'의 라틴어 어원은 뿌리를 의미하는 'radix'이다. 즉 원천, 근원이다. 초대교회의 정신으로 돌아가자, 원천으로 돌아가자(ad fontes)라는 표현을 흔히 사용한다. 선언적인 구호로서 활용할 수 있기는 더없이 그럴듯해 보이지만, 이러한 표현에 들어 있는 함의는 상상 이상으로 무겁다.

이상을 추구하고 본질을 추구하며 원래의 모습을 회복하는 것은 실상 사회와 제도 교회가 흘러가는 관성을 거스르는 급진적인 모습을 띨 수밖에 없기 때문이다. 이상과 현실의 간극이 크기 때문에 기독교 역사에서 뿌리를 뒤흔드는 혁명적인 변화는 자주 보이지 않았다. 그리고 뿌리를 뒤흔드는 혁명과도 같은 교회 개혁은 현실에서 피흘림을 동반하지 않고는 성취되지 않았다. 교회의 변혁은 이상을 지향하나, 철저하고 냉정한 현실 인식과 현실 구조 파악이 뒤따라야 한다.

기존의 질서에 대항하는 이단 운동들에 대해 초대교회는 정통의 정의와 의무, 신앙 등을 명료하게 규정하고, 이러한 사항을 신앙고백의 형태로 표현하였다.

첫째, 교회는 정경을 정하였다. 마르키온파와 몬타누스파에 대항해 교회와 신자들이 믿고 따를 수 있는 권위서로서 정경에 들어갈 책들을 채택한다. 신약성서의 경우 아타나시우스가 27권을 정경으로 주장했으며, 397년에 카르타고 교회회의에서 인정된다. 정경화 과정은 여러 경쟁하는 책들 중에서 선별하는 과정이기보다는, 기존에 교회에서 대다수 정경이라고 인정했던 27권을 인증하는 과정이라고 보아도 무리가 없다.

둘째, 믿는 바를 언어로 표현하는 신앙고백서를 작성하였다. 어디에서나 언제든지 모두가 믿고 따를 수 있는 보편적이고 올바른 신앙 규범이 마련되었다. 사도신경이라고 부르는 신앙고백서가 마련되어 여러 수정 과정을 거쳐 5세기경 완성되었다.

셋째, 교회의 직제를 마련하였다. 이단들의 성장으로 인해 제도 교회는 성서를 경전화하는 작업과 더불어 이단과 싸울 강력한 공동체의 지도자가 필요하였다. 3세기에 이르러 기독교회는 감독, 장로, 부제 등과 같은 성직 계급의 서열이 확립되었다. 정경을 채택하고 신앙고백문을 작성한 이후에 제도 교회의 가르침을 발전시키고, 교회를 오류로부터 보호하기 위한 감독 직제가 마련되었다.[24]

결국 이단 사상의 출현에 대한 반작용으로 교회는 제도화, 안정화 작업을 하게 된다. 제도화, 안정화에는 보편성, 안전이라는 함의와 더불어 고착화라는 부수적인 문제도 함축할 수밖에 없다. 불가피하게 교회는 역동적인 면이 사라지고 점차 사회 주류와 기득권에 편입되게 되는 길을 걷게 된 것이다. 신앙의 가장 근원적이고 본질적인 모습을 지향하고 주장하는 것을 위험하게 여기고, 그 대신 보편적인 것을 주장함으로써 교회의 종교적·도덕적 수준은 하향 평준화되었다고 보는 것은 지나친 판단일까?

주류 헬레니즘 문화에 여과없이 노출된 교회에 대한 몬타누스파의 비판은 결국 기존의 성직자와 가톨릭교회의 권위에 대한 도전으로 비춰졌다. 몬타누스파 운동에서 여성들이 성직의 지위에 오른 것 역시 그들이 핍박을 받은 이유라고 할 수 있다.[25] 제도 교회의 권위가 다양한 목소리를 이단으로 단죄하였다. 하지만 이제 역사는 몬타누스파를 단순한 이단 운동으로 보는 관점을 넘어, 교조화된 기성 교회에 대항하며 반성직주의를 지향하는 속인 중심의 정통 도덕 개혁 운동으로 평가하기도 한다.[26] 20세기 들어 학자들은 몬타누스파를 원시 기독교로 돌아가고자 하는 갱신 운동으로 보고, 이단으로 몰린 것은 종말에 대한 정치적 견해 차이, 문화 충돌과 이해 갈등의 산물로 보는 경향이 강하다.[27] 이제 정통과 이단이라고 편리하게 규정하는 이분법을 넘어서 다른 목소리들이 전해 주고자 했던 핵심이 무엇이었는가를 곱씹어야 한다. 그곳이 잃어버린 지점, 돌아갈 지점을 지적하는 것일 수 있기 때문이다.

교회 역사에서 주류 교회가 자신을 내려놓고 변화를 추구한 역사는 존재하지 않는다. 본질에 대한 통찰, 원천적 가치에 대한 천착, 이것이 진정으로 필요한 때이다. 진정한 급진성은 신학적 사유의 진보성, 개방성에 근거하기보다, 복음의 근원적인 가치를 지켜 나가기 위한 타협 없는 용기와 실천에서 찾을 수 있다. 역사상 위클리프, 후스, 루터, 웨슬리 등 많은 개혁가들이 이단으로 몰려 탄압과 비판을 받았다. 개혁을 꿈꾸는 이들은 이런 의미에서 급진적이어야 한다.

8

세속화에 맞선 사막의 영웅들

—

수도원 운동

1. 교회사에서 수도원의 위치

초기 수도원 운동은 3세기 말에서 시작하여 4~5세기에 크게 확대된 교회 내의 운동을 말한다. 교회 역사를 살필 때 제도 교회가 아닌 수도원의 역사만으로도 초대교회부터 근현대교회까지 통시적으로 살필 수 있다. 사실 대부분의 한국 그리스도인들에게 교회의 역사에서 가장 고민스러운 부분 중의 하나는 천 년 동안 이어진 중세 시대의 교회를 어떻게 볼 것인가 하는 점이다. 신학적 입장에 따라 극단적으로는 중세교회를 기독교의 본질이 감춰진 암흑기로 상정하기도 한다. 초대교회와 중세교회는 연장된 것이 아니라, 단절되었다는 단절론의 관점이다. 이 관점에서 보자면 16세기 종교개혁은 중세교회의 연장이 아닌 초대교회에 대한 재발견이 된다. 중세교회를 배제하고 초대교회와 종교개혁을 직접적으로 연관시키는 것은 상당 기간 동안 주류 기독교의 시각이었다. 하지만 곰곰이 생각해 보면 이 관점은 근대 계몽주의 시각에서 중세를 바라보는 것과 다르지 않다. 중세를 이성이 사슬에 갇혀 진보라고는 일어나지 않은 시기로 보고, 고대 문명의 재발견을 외친 르네상스의 시각을 반영한 것이다. 그 결과 루터의 신학이나 사상은 중세의 학문적 진보에서 형성된 것이 아니라 성서의 재발견, 복음의 재발견으로 본다. 루터나 칼뱅의 사상의 혁신성과 별개로, 그들 역시 중세의 종교적 전통의 세례를 받고 자라 온 중세의 자녀였음을 부인하는 것은 어떠한 이유에서든 정당화되기 어렵다. 일반 역사학에서도 중세를 암흑기라고 부르는 표현은 더 이상 쓰지 않는다. 근대의 형성에 대한 중세적 유산 및 연결성이 폭넓게 인정되고 있기 때문이다.

그렇다면 초대교회의 종교개혁을 이어 주는 중세 천 년을 어떻게 볼 것인가? 그 시대는 복음이 사라져 있다가 16세기에 복음이 새롭게 재발견되었는가? 아니면 초대교회부터 중세를 관통하여 오늘까지 일관되게 이어진 흐름이 있었는가? 사실상 종교적 당파성이 짙게 더해질 수밖에 없는 논쟁적 질문으로 보이지만, 현실적으로 가톨릭 진영뿐 아니라 프로테스탄트 진영에서 여전히 피하기 어려운 질문이다. 교회사를 볼 때 다소 위험할 수도 있지만, 일관된 하나의 해석의 틀, 관점을 정리해야 하는 이유이다. 천 년을 이어져 온 제도에 대한 간단한 전적인 부정은 사실 전 년에 대한 이해에 근거하기보다는 자신이 가지고 있는 당파적인 이해를 기반으로 한다. 이러한 관점은 제도 교회의 종교성을 전체의 종교성으로 환원시키기 때문에 생겨난다.

간편하지만 유의해야 할 지점이다. 초대교회나 중세교회 역사를 주로 제도사적인 측면에서 접근한다. 그 결과 콘스탄티누스 황제가 기독교를 공인해서 그 이후에 기독교가 국교가 되고 그것이 로마 제국이 멸망한 이후에 중세교회를 지탱한 가톨릭으로 발전했다는 외적인 교회사, 주류 교회사 측면에서만 교회사를 규정하게 된다.

초대교회부터 오늘에 이르기까지 교회사를 넓은 범위에서 살펴보면, 적어도 주류 교회와 이단 운동, 수도원 운동 등 세 가지 다른 독자적인 세력이 상호 견제하며 영향을 주고 받아 왔다. 주류 교회사를 초대교회부터 현대의 교회까지 그 맥락에 따라 정리할 수 있는 것처럼, 초대교회부터 교회의 역사를 수도원이라는 한 가지 주제로 관통해서 통시적으로 볼 수도 있다. 이단이 교회의 역사에 끼친 긍정적, 부정적 영향이 단순히 초대교회에만 있었던 것이 아니라 기독교 역사 내내 동일하게 존재했던 하나의 흐름이라는 것을 알 수 있다. 그것이 때로는 주류 교회사에 편입되기도 하고 주류 교회로부터 탄압을 받고 사라지기도 하였다. 이렇게 이단은 주류 교회의 역사 속에서 때로는 경쟁하고, 때로는 보완하는 입장이 되어 존재해 왔다. 그러므로 기성의 주류 교회사를 배우는 것만큼 수도원이나 이단의 역사에서도 그런 흐름을 파악할 수 있다면, 오늘의 교회에 대한 시각이나 교회의 전체 역사를 이해하는 데 큰 시사점을 얻을 수 있다.

보통 수도원을 제도 교회와 비교하여 파라처치라고 표현한다. 파라(para)라는 의미 자체가 보조적이고 주변적인 것을 뜻한다. 수도원 운동을 제도 교회, 주류 교회에 대한 주변부적인, 부차적인 역할을 한 것으로 보는 것이다. 과연 수도원을 제도 교회의 보조적인 역할로 제한할 것인지, 아니면 주류 교회 역사 초기부터 긴장 관계 속에 형성된 독자적인 흐름으로 볼 것인지는 다소간 각자의 판단이 필요한 부분이다. 분명한 것은 기성 제도 교회가 사회적 역할을 담보하지 못하고 종교성을 상실했을 때 교회를 일깨우고 새롭게 한 이면에는 항상 수도원 운동이 존재했다는 사실이다.

기독교의 역사 동안 수많은 수도원이 생겨나고 사라졌다. 보통 일반 교회, 주류 교회의 특징은 전통성을 강조하는 것에 있다. 주류 교회는 그 규모와 흘러가는 관성 때문에 변화를 선택하는 것이 쉽지 않다. 반면 수도원은 강력한 운동성을 가지고 역동적으로 출발했다가, 그 운동성이 상실되면 금방 쇠퇴하여 사라지고, 또 다른 운동으로 대치되는 특성이 있다. 주류 교회사가 한 흐름으로 끊이지 않는 전통 속에서 발전해 나갔다면, 수도원은 시대마다 새로운 수도원 운동들이 나타나 그 이전의 운동성을 상실한 수도원 운동을 대치하는 식으로 계속해서 새로워지는 양상을 보였다. 수도원은 새로운 운동성으로 주류 교회를 견제하고, 주류 교회의 종교적 생명력을 강화해 주는 보조적 역할을 담당한 듯 보이지

만, 수도원 자체가 역사 발전을 위한 중요한 일을 해왔다.[1]

보통 수도원 하면 어떤 수식어를 떠올릴 수 있을까? 아마 영성과 운동성이 수도원을 가장 잘 설명해 주는 수식어일 것이다. 영성과 운동은 서로 어울리지 않는 것 같아 보인다. 영성이 정적인 것, 골방에서 오직 자신과 신과의 관계만을 추구하는 닫힌 이미지를 가진 것처럼 보이기 때문일 것이다. 운동성이라는 것은 활동하고 변화하는 것을 의미한다. 수도원이 영성과 운동성을 동시에 가졌다는 평가는 상호 모순적으로 보일수 있다. 수도원의 유구한 역사와 전통은 이 평가가 결코 모순되시 않음을 보여 준다. 수도원이 그 시대의 영성의 변화를 주도하는 역동적인 역할을 담당했다. 이러한 수도원의 역사를 통시적으로 살펴보자.

수도사(monachos)는 단독이라는 의미를 지닌 '모노'(mono)에서 유래된 용어로 세속과 분리되어 홀로 종교적인 고행을 실천하는 자들을 떠올리게 된다. 《성 안토니우스의 생애》에 처음 사용되었다. 여기에서 파생된 수도원을 의미하는 헬라어 모나스테리온(monasterion)은 일반적으로 한 주거 공간 안에서 공동생활을 하는 미혼 남성 집단을 의미했다.[2] 이 두 용어가 의미하는 바와 같이 수도원은 초기부터 두 가지 형태로 나타났다. 그 하나는 은둔 수도생활이었고, 다른 하나는 공동 수도생활이었다.[3] 공동수도회의 전통을 발전시킨 파코미우스는 수도사가 된 후 30년 동안 11개의 수도원 연방을 만들었다.[4] 파코미우스 수도원 운동은 속인의 종교 운동이었다. 안수 받은 성직자가 들어올 수는 있었지만, 성례를 베푸는 것을 제외하고는 어떠한 특권도 주어지지 않았다. 파코미우스 수도원은 계속 증가해서 알렉산드리아 교회를 제외하고는 이집트에서 가장 넓은 영역을 보유하고 있었다.[5]

수도원 운동의 아버지라고 불리는 성 안토니우스는 250~350년 사이에 활동한 이집트 사람이다.[6] 이 시기는 기독교에 대한 마지막 박해가 끝나고 기독교가 공인된 시점이었다. 소아시아나 북아프리카 지역에서 발전한 수도원 운동에는 특징이 있다. 성 안토니우스는 부자였고, 부친으로부터 많은 유산을 상속 받았다. 그는 마가복음 10장 21절의 말씀을 가지고 자기 문제에 대해서 고민하기 시작했다. 그것은 한 부자 청년에게 건넨 예수의 말씀이었다. "네게 아직도 한 가지 부족한 것이 있으니 가서 네게 있는 것을 다 팔아 가난한 자들에게 주라 그리하면 하늘에서 보화가 네게 있으리라 그리고 와서 나를 따르라". 그는 이 말씀에 영향을 받아, 말씀 그대로 순종하여 자기 재산을 다 기부하고 이집트 광야로 들어가서 말씀을 묵상하는 생활을 시작했다. 이것이 수도원의 시초로 본다. 물론 그 이전에도 이런 사람들이 있었겠지만, 안토니우스가 수도원 운동의 아버지로 이름을 남기게 된 것은 누군가 그에 대해서 기록을 했기 때문이었다.

안토니우스가 최초의 기독교 수도사로 불리는 이유는 실제로 안토니우스가 수도원을 시작해서라기보다는 알렉산드리아 감독 아타나시우스의 정치적 영향력 때문인 것으로 보인다.[7] 삼위일체 교리를 완성한 아타나시우스가 《성 안토니우스의 생애》를 저술하고 그 책을 남겨서 큰 영향을 주었다. 아타나시우스는 삼위일체를 둘러싼 아리우스파와의 논쟁 때문에 일생 동안 여러 차례 추방과 망명 생활을 겪게 된다. 후에 남유럽의 이탈리아까지 갔다. 그때 이 책을 가지고 가서 오늘날 서방 교회의 수도원 운동이 전파되는 단서를 제공한다. 성 아우구스티누스도 그의 회심록에서 이 책이 자신의 삶에 큰 전환점이 되었다고 고백한다.

2. 세속화를 자각한 사막의 영웅들

성 안토니우스를 비롯하여 초기 수도사들의 수는 4~5세기에 비약적으로 늘어난다. 이 시점은 기독교가 313년에 콘스탄티누스 황제에 의해 공인된 후에 오랜 비주류의 길에서 벗어나서 주류에 들어오게 된 시점이다. 사도 베드로의 표현을 빌자면 오랫동안 '흩어진 나그네들'이 '왕 같은 제사장'으로 신분이 격상된 때이다. 이때에는 그리스도인이 아닌 사람들이 오히려 차별을 받고 그리스도인이 되면 사회적으로 출세할 수 있는 유리한 위치를 점하였다. 그러나 기독교 공인이 남긴 유산이 어떠했는가? 기독교가 인정되기 이전에는 예수를 믿을 때 순교를 각오하는 것이 당연시되었지만, 이제는 예수를 안 믿는 것이 차별을 받고 예수를 믿는 것이 사회 속에서 살아가는 데 도움이 되는 상황이 되어 버렸다. 그 결과 기독교가 담지하고 있던 도덕적·영적 수준이 급격하게 떨어질 것은 명백하였다. 승리와 함께 위기가 찾아온 것이다. 313년 콘스탄티누스의 기독교 공인, 즉 밀라노 칙령을 기점으로 교회와 교회 역사는 그 이전과 극명히 달라진다.

콘스탄티누스의 기독교 공인으로 인해 박해가 공식적으로 종식되고 기독교가 주류 문화에 들어서고, 기독교 복음이 승리한 것이 만천하에 드러났다. 콘스탄티누스의 기여 자체를 누구도 부정할 수 없다. 반면에 313년 기독교 공인을 공식적으로 기독교가 타락의 길에 접어든 것으로 보는 경우도 무시할 수 없다. 제1차 니케아 공의회가 325년 열린다. 이회의는 교회에서 소집을 한 것이 아니라 콘스탄티누스 황제가 소집했다. 이때 로마 제국이 주도하여 공식 신학을 형성한다.

즉 국가가 교회를 장악하고 모든 교회 교리도 국가의 체제하에서, 또 국가의 안정을 위해서 국가에 도움이 되도록 기독교가 활용되게 된 것이다. 이러한 현상에 문제의식을 가지고 있던 이들은 기독교의 공인이라는 승리 뒤에 찾아올 위기에 대해 인식한 것이다. 313년을 기점으로 기독교가 공인되고 제도화의 길을 걷게 되면서 기독교는 두 가지 흐름으로 갈라졌다. 하나는 기독교가 공인되면서 생긴 위로부터 부과된 위로부터의 종교와 아래로부터의 종교이다. 주류 교회사가 위로부터 아래로 부과된 형식으로 발전해 나갔다면, 그에 저항하거나 견제하기 위한 수단으로 아래로부터의 움직임, 새로운 종교적인 흐름이 형성되었다는 것이다. 이것을 수도원 운동에서 발견할 수 있다. 단순히 초대교회뿐 아니라 모든 시대마다 이러한 흐름은 발견할 수 있다.

콘스탄티누스 황제 공인 이전에는 그리스도인들이 핍박을 피해서 사막에 은둔할 수밖에 없었다. 하지만 공인 이후에는 위로부터 부과된 종교가 가지고 올 위험이나 해악에 대해서 인지한 사람들이 종교의 세속화를 피해서 자발적으로 금욕적인 삶, 이 세상을 벗어난 삶을 선택한 것이다. 또한 독신이 바로 순교에 비견할 만한 개인의 희생이라는 측면에서 강조되고 초기 수도원 운동이 강력한 금욕주의로 이어졌다. 금욕주의가 강력하게 나타난 이유는 타락한 세상으로 인해 곧 세상의 끝이 올 것이고 예수가 재림할 것이라는 극단적인 종말론 때문이었다.

수도사들에 관한 당시 기록은 오늘날 쉽게 이해하기 어려운 것들이 많다. 예를 들어 주상 고행자 시므온이라는 수도사는 기둥 위에 앉아서 사람들에게 말씀을 가르치며, 36년 동안 기둥에서 내려오지 않았다고 한다. 이 세상 속에 살아가지만 세속화된 세상에서 발을 딛고 살지 않겠다는 의지의 표현인 셈이다. 그는 기둥 위에 앉아 성서의 말씀을 해석하고 가르치면서 사람들에게 필요한 종교적 조언과 상담을 했다. 한편 갖가지 동방 고대의 금욕적인 철학파의 영향을 받아서 자신의 몸을 쇠사슬로 감아서 돌에 묶여 있는 등 다양한 형태를 통해 실질적으로 몸을 학대하는 식의 고행을 하는 수도원 운동 수도사들이 늘어나게 된다. 사막에 은거하면서 갖가지 마귀의 유혹, 악마의 유혹과 싸워서 자신을 지키고 그리스도의 삶을 실천했던 사람들을 사막 교부들이라고 부른다.[8]

초대교회 수도사들의 삶을 어떻게 평가할 것인가? 로마 제국이 멸망한 이유에 대한 연구서인《로마 제국 쇠망사》로 유명한 에드워드 기번은 기독교에 대해 대단히 냉소적인 시각을 가진 계몽주의 역사가였다. 그는 이 책에서 기독교가 로마로 들어와서 제국적인 남성성을 거세한 것이 로마 쇠망의 이유로 들었다. 이와 유사한 논지에서 에드워드 기번은 콘스탄티누스 황제 치세에 수가 급증한 수도사들에 대해서 '영원한 행복을 얻기 위해 세상으로부터 종교로 도피한 불행한 삶'이라고 혹평했다.[9] 반면 스위스 역사학자 부르크하르트는 은둔 수도사들의 삶과 그들의 행적에 대해서 그들은 '도피주의자들이 아니라 당시 교회의 세속화를 심각하게 자각한 사막의 영웅들'이라고 평가했다.[10] 스스로 교회의 세속화를 피해서 사막에 은거하면서 예수의 삶을 따르고자 했던 그들이 울린 삶의 반향이 그 시대에 결코 작지 않았다는 것을 지적한 것이다. 사막 속에서 그들이 무슨 영웅적인 행보를 취할 수 있었겠는가? 그러나 그들의 삶 자체가 세속화에 깊이 물든 사람들에게 하나의 거울이 되고 반성을 낳게 한 것 역시 과소평가할 수 없다. 그들은 성서에 나타난 광야에서 외치는 세례 요한의 삶을 살았다.

세례 요한은 사람들이 살지 않는 사막에서 가죽옷을 입고 석청을 먹고 살았지만, 그의 삶의 방식과 메시지 자체가 사람들에게 주는 울림이 컸다. 이 때문에 요단강 건너편 사람들까지 와서 회개하고 그로부터 세례를 받았다. 가장 급격한 문화·사회·정치·종교적 격변기에 은둔수사들의 삶은 한편으로는 세상과 분리되어 세상과 무관한 것처럼 보이지만, 세상의 한가운데를 살아가는 사람들에게 가장 큰 울림을 주었다. 이런 그들의 삶은 교회의 지나친 세속화에 대해 견제하고 바른 종교성을 지향하도록 무게 중심을 잡아 주는 역할을 했다고 평가할 수 있다. 숫자는 적고 규모는 미미하지만 시대 속에서의 영향력을 고려할 때, 사막의 영웅들이라고 불릴 만했다는 것이다.

그러나 수도회가 처음부터 독거하는 형태의 단독 수행자들만 있었던 것은 아니다. 수도원 운동은 초기부터 두 가지 형태, 즉 공동수도회와 독거수도회로 나누어진다. 보통 공동수도회 하면 이집트 출신의 파코미우스와 가이사랴의 바실리우스를 주창자로 꼽는다. 그들은 오늘날 존재하는 형태의 공동수도회의 원형을 창조하는 데 큰 기여를 했다. 단독 고행하는 수도사들과 공동수도회의 가장 큰 차이는 이런 것이다. 단독 고행자들이 종교적 엘리트를 추구한다면, 공동수도회는 대중적인 운동을 한다는 면에서 기본적인 차이가 있다. 파코미우스는 원래 이방인 부모 밑에서 태어났고 기독교 신자가 아니었다. 그는 당시에 북이집트에서 벌어진 전쟁으로 강제 징집 당해서 전쟁터에 끌려가게 되었다. 이때 죽음에 대한 두려움에 사로잡힌 상태였다. 행군 도중에 테베라는 마을에 들어가서 머물렀는데 그 마을에서 주민들로부터 뜻밖의 환대를 받았다. 이 사건으로 그리스도인들에게서 강렬한 인상을 받은 파코미우스는 그들의 도움을 받아서 기도를 한다. 그는 전쟁에 참여해서 자신이 죽거나 다른 사람의 피를 흘리지 않고 돌아가게 해준다면 그리스도인이 되고 이들처럼 살겠다고 서원한다. 그리고 계속해서 전쟁터로 가다가 도중에 종전 소식을 듣게 된다. 자신의 기도를 응답 받았다고 생각한 파코미우스는 돌아와서 자기가 받은 환대를 마을 사람들에게 되돌려 주는 의미로 수도원을 짓게 되었다. 물론 처음부터 이것이 나중에 확립된 조직인 수도원을 만들겠다는 분명한 의도나 계획으로 이루어진 것은 아니었다. 그 당시 버려진 사람들, 소외된 사람들을 돌보고 그들과 함께하는, 오늘날로 말하면 사회복지 시설과 같은 목적으로 시작된 것이었다. 공동수도회는 의식주를 해결하기 힘든 개개인을 위해 기본적인 먹거리를 제공하고 교육을 시키는 온정주의 차원에서 시작했다. 개인의 영성과 신비를 추구하고 성서적 교리에 대한 엄밀성을 추구한 독거 수도사들과 달리 공동

수도회는 종교의 실천적 측면을 강조했다.

한편 기도와 묵상의 단순한 생활을 하기는 하지만, 많은 사람이 한 곳에 모여 살다 보니 자연히 모임의 규칙이 필요했고, 규율 속에서 성장해 가는 하나의 종교를 기반으로 한 가족 공동체를 이루게 된다. 수도원을 영어로 monastery라고도 하지만 abbey라는 표현을 쓰기도 한다. 또 수도원장(abbot)이라는 단어는 아버지(abba)와 연관된 단어이다. 수도원이 가지고 있는 함의는 아버지를 중심으로 하는 가족 공동체라는 것이다. 아버지를 중심으로 그에 대한 순종이 강조된다. 가족 안에서도 아버지가 지나치게 독재적이면 그 가정이 별로 행복하지 않고, 지도자가 절대 권력을 갖게 되면 부패하게 되는 것과 마찬가지로 수도원에서도 유사한 문제들이 많이 발생했다.

수도원 운동이 발전할수록 체계적인 교리의 확립과 수도원 규칙의 엄정한 발전이 뒤따른다. 베네딕투스 수도회 같은 경우는 수도원장을 선출할 때, 수도사들이 투표로 수도원장을 뽑는 방식을 채택한다. 누구라도, 심지어는 신참 수사조차도 선출되기만 하면 수도원장이 될 수가 있음을 의미한다. 이런 식으로 수도원은 가족적인 온정주의를 극복하기 위한 나름의 장치들까지 고안하며 발전해 갔다. 수도회의 또 다른 특징은 사제가 아닌 일반 신자들의 운동, 즉 속인의 운동이라는 점이다. 수도사와 사제는 엄격하게 분리된다. 수도원에서는 정식으로 사제 안수를 줄 수 있는 체계가 아니었다. 성례전을 위해 필요 시 담당 교구의 사제를 초빙하든지 내부에서 특정인을 정해 사제로 교육을 받게 하고 수도회 내의 성례를 집례하게 하였다. 이 점에서 기성 교회와는 분명한 차별성을 두고 있었다.

수도사들의 정체를 어떻게 규정할 수 있을까? 당시 교회의 조직과 교리가 완전하게 정립되기 전이었을 뿐 아니라, 개별적으로 수행하거나 공동체를 이루어 살았기 때문에 각각의 수도사나 수도회 공동체의 신학관, 성례관 등은 차이가 있었다. 제도화의 길을 걷는 기성 교회의 입장에서 볼 때 수도회는 그리 달갑지 않은 존재였을 수 있다. 수도회의 형태나 실천은 매우 다양했고, 그중에서는 신학적으로 수용할 수 없는 신학관을 가진 사람들도 분명히 있을 수 있었다. 초대교회 수도회 공동체와 이단 공동체는 뚜렷하게 구별하기 힘든 점이 존재했다. 정통과 비정통 사이에서 아슬아슬한 줄타기를 하는 듯 사유의 스펙트럼이 매우 넓었다.

한 가지 짚어야 할 사실은 사막 교부들이 은거한 사막이란 지리적으로 세상과 완전히 단절된 장소가 아니었다는 점이다. 소아시아 지역의 사막 지대는 사람이 살기 불가능한 극한의 지역은 아니었다. 토양은 쉽게 풍화되고 깎아 내기 쉬운 돌들로 이루어진 응회암 지대이다. 초대교회 그리스도인들이 로마의 박해를 피해 사막에 들어와 돌산에 동굴을 만들어 숨어 살거나, 곳곳에 수십 미터씩 지하로 동굴을 파서 생활하는 카타콤을 만들었다. 사막은 신자들이 박해를 견디며 기독교의 정신을 이어 간 상징적인 장소였다. 기독교가 공인된 이후에는 교회의 세속화의 흐름을 막아 서기 위해 사막에 남아 수행을 이어 가는 수도사들이 생겨났다. 세속에 있는 그리스도인들이 이런 사막의 은둔 수도사들에게 음식과 필요한 물품을 공급해 주었다. 수도사들은 이들과 교류하고, 제자들을 키우고 글을 남겨, 사막 교부들의 금언집, 묵상집으로 오늘까지 전해지고 있다.

다양한 층위의 그리스도인들이 수도사가 되었다. 그들 중에는 사제로서 제도 교회에 흡수되어 제도 교회를 섬긴 이들도 있었고, 초기의 결심대로 일생을 은둔하며 살아가는 이들도 있었다. 이런 사람들이 후에 필요에 의해 모여서 공동체를 이뤄서 공동수도회로 발전하기도 했다. 은둔수도사들에게 실질적으로 따르는 사람들, 즉 제자들이 생기자 조직으로서 수도원이 필요했다. 수도사란 혼자 생활하는 자들을 의미하는데, 이 사람들이 공동으로 모여서 생활한다는 것은 모순된 것으로 보일 수 있다. 그러나 은둔 수도사들이 수도원 공동체를 이룬 것도 발전 과정의 불가피한 산물로 보아야 한다.

사막 교부들을 포함한 은둔 수도사들은 두 가지 층위에서 정체성을 가진다. 첫째, 수도사들은 대개 신학자가 아닌 영성가를 추구했다. 다시 말하자면, 신학의 잣대로 수도사들을 평가할 때 충분히 논란이 생길 수 있다는 의미이다. 예컨대 한국 초기 기독교 역사에서 중요한 인물 중 하나인 감리교의 이용도 목사에 대한 평가는 기독교 전체뿐 아니라 감리교 내부에서도 이견이 있다. 그는 신비주의자로 이단으로 단죄되었고, 기성의 신학에서 도저히 수용할 수 없는 점도 분명 존재했다. 하지만 신학의 잣대가 아니라 영성이라는 측면에서 예수의 삶을 따르는 한 방편 혹은 제도화된 교회와는 다른 방식이라는 측면에서 바라볼 때, 따라야 할 교훈이나 가치를 찾을 수 있다. 수도회도 이러한 관점으로 볼 필요가 있다.

둘째, 수도회 운동은 속인 중심의 운동이다. 수도원 운동의 흐름은 교회의 직제가 형성되고 사제와 비사제의 구별이 점차 엄격하게 진행되는 제도 교회의 흐름에 반한다. 이단 운동과 마찬가지로 수도원 운동은 태생적으로 반계서적, 반성직주의의 성격을 지닌다. 수도회의 본질상 제도 교회와는 일정 부분 갈등을 빚을 수밖에 없다. 수도회가 영향력을 얻어 가면서 제도 교회의 인정을 받기도 했지만, 이단으로 단죄되어 박해받은 역사도 무수하게 찾아볼 수 있다. 이러한 긴장 관계는 초대교회의 수도원이나 중세의 프란체스코 수도회, 종교개혁기의 가톨릭의 예수회 등을 통해 재차 확인되고 있다.

초대교회 이단 운동들과는 달리 수도회 운동이 장기간에 걸쳐 정착할 수 있었던 것은 수도원 운동과 제도 교회를 이어 준 인물들 덕분이다. 대표적인 예가 가이사랴의 바실리우스를 들 수 있다. 그는 아테네에서 유학을 할 정도로 엘리트 출신이었다. 그는 소아시아 본도 갑바도기아 지역에서 활동했고, 그의 가족 전체가 수도원 운동에 헌신했다. 그의 누이인 마크리나가 바실리우스에게 영향을 크게 줬다고도 하며, 동생인 닛사의 그레고리우스도 당시에 유명한 영성가였다. 한마디로 영성가, 수도원 집안 출신이라고 할 수 있다. 아테네의 학문의 영향을 받은 바실리우스는 초기에는 영성이나 수도원 운동에 무관심했으나 나중에 회심 체험을 한 후 수도원 운동에 참여하게 된다. 파코미우스가 실천적인 측면에서 수도원을 이끌었다면, 바실리우스는 수도원의 이론적인 토대를 세우는 데 크게 기여했다. 그뿐 아니라 그는 평생을 수도회 내에서만 보내지 않고 일반 교회에서 목회 활동을 하였다.

공동수도회는 초기 은둔 수도회가 지향한 독거주의를 비판적인 입장에서 본다. 첫째는, 단독으로 은거하며 살아가는 수도사들은 종교적 영성을 고양하는 것 같으나 실제로 자기 만족을 위해서 사는 자들이라는 비판이다. 스스로 종교 엘리트를 지향하는 자들이라는 것이다. 둘째는, 그로 인해 독거 수도사들은 신 앞에서 자신의 실존의 모습을 깨닫는 데 더디다는 점을 지적하였다. 스스로 열등함을 드러낼 대상이 없을 때 어떻게 자신의 겸손을 시험할 수 있는가에 대해 문제 제기한다. 겉으로는 모든 것을 버리고 홀로 사막에 들어가 고행하지만, 이것이 자기 의를 높이는 것이며, 스스로 겸손하게 되지 않을 수 있다는 점이다. 사막 한가운데서는 겸손을 배울 수 없다. 예수조차도 자신이 하나님 앞에 겸손함을 보이기 위해서 친히 제자들의 발을 씻겼는데, 사막 한가운데서 혼자 살면 누구의 발을 씻길 수 있겠는가? 그리스도인들이 혼자 살 때, 자신의 잘못을 깨닫고 돌이키는 것을 배울 수 없다는 것이다. 셋째는, 그리스도인이 실제로 해야 하는 것은 혼자 고행하며 스스로의 종교적 자긍심을 높이는 일이 아니라, 예수의 가르침처럼 가난한 자들, 이웃들과 함께하며 그들의 눈물을 닦아 주는 것이다. 만약 그들이 혼자 살면 그리스도인의 손길이 필요할 때 그것을 제대로 실천할 수 없다는 것이다.[11]

공동수도회가 가지고 있는 목적은 그리스도인으로서의 덕과 올바른 가치관을 훈련하는 것이다. 이러한 훈련을 통해 이웃을 살피고 도울 수 있는 공동체가 된다. 누구나 혼자 살면 자신의 내적인 이기심과 자아의 문제가 쉽게 드러나지 않는다. 수도사들은 공동생활을 통해 타인과 함께 살아가면서 인간의 실존을 적나라하게 보게 된다. 각자의 모난 부분이 다듬어지고 변화하는 실제적인 훈련을 받는 것이다. 공동수도회가 추구하는 것도 이론으로서의 영성이 아니라, 부대끼는 삶의 현장에서 실천적으로 예수의 겸손과 낮아짐을 배워 가는 것이다.

3. 서방의 수도원들

서방의 수도원은 동방의 수도원의 영향을 받아서 형성되었다. 아타나시우스가 삼위일체론으로 인한 박해를 피해 서유럽에 머물던 때, 수도원의 삶을 서유럽에 소개했다. 서유럽 수도원을 최초로 이끌었다고 알려진 투르의 마르틴은 헝가리 출신의 군인이었다. 그는 어려서부터 종교적 소명의식을 가지고 있었지만, 군인으로 성공하고자 하는 세속적인 야심과 종교적 소명 사이에서 갈등하고 있었다. 어느 날 길을 가다가 헐벗은 노인을 만났는데, 자기가 입고 있던 겉옷의 반을 나눠서 이 사람에게 주었다. 그날 밤 꿈에 자신이 나눠 준 절반의 옷만 걸치고 있는 예수를 만나게 되었다. 이 체험을 통해 그는 군인으로서의 세속의 야망을 버리고 수도원을 시작했다고 한다.

일반적으로 표준적인 서방의 수도원 하면 베네딕투스 수도회를 들 수가 있다. 베네딕투스가 활동할 무렵은 초대교회가 끝나고 서유럽 중세가 형성되기 시작하던 시점이었다. 베네딕투스 수도회는 오늘날 서유럽의 기독교의 형성과 떼려야 뗄 수 없는 중요한 역할을 했다. 수도원에 입회할 때는 하나님과 수도원장에게 절대적인 순종을 하겠다는 선서를 하고, 그다음에는 순결하게 살기를 결단하며 독신을 선언한다. 또한 자발적인 가난을 감수하며 청빈한 삶을 살 것을 다짐한다. 이러한 기본적인 서약이 베네딕투스 수도회로부터 생겨나 발전한다. 베네딕투스 수도회는 수도사들의 입회를 쉽게 허락하지 않았던 것으로 유명하다. 수도원에 들어가려는 사람에게 4~5일 동안 문을 열어 주지 않고 문 밖에 기다리게 하는 시험을 거치게 했다. 이것은 수도원에 들어오고자 하는 사람의 진정성을 평가하기 위함이었다. 진정으로 신적인 소명이 있는 사람을 가려내려는 것이었다. 진정성, 소명의 확신과 자발성을 평가한 후에도 일년 동안 견습생활을 하게 한 후, 다시 평가를 거쳐 그 사람을 수도원에서 받아들일 것인지 말 것인지를 결정했다.[12] 이러한 전통은 수도회뿐 아니라 수도회를 모태로 탄생한 고등교육 기관인 중세 대학에까지 이어졌다.

베네딕투스회의 회칙은 가장 정교하게 오늘날까지 보존된 회칙으로 남아 있다. 이 회칙의 절반 이상이 순종, 겸손 등 사람들이 준수하기 힘들고 어려워하는 것들이다. 그 핵심은 신을 위한 삶을 살기 위해 자신의 의지와 뜻을 포기하는 것이다. 수도원의 교육 과정은 자아를 비우는 것을 훈련하는 과정이다. '즉시', '자발적으로', '불평하지 않고' 순종하는 이 세 가지가 수도원의 순종의 핵심이다. 베네딕투스 수도회 회칙 73개조 중에 68번째 회칙에는 이런 내용도 있다. "수도원장이 시키는 일이 부담스럽거나 자신의 능력으로 수행하기 불가능한 것일 때, 어떻게 해야 하는가?" 실제적인 문제까지 세심하게 다룬 것이라고 할 수 있는데, "겸손과 순종으로 수용을 해야 하지만 능력 밖일 때는 그것을 수행하기 어려운 이유를 설명하고, 그래도 계속 그렇게 하도록 명령하면 하나님을 신뢰하고 순종해야 한다"라고 규정하고 있다. 이 베네딕투스회의 회칙의 서문은 다음과 같이 기록하고 있다.

"주를 위한 학교를 설립함에 가혹하지도 짐스럽지도 않은 회칙을 마련한다. 다만 우리의 잘못을 교정하고 주에 대한 사랑을 교정하기 위해 약간의 엄격함만을 도입한다. [중략] 처음에는 힘들고 어려워 보이나, 주의 사랑 안에서 감당해 나가면 그 안에 사랑의 기쁨이 넘칠 것이다."[13]

여기서 알 수 있는 것이 베네딕투스회와 동방의 수도회 사이의 차이점이다. 학교를 의미하는 스쿨(school)은 스콜라(scola)에서 파생되었다. 스콜라라는 단어는 두 가지 의미가 있는데, 하나는 학생들이 교육을 받는 학교를 가리키는 것이고, 다른 하나는 엘리트를 양성하는 군대라는 의미가 있다. 수도회란 사람들을 교육하는 곳이란 의미와 함께 교회에서 시대를 앞서가는 선발대이자 정예부대 역할을 하는 엘리트, 종교 지식인을 양성하는 곳이라는 의미가 있는 것이다. 이것이 바로 수도원의 핵심이다. 하절기에는 새벽 2시에 새벽기도를 하고, 동절기에는 새벽 3시에 기도를 한다. 기도를 강조하는 것 외에 수도원은 노동을 신성한 것으로 보았다. 하루 6~7시간의 육체노동을 한 후, 필요한 공부나 성서 연구를 하고, 교부들의 저술을 읽고 필사하는 것이 일과 중 중요한 부분을 차지하고 있었다.[14]

하루 일과에서 알 수 있듯이 수도사들은 재속의 사제들과는 달리 안수 받지 않은 속인들이었다. 기본적으로는 교회 계층 구조의 감독하에 있지 않고, 수도원장이 독자적으로 책임지고 운영하는 구조였다. 여기서부터 제도화의 길을 가는 기존 교회와 차이가 생긴다. 사제가 아닌 속인 중심의 운동이라는 것의 함의는 이들의 예배가 가톨릭교회처럼 사제를 중심으로 한 미사 중심이 아니라, 성서 중심이라는 특징이 있었다.

이 때문에 수도사들은 교부들의 철학에 대해 공부하고, 성서를 자체적으로 연구하면서 기존의 재속 사제들과는 다른 흐름을 형성하고 있었다.

그 결과 서유럽의 가톨릭은 재속사제(secular clergy)와 계율 수도사(regular order)로 크게 분류된다. 일반적으로 성직자라고 불리는 재속 사제들은 부제, 사제, 주교, 추기경, 교황에 이르기까지 계서적으로 이어진다. 재속이라는 말은 세상과 구별되는 산속의 공동체가 아니라 세상 속에서 그리스도인들에게 사목 활동을 한다는 의미이다. 반면 수도 원장을 중심으로 하는 수도사들의 조직은 내부 규칙에 따라 살아가는 자들이라는 의미에서 계율 수도사라고 부른다. 수도회의 영향과 역할이 강화되면서 이러한 이중의 구조가 형성된 것이다. 오늘날 군대 조직을 보면, 각 군사령관 예하에 군단, 사단, 연대, 대대, 중대, 소대 등으로 계서적인 조직이 있는 것과 동시에, 이 계서에 속하지 않는 별개의 군수, 보급, 헌병, 감찰 등 군사령관의 통제만을 받는 직할 부대들이 존재한다. 마찬가지로 당시 한 지역에 주교구가 있다 하더라도 그 안에 속한 베네딕투스 수도회는 교회 감독의 직접적인 통제를 받지 않는다. 독자적으로 수도원장이 책임자가 되고 수도원장은 베네딕투스 수도회의 장상에게만 예속된다. 또한 수도회의 장상은 오직 교황에게만 충성하는 독자적인 형태를 지니고 있었다.

단독으로 은거하는 수도사들과 달리 동방의 공동수도회는 초기부터 종말론적 역사관을 가지고 예수의 지상명령을 수행하는 데 앞장섰다. 그들은 예수가 곧 다시 오실 것이기 때문에 순교자나 성서의 열 처녀처럼 자신을 정결하게 준비해야 된다는 신념이 있었다. "온 천하에 다니며 복음을 전파하라", "땅끝까지 이르러 내 증인이 되라"는 지상명령을 충실히 따랐다. 동방의 수도사들은 한 마을로 들어가 전도를 한 후 다른 마을로 옮겨 가 전도하는 선교사들(traveling missionary)이었다. 이러한 동방의 수도사들이 로마의 무역로와 로마 군대의 주둔지를 따라 서유럽으로 이동하여 서유럽이 기독교화되는 데 크게 기여하였다. 이러한 초대 교회 수도사들이 남긴 선교의 흔적이 여전히 서방 교회에 남아 있다. 대표적인 것이 '민스터'라고 불리는 교회들이다. 민스터라는 단어는 수도원을 뜻하는 모나스테리온에서 파생되었다. 로마 주둔군이 잉글랜드 요크에 머물렀을 때 함께 갔던 수도사들이 잉글랜드와 아일랜드, 스코틀랜드 등에서 선교 활동을 하였다. 그들이 교회를 세우고 민스터라고 부른 것이다. 요크민스터와 웨스트민스터로 잘 알려진 두 개의 잉글랜드 교회는 이러한 동방 수도회 선교의 영향을 받아 설립된 교회라고 할 수 있다.

동방의 수도회에서는 독신을 순교에 버금가는 가치로 여겨 수도사들의 독신을 강조했다. 반면 서방에서는 선교의 효율을 고려해서 독신을 강조한 측면이 있다. 수도사가 낯선 지역으로 계속 이동해 가며 해야 하는 선교 사명을 감당하려면 결혼하여 처자를 책임져야 하는 상태에서는 어렵기 때문에 독신을 강조한 측면이 있다. 동방 교회가 일반 사제의 결혼을 인정한 바와 같이, 서유럽 교회에서도 11세기경까지 재속 성직자의 결혼은 보편적이었다.

베네딕투스 수도회의 가장 큰 기여 중 하나가 학문을 보존하고 전수한 점이다. 교회의 가르침을 정밀하게 하고 성서의 가르침을 밝혀 그 성과를 후대에 계승하는 데 큰 기여를 했다. 서유럽에서는 초기부터 수도원이 교육과 학문의 중심지였다. 서유럽 전역에 약 800개의 베네딕투스 수도원이 세운 학교와 도서관이 있었다는 것과 중세 초반(약 7~11세기 사이)에 문자를 해독할 수 있는 사람의 90퍼센트 이상이 베네딕투스 수도회 출신이었다는 것은 베네딕투스 수도회가 중세 문명화에 끼친 영향이 어느 정도인지를 가늠하게 해준다. 오늘날에는 사무원을 의미하는 클러크(clerk)라는 단어가 본래 성직자라는 의미였고, 학자를 가리키는 스콜라는 스쿨에서 공부하는 학생들, 다시 말해서 성직자 후보를 일컫는 단어였다. 이 사람들이 수도원을 졸업하면 성직자가 되거나, 각종 정부의 관료로 일하기도 하면서 유럽의 기독교 문화를 꽃피웠다. 중세 시대에 새로운 기독교 문화의 융성은 바로 베네딕투스 수도회의 영향 덕분이었다. 서유럽에서 7~12세기는 '베네딕투스 수도회의 시대'라고 표현되며, 이 수도회 창시자 베네딕투스는 유럽의 수호성인으로 불린다.[15] 이것만 보아도 베네딕투스 수도회의 영향이 얼마나 컸는지를 알 수 있다.

보통 수도원을 한번 들어가면 나오지 못하는 갇힌 공간, 답답한 공간, 이 세상과는 단절된 공간이라고 생각하기 쉽다. 하지만 사실 수도원은 역설의 공간이다. 수도원이 주어진 역할을 온전히 감당했을 때, 그 속에서 끊임없는 학문 연구가 이루어졌고, 올바른 학식을 갖춘 인재들의 재생산이 이루어졌다. 포도주가 포도주 통 속에서 오랜 기간 숙성되듯이 수도원에서 시대를 이끌었던 학문과 인재들이 숙성되었다. 정체되었던 것처럼 보였던 중세에 수도원 안에서 폭발적인 창조력이 꿈틀대고 있었다. 그렇기 때문에 이 수도원의 기여가 결코 작지 않은 것이다. 일반적으로 서유럽 중세 말 교회의 타락과 더불어 수도원의 타락 등으로 인해 수도원에 대한 부정적인 이미지를 갖고 있지만, 수도원이 운동성을 가지고 있을 때 발산했던 긍정적인 영향력은 대단히 크다고 할 수 있다.

무슨 조직이든지 지나치게 비대해지면 문제가 생기기 마련이다. 수도원의 타락도 그럴 때 나타났다. 처음에는 경건한 부모들이 자녀를 신에게 헌신된 자들로 키우기 위해 수도원에 봉헌을 하여 수도사가 되었다. 그런데 욕심 있는 부모들이 자녀에게 제대로 유산을 물려주기 위해서 장남 외의 나머지 아들이나 딸들에게 수도원을 지어 주고 수도원장, 수녀원장으로 앉혔다. 중세 유럽에 장자 상속이 정착되며 다른 자녀들에게 유산을 물려주기 어려웠기 때문이다. 수도원은 안수 받은 사제가 아닌 일반 속인 운동이기에 가능한 결과였다. 재산도 수도원에 기부하는 형식으로 자녀에게 편법적으로 상속이 되었다. 수도원에서 훈련했던 중요한 세 가지인 기도와 노동과 학문 중에서 노동을 농노들이 대신하면서 수도원이 본질을 잃고 타락했다. 중세에 수도원을 개혁하기 위한 클뤼니 수도회, 시토 수도회 등이 생겨났다. 예컨대 시토 수도회의 클레르보의 베르나르는 교회가 진리를 버리게 내버려 두기보다 교회를 시끄럽게 하는 것이 낫다고 주장했다. 그는 원형 종교개혁가로 불린다. 제도 교회는 수도원이 타락했을 때 그 수도원을 갱신하기 위한 운동을 전개하고, 또 수도원이 타락하면서 교회도 타락하는 전반적인 문제를 갱신하기 위해 수도원 내부에서 개혁운동이 일어난다. 비단 초대교회에서만 목격할 수 있는 현상이 아니다. 프란체스코회와 도미니크회 등이 중세 가톨릭 개혁에 앞장섰다. 종교개혁가 마르틴 루터나 에라스무스 역시 수도회 출신이다.

여러 수도회가 등장하고 소멸하였다. 그러나 그 속에서 수도회는 나선형적으로 진화되었다. 서유럽에서 수도원의 폭발적인 생명력의 결과로 등장한 것이 중세 유럽의 대학이다. 수도원에서 운영했던 학교가 고등교육 기관으로 발전한 것이 대학이다. 이러한 대학의 등장 시기를 12세기 르네상스라고 부른다. 중세의 대학은 공식적인 세 권력 기관 중 하나라 할 정도로 막강했는데, 권력 중에서도 가장 강력하다고 할 수 있는 독자적인 사법권을 가지고 있었다. 국가나 교회의 재판정과 마찬가지로 대학 총장도 독자적으로 재판정을 운영할 수 있었다. 외부의 교회 권력이나 국가 권력으로부터 대학의 학문의 자유를 보장하기 위한 조치였다. 베네딕투스 수도회가 오직 교황에게만 충성하며 어떤 재속 교회에 속하지 않은 것처럼, 대학도 점차 감독이나 세속 당국의 영향력을 벗어났다. 물론 근대적인 의미에서 가르치고 배우는 자유, 학문의 자유와는 다르지만, 연구자들이 끊임없이 순수하게 성서와 학문을 연구할 수 있는 기초를 마련해 준 원칙으로 중요한 의미를 지닌다. 이러한 원칙 때문에 마르틴 루터가 비텐베르크 대학에서 종교개혁을 시작할 수 있었고, 대학이 마르틴 루터를 교회와 군주의 위협으로부터 보호할 수 있었다.

베네딕투스 수도회가 중세 동안 포도주가 숙성되듯이 은근히 오랜 시간 쌓아 왔던 영향력이 실제 현실 가운데 구현된 결과물이 대학이라고 할 수 있다. 더 나아가 대학은 중세에 하나의 권력으로 등장하게 된다. 수도원의 교육에서 학문은 이른바 완성된 기독교 진리를 그대로 배워 다음 세대에 온전하게 전수해 주는 것이 목적이었다. 대학의 교육은 학문의 진보를 꿈꾸었고, 생명력을 지니게 된 학문은 하나의 권력으로 등장하기에 이른다. 어쨌든 이러한 대학의 모판을 수도원이라고 할 수 있고, 수도원 내에서 이루어지던 학문 연구의 흐름이 대학으로 이어졌다. 그렇기에 대학을 통해 종교개혁이 일어날 수 있었고, 종교개혁 이후 수도원이 감당하던 사회의 사상적 지도의 역할을 대학이 계승할 수 있었다. 이런 차원에서 근대에 들어서 독일 할레대학을 통해서 일어난 복음주의 운동, 영국 옥스퍼드 대학을 중심으로 시작된 메소디스트 운동, 미국 예일 대학의 대각성 운동도 대학이 종교개혁 이후 고비마다 교회의 갱신에 중요한 역할을 했다는 것을 보여 주는 예라고 할 수 있다. 직선적으로 연결시키는 것은 물론 무리가 있겠으나, 대학이 수행했던 역할이 수도원이 중세에 감당했던 역할의 연장선이라고 보는 것은 지나치지 않다.

전반적으로 수도원을 보면 크게 두 흐름, 즉 마리아의 영성과 마르다의 영성의 교차가 있었다고 할 수 있다. 수도원은 모든 것을 버리고 세속화된 세상을 떠나 예수의 말씀만을 예수의 무릎 앞에서 듣는 마리아의 영성에서 출발했다. 하지만 수도원이 그러한 것에 너무 집착한 나머지 세상과 단절되고 무관심해졌을 때는 새로운 형태의 영성이 나타났다. 마르다가 예수와 제자들을 위해서 음식을 준비하고 구체적 행동으로 섬겼던 것과 같이 세상에 봉사하고 섬기는 수도원이 탄생했다. 수도원의 역할, 수도원의 역사를 보면 이런 마리아의 영성과 마르다의 영성, 관상적 삶과 활동적 삶이 교차된다. 이 흐름 속에 지금도 가톨릭 수도회는 관상 수도회(contemplative order)와 활동 수도회(active order)가 공존하며 현재까지 이어져 왔다. 때로는 은둔 수도사들처럼 고독 속에서 사람들에게 삶의 방향을 제시하는 수도원이 탄생하기도 하고, 사람들이 길을 잃고 방황하며 교회가 본연의 역할을 못할 때 수도원이 직접 세상으로 나가 형제가 되어 사람들의 눈물을 닦아 주는 형제애의 역할을 하기도 했다. 수도원에는 이러한 분명한 긍정적인 요소들이 있다.

종교개혁과 관련해서도 수도원의 역할을 찾을 수 있다. 수도원의 본질적인 가치는 기독교 복음의 담지자의 역할을 하는 것이다. 복음의 핵심을 담지하고, 학문적으로 발전시켜서 종교개혁에까지 이어지는 흐름을 형성했다는 평가를 받아 마땅하다.

4. 세미한 음성을 들어야 할 책임

이렇듯 수도회는 각 시대의 종교의 지향점을 제시했다는 측면에서 의미를 둘 수 있다. 수도원이 혼란하고 타락한 각 시대마다 내세웠던 핵심적인 주장이 결국 근원으로 돌아가자는 것이었다. 초대교회 당시 기독교가 국가로부터 공인되어 스스로 권력의 자리에 오르게 되면서 교회가 양적으로는 지나치게 부요해졌지만, 반대급부로 종교적·도덕적 수준이 하락했을 때, 예수의 가르침을 지키기 위해 세속을 떠나 스스로를 낮은 자리로 내려오는 복종의 본을 보여 주었다. 서유럽 기독교가 1200년경에 최고조의 번성기에 이르러 타락하기 시작했을 때, 프란체스코 수도회가 등장하여 초대교회처럼 사도적인 청빈을 추구하는 삶의 대안을 제시하였다. 사도들이 아무것도 소유하지 않았기 때문에 순수하게 사람들을 돕고 복음을 전했던 것과 같은 근원적인 기독교의 영성과 섬김의 자세로 회귀함으로 그 시대에 종교적인 지향점을 제시한 것이다.

종교개혁 때 루터가 한 역할이 바로 그런 역할이라고 이해할 수 있다. 수도원은 재속 성직자 규모와는 비교할 수 없을 정도로 적었지만, 수도원이 역동적으로 활동했을 때는 작은 방향타가 거대한 항공모함의 방향을 정하는 것처럼 시대의 방향을 바꾸는 역할을 했다. 시대의 흐름을 바꿀 수 있는 종교적인 담론을 제시하고 주도하는 역할을 수도원에서 감당한 것이다. 수도원이 구체적으로는 학문의 전승을 담당하여, 중세의 대학으로 만개해서 종교개혁을 낳는 견인차 역할을 했다는 것도 수도원의 긍정적인 유산이라고 할 수 있다.

반면 세상과의 분리, 현실 세계에 대한 무관심, 현실과의 유리 등 수도원이 낳은 부정적인 유산도 적지 않다. 이것은 결국 수도원이 스스로 배만 불리고 힘만 키우는 권력 추구로 나아가게 했다. 또 한편 수도원의 이런 경향은 그리스도인들을 두 부류로 분리시켜 버렸다. 모든 사람이 동일한 그리스도인이 아니라, 수도사의 삶처럼 자신을 버리고 수도원에서 사는 것이 더 나은 그리스도인의 삶이며, 좀더 천국에 가까운 삶이라는 이원론을 낳았다. 이런 정서는 필연적으로 선행에 의한 구원이라는 사상을 뒷받침하여 종교개혁 전까지 지배적인 경향이 되었다. 본질적으로 기독교는 한계적인 인간을 향한 신의 일방적인 은총을 갈망한다. 자신의 노력이나 공로로 구원을 얻는 것이 아니다. 하지만 수도원이 제시한 사상은 그리스도인들이 자신을 드려 금욕적이고 헌신적인 삶을 살면 천국에 더 가까이 갈 수 있다는, 스스로의 공로로 구원에 이를 수 있다는 식의 신학으로 연결된다.

프로테스탄트 신학의 관점에서 보자면 구원에 대해서 신의 은총과 더불어 인간의 노력을 더하는 상호적인 언약 관계로 변질되게 한 것이 바로 수도원이 낳은 부정적인 유산의 하나라고 할 수 있다. 그 결과 기독교 구원론에 대한 오해를 낳은 것이다. 전도서 9장 1절은 하나님이 누구를 사랑할지 누구를 미워할지 모른다고 말한다. 수도원의 영성이 바로 이것이다. 신이 누구를 구원할지 모르기 때문에 최선을 다해서 신의 은총을 얻을 만한 노력을 하는 것을 최선의 삶이라고 본 것이다. 수도사로서 마르틴 루터가 성취하고자 했던 이상이었고, 이룰 수 없는 한계에 절망하여 루터가 깨뜨린 허상이기도 하다. 루터는 만약 수도원의 삶을 통해서 구원을 얻을 수 있다면 자기가 가장 구원에 가까운 사람이었을 것이라고 고백했다.

마치 성서에 나오는 한 부자 청년처럼, 루터는 가톨릭교회의 가르침과 모든 규율을 지킴으로써 구원에 이르고자 했다. 그러나 불가능하다는 것을 깨닫고 수도원을 뛰쳐나왔다. 수도사로서 가톨릭 신학의 한계를 경험하고, 수도사로서 성서 연구를 통해 복음에 대한 새로운 통찰을 얻은 루터의 생애와 삶은 수도원이 가지고 있는 긍정적인 유산과 부정적인 유산을 동시에 보여 주는 사례일 것이다.

이 수도원 운동이 오늘날 어떠한 함의를 가지고 있는가? 수도원 운동이란 시대의 유행이나 흐름에서 한 발짝 벗어나 스스로를 광야에 가두는 운동이다. 종교의 가치의 본질을 유지하고자 하는 몸부림인 것이다. 그랬을 때 수도원은 시대의 영성에 중요한 변화와 대안을 생성해 내었다. 물론 새로운 집단이나 조류로 계속 대체되기는 하지만 큰 흐름에서 봤을 때 수도원 운동은 마치 계주 경기에서 주자들이 바통을 이어받으며 경주하듯이 끊이지 않고 종교적 가치를 세대로 전승하는 역할을 했다. 특히 문명의 불모지에서 출발한 중세 유럽의 6세기에서 11세기까지 근 500년 동안 묵묵히 그 역할을 감당했다. 12세기 들어 기독교 르

초대교회사 다시 읽기

네상스라고 부를 만한 열매가 맺히기까지 묵은 땅을 갈아엎는 객토 작업을 한 것이다. 그 바탕에 역사에 기록되지 않은 수많은 무명의 영웅들, 수도사들이 있었다.

수도원은 우리로 하여금 공동체 영성이라는 것에 대해 고민하게 한다. 흔히 오늘날 공동체가 무너졌다는 우려의 목소리가 높다. 포스트모던 시대의 사람들은 자유롭고 개인주의적이 되어 속박 받는 것을 싫어한다. 하지만 역설적이게도 사람들은 끊임없이 자유를 추구하는 것 같지만 동시에 끊임없이 쉼을 얻고 안식을 얻을 수 있는, 자신을 이해하고 섬겨 줄 수 있는 공동체를 추구한다. 제2차 세계대전이 끝난 후 종교적·정신적으로 피폐해진 유럽인들을 위해 로제 수사가 세운 떼제 공동체나 프랜시스 쉐퍼의 라브리 공동체 등에 여러 부류의 사람들이 몰려들었다는 것은 이러한 욕구의 반증이다. 대천덕 신부의 예수원 역시 한국 사회에서 동일한 역할을 수행한 좋은 사례이다.

제도화된 교회에 대한 비판과 비난의 소리는 어제오늘의 문제가 아니다. 근본적인 문제가 무엇일까? 목회자의 성추문, 담임목회직의 세습, 목회자의 권위주의, 초대형 교회의 무한대의 확장 때문일까? 어쩌면 이 같은 문제들은 표면에 드러난 사회의 병리 현상에 불과할지 모른다. 이러한 문제가 발생될 수밖에 없는 것은 기저의 문제, 즉 교회가 교회의 존재 목적을 상실했기 때문에 드러난 자연스러운 귀결일 수 있다. 커다란 실패 중의 하나는 교회가 사회의 구조를 읽어 내지 못했다는 것이다. 더 냉정하게 말하자면 변화된 사회 구조 속에서 교회가 어떠한 응답을 내놓아야 할지 공부가 되어 있지 않다는 것이다. 개인화되고 다원화된 현대 사회 속에 사람들이 더욱 크게 부딪치는 소외와 고독의 문제, 박탈감의 문제, 근본적인 인간의 존엄성의 문제 등은 개인의 역량과 역할로만 맡겨 버릴 수 있는 성격의 것이 아니다. 치밀하고 치열하게 이러한 구조를 읽으며 대처해 나가지 못했을 때 교회가 할 수 있는 선택은 하나이다. 모든 것을 개인의 문제로 환원시켜 개인화된 메시지를 전달하게 된다.

교회가 세상의 흐름에 맞추어 사회적 성취와 세속적 욕망의 추구를 신앙의 승리인양 정당화하고, 그러한 욕망을 '긍정의 힘'이나 '목적이 이끄는 삶'이라는 그럴 듯한 용어의 외피로 포장한다. 이것이 타락이다. 이 바탕 위에서는 교회는 진정 우는 자들과 함께 울고 웃는 자들과 함께 웃어 줄 수 없다. 대중과 함께할 수 없다. 요한복음 5장의 자비의 집으로 불리는 베데스다 연못에 있는 불치병자들의 해결책이 물이 동할 때 더 빨리 물속에 들어가는 것을 가르쳐 주는 것인가? 토마스 홉스의 표현처럼 '만인의 만인에 대한 투쟁'이 답인가? 그렇다면 그곳은 자비의 집이 아닌, 무자비의 집일 수밖에 없다. 베데스다 연못의 구조가 근본적인 해결을 주지 못한다는 구조에 대한, 본질에 대한 문제 제기로부터 답을 찾는 여정을 출발해야 한다.

현상을 넘어 구조를 바라보는 것, 분명 무익한 시도로 보일 수 있다. 사회 속에서 소외되고 아픔을 겪는 사회적 약자들과의 연대를 주장하면 교회 내에서조차 부담스러워하는 목소리가 작지 않다. 그러나 교회는 쓸데없는 짓이라고 비난하면 안 된다. 교회가 시작한 때로부터 그 존재 목적은 인간의 개인적이고 이기적 욕망을 넘어 인간 개개인의 존엄, 더 나아가 공동체의 존엄을 추구하는 것이었기 때문이다. 어떤 이의 눈에 보기에는 아무짝에도 쓸데없는 낭비하는 삶(에드워드 기번)이 세속화를 막아 선 사막의 영웅들(야콥 부르크하르트)이라고 평가될 수 있는 이유가 여기에 있다.

어쩌면 해답은 자명해질지 모른다. 현대인들의 문제는 자유를 갈구하고 나름의 행복을 추구하는 것 같지만 사실상 그 어디에서도 그런 것을 온전히 소유할 수 없기 때문에 그들을 받아주고 치유해 줄 공동체를 간

절히 찾고 필요로 한다. 인간의 무한한 욕망을 선한 것으로 인정하는 비인간적인 자본주의 구조 속에서 인간의 원천적인 존엄을 추구하고 주장해야 한다. 현대인들에게는 연대와 형제애를 공유하며 인간의 존엄을 실현해 나갈 공동체가 필요하다. 수도원이 추구할 영성은 형이상학의 초월의 세계를 경험하는 것이 아니라, 가까이 있는 아픈 이들의 상처를 싸매주고, 함께 울고 함께 웃는 것이다. 또한 이 시대의 수도원은 현대 사회의 본질을 읽어 낼 수 있는 도시 속의 학습 공동체여야 한다.

영국 역사학자 허버트 버터필드는 1960년대에 쓴 저서 《그리스도인과 역사해석》의 마지막을 다음과 같이 끝맺고 있다.

"때때로 나는 한밤중에 문득 개신교회가 수도사 제도를 없애 버렸기 때문에 앞으로 50년 동안 어떤 불리한 입장에 서지 않을까 생각을 하곤 한다. 개신교회가 수도자직을 폐지하는 정책을 지켜 왔기 때문에 명상과 사색 가운데서 세미한 음성을 들어야 할 커다란 책임이 우리들 자신에게 맡겨졌다."[16]

수도원의 긍정적, 부정적 역할을 떠나서, 수도원이 한 시대에 바로 명상과 사색 가운데서 세미한 음성을 듣고 그것을 기성 교회에 전해 주는 전달자로서의 역할을 했다는 것이다. 이제 오늘날의 수도원에서의 역할은 신학생, 목회자뿐 아니라 시대에 대한 의식 있는 모든 개개인이 수행해야 할 역할이다. 세상의 교회는 부유해지고 어쩌면 세속 권력보다 큰 막강한 권력을 지니게 되었다. 이런 속에서 그리스도인은 교회의 흐름 속에 편입되기 위해 준비하기보다는, 이 시대에 예언자적인 목소리를 내고 명상과 사색 속에서 신의 음성을 듣고 전달해 줄 수 있는 선지자로서의 준비를 해야 한다. 사실 이 시대는 제사장이라고 자처하는 사람들은 많지만 선지자는 드물고 환영도 받지 못하는 시대이다. 제사장의 화평하게 하는 역할은 환영 받지만, 선지자는 사람들의 문제를 지적하고 불편하게 하기 때문이다. 성서의 기록에서도 선지자가 환영 받는 경우는 드물었다. 수도회는 당대 교회와 사회의 선지자적인 목소리를 내게 되었다.

2천 년이라는 긴 교회의 역사 속에서 수도회와 중세의 대학과 그 후 여러 기독교 공동체들은 제도 교회에 대한 비판과 견제와 더불어 나아갈 대안을 제시하는 역할을 담당해 왔다. 개신교회가 수도자 직제를 폐지했다고 해서 그 역할이 쓸데없어진 것이 아니다. 이제는 버터필드의 언급처럼 우리 자신이 맡아야 할 역할이다. 학문 공동체이자 영성 공동체 속에서, 치열함을 안고서.

9

국가와 교회의 관계의 전환점

—

기독교 공인

1. 교회와 국가의 관계를 고민한다

초대교회에서 기독교 공인은 가장 중요한 사건 중 하나라고 할 수 있다. 300년 가까이 박해를 받던 교회가 드디어 로마 제국으로부터 인정을 받았다. 기독교 입장에서는 감격스러운 승리가 아닐 수 없다. 하지만 기독교 공인은 기독교의 출발 이래 지금까지 지속되는 하나의 논쟁적인 주제를 안긴다. 바로 국가와 교회의 관계이다. 콘스탄티누스 황제의 기독교 공인 이후 니케아 공의회와 아리우스파에 대한 논쟁 등이 떠오른다. 이에 따르는 신학적 논쟁과 함께 콘스탄티누스가 기독교를 정식 종교의 하나로 인정한 것과 그것이 미치는 영향이 매우 중요한 역사적 사실이다. 여기에서는 신학적 논쟁보다는 기독교 공인이 역사적인 측면에서 어떻게 진행되었는지 그 과정을 먼저 살펴본다. 이것은 국가와 교회의 관계에 대한 중요한 논점을 제공할 뿐만 아니라, 오늘날에도 유효한 문제이기 때문이다.

교회와 국가의 관계는 어떠해야 하며, 교회는 국가를 어떻게 보고 있는가? 한 가지 예를 들어 보자. 한국 교회의 대표성 여부는 논외로 치더라도, 한국기독교총연합회(한기총)는 한국 교회에서 무시할 수 없는 기관이다. 한기총은 국가의 중요한 사안이 발생할 때마다 성명서를 발표했다. 과거 한국군의 이라크 파병에 대해 한기총은 찬성했다. 국익에 도움이 된다는 이유에서였다.[1] 또 한기총은 법과 질서의 유지를 위해 필요한 가치라고 인정하여 공식적으로 사형 제도를 지지하고 있다.[2]

교회가 국가의 존재와 국익을 위해서 봉사하고 국가의 목적과 이익에 대해서 동일한 방향을 지향하는 것이 상호 이익이 된다는 관점을 갖는 것이다. 한기총이 한국의 모든 교회의 의견을 대표하고 있다고 말하기는 어려워도 많은 교회들이 자신들을 국가 공동체의 일원으로 간주하고, 국가의 존립 목적과 국익에 합치되게 행동해야 한다고 생각한다. 국가와 교회가 서로 암묵적으로 상호의존적인 모습을 보일 때가 많다. 특히 남북한이 대치 중인 상황에서 한국 개신교는 한국전쟁을 거치면서 공산주의에 맞서 승리할 우익의 상징으로 자리 잡게 되었다.[3] 그리스도인들은 여호와의 증인이 병역 의무를 거부하며 대체 복무제를 주장할 때 어떤 반응을 보이는가? 한기총은 '한국의 특수한 안보 상황에 대한 고려' 때문에 양심에 따른 병역 거부자의 대체 복무 입법에 반대하였다.[4] 이와 마찬가지로 많은 그리스도인이 북한과 휴전 상태에 있는 우리나라의 특수한 상황을 이유로 들면서 병역 거부를 반국가적 행위로 폄하하여 인정하지 않는다.[5] 이것 역시 여호와의 증인의 병역 거부에 대한 한기총의 입장이다. 한기총이 이와 같은 주장을 적극적으로 할 수 있는 것은 교회의 이해와 국가의 이해가 일치한다는 것에 대한 대체적인 동의가 있기 때문이다.[6]

콘스탄티누스 황제의 기독교 공인부터 현재까지 1,700년 이상 유지된 이런 논리에 대해서 한번쯤은 "과연 그런가? 꼭 그렇게 봐야 될까?"라는 의문을 던져 볼 수 있지 않을까? 신약에서 보면 교회와 국가는 어떤 직접적인 연관을 맺고 있지 않다. 그리고 초기에 기독교는 로마 제국 안에서 숫자도 적고 세력도 미약한 종교였다. 국가와 교회의 관계에서 열세에 있는 교회는 현실에서 세속 군주의 지배권을 인정하고 복종하는 입장을 유지하고 있었다. 기독교의 복음 자체는 혁명적인 본질을 지니고 있지만, 기독교회 자체가 국가나 체제를 전복하려는 반국가적인 정치적 혁명을 추구하지는 않았다. 초대교회가 제국으로부터 박해를 받을 때도 그리스도인들이 이에 대항해서 칼이나 무기를 들고 싸운 기록은 없다. 국가와 교회의 관계에서 교회는 세속 권력에 대해서 수동적인 입장을 취해 왔던 것이 사실이다.

초대교회는 국가에 크게 위협이 되지 않았다. 교회의 세력이 점점 커져 감에 따라 국가와의 관계에서 문제가 생기기 시작했고, 갈수록 갈등이 불거졌다. 로마는 로마의 가치를 보편주의로 설정하여 세계를 단독으로 통치했다. 로마의 권위가 확장되면서 황제는 스스로 신의 아들이라고 주장하며 세계에 대한 로마의 지배권을 주장하는 데까지 이른다. 로마는 정복전쟁을 통해 단지 넓은 영토를 지배하는 것만이 아니라, 로마로 편입시킨 넓은 지역의 다양한 민족을 통일하여 다스릴 로마 황제의 권위를 확립하기 위해서 황제가 종교적인 제사장의 역할까지 하였다. 이는 제국이 다양한 민족이 섞여 있는 상황에서도 하나의 공동체를 이루고 통합해야 가능했다.

로마 제국의 통합을 유지하기 위해 로마의 지배권 아래 있는 모든 사람들의 정신을 어떻게 지배할 것인지는 중요한 요소였다. 서로 다른 민족이나 집단들 사이의 물리적 지배를 넘어 정신의 일치까지 이루어야 효율적인 통치가 가능했다. 따라서 로마 제국은 갈수록 하나의 유사 종교의 방향으로 나아갔다. 로마에서는 다신론을 기반으로 하여 그리스의 신들이나 여러 다른 신들을 제국의 통합에 유익이 되는 한까지는 받아들이게 된다. 로마 신화가 그리스 신화를 받아들이면서 다양한 신들을 흡수하여 통합된 신화를 세워 나가는 것과 같다. 로마가 정복하여 통치하는 지역에서도 그 지역의 신들을 인정해 주면서 그것을 로마화시켜 로마 신화에 포함시켜 나가면서 확장해 나갔다. 로마의 판테온에 가보면 수많은 신을 조각한 신상들이 있고, 그중 하나로 예수의 신상도 있는 것을 볼 수 있다. 이것이 로마인들의 신에 관한 생각, 로마 제국의 통합을 위한 정신적인 지배 구조를 보여 주는 것이다.

이런 로마의 체제하에서 문제가 되는 집단이 처음에는 유대인들이었다. 유대인들은 유일신 여호와만을 섬겼다. 그러나 유대인들은 자기들만의 공동체를 이루고, 이 안에서 자신들의 공동생활에만 집중하기 때문에 제국의 통합에 위협이 되지는 않았다. 게다가 유대인은 민족적으로 정의되는 것이기 때문에 제국 안에서 확장되어 사회적으로 영향을 줄 가능성도 낮았다. 그러나 유대주의와 결별한 기독교, 예수 그리스도를 메시야로 인정하는 종교는 성격이 달랐다. 로마가 지니고 있던 제국의 일치를 위한 보편주의라는 이데올로기를 기독교의 복음이 위협하거나 대체할 수 있는 가능성이 있었다는 것이다. 기독교가 주장하는 것은 바로 로마 제국이 다양한 민족과 사람들에게 행사하려 하는, 제국의 통합을 위한 정신적이고 이데올로기적인 영향력과 중첩되는 성격이 있었다. 기독교는 예수 그리스도를 믿는 신앙이 사람의 전체적인 삶에도 영향을 미치도록 확장해 가는 성격을 지녔다. 기독교는 신앙생활과 사회에서의 삶을 분리하는 것이 아니라, 신앙으로부터 출발해서 전체적인 삶의 방식으로까지 믿음의 영향력을 확대해 나가는 것을 지향했기 때문에 다른 종교들과는 달리 사회 통합을 위한 이데올로기를 확립하려는 로마 제국의 통치 방식과 충돌할 수밖에 없었다. 기독교에 대한 믿음은 로마 안에서는 로마 제국의 이데올로기적 영향력과 마찰을 일으키며 이에 도전하는 모습이 되었다. 기독교가 처음부터 의도했던 것은 아니지만 제국의 통일성에 위협이 되었다. 이전에는, 혹은 다른 종교들은 자기의 신을 믿으면서도 로마 황제를 하나의 신으로 인정하고 숭배하기만 하면 제국의 통일성 안에서 조화를 이루며 융합될 수 있었지만, 기독교는 이러한 암묵적 약속에 대해 정면으로 도전하였다. 결국 기독교의 확장은 제국의 통일성에 커다란 위협을 주었다는 것은 부정할 수 없는 사실이었다.

그러므로 그리스도인들이 핍박을 받으면서도 숫자가 점점 증가할 때 로마의 지배층, 귀족들은 그에 대한 두려움이 생겨났다. 로마 안에서 다수의 사람이 그리스도인이 된다면 제국의 통합과 안정은 어떻게 될 것인가? 더 나아가 황제가 그리스도인이 된다면 제국은 어떻게 될 것인가? 그렇게 될 경우 지금까지 쌓아 왔던 로마의 정신이 일순간에 무너지면서 제국이 이데올로기적으로, 실제적으로 해체될 수도 있다는 두려움을 느끼고 있었다. 기독교의 성장은 실제적으로 로마에 심각한 문제들을 파생시킬 수 있는 위협이었던 것이었다.

그리고 당시 로마 자체도 이미 쇠망기에 접어들고 있었다. 오현제 시대(96~180년)로 불리는 로마의 전성기가 끝나면서 로마의 체제가 붕괴되기 시작한다. 원로원을 중심으로 한 로마의 통치 시스템이 마비되고 군웅이 할거하는 군인 황제 시대(235~284년)를 맞게 된다. 이때부터 로마는 점차 쇠락의 길에 접어들게 되는데, 이 시기가 기독교가 핍박을 받으면서도 크게 성장하던 시기와 일치한다. 220년에서 225년 사이에 이집트에서 그리스도인의 수가 엄청나게 증가한다.

박해를 하여 교세의 확장을 막는 것도 한두 명의 급진적인 사람뿐이라면 이들을 처형하는 것으로 가능할 수 있겠지만, 이것이 수백 명, 한 마을 주민 전체로 엄청나게 늘어난다면 억누르기 쉽지 않다. 결국 처음에는 소수의 신자들을 처형함으로 통제를 하려던 것이 나중에는 극단적으로 수많은 사람을 죽이며 무지막지하게 억누르든가, 타협을 하여 인정을 하든가 하는 양자택일의 기로에 설 수밖에 없게 된 것이다. 로마 제국의 힘은 점점 쇠퇴하던 상황에서 황제들은 강력하게 성장하고 있는 기독교 세력에 대해서 두려움을 느끼며, 이들을 어떤 식으로든 다루어 결론을 지어야 할 필요를 느끼게 되었다. 박해를 해서 통제하는 것에도 한계가 있는 것이 사실이다. 그리스도인들과 그들을 숨겨 준 사람 등

처벌의 대상이 되는 사람이 기하급수적으로 늘어나는 상황에서 그들을 무자비하게 잡아 죽이는 방식으로는 해결이 거의 불가능하게 되는 지경에 이른 것이다.

그래서 점차 교회 조직을 단속하는 식으로 박해하기 시작했다. 예를 들어 마약을 단속하는 것도 유사하다. 마약이 널리 퍼지게 되었을 때는 마약을 구매한 최종 구매자와 말단의 판매책만을 체포해서는 유통 구조를 뿌리 뽑기 어렵다. 그런 사람들을 바로 체포해서 처벌하지 않고, 그들을 통해서 그들에게 마약을 공급해 주는 윗선의 공급책을 추적한다. 점점 마약을 공급하는 광범위하게 뿌리내린 조직의 흐름을 역추적해 가면서 결정적인 거물들을 체포함으로써 마약 조직을 일망타진해야 마약의 확산을 비로소 저지할 수 있다.

이 당시의 박해도 이와 유사한 방식으로 행해졌다. 교회의 거점이 되는 교회 건물을 파괴하는 식으로 박해가 일어났다. 그리스도인들이 한자리에 모여 활동을 할 수 있는 근거지를 파괴하면서, 그 조직을 운영하는 지도자격인 성직자들을 찾아내어 제거하거나 배교하게 만듦으로써 교회라는 조직 자체를 와해시키려는 방식으로 나아가게 된 것이다. 다른 관점에서 보면, 이 당시에 기독교의 세력이 널리 확산되어서 어느 정도 견고한 조직을 이루고 있었다는 것을 보여 준다고 할 수도 있다.

처음 1~2세기 동안 가정교회를 중심으로 출발했던 것이, 조직도 복잡해져서 여러 분파가 파생된다. 이단에 대한 문제도 생기게 되고, 그에 대한 대응으로 제도적 발전을 거듭하여 감독제가 생겨나는 등 당시의 교회는 실제적으로 규모 있고 의미 있는 조직으로 발전하였다. 그만큼 사람들이 많이 모이기 때문에 커다란 장소로 교회 건물들도 필요하게 되었고, 교회를 짓게 된 것이었다. 교회라는 것이 건물로 등장한 것은 2세기 이후의 일이다. 기독교가 여러 어려움을 극복하고 성장하는 오랜 준비 시간을 지나 기독교 공인이 이루어졌다. 250년경 무렵까지 로마로부터 극심한 박해를 받던 기독교가 불과 반세기가 지난 313년에 공인된 것은 갑자기 일어난 일이 아니다. 기독교가 공인 받을 만한 자격을 갖춘 직제와 교회를 지도할 사제들이 견고하게 마련되었다. 그에 따라 모임 장소인 예배당의 형태, 예배를 드리는 공적이고 합의된 형식에 대한 합의도 이루어졌다.

카타콤은 기독교 박해로 인해 기독교회의 초기에 형성된 피난처였다. 그렇다고 기독교가 공인될 때까지 초기와 같은 식의 박해가 지속되었던 것은 아니다. 초대교회의 역사에는 박해를 받던 시기와 박해의 압박이 늦춰졌던 평화기가 서로 교차하고 있다. 평화기에는 교회 활동이 활발하다가 박해기에는 활동이 위축되는 흐름이 등장한다. 박해기라고 해서 무조건 모든 교인을 잡아들여 처형하는 식의 극악한 박해만 있었던 것도 아니었다. 그리스도인의 수가 크게 늘어나 로마 정부에서 획일적인 방식으로 통제할 수 없을 경우에는 성서를 압수하거나, 교회 지도급에 있는 성직자를 체포하거나, 교회 건물을 파괴하는 방식으로 박해가 이루어지기도 했다. 이러한 대응 방식은 교회가 갈수록 체계적인 조직망을 갖추어 갔기 때문에 나오게 된 것이다.

2. 기독교 공인, 교회의 힘에 대한 로마의 인정

기독교가 공인되던 시점에는 로마 제국도 이러한 기독교의 체제를 인식하고 있었다. 그뿐 아니라 점차 세속 권력의 유지, 관리에 기독교 성직자들과 교회 행정 체계가 활용되기 시작되었다. 실로 놀라운 사실은 서로마 제국이 게르만 용병대장 오도아케르에 의해 멸망했을 때, 무너진 제국의 행정 체제를 복구하고 발 빠르게 대체하여 황제 대신 로마를 지배하게 된 것이 교황으로 불리는 로마 감독이었다.

로마의 제국 통치 방식을 보면, 어떤 지역을 정복하면 피정복지의 통치를 그 지역의 본래 지배층의 자율에 맡기고 세금만 걷어 가는 방식으로 통치하였다. 성서의 마태도 유대 지역 출신의 인물이지만 로마에 정복된 유대에서 로마를 위해 유대인의 세금을 걷어 바치던 세리였다. 정치적으로도 정복한 지역을 왕국으로 지정하고 토착 세력을 왕으로 임명해 통치권을 위임하여 식민지를 경영했다. 성서에도 등장하는 분봉왕이 그런 사람들이었다. 260년경, 팔미라 왕국이라는 곳에서 분봉왕이었던 여왕 제노비아가 로마에 항거하여 독립을 쟁취하였다. 세노비아는 세력을 확장해서 메소포타미아 지역까지 진출하게 되는데, 안디옥을 점령하고 그 지역을 다스릴 자신의 대리인으로 안디옥 감독인 사모사타의 바울을 임명하였다. 교회 감독이 국가에서 주요한 공직에 오른 것이다. 사모사타의 바울은 최초로 세속 직책을 소유한 고위 성직자로 기록된다.[7]

이 사례가 의미하는 바가 무엇일까? 안디옥 지역, 즉 소아시아 지역에서는 교회의 감독이 그 지역의 총독을 맡을 만큼 충분히 강한 영향력을 지니고 있었으며, 교회의 조직이 촘촘히 구성되어 있었다는 것이다. 제노비아도 이러한 상황을 고려해서 자신에게 필요한 사람, 그 지역을 통치하기에 적절한 사람으로 사모사타의 바울을 지명하여 총독으로 세운 것으로 보아야 한다. 이러한 사례는 교회 내에서 흔히 발생하는 자연스러운 현상이었다. 예컨대 아우구스티누스에게 영향을 준 암브로시우스 감독도 원래는 그 지역의 행정 관리였는데 어느 날 교황에 의해서 감독으로 발탁되었다. 당시 사제가 아니었음에도 감독이 되어 하루 만에 사제 안수를 받고, 그다음에 즉시로 감독으로 안수를 받았다. 중세 잉글랜드에도 유사한 사례가 존재한다. 잉글랜드 왕 헨리 2세는 자신에게 충성하던 관료인 토마스 베켓을 왕의 정치적 입지 강화를 위해 캔터베리 주교로 임명했다. 그 이후 적어도 동방·서방 교회 할 것 없이 중세 내내 국가와 교회의 이러한 밀착은 일반적이었다. 제노비아가 임명한 안디옥의 사모사타의 바울이 이 사례의 시초였다.

안디옥 감독 사모사타의 바울은 예수에 대해 양자론이라는 신학적 입장을 취하여 269년 안디옥 교회회의에서 감독직에서 탄핵당한다. 양자론이란 예수가 육신의 아버지인 요셉과 어머니인 마리아에게서 태어나 세례를 받기 전까지는 여느 평범한 인간에 불과했으며, 30세 때의 세례로 인해서 하나님의 양자가 되었다는 것이다. 예수가 세례를 받을 때, "너는 내 사랑하는 아들"(막 1:11)이라는 표현을 예수가 하나님의 양자로 택함을 받은 표시였다고 해석한다. 안디옥 교회에서는 이 양자론에 반대했다. 여기에는 정치적인 이유도 있었다. 당시 교회가 제노비아와 연관되는 것에 대해서 우려하고 있었기 때문에 사모사타의 바울을 탄핵했던 측면도 있었다. 하지만 로마가 이 지역을 재정복하기 전까지는 안디옥 감독을 통한 안디옥 지역의 통치는 지속되었다. 후에 로마가 이러한 현실을 확인하면서 기독교의 세력과 조직에 대해서 재평가하지 않을 수 없었다. 하나의 종교로서 기독교가 가지는 현실적인 힘을 로마가 직접 목격했기 때문이다.

272년에 로마가 다시 이 지역을 통치하게 되었을 때, 당시 황제였던 아우렐리아누스는 기독교 세력이 무시할 수 없을 정도로 성장했다는 것을 알게 되었다. 그는 예수를 믿는 것을 이제는 로마의 종교 행위의 하나로 인정했다. 그래서 예수를 자신의 가족 신들 중 하나로 삼았다. 다소 황당해 보일 수도 있지만 이 사례는 기독교에 대한 로마의 인식이 미신에서 정식 종교로 전환되고 있다는 하나의 신호로 볼 수 있다. 로마의 힘은 점점 쇠락하고 있었고, 반비례해서 기독교의 힘이 점점 성장하는 상황이었기 때문에 로마는 이러한 방식으로 기독교와의 관계를 유지했다. 그 이후로도 기독교가 공인되기까지는 약 40년의 시간이 더 소요되었다. 정치적으로나 사회적으로 기독교를 공인할 여건이 조성되었기에 가능했다. 기독교 공인은 콘스탄티누스 황제가 경험한 특별한 사건으로 갑작스레 결정된 것이 아니다.

콘스탄티누스 황제의 기독교 공인이 있기까지 로마의 정치적 지형도를 살펴보는 것이 기독교 공인 전후의 맥락을 이해하는 데 도움이 된다. 로마는 235년에서 284년까지 군인 황제 시대를 경험한다. 로마 황제는 원로원에서 선출하였다. 로마 제국의 영역이 서쪽으로는 브리타니아로부터 동쪽으로는 소아시아에 이르기까지 팽창하다 보니 거대한 제국을 황제 한 사람이 관리하는 것이 간단치 않았다. 세베루스 황제가 군부에 의해 암살된 후 로마 제국 각지에서 군사를 거느리고 있던 군인들이 황제가 되려고 경쟁하는 상황이 벌어진다. 약 50년의 기간 동안 황제가 무려 26명이 즉위하였으며, 대부분이 암살당하거나 폐위되었다.

이런 혼란한 상황을 평정했던 인물이 바로 디오클레티아누스(재위 284~305년)였다. 디오클레티아누스 황제는 기독교에 대박해를 가한 마지막 황제로 기록된다. 이 박해 때에 성서와 기독교 관련 서적을 압수해서 태워 버리게 된다. 여기에서 노바티안주의가 나온다. 노바티안주의자들은 그 당시에 성서를 넘겨주었던 사람들을 교회에서 다시 받아들일 수 있는지에 대해서 엄격한 입장을 취했다.[8] 또 콘스탄티누스의 기독교 공인 이후 동일한 문제로 분리해 나간 도나투스파도 있었다. 기독교의 영향력이 박해를 거치면서 오히려 강해지고, 심지어 국가에 위협이 되기까지 하는 상황에서 출현했던 분파 운동, 혹은 초창기 교회의 개혁 운동이었다고 볼 수 있다. 기독교 공인 이후, 기독교가 급격히 세속화되자, 한 부류는 그런 세상을 떠나 고행을 하며 순수한 신앙을 추구하는 수도원 운동으로 나아갔다면, 노바티안주의자나 도나토스파는 교회가 세속에 물들지 않도록 맞서 싸워야 한다고 주장하고 나선 것이다. 이런 현상을 보면, 교회는 박해의 시기보다 박해가 끝난 이후에 더 큰 상처를 입었던 것 같다. 교회가 박해를 받을 때는 신자들이 일사 분란하게 단결하여 교회를 지켜 냈다. 박해가 끝나자 오히려 교회는 분열되고 말았다. 콘스탄티누스가 기독교를 공인한 이후 교회 분열이 급속도로 진행된다.

284년 디오클레티아누스 황제가 즉위하여 일련의 개혁 정책을 수립하였다. 그는 로마 제국이 한 사람이 효율적으로 통치하기에는 너무나 넓다고 판단했다. 현재 상태대로 두면 알렉산드로스 사후에 제국이 분열되었던 것처럼 로마도 분열될 것이라고 생각했다. 그의 개혁 정책의 핵심은 황제를 선출하는 원칙을 세우는 것이었다. 로마 제국의 통일성을 잃지 않으면서도 효과적으로 제국을 통치할 수 있는 길을 고민하다가 지역별로 통치자들을 세우기로 했다. 일단 제국을 동과 서로 분할해서 각각 아우구스투스로 불리는 정제를 세운다. 그리고 그 황제 아래에 부제 카이사르를 세운다. 두 명의 정제와 두 명의 부제, 이렇게 네 명이 통치를 한다. 이 사두정치 체제에서 아우구스투스의 임기는 20년이다. 카이사르도 20년 동안 차기 황제로서 정제를 도와 제국을 다스린다. 정제 아우구스투스의 임기가 끝나면 다음 권력자인 부제 카이사르가 아우구스투스가 되어 20년을 다스린다. 이론상 제국을 한 사람이 통치할 수 있는 기간은 40년이 되는 것이었다. 동방 지역은 디오클레티아누스가 정제, 갈레리우스가 부제로 다스리고, 서방 지역은 막시미아누스를 정제로 임명해 통치하고 콘스탄티우스 클로루스가 부제를 맡았다.

그러나 태생적으로 이 제도는 안정적으로 정착하기 불가능한 구조였다. 305년 디오클레티아누스와 막시미아누스가 각각 은퇴하고 갈레리우스와 콘스탄티우스 클로루스가 정제로 승격하고 2차 사두정치가 시작되었다. 하지만 곧 붕괴되었다. 후에 기독교를 공인한 콘스탄티누스의 아버지였던 콘스탄티우스가 서방의 아우구스투스가 되었지만 얼마 지나지 않아 브리타니아 원정길에 요크에서 병사하였다. 그를 따르던 군인들이 아들인 콘스탄티누스를 정제로 추대하지만, 콘스탄티누스로서는 정제가 될 자격이 없었다. 정치적 고려에 따라 정제 대신 부제로 추대된다. 콘스탄티누스는 요크에 주둔하고 있던 로만 브리타니아 군대의 총지휘관을 맡고 있었다. 당시 서유럽(브리타니아와 갈리아 지역)을 차지할 수 있는 위치에 있었다. 서로마 지역(로마와 북아프리카)은 막센티우스를 정제로, 동로마 지역은 리키니우스와 막시미누스가 각각 정제와 부제로 통치하였다. 콘스탄티누스는 로마를 차지하면 서로마의 정제가 될 수 있었기 때문에 리키니우스와 동맹을 맺고 막센티우스를 치러 로마로 진격한다. 312년 10월 28일에 막센티우스와 결전을 앞두고 있었다. 그는 꿈속에서 십자가의 표식을 보는 회심의 순간을 경험하게 된다. 전승에 따르면 전투를 앞두고 꿈에서 정오의 태양 위에 빛나는 십자가를 보자, "이것으로 싸우면 이기리라"는 글귀가 적혀 있었다. 그리고 십자가와 그 글귀를 방패에 새겨 놓고 싸워서 승리했다고 한다. 이 전투에서 막센티우스는 전사하고, 로마로 입성한 콘스탄티누스는 동방을 정복할 야심을 갖게 된다. 처음에는 자신의 사촌 여동생을 리키니우스와 정략 결혼시켜 갈등을 잠재웠다가, 리키니우스가 자신을 적대시하자 이를 명분 삼아 동방 지역을 쳐서 로마 전체를 차지하게 된다. 콘스탄티누스는 용의주도하게 정적들을 하나하나 격파하며, 결국 사분된 로마 제국을 하나로 통일했고, 하나의 제국, 하나의 종교, 하나의 법률, 하나의 시민이라는 제국의 일치를 이루었다. 이 점에서 콘스탄티누스는 대단한 지략가이며 야심가였다.

콘스탄티누스는 313년에 로마를 점령하면서 기독교를 공인하는 밀라노 칙령을 선포하였다.[9] 이 칙령은 당시 그와 동맹을 맺었던 동로마의 리키니우스와 공동으로 선포했던 것이다. 그래야 동방과 서방에서 모두 적용이 될 수 있었기 때문이다. 기독교 공인은 콘스탄티누스만의 결정은 아니었고, 리키니우스도 함께했다. 다만 리키니우스의 경우에는 그리스 도인도 아니었고, 기독교적 배경이나 체험도 없었던 사람이었다. 그는 밀라노 칙령 이후에도 자신이 지배하던 동방에서는 여전히 기독교를 박해하였다. 이런 상황이 콘스탄티누스가 리키니우스를 물리치고 통일을 이룬 324년까지 계속되었다.

313년에 밀라노 칙령을 내릴 때 기독교가 제국에서 자유를 누리게 된 것은 콘스탄티누스가 지배하던 서방으로 제한되었다. 동방에서는 콘스탄티누스가 리키니우스를 물리친 324년에야 기독교가 자유를 누릴 수 있었고 밀라노 칙령이 전체 제국에 적용되기 시작했다. 콘스탄티누스 황제가 리키니우스 황제를 무찌르고 밀라노 칙령을 전 제국에 시행한 것은 기독교가 이교에 완전한 승리를 거둔 상징적인 사건이었다. 콘스탄티누스가 제국 전체를 통일한 후 제국의 일치를 실현할 수 있는 여건이 조성된 것이었다. 콘스탄티누스는 막센티우스에게 승리한 후 일련의 법령을 제정하여 기독교를 후원한다.[10] 교회에 대한 황제의 호의는 공공 모임과 예배를 위한 대규모 교회당을 건축하는 것에서도 나타난다. 3세기까지 교회는 새로운 건물을 건축하기보다 기존의 건물을 교회 용도로 변경하여 사용하는 수준이었다. 콘스탄티누스 황제는 밀비안 다리의 전투가 끝난 후 채 2주가 지나지 않아 로마시 인근에 제국의 토지를 기증하여 교회를 건축했다

3. 국가주의 교회의 출발

기독교 공인은 교회에는 자유와 해방의 소식이지만, 제국의 시각에서 볼 때 기독교는 로마를 새로운 가치 안에 하나로 묶기 위한 통치 이념이었다. 콘스탄티누스 황제가 제국의 상황을 돌아보니 제국의

이념의 새로운 기초가 되어야 할 기독교가 내부적으로 크게 분열되어 있었다. 기나긴 전쟁을 겪으며 분열된 제국을 통일하고, 기독교를 중심으로 제국의 정신적·사상적·종교적 통일을 구하고자 했지만 오히려 기독교가 제국을 분열시킬 소지를 안고 있었다. 그래서 콘스탄티누스 황제는 제국 안의 모든 교회의 감독들을 소집하여 전체 교회회의를 개최하였다. 이것이 325년에 열린 니케아 공의회였다. 324년 동로마 지역을 통일하고 밀라노 칙령이 동로마 지역에도 적용되기 시작했다. 그런데 불과 1년도 지나지 않은 325년에 황제가 전체 공의회를 열었다는 것은 그만큼 황제가 기독교 내 분열의 문제를 심각하게 인식했음을 보여 준다.

역사에서 여전히 의견의 일치를 이루지 못한 문제 중 하나가 과연 콘스탄티누스가 진실로 거듭난 그리스도인인가 하는 점이다. 콘스탄티누스 황제는 일반 사람들이 기독교로 개종하게 되면 수행하게 되는 전형적인 그리스도인의 삶의 모습을 보여 주지 못했다. 콘스탄티누스는 꿈에 계시를 받아 전쟁에서 승리하여 기독교의 능력을 체험했고, 기독교를 공인하기까지 했지만 이후의 행적에서 그리스도인에게 기대하는 모습을 찾아보기 어렵다. 그는 황제로 여전히 태양신을 숭배하는 대제사장직을 수행하며 이교 축전에 참석했다. 스스로를 사제 중의 사제, 감독 중의 감독으로 불렀기 때문에 어떤 교회의 감독도 그에게 종교적인 영향력을 행사할 수 없었다. 그는 아마도 거의 정치적으로만 교회 감독들의 조언을 들었던 것으로 보인다. 단순하게 이 사람이 진정 그리스도인인지 혼란스러운 부분들을 많이 보여 주었던 것이 사실이다. 그가 신의 이적을 체험하고도 그것을 잊어버렸던 것인지, 아니면 본래 기독교에 대해서 단지 정치적으로 우호적인 것일 뿐이었는지는 알 수 없다.

다만 생각해 볼 점은 그가 취한 노선, 기독교를 공인하고 기독교에 우호적인 정책을 펴는 것이 실제 실행하기는 대단히 위험한 정책이었다는 점이다. 기독교의 세력이 강해졌다고는 하나, 그리스도인들은 전임 황제였던 디오클레티아누스 황제 시대에도 박해를 받은 경험이 있고, 동방 지역에서는 324년까지 종교로 인정되지 않았었다. 그러한 종교를 인정하고, 그 종교에 기득권을 부여하는 행위란 분명한 결단 없이는 거의 불가능한 일이었기 때문이다. 죽기 직전에야 세례를 받은 것으로 그의 회심의 진정성을 의심하지만, 임종 시 세례는 당시에 흔한 경우였던 것도 사실이다.

기독교가 공인됨으로 교회 성직자라는 직위는 합법이 되었다. 기독교가 공인된 것은 기독교가 392년에 국교로 선포된 것과는 다른 문제이다. 기독교가 공인됐다는 것은 다른 종교와 똑같이 대우를 받을 수 있고, 종교로 인한 차별을 받지 않게 되었다는 것을 의미한다. 어쨌든 이렇게 기독교가 공인되고, 교회가 국가 속으로 들어오게 되는 일이 꾸준하게 일어난다. 기독교를 공인한 이후, 일요일을 안식일로 지정해서 휴일로 지키게 한 것은 기념비적인 사건이다. 물론 이것은 타종교에게도 동일하게 주어진 혜택이었다. 더 나아가서 교회 성직자에게는 군복무와 세금 납부의 의무가 면제되었는데, 유럽 여러 국가에서 오늘날까지 이어 오는 오래된 전통으로 자리 잡게 되었다. 물론 기독교가 공식적인 종교가 되었지만 정부 부서가 아닌 독립적인 기관으로 남아 있었다. 감독은 로마 정부에 저항할 수도 있었다. 하지만 제국이 교회를 인정하게 되면서 교회 내부 문제들이 국가의 정책에 따라 결정되었다. 감독이 있는 지역 교회는 '교구'라는 행정 명칭으로 불리게 되었다.[11] 콘스탄티누스의 교회 정책의 또 다른 중요한 면은 교회 법정을 제국의 사법 제도에 편입시킨 것이었다. 이는 기독교가 공인된 이후 장차 교회 내부의 분쟁에 제국의 사법권이 간섭할 수 있는 합법적인 길을 열어 준 것이었다.[12]

기독교 공인 이후, 교회는 걷잡을 수 없는 변화의 소용돌이를 경험한다. 우선 종교의 자유가 보장되고, 단지 그리스도인이기 때문에 국가권력으로부터 핍박을 받게 되는 극단적인 상황에서 벗어날 수 있었다. 그리고 선교의 자유가 보장되고 많은 사람이 자유롭게 신앙을 고백할 수 있게 되었다. 교회의 입장에서는 대단한 특권이자 교회가 성장하고 세력이 확대될 수 있는 절호의 기회였다고 할 수 있다. 하지만 이러한 현상은 동시에 교회가 타락할 수 있는 위험성에 직면하였다는 것을 의미하기도 했다. 순수 교회사의 차원에서도 기독교를 공인한 콘스탄티누스의 역할이 과연 기독교에 긍정적인 영향을 주었는지, 아니면 오히려 반대였는지 평가하는 작업은 대단히 흥미로운 주제라고 할 수 있다.[13]

《교회사》를 쓴 역사가 가이사랴의 유세비우스는 콘스탄티누스를 열세 번째 사도라고 칭했다. 콘스탄티누스 황제 직전까지만 해도 수많은 사람이 그리스도인이라는 이유로 박해를 받고 순교하거나, 또는 배교를 할 수밖에 없던 상황에서 벗어나게 해주었으니, 당시 그리스도인들은 이러한 평가에 대체로 동의했을 것이다. 물론 유세비우스는 이런 상황의 반전을 지나칠 정도로 해석해서, 이제 지상에 하나님 나라가 도래했다고 서술할 정도였다. 다소 과도한 표현 같아 보이기도 하지만, 당시의 상황에서는 충분히 설득력이 있었던 점도 인정할 수 있다. 유세비우스는 콘스탄티누스 황제를 중심으로 기독교 제국의 이미지를 새롭게 그려 나갔다. 제국 정부는 이 땅에 구현되는 신의 나라이며, 황제는 기독교 세계의 머리이자 신의 대리자였다.[14]

기독교가 공인되고 나서 오히려 박해 시대에는 나타나지 않았던 교회 내부의 분열과 갈등을 겪게 되었다. 기독교가 공인되기 이전에는 내부 분파의 존재와 갈등이 크게 문제 되지 않았다. 기독교가 공인되고, 국가의 중요한 종교의 하나로 되면서 교회의 힘도 비례해서 강력해지게 되었고, 교회가 이해관계에 따라 나눠졌다. 서방에서 나타났던 것이 도나투스파로, 교회는 4세기부터 8세기까지 약 400년 동안 도나투스파의 문제를 처리해야 했다. 도나투스파는 북아프리카의 카르타고 지역에서 나타났다. 도나투스파는 박해 시 배교했던 자들을 교회가 어떻게 처리할 것인지에 대한 문제와 관련이 있었다. 이 개념은 14세기부터 종교개혁 시기까지 다시 중요하게 등장하기도 했다. 당시 카르타고 교회에서 감독을 선출했는데, 그에게 안수를 주었던 사람들 중 몇 명이 박해 때 배교했던 사람들이었던 것이 문제가 되었다. 도나투스와 그의 지지자들은 자격이 없는 안수자가 안수를 주었기 때문에 안수 받은 감독도 무효라고 주장했다. 도나투스파는 가톨릭교도들을 인정하지 않고, 재세례를 시행하기도 했다.[15]

신의 은총 안에 있지 않은 사람이 행하는 일은 효력이 없다는 것이다. 예를 들어 사제가 죄를 지어서 신의 은총 아래 있지 않을 때, 그가 베푼 성례전은 효과가 있을까? 그런 문제가 제기된 것인데, 도나투스파는 효과가 없다고 주장한다. 반면에 가톨릭의 입장에서는 성례전의 대상자가 예수 그리스도의 뜻 안에 있다면, 성례를 베푸는 주체가 예수 그리스도기 때문에 사제가 어떠한 상태에 있든지 상관없이 효력이 있다고 본다. 이 논쟁은 그 후에도 교회 개혁과 관련한 사안이 불거질 때마다 등장하는 인효론, 사효론 논쟁이다. 인효론(ex opera operantis)이란 사제가 은총의 상태에 있어 적법할 때, 그가 집행한 성사가 효력이 있다고 보는 입장이다. 반면 사효론(ex opera operato)이란 사제가 은총의 상태에 있지 않고 죄 가운데 있더라도, 이와 관계없이 성례는 성사 자체가 신의 뜻에 따라 교회가 제정한 제도이므로 효과가 있다는 것이다. 당시 타락한 성직자들을 보면서, 이에 대해서 심각하게 문제 제기가 일어나게 된 것이었다. 성직자들이 타락했는데, 그의 윤리적·영적 상태에 상관없이 성사를 집행하는 것은 불법을 허용하는 것과 같다고 생각했다. 그리고 성직자들에게는 그것이 자기의 권한을 방어하고 악용까지 할 수 있게 하는 논리가 되는 것이다. 존 위클리프 같은 중세 말 잉글랜드의 개혁가는 인효론을 주장하여 도나투스파라는 비판을 받았다.

이런 도나투스파와의 문제를 이단 논쟁으로 부르기보다 교회 분열이라고 본다. 도나투스파가 신학적인 심각한 차이보다는 실천적인 관점의 차이로 인해서 기존 교회에서 분리되어 교회의 분열이 일어났다는 것을 의미한다. 교리적으로 이단이라 하지는 않더라도, 기존 교회와 함께할 수도 없는 독특한 입장에 서게 된 경우이다. 도나투스파는 당시 카르타고 교회에 대해서 인효론과 같은 입장에서 비판하며 분립하게 된 것으로 볼 수 있다.[16]

여기에서 중요하게 대두되는 문제가 바로 교회론이다. 교회란 무엇일까? 노바티안주의나 도나투스파는 교회가 순수한 신자들의 모임이라고 본다. 교회에서 가라지 같은 사람들, 참된 그리스도인이 아닌 사람들은 교회로 받아들여서는 안 된다고 주장한다. 당연히 이런 교회에서는 교회 문턱이 높고, 권징을 강조하게 된다. 콘스탄티누스가 기독교 공인을 하고, 이후에 기독교가 국교로까지 지정되자 필연적으로 이 입장이 도전을 받는다. 기독교가 국교가 되면, 사람들은 자신의 신념과 관계없이 태어나면서부터 그리스도인이 된다. 그러니 교회는 세상과 구별되는 정체성이 모호해진다. 교회에 알곡도 있겠지만 쭉정이도 많이 함께 있는 상황에 놓이게 된 것이다. 사실상 모두 태어나면서부터 교회에 속하니 알곡과 쭉정이의 구별이 거의 없는 상황이 되었다.

국가교회라는 시스템에서는 자녀가 태어나면 마치 출생신고 하는 것처럼 모두 의무적으로 교회에 가서 세례를 받아야 하는 것이고, 세례증명서를 받는 것이 출생신고서와 같은 효력을 가진다. 이같이 기독교 공인 이전의 교회와 이후의 교회에는 근본적인 차이가 있다. 기독교가 국교화 이전에는 교회는 핍박을 각오하고 예수를 믿는 사람들, 정말 명목상의 신자들이 아니라 진실로 거듭났다고 고백하는 그리스도인들의 모임이었다. 기독교가 공인이 되고 국교가 되면서 교회의 개념이 크게 바뀌게 되었다. 도나투스파는 이런 교회의 변화에 반대한 것이다. 북아프리카 지역에서는 동서 교회가 분열되기 이전부터 8세기까지 분립된 도나투스파가 주류를 차지하며 영향력을 행사하고 있었다.

5세기에 아우구스티누스는 이 문제를 고민하면서 교회론을 정립하고자 시도했다. 아우구스티누스는 교회란 구원 받은 죄인들의 모임이라고 주장한다. 교회는 완벽한 사람들의 모임이 아니라, 구원 받은 죄인들의 모임이라고 주장하여 도나투스 문제를 정리하려고 한 것이다. 이런 도나투스파의 문제는 4세기 당시에만 대두되었던 것이 아니고, 교회 역사 곳곳에서, 국가와 교회가 일체가 되는 것이 바람직한 것인가 의문이 제기될 때 계속 논의되었다.

교회 분열이 구원론이나 기독론이 아닌 교회론 때문에 생겨났다는 점은 의미가 있다. 이는 특정 집단의 교회론이 유일한 하나의 정답이 아니라는 것이다. 각 종파들이 유지하고 있는 신학 전통은 다양한 교회 전통의 아주 작은 일부일 뿐이다. 우리의 신학적 입장이 타자를 배척하기보다는 우리가 알지 못하는 다름을 존중해야 하는 이유이다.

예를 들어 재세례파는 국가교회가 당연하게 된 상황에서 도나투스파와 유사한 관점을 가지고 근본적인 문제 제기를 한 집단이다. 4세기부터 시작해서 16세기까지 서유럽 교회는 국가교회였고, 모든 신학이 교회와 국가를 동일하게 보는 관점에서 벗어나지 못하고 있었다. 재세례파는 심한 핍박과 박해를 당하면서까지 자기들의 주장을 펼쳤다. 이 관점에서 벗어나는 것이 쉽지 않은 일이었지만, 철저한 신념으로 그렇게 한 것이라고 볼 수 있다. 이들에 대해서는 급진파 종교개혁이라고 하기도 한다. 왜 세례를 다시 받아야 한다는 것이 이렇게까지 문제 되는 것인가? 16세기 들어서 재세례파는 여기에 대한 근본적인 물음표, 도나투스파가 던졌던 것과 동일한 물음표를 던진다.

국가교회 체제하에서는 유아 세례가 이루어졌다. 여전히 오랜 전통으로 남아 있는데, 제국 교회의 전통에서 나온 것이다. 유대인도 태어난 지 8일 만에 할례를 받고 유대인 공동체의 일원이 되는 것처럼, 교회와 국가가 일체화된 시스템에서는 아기가 태어나면 바로 세례를 받아 교회에 등록이 되고 동시에 국가의 일원이 되는 것이다. 재세례파는 이 유아 세례에 대해서 문제를 제기했다. 이들은 유아 세례에 대한 성서의 근거를 찾아볼 수 없다고 주장했다. 그리스도인들은 자기의 죄를 회개하고 예수 그리스도의 이름으로 세례를 받음으로 되는 것이다. 이 세례는 자신이 의식적이고 분명하게 자신이 거듭난 것을 증명하는 것으로 받는 것이지, 세례를 태어나자마자 의무적 과정으로 받거나 가톨릭이 주장하는 것처럼 구원의 길에 처음 들어서는 관문으로 받는 것이 아니라는 것이다.

다시 한 번 세례를 받는 것이 논란이 된 것이 기존의 가톨릭교회가 중세 천 년 이상 동안 유지하던 체제, 국가와 교회를 동일시하여 한 사람의 출생부터 사망까지 교회 내에서 관리하는 것을 부정하는 행태였기 때문이다. 재세례파는 심지어 유아 세례가 교황이 만들어 낸 가장 악독한 신성모독적 행위라고까지 비판하였다. 이런 체제를 만들어 내어 유지하며 권력을 쥐고 있는 교황과 그와 함께하며 시민들을 다스리는 권세자들에게 가하는 비판이었다고 할 수 있으므로 더욱 심한 박해를 받은 것이다.

교회와 국가의 관심이 일치할 때, 위로부터 이루어지는 지배는 일반적인 것이다. 루터가 비텐베르크 대학에서 시작한 종교개혁 역시 세속 군주인 작센 선제후 프리드리히의 보호 때문에 지속될 수 있었다. 츠빙글리가 취리히에서 종교개혁을 단행했을 때도 시의회가 지지하고 뒷받침했기 때문에 가능했다. 가톨릭뿐만 아니라, 국가와 종교가 일치된 시스템 아래에서는 언제나 종교가 위로부터 부과되는 일이 일어날 수밖에 없었다. 왕이 특정 종교로 개종을 하면, 백성들이 모두 개종을 해야 하는 상황이 일어났다. 잉글랜드의 종교개혁이 가장 희극적인 사례이다. 잉글랜드 국왕이었던 헨리 8세가 자신의 이혼 문제로 인해서 가톨릭교회와 대립하자 로마 가톨릭과 결별하고 국교회를 수립했다. 헨리 8세가 죽고 가톨릭교도인 메리 여왕이 즉위하여 신교 주교 몇 명을 제거하자, 수많은 성직자가 처자식을 버리고 다시 가톨릭으로 돌아왔다. 메리 여왕이 죽은 후 엘리자베스 여왕이 즉위하여 국교회를 확립하여 중용의 정책을 실시하니 겨우 상황이 진정되었다. 이같이 종교와 국가가 일치되어 위로부터 부과되는 종교의 교회론은 재세례파나 도나투스파가 생각하는 것과 전혀 다를 수밖에 없다. 재세례파는 신앙이란 자발적인 의지로 개인이 선택하는 것으로 보았다. 이런 재세례파의 사상은 위정자들의 시각에서 볼 때에는 국가를 부정하는 것이나 다를 바 없었을 것이다.

현재 전 세계에 백만 명 이상의 재세례파가 있다. 이들은 국가를 부정하는 불순한 사람들 같지만 국가의 존재를 넘어서 평화를 실천하는 삶을 살고 있다. 재세례파는 그들의 교회관, 국가와 교회의 관계에 대한 관점 때문에 심한 박해를 받았다. 도나투스파도 마찬가지였다. 역사는 이런 사람들을 기괴한 사람들이라고 평가한다. 실제로 국가의 입장에서 본다면 이들은 이상주의자들처럼 보일 것이다. 심지어 그런 이상주의를 위해서 자기를 희생하기까지 하는 사람들이다. 그러나 역사 전체를 생각할 때는 이런 사람들이 균형을 잡아 주는 역할을 하고 있다고 볼 수도 있을 것이다. 수도원이 기독교가 공인된 이후 급격한 세속화로 치닫는 것에 대해서, 세속을 떠나 개인의 영성을 추구함으로써 무게 중심을 잡아 주는 역할을 하였다면, 도나투스파는 좀더 적극적으로 교회에 문제제기를 함으로써 균형을 잡는 역할을 하였다. 재세례파도 같은 맥락에서 역사에 균형을 잡는 역할을 담당하였다.

4. 국가주의와 애국주의를 넘어

오늘날 우리에게도 교회와 국가를 어떻게 보고, 그 속에서 어떤 자로 자리매김을 할 것인지를 고민하게 하는 부분이 있다. 도나투스파는 진정한 교회란 세상과 타협해서 특혜를 누리는 것이 아니라, 핍박을 받으며 참된 믿음을 지키는 공동체라고 본 것이다. 한국 교회가 걸어온 길을 보면, 그런 역할을 하는 교회도 있었지만, 시류에 편승하며 기득권을 누려 온 교회도 있었다. 사실 2천 년 이상의 기독교 역사에서 교회는 단 한 번도 스스로 기득권을 내려놓은 적이 없는 듯하다. 오히려 교회는 충실하게 국가의 이해를 대변하는 경우가 많았다. 그래서 프랑스혁명 때 성직자회가 가장 큰 타도의 대상이었다. 당시에 성직자들이 사회 발전을 가로막는 기득권층이 되어 있었다. 프랑스혁명으로 그때까지 프랑스 사회를 지배하던 가톨릭교회가 권위를 상실하고 무너졌다. 당시 세계에서 가장 큰 건물 규모를 자랑하던 클뤼니 수도원이 혁명 당시에 시민들에 의해서 파괴되었다. 교회가 스스로를 정화하여 사회를 개혁할 동력을 상실하고, 오히려 사회 변화에 대해서 걸림돌이 되었다가 시민들에 의해서 외면당한 상징적 사건이었다.

동시대 도버 해협 너머 영국에서는 또 다른 아이러니를 접할 수 있다. 영국의 존 웨슬리는 국교회의 성직자였는데, 그는 국교회에서 금한 분파적인 행위를 했다. 당시 국교회는 성직자들이 교회 밖에서 설교하는 것을 금했는데, 교회 밖으로 나가 당시 산업혁명으로 극심한 노동과 착취에 시달리던 노동자들을 대상으로 설교했다. 그로 인해 자신이 속한 국교회의 거센 박해와 테러를 당해야 했다. 국가주의와 국가의 이해를 철저하게 지켜 가는 국교회의 분위기 속에서 국교회의 결정에 대립한다는 것은 결코 쉽지 않은 일이었다. 웨슬리는 프랑스의 민중과 다를 바 없던 사회적 모순 속에서 살아가던 영국의 노동자들에게 다가갔다. 웨슬리의 메소디스트 운동은 철저히 아래로부터 일어난 운동이었다. 당시 국교회는 사회 개혁을 가로막는 견고한 벽과 같았다. 그러한 틈에서 존 웨슬리를 비롯한 매소디스트파는 아래로부터의 사회 개혁을 이루어 나갔다. 프랑스에서 일어난 피의 혁명이 영국에서는 없었던 것에 대해 웨슬리와 메소디스트 운동의 기여를 인정하는 것은 결코 과장된 것이 아니다.

교회가 국가의 든든한 지원을 받고, 국가와 우호적인 관계를 유지하는 것을 나쁘게 볼 필요가 있느냐 반문할 수 있다. 항상 문제 되는 것은 교회와 국가, 종교와 세속 권력이 긴장 관계를 유지하지 않을 때 종교는 타락하였다는 것이다. 종교의 역할과 국가의 역할은 분명한 차이가 있다. 콘스탄티누스 황제와 가이사랴 유세비우스와의 관계는 항상 많은 논쟁의 쟁점이었다.[17] 유세비우스는 로마 역사에서 전례가 없던, 기독교를 중심으로 한 새로운 사회·정치·종교적 구조를 마주했다. 과연 기독교로 개종한 황제와 교회 권력의 관계는 어떻게 설정할 것인가? 과연 이 땅에 신의 의지를 대리하는 것이 교회일까, 아니면 이제는 황제일까? 이러한 독특한 종교·정치적 지형에서 유세비우스는 이 땅에서 황제를 신의 섭리를 구현하는 신의 대리인으로 설정하는 정치 신학을 구축했다. 유세비우스에게는 콘스탄티누스 황제를 위하여 정치 신학 내지 어용신학을 정립하고 설파한 선동가라는 오명이 따라 다닌다.[18]

1972년에 박정희 전대통령이 유신개헌을 할 때, 수많은 시민들이 반대했다. 그러나 유신을 찬성하는 광고를 주요 일간지에 게재하면서 지지한 사람들도 있었다. 교회가 그랬다. 소위 교회의 원로들이 국가 안보를 위해서, 북한의 남침 야욕을 분쇄하기 위해서라도 유신 정권은 불가피하다고 주장했다. 전적으로 이해하지 못할 바는 아니지만, 교회가 기득권과 얼마나 밀착해 있었는지를 보여 주는 사례였다고 볼 수도 있을 것이다. 역사에서 종교가 기득권화되었을 때는 사고와 행동의 패턴이 동일하게 나타난다. 신군부 정권이 등장했을 때도 비슷한 일이 일어났던 것을 보면 확인된다.

초대교회는 박해를 받을 때 내밀한 힘을 키워 나갔다. 교회가 진정 위기에 처했던 때는 박해를 받았던 때가 아니라, 박해가 사라지고 새 세상이 도래하던 때였다. 국가의 공인과 지원하에 교회는 독자적인 힘을 키워 가기보다 가장 기생적인 조직이 될 수밖에 없었다. 교회는 자신들에게 주어진 기득권을 내려놓고 개혁에 앞장서는 역할을 해내지 못했다. 교회가 국가교회로 되면서부터, 사회의 기득권과 권력의 시스템에 합류하면서부터 그 악순환을 벗어나지 못했다. 이런 경향은 알게 모르게 우리의 사고 속에서도 이어져 내려오며 잔재하고 있다. 이것이 바로 콘스탄티누스 황제가 기독교를 공인한 것, 그리고 황제가 주도해서 교회 공의회를 소집한 것이 남긴 역사의 부채라고 할 수 있다.

콘스탄티누스 황제가 로마로부터 수도를 콘스탄티노플로 옮기면서 시작된 비잔틴 제국은 헬라어를 쓰는 사람들, 기독교, 로마 제국 등의 세 요소로 이루어졌다. 특히 비잔틴 제국의 성립 때부터 제국과 기독교는 서로 분리할 수 없이 밀접하게 연결되고 발전하였다. 과연 정치 신학이라는 이데올로기에 근거한 기독교의 국가 종교화는 오늘의 교회에 어떠한 유산을 남겼을까? 국가와 교회의 가치를 동일하게 여기고 국가 지도자를 신이 세운 지도자로 추앙하여 절대화하는 전근대적인 현상은 생각 이상으로 그 뿌리가 깊다. 그 뿌리의 핵심은 세속 국가와 교회 모두에 깊이 뿌리내린 승리 이데올로기가 아닐까.[19]

교회와 국가 권력의 긴장 관계가 사라진 후 교회는 늘 선택의 기로에서야 했다. 국가주의에 봉사할 것인가? 인간의 본원적인 존엄성을 지켜 나갈 것인가? 히틀러의 나치 정권에 부역했던 독일 교회의 역사는 그 답이 무엇인지 자명하게 알려 준다. 국가주의는 유한하다. 신이 부여한 인간의 존엄과 가치를 지키기 위해 국가 권력에 맞서 순교를 택한 것이 기독교였다. 인간의 존엄과 가치는 국가 권력보다 더 지고한 가치였기 때문이다.

국익에 도움이 되기 때문에, 위정자는 신의 선택을 받은 자이기 때문에, 국가 없이는 교회도 존재할 수 없기 때문에 등등은 콘스탄티누스 황제의 기독교 공인 이래 내려온 국가주의와 교회가 만나 엮어 낸 신화의 구성물이다. 313년 이래 내려온 이 신화를 이제는 재고해야 한다. 교회는 국가의 이해를 넘어선 인간 보편의 이익과 가치를 지향할 때만 진정한 존재 의미가 있다.

10

제국 교회, 제국 신학의 탄생

—

니케아 공의회

1. 공의회, 제국 신학의 출발점

황제 콘스탄티누스가 313년 밀라노 칙령을 반포하여 기독교가 공인되었다. 324년에 동방의 정제 리키니우스를 정벌한 후 밀라노 칙령은 비로소 동·서방 로마 지역 모두에 영향을 미치게 되었다. 이때 교회는 다양한 주장이 터져 나오면서 분열되는 사태가 발생한다. 서방 교회는 북아프리카를 중심으로 활동하고 있는 도나투스파로 인한 교회 분열을 겪게 된다. 또 동방도 아리우스파 이단의 출현으로 예기치 않은 분열을 겪게 된다. 아리우스파 문제를 해결하기 위해서 325년과 381년에 니케아와 콘스탄티노플에서 공의회가 열렸다. 이와 관련된 신학적인 논쟁에 대해서는 초대 신학의 발전을 다루는 부분에서 전반적인 기독론의 형성에 대해서 논할 때 다루기로 한다(11장). 여기에서는 이 사건의 역사적 맥락을 형성하는 역사적 흐름에 대해서 살펴본다.

3세기 중엽 이집트 알렉산드리아에 아리우스라는 신학자가 등장하여 예수가 하나님과 동격도 아니고, 하나님의 영원한 아들도 아닌 피조물이라고 주장했다. 그의 주장이 알렉산드리아 교회에서 많은 사람의 동조를 받으면서 심각한 교회 갈등이 발생하게 된다. 즉 예수는 인간과 같은 종류의 피조물은 아니지만, 그 역시 하나님과의 관계에 있어서 피조물이라고 주장했다. 아리우스가 주장했던 '예수가 피조물이다'라는 명제는 창세 이전, 창세기 1장 1절로부터 시작되는 천지창조 이전에 선재했던 분으로 하나님을 생각하는 것에서 출발한다. 보통 성서에서 읽었던 것을 떠올려 보면 예수는 하나님의 아들이라고 명시적으로 언급되는데 왜 이런 주장이 나오는가 하는 의문이 드는 것도 사실이다. 도대체 왜 이런 주장이 나와서 신학적으로도 혼란을 일으키고, 교회가 이리저리 분열되게 하고, 많은 사람이 이것을 둘러싸고 서로 박해도 하고 전쟁도 일으키게 되었을까? 성서를 단순하고 순수하게 공부하면 예수가 하나님의 아들이라는 사실을 분명히 받아들일 수 있지 않을까?

3세기 초반까지만 해도 기독교의 기본 교리에 관한 신학적인 사유의 차이는 없었다고 본다. 특정 형식의 신학을 체계화하고 정리하면서 그 기준 안에 있느냐, 그렇지 않느냐로 나누어졌다. 그로 인해 교회 안에서 분열이 일어났다. 때로는 사소한 문제 때문에 교회가 갈등과 분열을 겪는 경우도 있고, 때로는 아리우스파 문제처럼 중대한 신학적인 함의를 지닌 문제로 갈등하고 분열하기도 했다. 313년에 콘스탄티누스가 기독교를 공인한 후 교회 내의 분열이 제국에 큰 위협이 될 수 있음을 인식하게 되었다. 표면으로 불거지며 갈등을 불러일으킨 이 문제를 해결하기 위해서 교회 공의회를 소집하였다. 아리우스파 문제가 공의회에서 다루어진 것은 콘스탄티누스의 회심 이후 신학 논쟁이 정치화되고 기독교가 제국 종교로 변신하면서 생긴 현상이라는 것을 부정할 수는 없다.[1]

여기에서 교회 공의회를 교회에서 소집한 것이 아니라, 황제가 소집했다고 하는 점에 주목을 할 필요가 있다. 황제는 공의회를 소집했을 뿐 아니라, 공의회 장소에 감독들과 함께 자리하였다. 그는 자신을 교회 외부의 문제를 돌보도록 임명 받은 감독이라고 생각했다.[2] 또한 381년에 있었던 제2차 공의회라고 할 수 있는 콘스탄티노플 공의회도 기독교를 국교로 공인한 황제가 소집한 국가교회라는 특성이 여실히 드러나는 공의회라는 것을 잊지 말아야 한다. 아리우스파에 반대했던 알렉산드리아 감독 알렉산드로스는 아리우스파가 예수의 신성을 부정하는 쪽으로 나아가는 것을 반대하는 입장이었다. 이것이 문제가 되어 325년에 니케아에서 공의회가 소집되었다. 공의회가 소집된 장소의 상징성 역시 중요한 의미가 있다. 니케아는 오늘날의 터키, 즉 소아시아 지역에 위치한 도시였다. 이곳은 서유럽과 동방, 즉 소아시아 지역을 이어 주는 요충지에 위치한 도시였다. 참석자들은 주로 소아시아 지역의 교회들이었다. 라틴 교회에서는 소수만이 참석했다.

자연히 니케아 공의회에서 사용된 언어, 합의한 사항을 기록한 언어는 헬라어였다. 아마도 여기에 참석했던 사람들은 감개무량했을 것이다. 불과 몇 년 전만 하더라도 이들은 로마로부터 박해를 받는 입장에 있던 사람들이었는데, 이제는 로마 황제가 소집한 회의에서 융숭한 대접을 받으면서 교회의 현재와 장래의 문제를 자신들의 언어와 논리로 논하게 되었으니 말이다. 이런 현실을 고려해 보면, 이제 교회가 긍정적인 형태로 성장해 나갈 수 있는 계기가 된 것으로 보인다. 니케아 공의회와, 또 그 이후에 열렸던 공의회에서 공식 신학(official theology)을 형성했다고 평가한다. 그 이전까지 기독론에 관한 여러 가지 논의들이 있었고, 교회가 나름대로 마르키온주의나 영지주의나 몬타누스파 등에 대해서 이단으로 단죄하기도 했지만, 그야말로 실제로 모든 지역으로부터 온 교회 대표들이 모여 교회의 문제들에 대해서 합의를 이루고 체계를 세웠던 것은 최초였다는 점에 중요한 의미가 있다. 세계 교회회의에서 결정을 내려 형성된 것이기 때문에 이것을 공식 신학이라고 표현한다. 동방과 서방의 교회가 함께 모인 공의회는 1054년 동·서 교회가 분리되기 이전까지 일곱 차례 개최되었다. 이를 계기로 초대교회로부터 오늘날까지 이르러 확립이 되는 교회의 신조들, 교리들을 정리해 나갔다.

니케아 공의회에 대해 우리가 풍부한 정보를 접할 수 있는 것은 공의회에 참석하여 기록을 남긴 역사가 덕분이다. 그가 바로 《교회사》를 쓴 유세비우스이다. 유세비우스는 니케아 공의회에 중요한 인물로 참석했다. 니케아 공의회에 대한 기록을 살펴 보면 두 사람의 유세비우스가 나오는 것을 볼 수 있다. 가이사랴의 유세비우스와 니코메디아의 유세비우스이다. 이 중에서도 가이사랴의 유세비우스라는 《교회사》를 쓴 이 역사가가 없었다면, 오늘날 초대교회에 대해 알고 있는 지식, 초대교회 역사에 대해 알고 있는 사실들은 아마 상당 부분 축소되었을 것이다. 이 사실 한 가지만으로도 교회사에 끼친 유세비우스의 역할은 결코 작지 않다.

유세비우스의 역사관, 교회사를 보는 관점이 오늘날 교회나 니케아 공의회 등을 바라보는 우리의 관점에까지 대단히 큰 영향을 주고 있다. 쉽게 말해서 유세비우스가 니케아 공의회를 어떻게 평가하느냐가 현재 우리의 니케아 공의회 평가에 상당한 영향력을 미치고 있다는 것이다. 어떻게 보면 유세비우스가 니케아 공의회에 대해서 어떤 시각으로 정리를 했느냐가 니케아 공의회 자체보다도 오히려 더 중요할 수도 있다는 것이다. 그는 니케아 공의회를 대단히 큰 기독교의 승리, 박해 이후에 하나님의 뜻의 성취라고 보았다. 더 나아가 니케아 공의회가 있기까지 콘스탄티누스와 리키니우스가 신의 도구로 사용되어 신의 뜻이 성취되었다는 관점으로 초대교회의 역사를 서술했다. 따라서 유세비우스의 역사관이 니케아 공의회에 대한 평가와 그 전후의 초대교회의 역사에 대한 시각에까지 투영되어 있다. 로마 제국의 동방을 다스렸던 리키니우스와 서방을 차지했던 콘스탄티누스라는 두 황제가 함께 손잡고 밀라노 칙령을 반포하게 된 것에 대해서 유세비우스는 이들이 신의 도구로서 새로운 역사의 이정표를 세운 것으로 평가했다. 유세비우스의 정치 철학은 로마 제국 정부를 신의 도성의 지상의 구현으로 판단했다. 하늘에 유일한 신이 있고 하나의 율법이 있는 것과 마찬가지로 이 땅에도 한 명의 통치자와 단 하나의 법이 있어야 한다. 통치자인 로마 황제는 그리스도의 대리인으로 격상된다.[3]

그러나 공식 신학의 형성이란 양면성을 지닌다. 교회의 지도자들이 모여 교회의 주요 사항을 공식적으로 정하고 확인한 것이기는 하지만, 교회의 소집은 황제의 정치적 판단에 따라 이루어진 것이다. 황제의 관심사는 아타나시우스파냐, 아리우스파냐 등의 신학적 주제가 아니었다. 오로지 기독교 세력이 분열을 극복하고 로마 제국의 새로운 정신적 일체성을 높이는 것이었다. 공의회 참가자들 사이에 일치된 견해가 나오지 않자, 공의회를 주재하던 황제는 실망하고 결정을 독촉하였다. 공의회가 종료된 후 황제 즉위 20주년을 기념하는 성대한 연회가 열렸다. 실질적으로 이 연회는 제국이 교회를 지배하는 다가올 미래를 미리 축하하는 자리였다. 그 자리에 참여한 감독들은 황제의 뜻을 받드는 무장한 군인들에 둘려 싸여 식사를 했다.[4]

기독교 역사의 관점에서 보자면 니케아 공의회에서 결정한 삼위일체 신조가 가장 중요한 것이었지만, 제국의 관점에서 보자면 로마 황제가 제국의 종교적 문제에 대해 주도권을 행사했다는 사실이 더욱 중요했다. 다시 말해 황제가 처한 정치적 입장이 바뀔 경우 니케아 공의회의 결정 사항은 또다시 바뀔 가능성이 있었다는 것이다. 이 우려는 현실로 나타났다.

유세비우스의 《교회사》에 대한 평가가 극단적으로 나뉘는 이유도 여기에 있다. 유세비우스의 공의회에 대한 평가, 더 나아가 교회 역사에 대한 관점은 실상 콘스탄티누스의 견해에 이리저리 바뀌어 간다. 콘스탄티누스가 처음 회의에 나와서 아리우스파를 단죄하는 입장에 섰을 때는 그도 같은 입장에 따라 기록하였다. 그 후에 콘스탄티누스가 이러한 견해에 대해서 회유를 받아서 뜻을 돌이키게 되는데, 이때 유세비우스는 기존의 아리우스파를 단죄했던 입장을 수정하여 아리우스파를 수용하는 쪽으로 돌아서게 된다. 이렇게 유세비우스는 아리우스파에 대해서 전향적 입장을 보였고, 결국에는 황제의 견해를 따르는 쪽으로 나아갔던 것이 사실이다.

역사학이 하나의 학문 분야로 자리 잡게 된 것은 비교적 근대에 들어서의 일이다. 물론 역사 기록이란 것은 고대부터 있었다. 역사에 대한 기록은 동방이나 서방 어디에나 존재했다. 고대 그리스의 철학자인 헤로도토스가 역사의 아버지라고 불리는 것도 무시할 수 없는 사실이다. 근대 역사의 아버지로 불리는 랑케는 18세기 독일의 역사학자이다. 랑케의 핵심 주장은 역사를 역사가의 주관을 개입하지 않고 최대한 객관적으로 서술해야 한다는 것이었다. 물론 포스트모던 역사학에서 이러한 명제마저 노전을 받고 있지만, 근대 역사 서술에서 가장 핵심적인 사항이었다. 이 말을 뒤집어 보면, 이전에는 역사적 사건들에 대해서 있는 그대로를 기술하지 않았다고 말할 수도 있을 것이다. 랑케는 역사학을 과학의 범주에 포함시키기 위해 역사 서술에서 객관성을 원칙으로 내세웠다. 그전에는 역사는 어쩌면 문학이나 문학의 한 아류였다고 볼 수도 있었다. 예컨대 잉글랜드 아서왕의 전설 같은 이야기도 지금의 시각으로는 하나의 신화적인 이야기로 보지만, 오랫동안 역사로 인정되었다. 근대 이전의 사회에서는 역사와 비역사를 나누는 기준이 그것이 실제 역사적으로 일어난 사실이냐 하는 문제보다도 그 사실이 사람들에게 어떠한 교훈이나 효용을 줄 수 있는가 하는 것이었다. 근대 이전까지의 역사는 객관성을 담보하기보다는 의도를 가지고 기술되었다고 할 수 있다.

역사가 학문적인 엄정함을 추구하기보다는, 흔히 승자의 기록이라고 하는 것처럼 지배자에게 유리하도록 지배자의 관점과 입장에 함께하고 뒷받침하도록 쓰여져 왔다는 것을 부정할 수 없다. 역사로 남아 있는 기록의 효용성은 비판적으로 평가해야 한다. 그러나 역사는 학문이기보다는 통치자가 가지고 있는 시각을 적용하여 사회의 여러 문제들에 대해서 서술하고 평가하기 위한 목적에 부합하기 위해 쓰였다는 사실 역시 반드시 짚어야 한다. 이는 당시에 쓰여진 교회사에 대한 기록에서도 마찬가지라고 할 수 있다. 유세비우스의 《교회사》 역시 사실에 대한 기록으로도 무시할 수 없는 의미가 있지만, 유세비우스의 기록 자체가 당대의 지배자의 견해를 확대, 강화해 나가고자 하는 목적에서 쓰여졌다는 점에서 유의해야 할 점이 많다.

유세비우스는 콘스탄티누스 황제의 역할을 높이 평가한다. 필연적으로 콘스탄티누스가 기독교를 공인하기까지 로마 황제로서 행했던 일이나, 혹은 기독교를 공인한 이후에도 그가 했던 정치적 행적에 대해서는 침묵하고 있다. 그의 긍정적인 부분, 특히 기독교 역사에서 긍정적으로 기여한 부분만을 높게 평가하고, 그 외의 부분에 대해서는 외면하거나 무시하는 시각을 견지했다. 유세비우스가 남긴 니케아 공의회의 기록을 읽을 때에도 동일선상에서 그가 어떤 특정한 관점을 취하고 있을 것이라는 점을 감안할 필요가 있다.

2. 아리우스파, 그 길고 긴 논쟁

니케아 공의회가 소집되고 여러 가지 안건이 논의됐다. '변절자들을 어떻게 다시 받아들여 줄 것인가?' '교회 직제를 어떻게 세울 것인가?' 등의 공동의 문제들도 논의했는데, 그것들은 모두 합의가 되었다. 그중 모든 사람이 동의하지 못한 가장 어려운 문제가 남았는데, 바로 아리우스 논쟁이었다. 이 당시에 참석했던 사람들 다수는 아리우스파에 대한 반대파였다. 그리고 아주 극소수, 소수의 사람들만이 예수를 신이 아니라고 주장하는 아리우스주의에 경도되었던 사람들이다. 아리우스는 예수를 이성본질(heteroousios, 헤테로우시오스), 즉 하나님과 예수는 서로 다른 성질을 지닌 것으로 보았다. 이에 비해서 온건한 아리우스파는 성부와 성자가 유사하다(likeness, similar)고 보았다. 완전히 동일하지는 않지만 거의 유사한 본질이라고 보았다. 물론 유사하다고 하더라도 결국은 본질이 다르다는 것이기 때문에, 이런 아리우스파의 주장이 문제가 되었다.

아리우스의 견해를 지지한 파에서는 니코메디아의 유세비우스가 대표로 참석했다. 아리우스는 감독이 아니었기 때문에 회의에 참석 자격이 없었기 때문이었다. 반대편에서는 아리우스를 단죄했던 알렉산드로스가 대표로 참석했고, 아타나시우스는 그의 비서로 함께 참석했다. 물론 삼위일체 문제에 대해 더 극단의 입장에 있는 사람들도 있었는데, 소위 성부고난설을 주장하는 이들이었다. 그들은 성부와 성자가 동형본질이라는 교리를 극단까지 밀어붙여서, 예수가 십자가에 못박힐 때, 하나님도 함께 고난을 받으셨다고 주장했다. 회의에서 가장 문제가 된 것은 성부와 성자가 동일본질(homoousios, 호모우시오스)인가, 유사본질(homoiousios, 호모이우시오스)인가 하는 문제였기 때문에 아타나시우스파만 남고 나머지는 퇴장했다. 결국 이들의 좁힐 수 없는 견해 차이가 교회 분열의 씨앗이 되었다.

에드워드 기번은 '이오타'(i) 하나를 두고 벌어진 "어리석은 논쟁 하나가 교회를 찢어 놓았다"라고 비판하였다.[5] 처음부터 논의가 극단적 대립과 분열로 치달았던 것은 아니었다. 사실 극단파들이 퇴장하고 나서 남은 대부분 사람들은 엄격한 신학적인 정리도 필요하지만 기독교가 분열되는 것만은 막아야 한다는 공감대를 형성했다. 대부분 참석자들은 교회의 일치를 유지하는 것이 더 중요하다는 분위기 속에 너무 극단적이지 않은 의견이라면 수용하려 했다. 예수를 이형본질이 아닌 하나님으로 인정한다면, 그를 성부와 격이 다르다는 주장 정도까지는 수용하여 어떻게든 타협을 이루려고 했다.

이런 상황에서 유사본질을 주장하는 니코메디아의 유세비우스의 연설을 들은 참석자들이 유사본질 주장 속에 잠재된 위협을 새삼 깨닫게 된다. 이 주장은 아리우스파의 아류에 다름 아니며, 이를 허용하면 결국 예수의 신성이 상대화될 수 있다는 점을 각성하게 된 것이었다. 유세비우스가 연설을 끝내기도 전에 청중이 그를 끌어내고 신성모독이자 이단으로 단죄하며 연설문까지 갈기갈기 찢어버리는 일이 발생했다. 이런 상황을 지나며 사람들은 이 부분에서 타협을 하면 교회가 전반적으로 오류에 빠질 수 있고, 진정으로 교회에 위협이 된다는 것을 확신하였다. 결과적으로 공의회는 아리우스파를 철저하게 배격하는 신조를 채택하게 된다. 이 신조가 후에 콘스탄티노플 공의회에서 수정되고 결정되어 니케아 신조로 알려진 것이다.

이러한 공의회의 결정에 대부분의 참석자들은 만족했고, 내용에 동의하는 서명을 했다. 니코메디아의 유세비우스를 비롯한 몇몇 사람들은 서명을 거부했고, 황제는 이들을 추방했다. 이들은 이단으로 규정되었고 교회 직분을 박탈당했다. 이것이 두 가지 측면에서 큰 문제를 야기했다. 첫 번째, 교회 문제에 세속 권력이 관여했다는 것이다. 두 번째, 관여한 황제의 결정이 신앙에 기초한 확신이나 엄밀한 신학적 입장에 따른 것이었다기보다는 정치적인 고려에 따른 것이었다는 것이다. 어떻게 보면 이것이 더 큰 문제이고, 또 다른 분열의 씨앗을 낳았다.

니케아 공의회에서 아리우스파가 이단으로 단죄되었으니 이제 아리우스파와 관련된 문제는 잠잠해졌을 것이라고 추측할 수 있지만, 실제로 이 문제는 그 후에도 수 세기 동안 동방 교회뿐 아니라, 서유럽 교회에도 큰 영향을 미쳤다. 결정을 내림으로 끝난 줄 알았지만, 오히려 새로운 문제의 시작이었다.

니코메디아의 유세비우스는 대단한 정략가로 알려져 있다. 그리고 황제의 먼 친척이기도 했다. 자신도 처벌받고 아리우스도 탄핵을 당했지만, 그것으로 끝이 아님을 알았다. 그는 황제가 소집한 공의회의 결정이 분명한 신학적인 견해에 기반한 것이기보다 다소간 정치적인 문제가 결부되었다는 것을 알았기 때문이다. 그는 이후에 정치적으로 회유해서 문제를 돌려 놓으려고 했다. 그는 황제를 설득해서 아리우스를 귀양에서 풀려나 복권되도록 했다. 게다가 콘스탄티누스 황제가 친아리우스파로 돌아서게 된다. 자신이 니케아 공의회에서 관철했던 결정 사항을 스스로 뒤집어 버린 것이었다. 이는 교회에 엄청난 충격을 주었다.

이후 니코메디아의 유세비우스는 동방 교회와 서방 교회 모두에 큰 영향을 끼친 과업을 성사시킨다. 바로 당시에 게르만족이나 서고트족이 살던 중유럽 지역에 선교사 울필라스를 파견한 것이다. 울필라스는 아리우스파 선교사로, 그를 추천한 사람이 니코메디아의 유세비우스였다. 그는 초대교회와 중세교회를 잇는 중요한 역할을 한 사람이다. 그가 고트족의 감독으로 오늘날 독일 지역을 기독교화했기 때문에, 이 지역에서는 아리우스파가 우세했다. 사실 325년에 니케아 공의회가 열릴 때, 라틴어를 사용하는 서유럽에서 온 교회의 대표들은 아리우스파 문제에 대해서 별로 관심 있게 대처하지 않았다. 왜냐하면 서유럽에서는 이미 테르툴리아누스가 삼위일체 교리를 정립한 상태여서 자신들에게는 큰 문제가 되지 않았기 때문이었다. 이들은 니케아 공의회에서 동일본질이냐 유사본질이냐 따질 때 그다지 탐탁지 않아 했었고 논의에 깊이 관여하지 않았다. 그런데 아이러니하게 실제 아리우스파가 가장 맹위를 떨친 지역은 서유럽이 되었다. 울필라스의 선교 이후 6세기까지, 서유럽의 기독교는 아리우스파 기독교가 주류가 되었다.

서로마가 후기에 쇠퇴하게 된 것은 끊임없는 북방 이민족의 침입 때문이다. 당시 유럽으로 훈족이 침입하자, 훈족에 밀린 게르만족들이 로마

국경을 넘어서 들어오게 된다. 로마는 이들을 국경을 경비하는 용병으로 고용했다. 하지만 용병대장 오도아케르가 서로마의 마지막 황제 로물루스 아우구스투스를 쫓아내고 476년에 로마를 멸망시켰다. 이렇게 이동한 게르만족들 중에서 프랑크족이 세운 나라가 프랑크 왕국이다. 프랑크족은 본래 오늘날의 북부 프랑스에 거주하던 종족으로 이때 비교적 짧은 거리만을 이동해 갈리아 지방으로 들어오게 되었다. 갈리아는 로마가 과거부터 정복하여 다스리던 땅이고, 로마와 가깝던 지역인지라 프랑크족은 로마의 영향을 가장 많이 받았다. 다른 게르만족들은 아리우스파 기독교를 받아들일 때, 로마와의 관계 때문에 갈리아 총독을 맡고 있었던 클로비스 대제는 로마 가톨릭을 공식적으로 받아들였다.

6세기 전까지는 로마 가톨릭과 아리우스파가 공존하고 있었다. 동로마 황제의 영향 아래 있던 서고트족과 로마 교황에 충성하는 클로비스의 프랑크족 사이에 대립 구도가 형성되었다. 만일 프랑크족까지도 아리우스파 기독교를 받아들인다면 로마 교황의 영향력은 급격하게 퇴보할 수 있는 상황이었다. 하지만 프랑크족은 끝까지 로마 가톨릭을 고수하며 삼위일체 신앙을 유지하였기 때문에 결국 가톨릭이 서유럽 전체로 전파될 수 있는 교두보가 되어 주었다. 그 결과 프랑스가 유럽에서 가톨릭의 가장 중요한 요지가 되었고 프랑스는 가톨릭의 장녀라고 불렸다. 나중에 교황 그레고리우스 1세가 베네딕투스 수도회를 통해서 서유럽을 재복음화시키면서 로마 가톨릭이 전파되었기 때문이다. 이 때문에 오늘날에는 아리우스파 대신 삼위일체 신학이 유지될 수 있었다.

프랑스는 중세 동안에도 로마보다 더 가톨릭적인 지역이 되었고, 신학의 중심지가 되었다. 신학으로 유명한 파리 대학이 설립되어 유럽 전역에서 신학자들이 파리로 모여들었다. 토마스 아퀴나스도 이탈리아인이었지만 파리로 건너와서 교수를 역임했다. 이렇게 가톨릭 유럽에서 특별한 지위를 지녔던 프랑스는 중세 내내 로마 교황과 대립하거나 동맹하면서 가톨릭의 발전에 기여했다.

니케아 공의회 소집이 아리우스파 문제 해결 등 신학적 이슈가 주요 안건이었지만 동방 교회와 서방 가톨릭교회의 정체성이 조금씩 드러나기 시작했다는 점에서도 의미를 찾을 수 있다. 니케아 공의회에 참석한 주요 도시들은 로마, 안디옥, 알렉산드리아 등이었다. 그 후 330년에 수도를 콘스탄티노플로 옮기면서 콘스탄티노플이 교회 역사에서 갑자기 중요한 도시로 떠오른다. 그 이전에는 라틴어권에서는 로마, 헬라어권에서는 안디옥, 북아프리카에서는 알렉산드리아가 지도적인 도시들이었다. 콘스탄티노플이 소아시아에 새로운 강자로 나타나면서 같은 지역인 안디옥의 영향력이 직접적인 피해를 입는다. 안디옥은 로마가 제국의 중심으로 떠올라 신학 중심의 지위에서 밀려난 후 콘스탄티노플이 건립되자 더욱 심각한 지각변동에 직면하였다. 이 4대 도시와 함께, 예루살렘이 기독교 역사에서의 상징적인 지위를 인정 받아 5대 교구를 형성하였다. 그래서 381년 콘스탄티노플 공의회가 개최될 무렵에는 로마, 안디옥, 알렉산드리아, 콘스탄티노플에 예루살렘을 더해 5대 교구의 체제를 이루고 있었다. 381년에 콘스탄티노플 공의회가 열려 여러 가지 사항이 결정됐다. 니케아 신조가 확인되었고, 감독이 다른 교회의 감독직을 맡을 수 없도록 하는 등 교구를 분명하게 분할하는 법이 통과됐다. 이때부터 콘스탄티노플이 로마 다음의 지위를 공식적으로 인정받았다. 이에 대해서 콘스탄티노플에 밀리게 된 알렉산드리아가 반발했다. 로마도 콘스탄티노플의 갑작스러운 성장을 경계하게 된다. 이것이 로마가 독자적으로 교황제를 발전시켜 나가는 시작점을 제공한 것이다.[6]

니케아 공의회뿐 아니라 나머지 초대교회 공의회는 모두 소아시아 지역, 헬라어권이 중심이 되어 이루어졌다. 여기에서 이 5대 교구 중 하나인 로마의 교황, 가톨릭의 수장이 어떻게 세계 교회의 수장이라고 하는 지에 대해 생각해 볼 필요가 있다. 교황은 말 그대로 교회의 황제라는 의미인데, 이런 명칭과 권한은 어디로부터 비롯된 것인가? 이것이 정당 성이 있는 것이라고 할 수 있는가? 다른 교구들은 여기에 동의했는가?

물론 가톨릭에서는 이것의 정당성을 주장하는 이론이 있다. 그것이 사 도계승론(apostolic succession theory)이다. 마태복음 16장 18~19절에 는 예수가 베드로에게 한 말씀인 "너는 베드로라 내가 이 반석 위에 내 교회를 세우리니 음부의 권세가 이기지 못하리라. 내가 천국 열쇠를 네 게 주리니 네가 땅에서 무엇이든지 매면 하늘에서도 매일 것이요 네가 땅에서 무엇이든지 풀면 하늘에서도 풀리리라"라는 구절이 근거이다. 로마 교회는 베드로가 세운 교회가 아니다. 성서에 보면 베드로는 로마 교회와 별 관계가 없었고, 사도 바울이 로마를 방문하기는 했지만, 이때 는 이미 로마에 교회가 있었다. 베드로가 이 로마 교회에서 사역을 했다 는 기록도 찾을 수 없다.

성베드로대성당은 베드로의 무덤이 있는 곳에 지어진 성당이라고 한 다. 역사에서 베드로의 무덤이 있다고 주장하는 다른 지역이 등장하지 않는 것으로 보아 베드로가 로마에 묻혔다는 점에 대해서는 동의할 수 있다. 그러나 이것이 베드로가 로마에서 사역했음을 증명하지는 않는 다.[7] 베드로는 박해 때 체포되고 로마로 압송되어 순교한 것으로 볼 수 도 있다. 아직까지도 베드로와 로마 교회 사이의 관계는 어떤 문헌이나 근거에서도 명쾌하게 밝혀진 바 없다.

어째서 로마 가톨릭은 이를 주장하는 것인가? 예루살렘 교회를 베드 로가 설립했다는 점에 대해서는 대체적인 동의가 있다. 안디옥 교회도 베드로가 한때 머물렀기 때문에 베드로와 연관이 있다고 한다. 알렉산드 리아도 베드로의 수제자라고 할 수 있는 마가가 활동한 것으로 보기 때문에 연관성이 없지 않다. 콘스탄티노플의 경우에는 수도를 옮기기 이전까지는 의미 있는 지역이 아니었기 때문에 베드로와 연결시킬 수는 없다. 로마 교회는 베드로가 세웠다고 주장하고, 콘스탄티노플 교회는 베드로의 형제 안드레가 세운 로마의 자매 도시라고 주장하여, 양 도시가 로마 제국에서 주축을 이루게 되었다. 두 도시가 대등하게 교회의 수위권을 주장하다 결국 분열하였다. 동방 교회에서는 교황을 여전히 로마의 감독으로 부르고 있다.

여러 교회의 감독 중 하나였던 로마 감독이 전 세계 교회에 대해서 유일한 권위를 주장하게 된 이론적 토대는 5~6세기에 발전하여, 8세기에 완성이 되었다. 452년 훈족의 지도자 아틸라가 로마를 약탈하려 했을 때 교황 레오 1세가 아틸라와 담판을 지어 로마를 구했다. 가톨릭은 교황 제도의 기원을 사도 베드로로부터 찾고 있지만, 실제 교황 제도가 정착되기 시작한 것은 4~5세기 무렵이다. 6세기에 교황 그레고리우스 1세가 자신을 전 유럽의 지배자라고 선포하는데, 그러면서 자신을 '가톨릭의 수장'이라고 표현한다. 로마의 감독이 교황으로 된 것은 다른 주요한 교구들, 도시들과의 경쟁 관계의 산물이라고 할 수 있다.

이런 논리는 점점 발전하게 되는데, 동방의 경우에는 동로마 황제가 콘스탄티노플에 있으면서 동방 교회를 후원하고 있었다. 로마의 경우에는 황제의 영향권 밖에 있었고, 자기 권한을 유지하기 위해서는 라틴어권의 세속 군주들의 후원을 필요로 했다. 프랑크족의 클로비스와 로마와의 관계도 그러한 필요에 따라 이루어졌던 것으로 볼 수 있다. 클로비스는 로마 가톨릭을 받아들이면서 로마 교회를 후원해 주었다.

이후 프랑크 왕국의 샤를마뉴는 로마를 롬바르드족의 침입으로부터 보호해 주고 황제의 관을 받는다. 이는 로마 제국의 부활로 받아들여졌고, 제국으로 인정이 된 것이었다. 물론 로마는 그 대가로 황제의 보호와 후원을 받을 수 있었다. 그리고 753년에는 피핀 대제가 이탈리아의 라벤나 지방과 펜타폴리스를 교황령으로 교황에게 바친다. 이것이 '피핀의 기증'이라고 불리는 교황령의 기원이다. 이처럼 서유럽에서 로마가 동방의 교회들과 완전히 분리되어 자신만의 권위를 획득하면서 점차 스스로를 기독교의 수장이라고 선포하게 된 것이다.

반면 동방에서는 예루살렘은 제외하더라도 콘스탄티노플, 알렉산드리아, 안디옥이라는 쟁쟁한 세 교회가 서로 경쟁했기 때문에 하나의 절대적인 중심 도시가 떠오르기 어려운 상황이었다. 물론 그중에서는 콘스탄티노플이 황제의 후원을 받아 앞서갈 수 있었지만, 다른 교회들과 계속 경쟁해야 했기 때문에 로마에 버금가는 권위를 확보하지는 못했다. 8세기에 한 문서가 발견되어 로마의 교황권에 대한 주장을 증명했다. 이 문서가 '콘스탄티누스의 기증장'이다. 콘스탄티누스 황제가 로마제국의 수도를 콘스탄티노플로 천도할 때, 남아 있는 로마의 영토와 정치, 종교에 관한 일체의 권리를 당시의 로마의 감독이었던 실베스테르 1세에게 양도했다는 것을 약속한 문서였다. 따라서 합법적으로 이를 계승한 로마의 교황은 후에 교회와 로마 제국의 합법적이고 유일한 계승자라 자처할 수 있었다.

이 콘스탄티누스의 기증장은 위조 문서이다. 16세기 이탈리아의 문헌학자였던 로렌조 발라에 의해서 이 문서가 정교하게 위조되었음이 밝혀진다. 종교개혁이 일어나기 30년 전쯤의 일이다. 루터가 종교개혁 과정에서 이 문서의 역사적 허위성을 공격하면서 대중에게 널리 알려지게 되었다. 로마 가톨릭교회의 정당성과 권위를 주장하는 사상이 허구에 기초한 선동에 불과한 것이라는 점을 비판하고자 했다.

위조문서였다는 것으로 완전히 모든 것이 부정되지는 않는다. 중세 사람들은 그 문서가 위조되었다는 사실에 대해서 의외로 무신경했다. 비록 위조된 것이라 하더라도 사람들의 신앙에 긍정적인 요소가 된다면 인정할 수 있다는 태도였다. 책이나 문서의 가장 중요한 역할은 사람들의 신심을 고양하여 특정한 목표를 달성하는 것이지 진위 여부는 아니라고 여겼다. 이 중세 사람들의 심성 속에서는 이것의 진위 여부를 넘어서는 핵심이 있었다고 할 수 있다. 이것이 자신들의 신앙에 도움이 된다면 받아들일 수 있다는 태도였다. 아직까지도 콘스탄티누스의 기증장은 가톨릭교회가 공의회를 열 때 여전히 인용되고 있다. 로마 가톨릭이 중세 동안 그렇게 주장할 수 있었던 것은 내부적으로는 이를 믿음의 근거로 인정하는 신자들의 태도가 존재했으며, 외부적으로는 네 개의 교회가 서로 경쟁하다가, 7세기 이후에 콘스탄티노플을 제외한 나머지 세 개 교회가 이슬람권에 정복당하면서 세력 균형이 급격하게 로마로 쏠리게 되었다는 배경도 있었다. 자연스럽게 콘스탄티노플의 권위보다 가톨릭의 권위가 더 막강해졌다. 물론 이런 경쟁이 1453년 콘스탄티노플이 함락될 때까지 계속되기는 하지만, 이슬람으로부터 끊임없이 위협을 받던 콘스탄티노플이 로마를 압도할 수는 없었다. 대표적인 도시들은 쇠퇴했지만, 동방에서 꾸준하게 이루어진 신학적인 발전은 이후에도 교회 발전에 영향을 준다. 대부분의 신학의 발전이 동방 교회를 중심으로 한 헬라 문화권에서 계속 이어졌다.

3. 니케아 공의회 그 이후

다시 니케아 공의회로 돌아가 보자. 삼위일체 교리와 관련해서 325년에 열린 니케아 공의회에서는 이것을 부정하는 아리우스파를 단죄하였다. 그러나 그것으로 문제가 해결된 것은 아니었다. 콘스탄티누스는 아리우스파 감독인 니코메디아의 유세비우스에게 세례를 받고 죽는다. 그리고 자기가 귀양을 보냈던 아리우스를 복권시킨다. 또다시 이 문제를 해결하기 위해서 381년에 콘스탄티노플에서 공의회가 열리기까지 아리우스파 문제는 계속되었다. 심지어는 그 이후에도 이런 문제는 계속 진행되었다. 거의 56년 이상을 동방 교회와 서방 교회가 이 문제 때문에 몸살을 앓았던 셈이다.

황제에게 세례를 줬던 니코메디아의 유세비우스는 황제의 먼 친척이었다. 그는 황제를 잘 설득해서 아리우스에 대한 탄핵을 철회하고, 그 대신에 아타나시우스를 유배 보냈다. 황제는 337년에 죽었다. 그는 세 아들을 남겼는데, 콘스탄티누스 2세에게 서유럽 지역을 상속하고, 콘스탄티우스 2세에게는 동방 지역, 즉 소아시아와 이집트를 포함하여 콘스탄티노플까지의 지역을 맡겼으며, 나머지 이탈리아와 북아프리카 그리고 그리스까지 포함한 지역은 콘스탄스에게 다스리도록 한다. 콘스탄티누스 2세와 콘스탄스는 니케아 공의회 결정의 지지자였는데, 동방 제국을 담당한 콘스탄티우스 2세는 여전히 아리우스파를 지지했다. 결국 콘스탄티누스 2세와 콘스탄스가 힘을 합하면 니케아파가 주도권을 잡을 수 있었지만 두 황제가 서로 전쟁을 벌여 콘스탄스가 통일하였다. 전쟁의 와중에 힘의 균형이 깨지고 아리우스파 지지자인 콘스탄티우스 2세가 세력을 확보하며 제국의 가장 강력한 통치자로 등장하였다. 성 히에로니무스는 "깊은 잠에서 깨어나 보니, 온 세상을 아리우스파가 지배하고 있었다"라고 탄식했다.[8] 정치적으로 아리우스파는 니케아 공의회 이후에 오히려 강력하게 등장하였다.

콘스탄티누스가 권력을 잡을 때도 그랬고, 아들들에게 권력을 계승할 때도 그랬듯이, 권력의 이양 문제는 늘 뜨거운 감자였다. 콘스탄티누스는 자신의 사후에 문제가 발생하는 것을 예방하기 위해서 세 아들 이외에 왕좌를 노릴 수 있는 모든 잠재적인 경쟁자들과 정적들을 숙청해 버렸다. 그의 공식적인 후계자였던 세 아들을 제외하고, 유일하게 살아 남은 사람이 사촌인 갈루스, 후에 배교자 율리아누스로 알려진 두 사람이었다. 갈루스와 율리아누스가 살아남을 수 있었던 이유는 갈루스는 죽을 병에 걸린 상태였고, 율리아누스는 아주 어린 나이여서 그들이 정치적으로 위협이 되지 않을 것으로 보였기 때문이었다. 율리아누스는 어려서 어머니가 사망하고, 제국 내의 세력 갈등 속에 사촌 형인 콘스탄티우스 2세의 음모로 아버지를 잃고 오랜 동안 소아시아에서 유배생활을 한다. 후에 콘스탄티누스와 나머지 형제들의 갈등 가운데 콘스탄티누스가 황제가 된 후, 병약한 갈루스를 카이사르로 임명한다. 갈루스가 카이사르가 된 이후에 정치적으로 야심을 보이자 콘스탄티누스는 그를 암살한다.

그다음에 율리아누스가 부제로 능극한다. 그는 기독교계에서는 배교자로 불리지만, 로마 역사에서 대단히 탁월한 능력과 학식을 지닌 황제로 기록된다.[9] 그는 기독교 가정에서 태어나고 기독교 식으로 교육을 받았지만, 소위 그리스도인이라 하는 콘스탄티누스와 그 일가가 자신의 아버지, 형, 그 밖의 수없이 많은 친지를 숙청하는 것을 보며 기독교에 환멸을 느끼게 되었다. 기독교에서 다시 이방 종교로 돌이킨 것은 당시의 상황에서도 매우 드문 사례였다. 그는 정치적으로 굉장한 도박을 한 셈이었다. 율리아누스는 당시 학문의 중심지였던 아테네에서 교육을 받으면서 고전 철학에 심취했고 고대의 신비주의 종교에 빠지기도 했다. 콘스탄티누스는 이런 율리아누스를 어떤 정치적인 야심을 가진 것으로 보지 않았고, 그를 변방인 서유럽 지역의 부제로 임명했다. 놀랍게도 이 율리아누스가 부제가 된 이후에는 탁월한 행정력과 친화력, 군사적인 수완을 발휘해서 군부의 지지를 얻어 갔다. 마치 콘스탄티누스 황제가 반란을 일으켜서 기독교를 공인한 것과 거의 유사한 방식으로, 그러나 반대 방향으로 기독교를 배신하는 행보를 밟아 나간다. 그리고 콘스탄티누스가 동방의 페르시아를 정벌하기 위해서 군사를 소집했을 때, 그 군사를 이끌고 오히려 콘스탄티누스와 대결하기까지 했다.

율리아누스는 황제가 된 이후, 이교 신앙을 복원하고 이교의 영감을 회복하는 정책을 취하여 기독교의 성장을 저해하고자 했다. 그리고 마치 기독교가 초기에 제도화되면서 이룬 것과 유사한 위계를 이교에 도입하여 스스로 최고 제사장 직분에 오른다. 그러나 율리아누스가 이러한 정책을 실행하면서도 표면적으로는 사람들의 반발을 사지 않았던 이유는 그가 기독교를 공식적으로 박해하지는 않았기 때문이었다. 362년 보편적 관용령을 내려 모든 종교를 동등하게 대접하고, 이교를 복원하기를 희망하였다.[10] 그는 363년 페르시아 원정 중 사망하였다. 마치 콘스탄티누스 황제가 기독교를 공인하면서, 다른 종교와 같은 수준으로 대하는 관용을 베풀어서 균형을 취하여 갈등을 피하였던 것과 비슷한 노련한 정책을 쓴 것이었다. 여기에는 여러 가지 이유가 있겠지만, 아마도 그가 겪은 개인적 비극을 의식하고 있었던 것도 중요한 이유였을 것이다. 그는 가장 인도적이라고 알고 있었던 콘스탄티누스가 자신의 부모 형제를 죽인 것을 마음에 품고 있었기 때문에 함부로 그리스도인을 대대적으로 박해하지는 않았다. 그리고 이미 기독교는 제국 전체에 널리 퍼져 있는 상황이었기 때문에 박해로 기독교의 확장을 저지한다는 것은 사실상 실행하기 어려운 것이기도 했다. 그럼에도 그는 이교의 세력을 키워 기독교의 성장을 막으려 했던 점에서 반동적인 시도를 했다고 말할 수 있을 것이다.

이때의 상황은 잉글랜드 종교개혁 과정에서 헨리 8세가 국교회를 선포한 뒤, 메리 여왕이 집권하여 가톨릭 복고를 추구하다 급작스러운 죽음으로 실패하고, 엘리자베스 여왕이 국교회로 복귀한 것과 유사했다. 율리아누스가 로마를 지배하는 동안, 기독교를 학문적으로 연구하는 것을 금지하고, 그리스도인들을 문화적으로 뒤떨어진 갈릴리인들이라고 비하하는 등의 차별을 가했다.

율리아누스의 갑작스러운 죽음으로 이교 복원 시도는 좌절되었다. 그는 363년 페르시아 정벌 도중에 창에 찔려 사망한다. 사망 이유에 대해서 후대의 학자들은 여러 가지 설을 제기한다. 그리스도인들이 율리아누스의 반기독교 정책을 저지하기 위해서 암살했다는 설도 제기된다. 전승에 따르면 죽을 때 "갈릴리인, 그대가 정복하였도다, 그대가 이겼도다"라는 말을 남겼다고 한다. 여기서 갈릴리인은 나사렛 예수이다.

이후 교회는 381년 콘스탄티노플 공의회를 개최하여 정치적·종교적으로 어지러워진 상황을 바로잡고자 한다. 이러한 정치적인 배경 속에서 아타나시우스와 갑바도기아의 교부들이라고 불리는 학자들이 등장하여 철학적이고 이론적인 헬라 사상을 기반으로 기독교를 해석하고, 이교도의 도전에 대응하는 변증신학을 발전시켰다.[11] 또한 아리우스파에 대응하여 정통 삼위일체 교리를 수호했다. 그들이 본질을 추구하는 모습을 보였기 때문에 그 삶도 편협하거나 배타적이었을 것이라고 생각하기 쉽다. 그러나 실상은 그렇지 않은 듯하다. 아타나시우스는 삼위일체 교리를 엄격하게 수호하고자 애썼다. 하지만 동시대의 그의 인격에 대한 증언들을 살펴보면, 삶의 방식이나 인격이 경직되지는 않았다는 것이 중론이다. 초대교회에서 아리우스파를 이단으로 단죄하고 정통 교리를 수호하려는 치열한 투쟁 속에서도 아타나시우스는 딱딱한 변증만을 고집하지는 않았다. 나중에 그는 유사본질을 추구하는 이들까지도 교회에서 포용할 수 있어야 한다고 주장했다. 또한 그는 오리게네스나 테르툴리아누스처럼 정밀한 이론적인 신학을 발전시키지도 않았다. 이론적인 기반이 부실했다는 것은 아니지만, 더 강조되는 것은 이들이 삶 자체를 통해서 삼위일체와 신의 은총 등을 드러냈다는 점이다. 자칫 이론적으로, 혹은 냉정한 현실 정치에 매몰되어 다루기 쉬운 아리우스파 문제

초대교회사 다시 읽기

에서 정치적 이해관계에만 매몰되지 않고, 신학적 성취를 이룬 것이다.

당시의 정치적 상황을 보면 동방의 아리우스파는 황제의 후원을 받았다. 삼위일체에 대해 좀더 합리적이고 유연한 입장이라고도 할 수 있는 아리우스파가 볼 때, 아타나시우스파와 같이 삼위일체를 엄격하게 주장하는 사람들은 완고하고 고집스럽게 보였다. 유사본질이라는 논리는 핵심적인 부분을 에둘러 설명함으로써 어떤 입장도 수용할 수 있는 완충적인 교리일 수 있다. 하지만 삼위일체를 주장하는 이들은 유사본질을 수용한다면 결국은 예수를 하나님의 아들이 아닌 피조물로 격하시켜 기독교의 핵심을 훼손한다고 보았다. 니케아 신조를 수호하려는 이들에게 아리우스파 문제는 양보와 타협의 문제가 아니었다. 더 큰 문제는 이 아리우스파가 세속 권력의 지지를 꾸준히 받고 있었다는 점이다. 379년에 테오도시우스가 황제로 즉위하기 전까지, 대부분의 동로마 황제들은 아리우스파를 신봉하고 지지했다. 정치적으로는 아타나시우스파, 즉 삼위일체를 절대적으로 신봉하는 사람들은 늘 소수였고, 핍박을 당하는 편에서 있었다. 이러한 경향이 아타나시우스의 삶으로 대표되어 나타났다. 아타나시우스는 자기의 주장을 펼치는 과정에서 여섯 번이나 추방을 당했다. 그것도 처음에는 아리우스파를 이단으로 단죄했다가 친아리우스파가 된 콘스탄티누스 황제에게 갈리아 지방으로 추방당해 쫓겨 갔다.

인상적인 것은 아타나시우스가 탄압에 대해서 정략적인 대응을 하지 않았다는 점이다. 아타나시우스를 따르는 사람들이 그의 제3차 추방 때 감사의 찬송이라고 하는 시편 136편을 불렀다고 한다. 이는 이런 핍박을 영원하신 하나님의 인자하심을 믿고 수용하는 자세를 나타낸다고 할 수 있다. 그는 핍박에 물리적으로 맞서고 충돌하기보다는 묵묵히 감수했다. 이러한 자세는 아타나시우스가 로마에 있을 때 《성 안토니우스의 생애》를 써서 수도원 운동을 서방에 전파했던 것에서도 잘 드러난다. 그는 계속되는 추방과 핍박으로 고난을 당하면서도 심성이 피폐해지지 않았다. 교회 세속화라는 문제 앞에서 세속을 떠나 사막으로 나아가 더 깊은 영성을 추구했던 사막 교부들처럼 박해의 시기를 더 깊은 영성을 위한 기회로 삼았다. 사막으로 은둔했던 4차 추방 때, 안토니우스를 만나 서로 발을 씻겨 주며 함께 수도생활을 했다는 일화도 있다.

4. 동방 신학의 황금기

국제 정세의 부침에 휘둘린 이 망명의 때를 아타나시우스의 '황금 시기'(golden decade)라고 부른다. 아타나시우스 신학의 영향력이 만개한 시기였다. 이 시기에 쓴 《아리우스파에 대한 반박》은 동방 제국 내에서 아리우스파의 영향력을 위축시키는 데 큰 역할을 했다. 더불어 망명 생활을 통해 동방과 서방을 두루 경험한 아타나시우스의 신학은 동방 신학과 서방 신학의 교두보를 이어 주고, 동·서방 교회 모두에 큰 신학적 유산을 남겼다고 평가된다. 망명길, 고난의 여정 속에서 그의 신학은 꽃피었다.[12]

아타나시우스와 더불어 아리우스파와의 논쟁 속에서 위기를 이겨 내고 삼위일체를 지켜 낸 인물들이 등장한다. 흔히 '위대한 갑바도기아인들'로 알려진 교부 대(大)바실리우스, 그의 동생 닛사의 그레고리우스, 그리고 친구인 나지안주스의 그레고리우스가 그들이다. 그들이 활동한 이 4세기를 동방 신학의 황금기라고 부른다. 그들이 위대한 갑바도기아인들로 기억되는 것은 그저 삼위일체를 변증한 공로 때문은 아니다. 바실리우스는 아테네에서 교육을 받았다. 바실리우스의 누나는 마크리나로 동방의 수녀원에서 대단히 중요한 역할을 한 인물이었다. 가족 모두가 그 시대에 종교적인 영향력이 있었다. 배교자 율리아누스가 아테네에서 고전 철학을 배우고 나서 기독교를 유치하게 생각한 것처럼, 바실리우스도 아테네에서 공부하고 온 후 기독교 신앙을 높이 평가하지 않았었다. 아테네에서 수년 동안 수사학을 가르치며, 종교적인 삶과는 거리가 있는 삶을 살았다. 그러던 중 깊은 회심을 경험하고, 수도사로서 인생을 드리게 되었다. 그 후에는 자신의 신앙을 지키기 위해 죽음의 위협 앞에서도 타협하지 않는 사람으로 변화되었다. 대바실리우스는 학문적으로 어느 누구보다 탁월했기에 명성을 떨칠 법하지만, 실제 그가 유명하게 된 것은 가진 지식에도 불구하고 모든 것 내려놓고 자신의 삶을 수도사로서 거룩하게 드렸기 때문이다. 그리고 나환자들을 돕는 자선사업으로 인해서 대바실리우스로 불리게 된다.

닛사의 그레고리우스도 유사한 길을 걷는다. 그는 콘스탄티노플 공의회에 참석해서 니케아 신조를 정립하는 데 큰 기여를 했다. 나지안주스의 그레고리우스는 바실리우스의 친구로 함께 수도생활을 하며 교리를 삶으로 실천했다. 나지안주스의 그레고리우스는 콘스탄티노플의 감독으로 지명되었지만, 사양하고 고향으로 돌아와서 수도사 생활을 했다.

이 세 사람은 아리우스파가 전 로마에서 강력한 세력을 형성하고 있을 때 자신들이 신봉하는 가치를 수호하고자 했다. 당시 아리우스파가 크게 세력을 얻었던 것은 로마의 정권과 결탁하였기 때문이었다. 이에 타협하지 않고, 삼위일체의 본질적 의미를 수호하며 살아간다는 것은 고난을 받고 세상적인 권력과 영화와는 거리가 먼 삶을 선택하는 것을 의미할 수 있었다. 그럼에도 그들은 기꺼이 고난의 삶을 선택했다. 엄정한 논리로서가 아니라 아타나시우스처럼 세속과 타협하지 않는 고난을 통해서 영성을 추구하는 수도사적인 삶을 통해 아리우스파를 제압했고, 위대한 갑바도기아인들이라고 불릴 수 있었다. 드러난 세속의 흐름에 타협하지 않고 본질을 지키려는 수도원적인 삶을 살았던 것이 아리우스파의 정치적인 영향력을 이겨 냈다. 자신의 직책과 가지고 있는 힘 때문에 인정을 받을 수 있지만, 때로는 힘을 가지고 있으나 함부로 쓰지 않고, 싸울 수 있지만 싸우지 않기 때문에 존경받는 경우도 있다. 이 점에서 그들은 위대했다.

당시 어느 사회보다 기독교가 정치화되고 세속화된 상황에서 신앙의 본질, 타협하지 않는 신앙의 본질 자체를 지키고자 애썼던 것이 의미가 있는 것이다. 그리고 이런 그들의 영향력이 뿌리가 되어서 세상을 변화시켰다. 아타나시우스는 수차례의 추방 속에서도 자신과 함께했던 사람들이 핍박 속에 삼위일체 신앙을 온전히 고수한 것으로 감사하고 기뻐했다. 평범하게 믿음을 지켰던 이런 사람들이 그들 편에 서 주었기 때문에 그들은 끝까지 참된 복자의 삶을 살 수 있었다.

역사의 여러 사건들을 대할 때 모든 것을 정치 논리, 경제 논리의 관점으로 환원하여 보는 시각을 늘 경계해야 한다. 마찬가지로 교회사와 관련된 문제, 신학과 관련한 문제에서 모든 것을 교리적인 문제로 환원하는 시각 역시 위험스러운 것이다. 아타나시우스나 갑바도기아 교부들의 삶은 그 한계를 넘어섰다. 교리와 교회의 신학 체계가 혼란스러워져 가고 정치와 종교가 밀접하게 결탁되어 가는 시점에서 교회와 신학자의 가장 중요한 역할은 무엇일까? 신학적 주제에 대한 정밀한 논리적 변증도 중요하다. 그러나 역사에서 아타나시우스나 삼위일체를 신봉하는 이들의 주장이 살아남은 것은 논리적 타당성을 넘어 그들의 삶이 사람들에게 설득력 있는 메시지를 전했기 때문은 아닐까?

동방 신학의 특징을 설명할 때, 동방 신학은 서방 신학처럼 정밀한 이론적 구조를 가지고 있지 않다고 한 바 있다. 서방 신학, 즉 가톨릭 신학의 황금기는 스콜라철학이 융성했던 12~13세기이다. 물론 16세기 종교개혁가들은 스콜라철학을 폄하하지만, 사실 스콜라철학은 13세기의 토마스 아퀴나스에 이르러 정점에 이르는, 모든 현상을 이론적으로 설명하려는 철학이라고 할 수 있다. 스콜라학은 어떤 현상에 대한 정의를 내리는 학문이라고 간단하게 말할 수 있다. 스콜라철학으로 무엇을 연구할 때 신학자들은 함께 모여서 그 문제에 대해서 자기의 설명을 내놓는다. 그러면 설명들 사이에 상충하는 모순점이 있을 것인데, 그것을 모두 기입해 놓고, 토론을 통해서 결론을 내리는 방식으로 이루어진다. 즉 다양한 가설이나 설명 사이의 상호 간의 모순을 조화시키는 방식으로 결론을 도출하는 것이다. 토론을 통해서 모순 사이에 조화를 이루는 방향으로 이론화하는 것이 핵심이다. 이것이 13세기에 가장 잘 발달하였기 때문에 그 시기를 서방 신학의 황금기라고 한다.

반면 학자들은 동방 신학의 황금기를 4세기로 본다. 그때부터 현재까지 동방 신학의 기본적인 양식은 동일하게 이어져 왔다. '신학은 삶'이라는 것이 그 핵심적인 명제이다. 신은 이론을 통해서도 드러나야 하지만, 그 근본적인 앎은 삶을 통해서 이루어진다고 본다. 신을 지식으로 파악하는 것은 본질을 아는 것이 아니고, 본질의 반영, 본질의 구현 혹은 계시된 것만을 알 수 있는 것이기 때문에 지식으로 신의 본질 자체를 알 수는 없다는 것이다. 그들은 더 많은 설명이나 세련된 논리로 논쟁을 벌이지 않는다. 이는 아타나시우스의 경우도 그랬고, 갑바도기아 교부들도 그랬다. 이들은 삼위일체의 본질에 어긋나는 이단에 대해서 논리로 싸우고 제압하려 하기보다 오히려 삶으로 영성을 추구하는 수도사적인 삶으로 점점 나아갔다. 이런 것이 동방 신학의 핵심으로 자리 잡아 현재까지 이어지고 있다고 볼 수 있다.

동방 신학의 황금기는 배교자 율리아누스의 도전을 극복한 열매이기도 하다. 앞서 언급한 대바실리우스의 수도회 운동의 큰 특징 중의 하나가 가난한 자들을 위한 자선 활동이다. 그는 종교 활동의 본질이 이웃에 대한 사랑을 베푸는 것이라고 했다.[13] 흥미로운 것은 율리아누스 황제가 로마를 이교로 되돌리고자 한 시도가 신학이나 철학 논쟁을 통해서 이루어진 것이 아니라는 점이다. 그는 이교 사제들과 자선 기관들을 통한 자선 활동(philanthropia)을 정책적으로 펼쳤다. 그는 그리스도인들을 '갈릴리인들'이라고 부르고 무신론자로 비난했지만 그리스도인들이 실천하는 박애 활동을 이교 부흥을 위한 새로운 모델로 채택했다. 황제가 인정할 정도로 초대 기독교회는 자선과 박애 활동이 중요한 역할을 차지하고 있었다. 율리아누스는 자선 활동을 지원하기 위해 이교 사원을 짓고 사제들을 배치했다. 율리아누스는 구걸하는 유대인들이 아무도 없고, 불경건한 갈릴리인들(그리스도인들)은 자신들 속의 가난한 자들뿐 아니라 이교도 중의 가난한 자들까지 돕고 있는데 로마인들은 이런 노력이 부족하다고 평가했다.[14]

16세기 종교개혁가 마르틴 루터는 성서에서 가장 위대한 신학자로 수많은 지혜가 있다는 선생들을 제치고 다윗을 꼽았다. 그 이유는 이른바 신학함의 본질에 대한 생각 때문이었을 것이다. 신학을 한다고 말할 때, 신학의 본질은 무엇일까? 루터는 신학자를 만드는 세 가지 요건을 이야기하면서 첫째는 기도, 둘째는 말씀과 묵상이라고 했다. 그렇다면 셋째는 무엇일까? 실천이나 순종일까? 사실 마르틴 루터는 별로 순종을 잘한 사람은 아니었다. 그러니까 교황과 대립하지 않았겠는가? 그는 마지막 요건을 시험 혹은 고난이라고 했다. 그리고 이것이 신학자를 만드는 가장 핵심적인 것이라고 했다. 루터는 참된 신학, 참된 성서 해석은 기도나 말씀 묵상이 아니라 자신의 삶 속에서, 번민과 고뇌와 절망에서 나오는 것이라고 이야기했다. 이런 경험이 좋은 신학자를 만드는 것이지 독서와 사색이 신학자를 만드는 게 아니라고 했다. 다윗이 가장 훌륭한 신학자인 이유는 그가 일생 동안 고난 받는 삶을 살았고, 그것을 바탕으로 가장 위대한 신학서인 시편을 썼기 때문이라고 했다. 아마 이런 관점에서 아타나시우스는 교회 역사에 남을 만한 위대한 인물로 평가할 수 있다.

　토마스 아퀴나스는 《신학대전》이라는 위대한 책을 썼다. 개신교에서 이 책에 버금가는 작품이 칼뱅이 쓴 《기독교 강요》일 것이다. 개신교의 시각일 수도 있겠지만, 《신학대전》보다 《기독교 강요》가 실천적으로 높이 평가 받는 이유가 한 가지 있다. 학문적인 성취에서는 칼뱅이 아퀴나스를 능가할 수 없다. 아퀴나스는 초대교회부터 중세까지의 플라톤과 아리스토텔레스 철학을 조화시켜서 집대성한 사람이었다. 하지만 칼뱅의 《기독교 강요》가 그에 신학적으로 뒤떨어지지 않는 가장 중요한 이유 중 하나는 현장의 경험에서 나왔다는 것이다. 대작이 나올 수 있었던 것은 늘 사람들과 마주하고, 북적거리는 사람들 가운데 서서 그들을 대상으로 설교하고 상담하는 목회의 현장에 있었기 때문에 가능했다. 탁월한 신학자가 되는 것은 학문적 엄정성을 배워서 가능한 것이 아니라, 실제 삶 속에서 고난을 받으며 사상을 구현해 나갈 때 이루어지는 것이다.

　신학이나 역사학, 모든 인문학이 가지는 중요한 가치는 사람 사는 세상을 좀더 따뜻하게 보듬을 수 있다는 것이다. 아무리 다른 사람의 주장이나 의견에 대해서 그것을 꼼짝 못하게 할 만한 논리를 가지고 반박하여 논쟁에서 이길 수 있다 해도, 마냥 차갑기만 하다면 긍정적이라고 볼 수 없을 것이다. 신학을 할 때 궁극적으로 추구하는 것은 달라야 한다. 바로 아타나시우스와 같이 고난과 핍박 가운데, 더 깊이 있는 삶의 신학을 실천하는 것이다. 근본주의적인 신학으로 핍박을 받는 이들은 고집스럽고 투사적이라고 판단되기 쉽다. 자신은 신념을 지키기 위해서 누구와도 타협하지 않았고, 자기를 비판하는 자들은 현실과 타협한 자들이라는 태도를 갖는 것이다. 고난을 많이 겪게 되면 그에 맞서 싸우는 투사가 될 수도 있고, 그를 넘어서는 성인이 될 수도 있다. 아타나시우스는 고난 가운데 성인이 되었다. 아타나시우스가 삼위일체를 엄격하게 수호했던 것 때문에 그가 문자 하나하나에 매이는 편협한 사람이었을 것이라는 이미지를 갖기 쉬우나 그렇지 않았다. 후에 아타나시우스는 유사본질을 주장하는 이들까지 교회에서 포용했다.

니케아 공의회가 개최된 325년에서 콘스탄티노플 공의회가 개최된 381년까지의 역사적 과정에서 수많은 인물들이 등장하고 정치적으로도 중요한 사건들이 일어났지만, 그중에서도 교회사에서 가장 주목할 만한 것은 바로 이런 아타나시우스의 삶이었다. 그가 삼위일체 논쟁에서 결국 승리했기 때문이 아니라, 이런 과정 속에서 고난을 감당한 그의 삶이 결국은 삼위일체에서 신앙의 본질적인 부분을 지켜 냈기 때문이었다. 차가운 신학이 아니라 삶의 근본 혹은 본질을 지켜 낸 것이다. 그리고 세 사람의 갑바도기아 교부들이 삶 속에서 자신의 신학과 신앙을 지켜 냈다. 교회를 지키고, 신앙의 본질을 지키고, 기독교를 세속의 오염으로부터 지켰다. 그러한 삶의 실천 때문에 이들은 위대한 갑바도기아인으로 기억된다. 오리게네스나 테르툴리아누스가 신학적으로는 매우 뛰어나지만, '위대한'이라는 수식어가 붙지는 않는다. 그러나 아타나시우스와 갑바도기아 교부들은 학문적으로 뛰어난 업적을 쌓은 것을 넘어서, 고난의 신학, 삶의 신학을 형성했기에 위대한이라는 수식어가 붙었다.

피상적으로 흘러가는 교회의 흐름만 보면 콘스탄티누스 황제가 교회를 공인하기 시작한 시점부터 소망을 찾기 어렵게 된다. 교회가 세속화하면서 급격하게 변질되는 모습이 보이기 때문이다. 율리아누스 황제는 탁월한 통치력으로 로마를 안정시켜 가면서 로마를 다시 이교 신앙으로 돌이키고자 시도했다. 하지만 이러한 흐름 가운데에도 역사가 기억하고 주목하는 자들은 제국과 결탁하여 세력을 휘두르던 세력이 아니다. 수차례의 박해 속에서도 올곧게 신념을 지켜 간 아타나시우스와 같은 사람들이다.

이렇게 발견되는 의외성은 역사의 진보를 바라보는 우리에게 희망을 준다. 이들의 삶은 오늘날 우리가 돌아가서 회복해야 할 교회와 신앙의 근본이 무엇인지 제시해 주고 있다. 니케아 공의회와 삼위일체 신학이 교리적이고 이론적인 논쟁 같으나 역사가 기억하는 삼위일체를 지킨 자들은 차가운 교리가, 변증가가 아니었다. 오히려 핍박하는 자에게 축복하고, 따뜻한 가슴으로 나환자들을 돌보고, 지성을 자랑하지 않고 겸손히 수도사의 삶을 살아간 자들이었다. 이는 우리에게 시사하는 바가 크다. 그들의 삶으로 인해 오늘날까지도 교회가 존재하는 것이다. 또 이러한 역할을 누군가 계속 치열하게, 또 치밀하게 감당해 나가야 한다.

11

다름이 틀림으로

—

교리의 확립과 교회의 분열

1. 다름이 틀림이 되는 과정

초대교회사를 이해하고자 할 때 사건을 중심으로 접근할 수도, 인물이나 사상을 중심으로 접근할 수도 있다. 초대교회사와 관련된 책들을 살펴보면 보편적인 개론서에서 기대하는 것처럼 목차들이 유사한 경우가 거의 없다. 적어도 300년 이상의 긴 시간의 역사를 십여 개의 장에서 다루고, 포괄하고 있는 지리적 범위도 동방과 서방을 아우르는 광범위한 것이기 때문에 관점에 따라 서술하는 방식과 주요 주제들이 전혀 다르게 나타날 수 있다. 그래서 초대교회에 접근하는 가장 손쉬운 접근법 중의 하나가 교리 형성을 중심으로 놓는 것이다. 니케아 공의회를 비롯하여 칼케돈 공의회가 중요하게 다루어지는 이유이다. 하지만 삼위일체론, 기독론 등의 정립이라는 조직신학적 관점만으로 공의회를 이해하는 것은 충분하지 않다. 역사적인 관점에서 주요 신학이 규정되는 역사는 뒤집어 표현하면 교회의 분화, 분열의 역사이다.

기독론에 대한 논쟁은 초대교회가 교리를 확정해 나가는 과정에서 핵심적인 주제들 중 하나였다. 이를 주요한 논제로 다루었던 에베소 공의회와 칼케돈 공의회 등을 살펴봄으로써 기독교에서 기독론이 정립되어 가는 역사적 흐름을 짚어 볼 수 있다. 이 공의회들은 동방 교회와 서방 교회가 분리되기 전에 양 교회가 함께 이루었던, 동방과 서방 양 교회에서 공히 인정을 받고 있는 공의회들이다.

삼위일체론이 중요한 교리로 다루어진 후, 이어서 왜 기독론이 중요한 교리의 주제로 제기됐는가 생각해 볼 필요가 있다. 그 역사적 배경을 개괄적으로 살펴보면, 동방 교회와 서방 교회의 차이에 주목하게 된다. 서방 교회는 외부와의 전쟁, 즉 비정통과의 전쟁을 주로 치렀다. 로마를 약탈한 이교도와의 싸움에서 로마 교회가 서방 교회를 방어하는 역할을 해냄으로써 권위를 확보할 수 있었고, 서방 교회에서는 로마만이 교리에서 정통을 정하는 유일한 권위를 가지고 있었다.

서방 교회는 동방 교회에서 안디옥 학파와 알렉산드리아 학파가 첨예하게 대립하며 일으켰던 신학 논쟁에서 자유로울 수 있었고, 독자적인 세력을 형성해 나갈 수 있는 유리한 위치를 점하고 있었다. 서방 교회가 정치적으로 상대적으로 안정적이었던 것을 의미할 뿐만 아니라, 신학직으로도 중세까지 교황 수장제를 기반으로 가톨릭교회가 교회 역사를 주도하여 발전해 나갈 수 있는 유리한 토대가 된 것이었다. 반면에 동방 교회는 서방 교회처럼 외부로부터 위협을 방어하면서 강력한 권력을 형성할 기회가 없었다. 동방 교회에는 서방 교회와 같은 절대 권위를 갖는 유일한 중심이 없었기에 초대교회에 다양한 신학적 스펙트럼이 존재했다. 이 때문에 이어지는 일련의 신학 논쟁들로 인해 분열을 거듭할 수밖에 없었다.

교회 분열이라고 하면 보통 어떤 사건을 생각하게 되는가? 아마 1517년 루터의 종교개혁으로 인한 가톨릭과 프로테스탄트의 분열을 떠올리게 될 것이다. 그보다 조금 더 교회 역사에 관심이 있다면 1054년의 가톨릭과 동방정교회의 분열을 생각할 것이다. 한 번 더 생각해 보면 이러한 식의 구분은 맞지 않다. 1,700년 이상 한 지역에서 자신들이 믿는 가치와 신념, 종교 제의들을 이슬람 지배 시절과 공산주의 시절 등을 겪으면서도 지켜 왔다면, 적어도 그들에 대한 기초적인 존중심은 보여 주어야 한다. 실제로 대부분의 책에서는 11세기의 동방 교회와 서방 교회의 분열, 즉 로마 가톨릭과 그리스 정교의 분열을 최초의 분열로 지적하고, 그 전에 이미 존재한 칼케돈 공의회를 전후한 교회 분열은 분리라고 보지 않는다. 이때의 교리를 둘러싼 논쟁에 따른 교회의 분열 혹은 분리를 정통의 확립으로 나아가는 과정에 있었던 사건들로 보는 시각이 지배적이기 때문이다.

그러나 현대에는 기독론 논쟁에 대해 어떤 한 파가 다른 파를 이단으로 단죄하였다는 시각보다는 견해 차에 따른 교회 분열로 보는 시각이 지배적이다. 기독론과 관련해서 어디까지가 교회가 수용할 수 없는 이단적이었던 것인지에 대한 의문이 제기되고 있다는 의미이기도 하다. 당대 상황에 대해 이러한 예비적인 고려가 필요하다.

니케아 공의회가 개최된 계기는 '예수와 하나님이 동등하지 않다' 즉 '예수는 하나님이 아니다'라는 주장을 반박하기 위한 것이었다. 그리고 니케아 공의회를 통해서 예수는 참 하나님이라는 명제를 확인하기 위한 주장들이 나오게 되었다. 그 배경은 예수의 신성을 부정하며, 예수는 육체를 입고 오지 않았다거나 예수는 유령 같은 존재였다고 주장한 아리우스파의 주장에 맞서고자 했던 시도였다. 결론적으로 '예수는 하나님'이라는 명제가 확립되면서 그리스도관에 대한 출발점이 주어졌다고 할 수 있다. 하지만 그것이 끝이 아니었다. 그렇다면 예수 그리스도를 어떻게 볼 것인가 하는 계속되는 논쟁에 부딪히게 된 것이다. 예수가 하나님이라면, 예수가 완전한 하나님이면서 동시에 완전한 사람이라면, 어떻게 한 인격 속에 양자가 연합될 수 있는 것인지가 또 다른 문제로 떠오르게 되었다. 여기로부터 그리스도의 양성론 논쟁이 나오게 된다.

예수가 완전한 하나님이 아니라면, 인간을 구원할 능력이 없을 것이다. 예수가 완전한 하나님이기 때문에 인간을 구원할 수 있다는 점은 니케아 공의회에서 합의되었다. 그렇다면 반대로 예수가 완전한 인간이 아니라면 어떻게 되겠는가? 이 주제에 대해서도 첨예한 논쟁이 제기되었다. 만약 예수가 완벽한 사람이 아니라면 인간을 구원할 수 없을 것이다. 이는 예수가 완전한 인간으로 이 땅에 와서 인간들의 모든 죄와 허물을 지고 십자가에 죽음으로 모든 죄를 사하였기 때문이다. 예수가 평범한 사람들처럼 인성을 지니고 있었기 때문에 인간의 본성에서 비롯되는 죄악에 대해서도 대속할 수 있었다. 예수가 인성을 지니지 않았다면 예수가 인간의 죄를 대신해서 죽음으로 속죄를 이루었다는 논리가 성립할 수 없게 되는 것이다. 그렇기 때문에 예수는 인간의 죄를 해결할 수 있는 능력을 지닌 완벽한 신인 동시에, 인간의 속성을 가지고 있음으로 십자가에서 인간을 대신할 수 있는 완벽한 인간이어야 한다.

2. 예수의 인성과 신성에 대한 논쟁

결국 기독론에서 핵심은 신성과 인성이 한 실체 속에 어떻게 공존하느냐를 둘러싸고 전개된다. 결론적으로 말하자면, 이것은 설명이 가능한 문제, 어떤 해석을 덧붙일 수 있는 문제, 신학적으로 완벽하게 풀어 낼 수 있는 문제가 아니었다. 칼케돈 공의회에서도 이런 점에 동의하면서, 어떤 식으로든 해석하고자 하는 시도들을 이단으로 단죄하게 된다.

사실 이 문제는 신비이기 때문에 설명하려 할수록 혼란만 가중시키는 것이다. 모든 설명이 일면 타당성이 있었지만, 모든 것을 포괄하는 완벽한 설명은 불가능했다. 그런 완전할 수 없는 설명들이 일으키는 문제들을 생각하면서 공의회는 그것들을 이단으로 단죄하여 모순점을 반박함으로써 기독론에 관한 입장을 정리했다. 교회 공의회는 기독론에 관한 사상 세 가지를 단죄했다.

첫째로 아폴리나리우스주의이다. 이 사상은 381년에 콘스탄티노플 공의회에서 단죄되었다. 아폴리나리우스는 신성과 인성이라는 두 개의 완벽한 독립적인 실체가 존재할 수 있지만, 그 둘이 완벽하게 합쳐져 연합할 수는 없다고 주장했다. 두 실체가 각각은 완벽하더라도 그것이 합쳐졌을 때 하나의 완벽한 실체를 이루리라는 것을 보장할 수는 없다. 완전한 신성이 무언가 부족한 인성의 부분을 보완하여야 완전한 하나의 존재가 될 수 있다. 육체를 입은 예수가 완벽한 하나님이 되기 위해서는 예수의 육체에 완전한 신성이 부여되어야 한다. 아폴리나리우스는 인간의 육체를 지닌 예수에게 특별한 신성이 들어왔다고 보았다. 그 신성이 들어온 자리는 인간의 영혼의 자리로서, 이 신성은 불완전한 영혼과는 다른 신성이었다고 설명한다. 즉 예수는 인간의 육체에 신의 영혼을 안고 있는 존재라는 것이다. 마치 편지봉투에 편지지를 넣는 것처럼, 봉투가 인간의 육체라면 편지지는 영혼인데, 예수는 인간의 영혼에 신성이 임한 존재라는 것이다. 예수는 인간의 육체 안에 거하면서 신성이 들어와서 인간의 영혼이 하는 역할을 대체하였던 것이라고 주장했다. 이런 설명이 처음에는 인정할 만한 부분이 있었던 것도 사실이다.

하지만 곧 이 주장이 지닌 문제가 드러나게 되었다. 예수가 이 땅에 육체를 입고 왔지만 영혼은 인간의 것이 아니었다고 한다면, 예수는 완벽한 인간이 아니라는 결론이 된다. 그렇다면 예수의 육체도 진짜가 아닐 수 있다는 의문이 제기될 수 있다.[1] 또 다른 형태의 가현설이 될 수 있었다. 예수가 육체만 인간이고 영혼은 아니라면, 예수의 죽음으로 우리 육체는 구원할 수 있지만 우리 영혼에 대해서는 구원하는 것인가 확신할 수 없게 된다. 결국 교회는 예수가 완벽한 신인 동시에 완벽한 인간이라는 사실을 다시 한번 확실히 선포하면서, 이를 침해할 수 있는 설명을 부정할 수밖에 없게 된 것이다. 물론 그렇다고 근본적으로 문제가 해결된 것은 아니었다. 계속해서 3차와 4차 공의회에서도 이 문제가 논쟁이 된다.

1차, 2차 공의회에는 모두 로마 감독이 참여하지 않았다. 3, 4차에서도 로마 감독은 제기된 사안들을 동방 교회의 문제로 판단하였고, 동방 교회의 감독들끼리만 논쟁하게 된다. 이 공의회의 소집과 논쟁이 순수하게 신학적인 것만이 아니며, 교회 사이의 정치적 혹은 신학적 대립과 경쟁으로부터 빚어지게 된 것이라는 점을 염두에 둘 필요가 있다. 특별히 기독론 문제는 안디옥 학파와, 그에 대립하여 결별해 나온 콘스탄티노플 학파 사이의 경쟁이었다.

안디옥 학파와 알렉산드리아 학파의 신학적 쟁점에 대해서 간단하게 언급할 필요가 있다. 여기에서 예수의 인성과 신성에 대한 논쟁과 관련된 중요한 설명들이 나오기 때문이다. 알렉산드리아 학파는 그리스도의 신성, 즉 예수는 하나님이라는 사실을 강조하며, 성서를 해석할 때에도 성서에서 이해하기 어려운 부분은 문자적으로 해석하기보다 알레고리로 해석하는 신학적 전통을 지닌다. 반면에 안디옥 학파는 그리스도의 인성을 강조하면서, 유대교 전통, 즉 유대교의 문자주의의 영향을 받아서 성서를 문자적·역사적으로 해석한다. 그 이유는 구약 성서의 기록된 내용이 바로 유대인들이 실제 겪은 역사였기 때문에 이것을 알레고리로 해석을 할 이유가 없다고 보기 때문이었다.

두 학파 사이의 대립은 콘스탄티노플 공의회 이후에 콘스탄티노플이 알렉산드리아를 넘어서 동방 교회에서 두 번째로 강력한 영향력을 확보하게 된 이후에 더욱 극명하였다. 결국 알렉산드리아와 안디옥 사이의 정치적 경쟁 구도 속에서 3, 4차 공의회가 개최된다. 로마 교회는 여기에서 특별한 역할을 하지 않았다. 안디옥 학파는 터키와 소아시아 지역에서 영향력을 행사하고 있었고, 알렉산드리아 학파는 이집트 지역에서 영향력을 가지고 있었다. 그리고 둘 가운데 안디옥 학파가 콘스탄티노플 학파가 사상을 형성하는 것에 지대한 영향을 주었다. 콘스탄티노플은 아무래도 거리상도 가까운 안디옥의 영향 아래 있었기 때문이었다. 결국 안디옥 학파와 콘스탄티노플 사이에 사상적으로 통하는 부분이 많았다.

이 두 세력 간의 논쟁은 알렉산드리아 학파와 콘스탄티노플 사이의 논쟁으로 이어진다. 알렉산드리아 학파는 그리스도의 신성을 강조한다. 알렉산드리아 학파는 예수의 어머니 마리아를 하나님의 어머니(theotokos, 테오토코스), 혹은 하나님을 잉태한 여인 등으로 불렀다. 이것은 가톨릭의 성모 숭배와 연결되는 사상이다. 가톨릭은 무흠수태설, 성모승천설 등을 주장한다. 물론 이것은 사실 고대가 아닌 중세 이후에 확립된 것이다. 서방 교회에서 성모 숭배 경향은 12~13세기에 큰 발전을 이룬다. 무흠수태설이 공식 교리로 채택된 것이 1854년이었고, 성모 승천설은 1950년이 되어서야 교리로 지정되었다. 이런 주장의 본류는 알렉산드리아 학파의 주장에서 찾을 수 있다. 이때 그들의 주장은 물론 성모 숭배가 아니라 예수의 신성을 강조하기 위한 것이었다.

이에 대해서 콘스탄티노플 감독으로 임명된 네스토리우스가 문제를 제기한다. 그는 안디옥 학파의 전통 아래에서 교육을 받았기 때문에 그리스도의 인성을 강조하는 경향이 있었다. 네스토리우스는 마리아를 하나님의 어머니라고 부른다면 기독론에 혼란을 가져올 수 있다는 점을 지적하였다. 예수는 신성만이 아니라, 완벽한 인성 또한 지녔기 때문에 마리아는 예수의 인성의 측면에서 어머니인 것으로 사람의 어머니라고도 불러야 한다는 것이었다.

그는 양 측면을 포괄하기 위해서 마리아를 그리스도의 어머니라고 불러야 한다고 대안을 제시했다. 이는 이 개념을 표현하는 용어에서 연합(union)이란 단어와 결합(conjunction)이라는 단어의 뉘앙스 차이에 따른 문제로 생각할 수 있다. 연합의 의미라면 좀더 화학적인 하나 됨을 의미하지만, 결합의 의미라면 다소 물리적인 연결을 강조하는 듯 보인다. 두 실체가 서로 섞여 있는 상태보다 분명하게 두 가지가 하나의 실체 안에 동시에 존재하는 상태를 표현하고자 한다면 결합이라는 의미를 가지는 것으로 볼 필요가 있다. 네스토리우스는 신성과 인성의 하나 됨을 결합의 의미를 가지는 용어로 사용하였다. 일리 있는 견해이다.

문제는 알렉산드리아에서 네스토리우스의 주장을 자기들에 대한 도전으로 받아들였다는 점이다. 알렉산드리아 내에서는 하나님의 어머니라는 표현을 사용해 왔는데, 네스토리우스가 이 개념에 도전장을 내민 셈이 되었다. 당시 알렉산드리아 감독을 역임했던 키릴리우스가 개입한다. 키릴리우스는 네스토리우스가 기존에 받아들여졌던 신앙 자체를 훼손하고 있으며, 또 예수의 인성과 신성을 서로 분리함으로써 예수 안에 있는 통일성, 그리스도 안에 신성과 인성이 결합되어 있는 상태에 대한 믿음을 훼손한다고 반박한다.[2] 표면적으로는 신학적 반박이지만, 실제로는 콘스탄티노플의 입지가 강화된 데 따른 불안감으로 인해서 제기되는 정치적인 성격의 주장이었다고 할 수 있다. 사실상 하나님의 어머니보다는 그리스도의 어머니가 더 타당한 개념이기 때문이다.

결국 이를 둘러싸고 대규모 논쟁이 벌어진다. 키릴리우스는 결합을 인정한다는 것은 결국 두 개의 실체가 존재하는 것을 인정하는 것이 된다고 주장한다. 그리스도의 어머니라는 표현이 결국 마리아가 신성과 인성이라는 구별되는 두 실체를 낳았다는 의미가 된다고 공박하면서, 네스토리우스가 두 아들을 만들어 냈다고 비판했다. 반면에 네스토리우스는 알렉산드리아 학파가 연합을 지나치게 강조하면서 존재하는 두 실체가 뒤섞여서 인성과 신성의 구분이 모호하게 되어 버린 결과를 낳았다고 비판한다. 이런 논쟁은 각자의 편에서 분명히 일리가 있다. 그리고 두 의미 사이의 차이를 명확하게 신학적으로 해석하기란 거의 불가능한 일이다.

알렉산드리아 학파에서는 네스토리우스의 견해를 물과 기름이 서로 섞이지 않는 것과 같이, 그리스도 안에 신성과 인성이 서로 섞이지 않고 분리되어 존재하는 것으로 해석한 것이라고 비판한다. 한 존재 안에 전혀 본질이 다른 두 실체가 있다면 그것은 결코 하나의 존재가 될 수 없는 것이라는 식으로 그의 주장을 극단적으로 몰아서 비판한 것이다. 네스토리우스의 주장은 물론 그런 것이 아니기 때문에, 이에 대해서 해명하면서 알렉산드리아 학파의 주장에 반박한다. 결국 키릴리우스는 네스토리우스에게 그의 오류를 시인하고 철회하라고 권고하는 장문의 편지를 보내고, 여기에 힘을 싣기 위해서 자기의 교구에 속한 교회들에도 이를 공지한다. 이렇게 되니 이 논쟁이 알렉산드리아와 콘스탄티노플 사이의 일전이 되고 말았다. 결국 양 교회는 각자의 견해에 대한 지지를 황제에게 요청하여 인정을 받으려 한다. 이에 황제가 431년에 에베소에서 이를 다루기 위한 공의회를 열기로 한다.

니케아 공의회는 그 자체로 큰 역사적 의의를 지니고 있음에도 교회 안의 논쟁에 대해서 아직 세례 받지 않은 세속 군주인 콘스탄티누스 황제에게 들고 나가서 결정을 부탁한, 교회 문제에 세속 권력이 개입하는 좋지 않은 선례를 남긴 것이라고 평가된다. 381년에 열린 두 번째 콘스탄티노플 공의회에서도 마찬가지로 황제가 개입을 해서 문제를 해결했다. 결국 그 이후의 공의회 역시 누가 황제로부터 정치적인 지원을 받을 수 있는지가 관건이 되어 버렸다. 네스토리우스는 이 공의회가 열리면 자신이 키릴리우스를 견제할 수 있는 유리한 입장에 설 수 있을 것으로 생각해서 황제가 교회의 문제에 대해서 결정하게 되는 일에 동의했다. 아마도 공의회 자체가 이집트가 아닌 자신의 영향권 안에서 열리기 때문에 유리할 것이라고 생각한 듯하다. 이렇게 열린 에베소 공의회는 처음부터 파행을 겪게 된다.

네스토리우스를 지지하는 콘스탄티노플 교회의 모교회인 안디옥 교회의 감독이 이 회의에 늦게 도착했다. 키릴리우스는 안디옥 감독이던 요하네스가 영향력을 행사할 것을 염려해서, 예정된 것보다 빨리 회의를 열도록 주장했다. 물론 네스토리우스는 이에 반대하며 안디옥 감독이 올 때까지 기다릴 것을 주장했다. 결국 키릴리우스와 그를 지지하는 자들끼리 모여 공의회를 열었다. 상대와 논쟁을 시작하기도 전에 네스토리우스를 단죄해 버린 것이었다. 며칠 후에 에베소에 도착한 요하네스는 이미 결정이 내려졌다는 사실에 분노해서 날치기 처리를 항의한다. 그리고 다른 공의회를 소집해서 키릴리우스를 파문하였다. 그러나 로미 감독인 펠라티누스가 보낸 사절이 에베소에 도착하자 키릴리우스는 다시 회의를 소집하여 네스토리우스를 단죄하였다. 이는 신학적인 논쟁으로 이루어진 것이 아니라 정치적인 목적으로 이루어진 일이었다. 이렇게 정치적으로 결정이 번복되는 혼돈스러운 상황이 계속되자, 정치적 힘을 가지고 있는 황제에게 거듭 해결을 청원하였다.

황제는 과거에 그의 누이가 네스토리우스에게 모욕을 당한 적이 있었기 때문에, 신학적 쟁점에 대한 관심보다는 네스토리우스에 대한 반감으로 그를 추방하는 결정을 내리게 된다. 결국 네스토리우스는 자신의 주장이 오해 받는 것에 대해 억울함을 호소하다가 조용히 감옥에서 세상을 떠나게 되었다. 그는 자신의 주장이 그리스도를 두 개의 인격으로 나누는 것은 아니었는데, 키릴리우스가 의도적으로 이를 지나치게 해석해서 오해한 것이라고 해명했지만 인정 받지 못했다.

에베소 공의회에서 결국 네스토리우스가 단죄되고 네스토리우스를 추종하는 교회들이 떨어져 나갔다. 그들은 네스토리우스파라고 불리게 된다. 네스토리우스의 주장은 이단적이라고 규정하기에는 모호한 지점이 많다. 실제로는 콘스탄티노플과 알렉산드리아 간의 권력 다툼의 희생자였다고 평가하는 것이 타당하다. 공의회를 연구하는 대부분의 학자들은 후에 칼케돈 공의회에서 정의한 기준에 따라 네스토리우스의 사상이 이단적이기보다는 정치적인 이해관계가 그의 탄핵에 더 큰 영향을 주었다고 판단한다. 그는 로마 교회로부터는 오해 받고 동방 교회로부터는 배척당한 사람으로, 동·서방 교회로부터 불공정하게 탄핵 당했다.

네스토리우스의 추종자들은 로마 제국의 경계 밖에 있는 지역인 페르시아로 진출하면서 로마 제국 안의 기존 교회와는 크게 분리된다. 그리고 시리아와 메소포타미아 지역 동쪽에 근거지를 세우고 교회를 이룬다. 따라서 네스토리우스의 기여를 동쪽으로 선교한 것이라고 평가한다. 중국과 몽골에까지 전해지고, 심지어 한반도에도 전해졌다고 알려진 경교는 동쪽으로 이동한 네스토리우스파이다.[3]

흔히 단성론과 네스토리우스파의 주장이 같은 것이라고 오해하고 혼동하기 쉽다.[4] 사실 이 둘은 정반대의 주장이라고 보아야 한다. 유티케스는 그리스도의 신성과 인성을 설명하기 위해서 물과 포도주를 비유로 든다. 물과 포도주는 완전히 다른 독립된 두 가지 물질인데, 이것은 섞으면 분리되지 않고 혼합되지만, 그 결과물은 물도 아니고 포도주도 아닌 어떤 다른 성질이 된다. 예수는 이렇게 신성과 인성이 완전하게 함께 있지만, 인간과는 전혀 다른 존재라는 것이다. 유티케스는 네스토리우스에 반대하는 키릴리우스파이다. 네스토리우스파가 한쪽 극단으로 간 것이라면, 유티케스는 반대의 극단을 간 것이다. 이 비유로부터 그는 두 가지 본성을 본질적으로 부정한다. 성육신 당시에 그리스도는 인성이 신성 속에 혼합되어 결국은 한 본성만 남게 되었다고 결론을 내렸다.[5]

예를 들어 파랑과 빨강을 섞으면 보라색이라는 전혀 다른 색이 나온다. 두 가지 본성이 섞여서 제3의 새로운 본성이 나오므로 인간과는 다르다. 예수를 신성화된 본성을 지녀 우리와는 다른, 그렇지만 알 수는 없는 새로운 본성을 지니게 됐다고 한다. 예수를 하나의 본성만을 지닌 존재로 보는 것이다. 여기에서 다시 반복해서 문제가 제기될 수밖에 없다. 예수가 만약 새로운 제3의 본성을 가졌다면, 인간의 육체나 영혼을 구원하는 것은 불가능해진다. 일정 부분 유티케스주의가 설득력이 없는 바는 아니지만 이 문제를 해결할 길이 없어진다.

실제로 431년에 에베소 공의회가 개최된 후 유티케스주의를 수정하여 일시적으로 합법화했다. 449년에 제2차 에베소 공의회가 열렸을 때 키릴리우스파는 유티케스주의를 정통으로 삼고자 시도했다. 이에 대해 로마 감독 레오 1세가 문제를 제기했다.[6] 그는 이 에베소 공의회를 어느 누구도 동의하거나 합의하지 않은 것을 통과시킨 강도 공의회라고 강력하게 비난했다. 유티케스의 주장을 단성론이라고 로마 교회에서 처음으로 언급했다. 결국 이를 해결하기 위해서 2년 후인 451년에 칼케돈에서 다시 교회회의가 열리게 된다. 이 공의회 역시 그리스도의 인성과 신성이라는 문제를 해결하기 위한 목적으로 열렸다.

3. '부정의 신학'의 결정체

위와 같은 배경에서 개최된 칼케돈 공의회 역시 황제가 소집하였으며, 무려 500여 명의 고위 성직자들이 참석한 역대 가장 큰 규모였다. 로마는 훈족의 로마 침입과 약탈로 인해서 대규모로 참석하지 못했다. 이 공의회에서는 니케아 신조와 콘스탄티노플 신조, 그리고 키릴리우스의 서신 2통, 교황 레오 1세가 단성론을 부정한 것 등을 지지했다. 단성론을 부정하고, 그리스도 안에 신성과 인성이 완전하게 결합했다는 정통파의 주장을 받아들였다. 또한 예루살렘과 콘스탄티노플을 대주교구로 승격하는 결정을 공식적으로 확정했다. 그리스도의 인성과 신성에 대해 내린 결정 내용은 다음과 같다.

"우리 모두는 만장일치로 가르친다. 한 분 우리의 주 예수 그리스도이

신 성자는 완전한 신과 완전한 인간으로 섞이거나 변화되거나 나뉘거나 분리되거나 함이 없는 두 본성이다. 이 두 본성 사이에 두 분이 연합을 통하여 결코 없어지지 아니하며 오히려 각 본성의 동일성은 보존되면서 한 인격과 존재에서 동시에 나타난다."[7]

결정 내용은 쉽게 이해되지 않을 수 있다. "섞이거나 변화되거나 나뉘거나 분리되거나 함이 없는"이라고 하니, 모순으로 생각할 수도 있다. 이런 결론은 동방 신학의 특징에서 비롯된 것이라 볼 수 있다. 동방 신학은 부정의 신학이다. '그리스도는 ~이다'라고 언어로 규정하려는 순간, 그 주장은 공격을 받을 여지를 남긴다. 이 때문에 '~ 아니다'라는 식으로 규정한 것이다. 칼케돈 공의회의 절묘한 성과는, 주장하지 않으면서 주장하는 그 성격에 있다. 잘못된 것을 인정하지 않음으로써, 올바른 것만 남게 하는 것이 이 칼케돈 공의회의 결론이다.

어떤 개념에 대해서 명확하게 규정하지 않지만, '~ 아니다'라고 선언함으로써 여백을 남겨 두는 부정의 신학의 가장 대표적인 사례다. 아폴리나리우스의 주장처럼 그리스도의 인성은 부족한 것이고, 그 빈틈에 신성이 들어갔다고 주장하는 봉투와 편지의 비유에 대해서 반박한 것이다. 예수 그리스도인 성자는 완전한 신과 완전한 인간이기 때문이다. 또한 섞이거나 변화되지 않는 두 본성, 즉 물과 포도주가 섞여서 혼합되어 새로운 것이 되었다는 유티케스주의에 대한 반박이기도 한다. 섞이거나 변화된 것이 아니라고 규정했기 때문이다. 또 네스토리우스주의에서 주장하는 두 본성이 독립해서 존재하는 것으로 나뉘어지는 것이라는 주장에 대해서도 반박한 것이다. 분리되지 않는다고 규정했기 때문이다. 이렇게 그리스도의 본성에 대해서 부정하는 방식으로 규정함으로 해서 오히려 오해의 여지가 없게 제대로 설명한 것이다.

결론은 그리스도 안에 인성과 신성이 실제 연합하고 있다는 것이다.

이 연합이 어떤 식으로 이루어졌는지에 대해서는 설명하지 못하는 것이 칼케돈 공의회의 한계이기는 하다. 그렇지만 어떤 공의회도 이것을 완벽하게 정의하려고 한다면 오히려 문제를 만들어 낼 것이다. 또 다른 편에서 반박이 나올 수 있기 때문이다. 이에 대해서는 설명할 수 없는 미스테리로 남겨 두는 결정을 한 것이다. 양성이 연합하는데 어떤 식으로 결합되는지는 인간이 설명할 수 없는 영역이다. 칼케돈 공의회의 결론도 설명하는 것은 불가능하다는 것, 신비로 남겨 둬야 한다는 것이었다. 이를 어떤 방식으로든 설명하려 시도하면, 한편으로 치우치면 유티케스주의에 빠지고 다른 편으로 치우치면 네스토리우스주의에 빠져 버린다. 칼케돈 공의회가 내린 결론의 의의는 넘지 말아야 할 선에 대해서 이야기하고 있다는 데에 있다. 서방 교회는 칼케돈의 결정을 수용한다. 왜냐하면 레오 1세가 주장했던 단성론자에 대한 반박이 들어가 있었고, 서방 교회에서는 이 신학적인 논쟁에 깊이 노출되지 않았기 때문이었다.

반면에 동방 교회는 이 문제 때문에 이미 네스토리우스파가 떨어져 나간 데 이어서 유티케스주의도 떨어져 나가면서, 양 극단이 분리되는 사태가 일어난다. 공의회를 열어서 문제가 해결되고 봉합된 것이 아니라, 오히려 갈등이 증폭된 것이다. 381년에 아폴리나리우스파, 431년에 네스토리우스파가 단죄된 상태였기 때문에 칼케돈 공의회 이후에는 칼케돈파와 단성론자의 갈등이 계속된다. 그리고 100년 후인 553년에, 또 130년 후인 680년에 다시 이 문제를 가지고 칼케돈 공의회의 결정을 재천명하고, 양성론자와 단성론자를 단죄했다. 이렇게 200년 동안 반복적으로 칼케돈 공의회의 결정이 재천명되었다는 것은 이 문제가 200년 동안 해결되지 않았다는 의미였다. 칼케돈 공의회 이후에도 이 문제는 남아 있었고, 단성론자 교회가 크게 세력을 얻고 확장해 나갔다.[8]

4. 공의회가 남긴 유산

이렇게 기독론에 대한 차이로 교회가 분리된다. 교회의 분열은 오래전부터 일어났다. 로마 가톨릭교회와 동방정교회가 분리되기 이전에, 네스토리우스 교회가 에베소 공의회의 결정에 따라 분리되었다. 단성론자들이 칼케돈 공의회로 인해서 분리되었다.[9] 보통 서방 교회에서 나온 가톨릭과 동방 교회에서 나온 그리스 정교회의 분리를 먼저 생각한다.

그런데 동·서방 교회가 나눠지기 전에 이미 도나투스파, 네스토리우스파, 비칼케돈파 등이 교리를 두고 논쟁하다가 갈라졌다. 그들은 칼케돈 공의회의 결의를 거부하고 이집트, 서아시아, 에티오피아 등에 정착하여 토착 기독교로 자리잡았다. 이들이 오리엔트 정교회(oriental orthodox church)이다. 시리아 정교회, 마론교, 이집트의 콥트교, 인도 정교회, 아르메니아 정교회, 에티오피아 정교회 등이 여기에 포함된다. 그중 마론교 같은 경우는 12세기에 로마 가톨릭에 흡수되기도 했다. 예전 이라크의 사담 후세인의 통치 시절 그의 각료 중에 기독교 신자들이 몇 명 있었다. 예상 외로 이라크의 기독교 인구 비율이 높았다. 오리엔트 정교회가 이슬람의 통치 속에서도 천 년이 두 번 흐르는 동안 유지되었기 때문이다.[10]

이들을 그리스 정교의 일파로 형성된 것이라고 생각하기 쉬운데, 사실은 그렇지 않다. 그리스 정교와의 분리 이전에, 5~6세기에 걸쳐서 형성된 또 다른 기독교라고 보는 것이 옳을 것이다. 기독교 초기에 분리된 형태라고 이해해야 한다. 오늘날에도 존재하는 이런 교회들에 대해서 이단인지 아닌지 논의하는 것은 의미가 없다.[11] 한국 교회에는 그리스 정교, 러시아 정교로 대표되는 동방정교회와 오리엔트 정교회를 구분할 수 있을 정도의 기초적인 소개도 되어 있지 않다. 그들에 대해서는 아는 게 전혀 없다. 하지만 그것이 그들의 삶과 신앙이 무시되어도 된다는 의미는 결코 아니다.

동방 지역에서는 7~8세기에 동로마 제국이 이슬람의 지배하에 넘어가면서 콘스탄티노플을 제외한 나머지 세 개 교회는 역사의 뒤안길로 사라져 버린다. 유일하게 콘스탄티노플만 동방 신학의 유산을 간직하며 상징적으로 남았다. 더불어 키예프 공국에서 동방정교를 수용하여 러시아 지역으로 확산되었으며, 폴란드를 제외한 동유럽 지역이 정교 지역으로 된다. 공의회의 결과는 이같이 교회 내 분리를 낳고, 서로 독자적인 신학의 형성을 가져왔다. 이렇게 하여 초대교회사는 막을 내리게 되었다. 그리고 이제 중세교회사에 대해서 논할 때는 초대교회의 주요 교회들 중 하나였던 가톨릭 교회사를 중심으로 이야기하게 된다. 중세에도 그리스 정교와 로마 가톨릭의 화해와 일치의 노력은 계속되지만 결과적으로 이런 노력들은 실패하고, 엄격하게 분리되고 말았다.

교회 공의회의 긍정적인 기여는 중요한 문제들을 정의하고, 신학을 정리해서 합의된 교리를 도출했다는 것이다. 하지만 이것이 남긴 부정적인 유산도 있다. 어떤 문제에 대해서 특정하게 정의하는 순간 그것을 수용하지 못한 집단들이 떨어져 나갔다. 이렇게 공의회가 분리를 야기하는 것이 불가피한 것인가, 정치적인 것인가 말하기는 어렵다. 하지만 교회사에서 항상 이런 방식으로 규정을 내림과 동시에 분리가 일어나는 역사가 있었다.[12]

그러나 공의회를 통해 결정된 것을 그저 정통과 이단 시비로만 규정하는 것은 충분하지 않다. 교리에 대한 견해 차이로 나뉘었지만 여느 종교와 마찬가지로 기독교회 역시 초기부터 민족과 종교가 밀착되어 발전하였다. 민족의 언어와 문화, 사상적 배경을 토양 삼아 독자적인 신학을 형성하였다. 니케아 공의회에서 확정한 삼위일체 교리를 받아들인 초대교회는 칼케돈 공의회 전에 예수의 신성과 인성에 대한 관점에서 차이를 드러내고 분열하였다. 또한 넓게 단성론을 받아들인 교회와 양성론을 받아들인 교회로 갈라졌다. 단성론자 교회들 역시 이슬람이 지배하는 지역에서 핍박 속에서도 소수자로서 오늘까지 종교 문화적 전통을 유지해 오고 있다.

한국 교회와 같이 성서 텍스트 해석 문제를 놓고 정통과 이단을 가르는 데 익숙한 분위기 속에서 동방의 소수 기독교 종파를 같은 뿌리의 기독교로 볼 수 있다는 것은 받아들이기 쉽지 않다. 그러나 기독교의 발전은 성서 텍스트뿐 아니라, 언어·문화·사상 등 텍스트를 둘러싼 컨텍스트에 따라 전혀 다른 형태로 이루어졌다. 이런 사실을 조금만 열린 마음으로 이해한다면, 정통과 이단을 몇 가지 기준으로 간편하게 구별하는 것이 얼마나 무례하고 위험한 것인가 알 수 있다. 기독교는 텍스트 기반의 교리적 관점에서뿐 아니라, 사람들이 문화와 전통 속에서 호흡하고 살아가는 컨텍스트를 중심으로 바라보아야 한다.

12

초대교회의 뒤안길

—

아우구스티누스와 역사

1. 초대교회의 끝자락에서

왜 아우구스티누스인가? 오늘날 가톨릭과 개신교 진영 모두 여전히 아우구스티누스에 대한 관심이 지대하다. 다만 그의 광범위한 사상의 사유 세계 덕분에 서로 어울릴 것 같지 않은 가톨릭적인 요소와 개신교적인 요소가 모두 발견되고 있다. 개신교의 관점에서 바라보자면 아우구스티누스의 신학적인 성과가 루터나 칼뱅에 의해서 재발견되었다는 평가가 많다. 아우구스티누스의 사상 중에서 중세 가톨릭 형성에 도움을 준 사상, 예컨대 면벌부 신학 등에 아우구스티누스의 사상이 크게 들어가 있는 것도 명백한 사실이다. 그러나 16세기 개신교가 재발견한 것은 신학적으로 은총론에 관련된 것이라고 할 수 있다. 초대교회사는 아우구스티누스와 더불어서 막을 내린다. 인물로는 아우구스티누스이고 역사적 사건으로는 로마의 멸망과 더불어 막을 내리는 것이다. 또한 종교개혁의 시작은 아우구스티누스의 사상이 재발견되면서 시작되었다고 해도 지나치지 않다. 다시 말해서 아우구스티누스는 초대교회사의 마지막 인물인 동시에 중세교회사의 첫머리이고, 중세교회사의 마지막 인물인 동시에 종교개혁사의 첫머리이다.

교회사 시대 구분을 아우구스티누스 전과 아우구스티누스 후, 혹은 아우구스티누스 사상이 숨겨졌을 때와 재발견됐을 때로 나눌 수 있다. 아우구스티누스를 기점으로 해서 교회의 역사가 나누어질 수 있다는 것이다. 한편으로는 아우구스티누스가 그만큼 탁월했다고 볼 수 있고, 다른 한편으로는 아우구스티누스가 초대교회의 모든 사상을 집대성했다는 의미이기도 하다. 그가 독자적인 신학이나 철학의 틀을 만들었기 때문이기보다는 초대교회부터 기원후 430년까지 5세기 동안의 신학을 집대성한 공로가 크기 때문이다. 자세히 살펴보면, 초대교회의 신학의 주류를 형성하고 있던 곳은 알렉산드리아, 콘스탄티노플, 안디옥이었다. 아우구스티누스는 북아프리카 출신으로서 신학적으로 보면 특별하게 이런 신학의 주류로부터 영향을 받을 만한 상황이 못되었다. 아우구스티누스를 초대의 신학을 집대성했다는 측면에서 평가할 수도 있지만, 아우구스티누스가 신학계에서뿐 아니라 일반 철학이나 역사학에서 중요하게 다루어지는 이유는 바로 역사철학 또는 역사신학 때문이라고 할 수 있다.

가톨릭이건 개신교건 동일하게 아우구스티누스를 기억하는 공통분모는 바로 당대의 실제적이고 중요한 문제를 어떻게 해석할지, 역사를 어떤 관점에서 볼지에 대한 기독교적 역사 인식 혹은 역사철학을 정립하여 '신의 도성'이라는 관념으로 제기했기 때문이다. 마치 12~13세기에 토마스 아퀴나스가 중세의 신학을 집대성해서 《신학대전》을 완성한 것과 마찬가지로 아우구스티누스는 그 이전 초대교회의 모든 사상을 집대성했다. 그 속에서 아우구스티누스는 당대의 사람들이 제기한 교회와 사회 문제에 대한 질문에 통찰을 제시했다. 이러한 역할 때문에 아우구스티누스를 최초의 역사철학자라고도 부른다.

보통 근대 계몽주의자들은 아우구스티누스를 역사철학자가 아니라 신의 관점에서 역사를 본 역사신학자라고 하고 있다. 엄밀하게 따지면 역사철학과 역사신학은 다른 의미를 가진 것으로, 역사철학이란 용어는 볼테르가 최초로 사용했다. 그러나 이른바 역사철학의 아버지라는 명칭은 아우구스티누스에게 붙여져도 무방할 정도로, 그가 현실 속에서 어떻게 신앙, 신학 혹은 교회의 역사를 볼 것인가 고민했다. 초대교회사를 여러 관점에서 바라볼 수 있겠으나 초대교회의 가장 큰 역설은 기독교가 공인된 후 신학적으로 체계를 잡아 가던 때에 이민족의 침입으로 서로마가 멸망했다는 것이다. 뒤집어 말하자면 공의회들을 통해서 살펴봤던 초기의 신학 논쟁들이 위기에 처한 사회의 현실과는 동떨어진 그들만의 논쟁이었던 것이 아닌가?

초대교회는 로마 제국으로부터 공인 받고 국교가 되어 당시 지중해와 소아시아 세계의 주류가 되었다. 하지만 소위 정통 신학은 당시 세상이 맞닥뜨린 로마의 멸망이란 사건 앞에서, 그리스도인이나 이교도들이 양편에서 제기하는 의문 앞에서 어떠한 해답도, 영향력도 주지 못했다. 기독교가 기득권을 가지고 있었지만, 사회가 급변하는 상황에서 어떠한 것이 교회의 나아갈 길인지 방향을 제시하는 고민이 부족했다.

근대 세계에서 이러한 현상이 가장 단적으로 드러났던 것이 프랑스 혁명 때였다. 당시 교회는 사회의 주류였으며 기득권 세력이었다. 프랑스 사회의 구체제(앙시앵 레짐)를 떠받치고 있던 가톨릭교회는 민중의 외침에 무심했다. 결국 혁명에서 성직자 계급은 민중의 타도의 대상이 되었다. 이것이 1789년의 일이었으니 결코 먼 과거가 아니다. 또 1930~1940년대에도 유럽은 제1차 세계대전의 후폭풍과 극심한 경제공황으로 위기에 빠져 있었다. 로마 가톨릭교회는 당시 이탈리아에 등장한 파시즘 정권과 정치적으로 협력했고, 독일의 루터파 교회는 히틀러 정권을 지지하고 그들의 잘못된 행동을 묵인했다. 이렇게 첨예한 사회 문제, 사회의 급격한 변화나 위기의 순간에 하나님 나라의 모형이라고 말하고, 믿고, 주장하는 교회가 별다른 역할을 하지 못하고, 오히려 안주하거나 권력에 협력함으로 큰 오류를 범하는 경우가 많았다. 아우구스티누스 시대의 교회는 그 이후 펼쳐질 수많은 사례의 시작이었다. 유감스럽게도 교회사는 이와 같은 역사의 순환을 반복해서 보여 준다.

교회 역사, 그중에서도 특히 초대교회사를 배우는 데에는 여러 이유가 있겠지만, 근본적으로는 반복되는 역사 앞에서 오늘날 무엇을 고민하며 어떻게 해야 할 것인지에 대한 역사적 교훈을 찾기 위함이다. 아우구스티누스를 통해서 한번 생각하고 배울 수 있는 것도 바로 사회와 교회를 어떻게 바라보고 해석해야 할지에 대한 자신의 관점을 정립하는 것이다.

2. 아우구스티누스의 지적 여정

자, 이제 질문을 바꾸어 보자. 왜 초대교회 끝자락에서 우리는 아우구스티누스를 주목해야 하는가? 아우구스티누스는 세기말적인 현상을 겪고 있는 오늘의 교회에 어떤 의미로 다가오는가? 그는 콘스탄티노플이나 주교구에서 활동하지도 않았고, 공식적인 신학을 만드는 데 일조하지도 않았다. 단지 한 변방 교구의 감독이었을 뿐이다. 그런데 역사는 아우구스티누스를 훨씬 더 주목한다는 사실이 시사하는 바가 있다. 기독교의 뿌리라고 할 수 있는 유대교는 태생부터 민족적·정치적 지향점이 뚜렷하였다. 그러나 기독교는 민족과 인종과 계급을 넘어선 보편적인 가치와 구원을 담보하고자 하는 집단이었다. 성격은 물론 다르지만, 이러한 흐름은 로마 제국에서도 발견된다. 로마는 팍스 로마나(Pax Romana)로 대표되는 제국의 이상과 가치를 보편적으로 적용하고자 하였다. 언뜻 보기에 공유할 가치가 없어 보이는 종교와 제국은 모두 보편적 가치를 공유하는 공동체의 이상을 지녔다는 점에서 연대할 수 있는 여지가 있었다. 로마 제국이 혼란한 시점에서도 기독교는 성공적으로 기독교 공동체의 이상을 현실 정치에 적용하는 사상을 발전시켰다. 그 덕분에 유럽 중세의 지배적 정치사상으로 기독교가 자리 잡게 되었다. 그 중심에 아우구스티누스가 있었다.[1]

아우구스티누스의 어머니 모니카는 '기도하는 자식은 절대로 잘못되지 않는다'라는 명제에 대한 확실한 모범을 보여 주는 사례로 알려져 있다. 어머니 모니카는 독실한 그리스도인이었지만 아버지는 중산층 출신 이교도였다. 아버지는 죽기 전에 세례를 받고 변화되었다. 이교도 집안이 그리스도인인 모니카의 영향력으로 가족 전체가 기독교를 받아들였다. 아우구스티누스는 타카스테라는 북아프리카의 작은 도시에서 태어나 북아프리카의 로마라고 불리는 카르타고에서 수학했다. 여기서 수사학을 공부하면서 한 여인과 동거를 하여 아이를 낳았는데, 그는 이때를 아주 방탕하게 지냈던 때라고 《참회록》에서 회고하고 있다. 흥미롭게도 후에 아우구스티누스가 극적으로 회심하고 세례를 받을 때, 이 아들도 함께 세례를 받았다. 그리고 어머니 모니카가 죽은 이후, 아들도 아우구스티누스보다 먼저 죽는 비운을 겪었다.

아우구스티누스는 마니교에 빠지기도 했다. 그의 일생은 마치 마태복음에 기록된 동방의 박사들이 진리의 별을 찾아다녔듯이, 참된 진리의 문제, 인생의 기원의 문제, 내세의 존재, 구원과 선악의 문제 등 수많은 근본적인 질문들에 대한 답을 얻기 위해 방황한 일종의 순례의 길이었다. 그런 과정 중에 그는 마니교에 심취하기도 하고, 또 기독교에 입문하기 전에는 신플라톤 철학에 깊이 경도되기도 했다.

마니교는 페르시아의 마니가 세운 종교로 영과 육의 극단적인 이원론을 펼친다. 영은 빛이요 육은 암흑인 극단의 이원론적인 우주론을 가지고 있다. 인간이 구원을 받는다는 것은 극단적으로 육체와 영혼이 분리되어 영혼이 순수한 빛의 영역으로 들어가는 과정이라고 본다. 이러한 교리를 보면 마니교는 자기 완성을 추구하는 종교라고 할 수 있다. 마니교는 이런 빛과 암흑의 대조를 통해서, 죄와 어둠, 선과 악의 문제를 이원화해서 풀어 가고자 시도한다.

이들은 논리와 수사학으로 이 문제를 접근하는데, 아우구스티누스가 처음에 여기에 경도된 이유는 어릴 때부터 어머니 모니카에게 듣고 배운 기독교의 교리보다 마니교의 교리가 훨씬 더 세련된 설명이라고 생각했기 때문이었다. 악의 문제는 나중에 펠라기우스와의 논쟁에도 나오지만, 자신의 사상을 형성함에 가장 근본적으로 제기했던 문제이다. 이 세상에 현존하는 악의 문제가 어디로부터 온 것인가 의문을 가지고 있었다. 만약 신이 지존하고 순수하고 선한 존재라면 악은 그 신이 창조한 것이 아니라는 것이다. 악과 선은 전혀 연관이 없다고 주장할 수 있다. 만약 선한 신이 지은 세계에 악이 있다면, 이런 신은 논리적으로 선한 신, 지혜로운 신이 될 수가 없다고 할 수도 있을 것이다. 완전하게 선과 악을 전혀 다른 존재로 분리하는 이원론을 주장하는 것이 논리적으로 타당할 수 있다. 그런 의미에서 마니교의 선악관은 기독교의 그것보다 더 논리적이라고 할 수 있다.

그러나 아우구스티누스는 선악의 문제를 고민하면서 마니교에서는 궁극적인 해답을 찾아내지 못했다. 아우구스티누스가 스스로 기독교적인 관점에서 발견한 것이 악에 대한 관점이다. 그는 세상에 존재하는 악을 어떻게 볼 것인가, 과연 악을 신이 만들었는가 고민하며 신플라톤주의를 통해 해답을 찾는다. 그는 날씨가 춥고 더운 이치를 비유로 들어서 이를 설명한다. 우주에는 태양이란 궁극적 존재가 있는데, 이 태양과 거리가 가까우면 가까울수록 열을 많이 받아 따뜻하고, 태양에서 멀면 멀수록 열을 적게 받아 추워지는데, 선과 악을 이런 현상으로 본 것이다. 즉 악은 신이 만든 창조의 문제가 아니라, 선이 결핍된 상태, 즉 선이 충만하지 않은 상태를 의미한다. 선이 결핍된 곳에 결국 악이 들어와서 그 자리를 메운다는 것이다. 악은 실존에서부터 나온 것이 아니라, 무로부터(ex nihilo), 즉 선이 충만하게 임하지 않을 때 선이 결핍된 자리에 악이 들어온다고 설명한다. 어떤 악도 다른 존재의 근원에서 파생된 것이 아니라, 즉 태양이나 선이라는 궁극적 존재에서 멀리 벗어남으로 성립되며, 선이 결핍된 상태를 악으로 보는 것이다. 이것은 신플라톤주의가 초기 성서를 해석하는 데 기여한 중요한 부분이다.

아우구스티누스는 수사학의 전통을 받아들인 로마의 수사학자로 유명했다. 수사학자의 시각에서 성서를 바라보니 성서의 기록은 키케로의 저작이나 세네카의 저작보다 훨씬 더 문체가 유치했다. 종교적인 방황 속에서 마니교와 신플라톤주의에도 기웃거리다, 결국 밀라노로 가서 밀라노 감독인 암브로시우스를 스승으로 만나게 된다.

본래 암브로시우스는 밀라노의 행정 관료였다. 당시 밀라노에서는 아리우스파와 아타나시우스파 간에 삼위일체론을 두고 치열한 논쟁을 하던 중이었고, 누가 밀라노의 감독이 되느냐에 밀라노의 운명이 바뀔 수 있는 대단히 난감한 상태에 있었다. 밀라노의 감독이 죽었을 때, 양편에서 서로 자기편 사람을 감독으로 세우려고 극심한 경쟁을 하고 있었지만 답이 나오지 않았다. 그때 암브로시우스가 중재하는데, 거기 모여 있던 사람 중에 한 소년이 "암브로시우스를 감독으로!"라고 외치자 갑자기 사람들은 세례 예비자에 불과했던 암브로시우스를 감독으로 세워 버린다. 세례를 받지 않은 세례 예비자에 불과한 사람을 감독으로 세우는 것은 선례가 없는 일이었다. 그래서 열흘 만에 세례를 주고 사제 서품을 하여 바로 감독으로 임명했다. 당시 대부분의 행정가들이 그러했듯이 암브로시우스는 관료의 학문이었던 수사학을 공부했었다. 그는 대단한 웅변학자이기도 했다. 아우구스티누스는 밀라노에서 암브로시우스의 설교에 큰 감동을 받아 그를 찾아 갔다고 전해진다. 그는 기독교의 가르침에 대한 감화보다는, 암브로시우스가 했던 설교 자체가 너무 빼어나서 암브로시우스라는 개인에게 관심을 가졌고 그것이 결국 가톨릭에 대한 관심으로도 이어졌다. 그리고 지적인 방황을 할 때 여러 가지 도움을 받았던 것을 기억했다. 그는 암브로시우스와의 만남과 아타나시우스의 저작을 통해 기독교에 대해 가지고 있던 생각들을 정리하였다. 결정적으로 한 정원에 앉아 있을 때 주변에서 아이들이 뛰어 놀면서 놀이 중에 "톨레레게 톨레레게(집어서 읽어라 집어서 읽어라)"라는 가사의 노래를 부르는 것을 들었다. 그때 성서를 펼쳐서 읽었는데, 로마서 13장 13~14절의 '방탕하거나… 호색하지 말며… 정욕을 위하여 육신의 일을 도모하지 말라'는 구절이었다. 그는 이때 자신의 삶을 극적으로 돌이켜 회심하였다.

회심한 이듬해에 세례를 받았다. 아우구스티누스는 성서에서 서로 보순되고 풀리지 않는 문제들, 특히 구약의 난제들을 알레고리로 이해하면서, 미음에 품었던 의문을 조금씩 내려놓게 되었다. 닛사의 그레고리우스나 바실리우스처럼 극적인 회심을 체험한 초기의 사람들은 세상의 욕심이나 명예를 내려놓고 수도회의 생활에 참여하여 수도사로서 자신을 드리고자 했다. 이와 마찬가지로 암브로시우스에게 자신의 아들과 함께 세례를 받은 아우구스티누스도 수사학 교사로서의 삶을 정리하고 수도사로서 수도회 운동에 전념하기 위해서 아프리카로 떠나기로 결심했다. 그러나 어머니의 죽음으로 중간에 체류하다가 고향에서 자신의 재산을 다 정리해서 나눠 주고 떠나게 된다. 아우구스티누스는 북아프리카 히포에 도착한다. 그는 히포의 교회에서 감독의 역할을 하고 싶은 뜻이 전혀 없었지만, 그곳 주민들이 그를 강권적으로 히포 교구의 장로로 세운다. 히포 감독은 자신이 죽을 때가 된 것을 느끼고 아우구스티누스를 반강제적으로 감독으로 세운다.

16세기에 루터는 아우구스티누스회의 수도사였다. 베네딕투스 수도회가 중세 수도회의 전형이라고 하는데, 베네딕투스 수도회와는 전혀 다른 독자적인 수도회로 아우구스티누스회 수도회가 있었다. 이 수도회는 아우구스티누스의 사상적인 영향력, 삶과 규칙을 계승하기 위해 만들어진 수도회였다. 아우구스티누스의 영향력이 이 수도회를 통해서 중세 내내 면면이 흐르고, 마르틴 루터에 이르러서 새롭게 열매를 맺은 것으로 볼 수도 있다. 루터도 아우구스티누스를 계승한 수도회에서, 그가 세운 회칙을 준수하며 생활했었기 때문이다. 바실리우스나 닛사의 그레고리우스와 마찬가지로 실제로 아우구스티누스가 히포의 감독이 되고 나서 죽을 때까지 그의 삶은 치열한 현실적인 논쟁과 갈등, 대립의 한복판에 서게 되었다.

3. 펠라기우스와의 논쟁 - 인간의 본성에 대하여

중세교회사, 근대교회사, 현대교회사 등 여러 가지 공부를 할 때, 자칫하면 텍스트만 놓고 이야기하기 쉽다. 아우구스티누스의 《참회록》에서의 주장이나 혹은 펠라기우스와의 논쟁에서의 쟁점 등 텍스트에서 무엇인가를 끌어내려고 하는 경우가 많다. 하지만 적어도 아우구스티누스의 신학에서는 컨텍스트, 아우구스티누스가 처해 있던 그 시대의 현실적이고 급박한 상황을 중시해야 한다. 이를 무시하면 사실상 아우구스티누스에 대한 이해는 반의 반쯤에 머물게 된다. 보통 아우구스티누스의 삼부작이라고 하는 《참회록》, 《신국론》, 그리고 《삼위일체》는 모두 그가 직면한 시대적 상황과 고민을 배경으로 한다.

당시 기독교의 도덕적 타락은 심각한 문제로 나타났다. 교회가 힘이 약하고 탄압을 받을 때에는 순수하게 믿음의 정결을 지키는 것이 가능했으나 교회가 권세를 잡고 기득권의 입장에 섰을 때에는 종교적·도덕적 하락을 경험하는 것이 현실이었다. 또한 아우구스티누스는 410년에 이민족에게 약탈당한 로마의 현실을 마주하게 된다. 기독교 공인 이후 기독교가 맞닥뜨린 내적인 병폐들과 이민족의 침입이라는 교회 외적인 문제 등 아우구스티누스가 살던 당시의 사회·정치적인 배경을 염두에 두

지 않으면 아우구스티누스의 신학, 은총, 교회론, 신국, 지상의 도시라는 것들이 공허하게 들릴 수밖에 없다. 그가 살고 있던 시대의 상황은 내외적으로 너무나 긴박하고 치열했다. 아우구스티누스가 신학을 정리하고 고민해야 했던 시기는 문자 그대로 삶과 죽음의 문제, 즉 교회가 지속되느냐 마느냐의 문제가 되었던 때이다. 단순히 삼위일체를 어떻게 이해할 것인가, 성부로부터만 유출되었는가 아니면 성자로까지 유출되었는가 하는 식의 문제와는 아주 다르게 현실적으로 집요한 문제였으며, 아우구스티누스는 평생을 씨름해야 했다. 이런 상황을 고려할 때, 아우구스티누스는 단순히 신학자라는 관점을 넘어 정치사상과 역사를 포괄하여 다각도에서 보아야 제대로 이해할 수 있다.

먼저 펠라기우스와의 논쟁을 보자. 펠라기우스에 대해서는 설이 많은데 여전히 그의 실체는 불분명하다. 그가 브리타니아 제도에서 왔다는 것만 알려져 있는데, 오늘날의 잉글랜드, 아일랜드, 웨일즈, 혹은 스코틀랜드 지역 출신인지는 알 수 없다. 그러나 합리적 도덕관을 가지고 이성적인 신앙을 전파하던 사회개혁자라고 보통 알려져 있다. 그는 브리타니아 제도에서 이탈리아로 와서 로마를 방문하면서 매우 실망한다. 즉 기독교화된 로마, 그 로마의 교회가 여느 교회나 도시보다도 더 종교적·도덕적으로 타락해 있었기 때문이었다. 그 시대의 컨텍스트 속에서 그리스도인들의 삶은 윤리적으로 방탕하고 도덕적으로 타락한 모습이면서, 기독교 신학은 공식 신학의 비호하에 죄의식을 완화하고 덜어 버리는 상태에 있었다. 외부에서 이것을 볼 때는 대단히 충격적인 것이었다. 펠라기우스의 고민은 사람들이 잘못된 은총의 신학에 빠져 있는 것이었다. 은총이 잘못 적용되어서 모든 문제를 넘어가고 덮어 주는 신학적인 문제가 사람들의 도덕적 해이와 타락을 낳았다는 것이다. 그는 로마 사람들에게는 로마 전성기의 도덕적 가치와 의무를 되새겨 주고, 또 그리스도인들에게는 성서에서 예수가 가르친 엄격한 그리스도의 명령에 복종하도록 가르친다. 쉽게 말하면 윤리적인 삶에 대한 요구를 강조했다. 현상적으로 펠라기우스의 지적은 부정할 수 없는 사실이었지만, 도덕 개혁과 기성 교회의 오류를 부르짖는 그의 주장은 교회에 큰 논란을 일으켰다.

교회가 사람들의 세속적인 욕구를 종교적인 외피를 입혀 포장해 주는 경우가 교회 역사에는 늘 있어 왔다. 어떤 종교적인 실천이 일어난 후에 그것을 대다수가 받아들이게 되면 하나의 신학화하는 식의 교회 신학이 서유럽 중세교회가 내내 경험했던 일이다. 인간의 욕망을 매개로 성장하여 결국 교회를 삼켜 버린 연옥과 면벌부 교리가 그 대표적인 예일 것이다. 한편으로는 이러한 대중의 욕망을 교회가 신학화를 통해 정당화시켜 주는 것은 대중의 필요에 민감하게 대응한 사례로 볼 수도 있지만, 대중의 세속적 욕망을 합리화해 주고 도덕적 책임감을 완화해 주는 수단으로 변질된 것으로 볼 수도 있다. 펠라기우스가 문제를 제기한 부분도 바로 여기였다. 모든 것이 신의 뜻이기 때문에 인간의 책임, 도덕적으로 살고 신의 약속의 계명을 지켜야 하는 의무를 방기할 수 있다는 식으로 은총론이 흘러갔다는 것이다.

과거를 돌아보면 테르툴리아누스는 얼마나 엄격한 신앙의 가치를 이야기했던가? 이런 은총론에 대해 오해하지 말아야 한다. 신학의 발전 단계에서, 사회적 컨텍스트 속에서 오해되고 편의적으로 받아들인 부분이 적잖이 있었던 것이다. 펠라기우스의 주장은 이 흐름에 주의를 환기시켰다. 펠라기우스 이론과 사상의 기초는 구약과 신약에 나온 예수와 하나님의 명령이다. "살인하지 말라," "간음하지 말라"는 등의 신의 명령은 인간이 지켜야 하고 지킬 수 있다는 전제에 기초한다. 신이 무엇인가 명령한다는 것은 인간이 그 명령에 순종할 수 있는 자유로운 의지를 지닌 존재이기 때문에 올바르게 의지를 사용하면 신의 명령을 준행할 수 있다는 것이다. 의지의 순종이 있느냐 없느냐에 신앙과 삶이 결정된다고 본다. 그렇지 않고 모든 것이 신의 뜻과 섭리 가운데 있다고 합리화하는 것은 그에게는 용납되지 않는다. 즉 "내가 거룩하니 너희도 거룩할지어다"(벤전 1:16)라고 할 때에는 인간에게 분명한 의지적인 순종을 요구한다. 사실상 이 부분에서 펠라기우스의 주장을 반박할 수 있는 것은 별로 없다. 다만 인간이 연약하고 완전할 수 없는 존재이기 때문에 그런 것이라고 할 수 있을 따름이다. 그러나 펠라기우스는 그에 대해서도 신이 요구한 바를 하지 못한 것을 합리화하거나, 불평하거나 혹은 자신이 근본적으로 할 수 없는 것 때문에 단죄 받았다고 오히려 창조주에게 비난의 화살을 돌린다고 지적했다.

이것이 당시 기독교 세계의 중심이고 으뜸되는 순위의 감독이 있는 로마 기독교의 종교적 현실이었다. 당시 신학적으로는 발전했고, 교회는 권력을 가졌을지 모르지만, 사람들의 삶과 교회의 교리 사이에는 상당한 틈이 있었다. 펠라기우스는 결국 인간의 죄에 대한 책임은 스스로에게 있다고 본 것이다. 왜냐하면 인간이 자유로운 의지에 따라 선택한 것이기 때문에 신의 명령을 어기고 행한 모든 죄의 책임도 져야 한다는 것이다. 여기에 대한 전제는 다시 확인하자면 인간은 자신의 의지로 선이든 악이든 선택할 수 있는 힘을 가졌고 옳은 일을 행할 수 있는 본성도 신이 주셨다는 것이다. 펠라기우스의 말을 빌리면 인간에게 범죄를 할 수 있는 가능성은 있지만 실제로 범죄하지 않을 의지와 현실은 인간에게 맡겨진 것이라고 할 수 있다. 현실을 직시하고 자신의 의지를 통해서 그 죄를 멀리할 때 실제로 죄에서 벗어날 수 있다. 후대에도 이 펠라기우스 논쟁을 잘못 이해하거나 오해할 수 있는데, 실상 펠라기우스의 주장의 컨텍스트는 지극히 정상적이다.

서방 신학의 영향을 받은 아우구스티누스가 죄로 인하여 저주 받은 존재인 인간을 강조하는 반면, 펠라기우스는 인간의 선한 의지, 성화와 도덕적 삶을 위한 노력 등을 강조하였다. 브리타니아 출신으로 알려진 펠라기우스는 같은 서방 라틴 교회 지역에 속한 신학자이다. 그런데 어떻게 이러한 신학적 차이가 생겨났을까? 펠라기우스의 신학은 라틴 교회 신학의 영향보다는 인간의 책임과 결단을 강조하는 동방 교회의 신학을 반영한다. 잉글랜드, 아일랜드나 스코틀랜드 지역은 펠라기우스 당시 가톨릭교회가 아니었다. 로마 제국의 군대가 주둔하던 곳으로 번져나간 기독교는 헬레니즘 세계의 동방 교회였다. 그리고 이 동방 교회의 수도원 전통이 그 지역에 독자적인 켈트 기독교 문화를 형성한다. 7세기 교황 그레고리우스 1세가 캔터베리 주교 아우구스티누스를 영국에 파송함으로서 영국 내에 두 교회 전통이 공존하였다. 657년 휘트비에서 토착 수도원과 새로 들어온 가톨릭교회가 만나 협상하여 로마 가톨릭의 전통을 영국 교회가 수용하였다. 펠라기우스는 그 이전부터 있던 켈트 기독교의 영성을 이어 받았다. 중세 가톨릭 신학의 주류인 아우구스티누스의 시각에서 펠라기우스의 사상을 적대시하고 배척하는 것은 또 다른 서방의 큰 영성의 흐름을 외면하는 것이다.[2]

아우구스티누스는 아담의 타락과 원죄의 유전으로 인해 인간은 완벽한 선에 도달할 수 없으며 오직 신의 은총에 의해서만 가능하다고 보았다. 반면 펠라기우스는 인간은 은총으로 말미암아 선한 일을 할 수 있으며, 그리스도를 통해 새 사람이 된 인간은 '새로운 법'에 따라 살아가야 한다고 주장했다. 펠라기우스는 인간의 자유의지를 전적으로 수용하는 쪽으로 기울어진 반면, 아우구스티누스는 인간에게 자유의지가 주어졌더라도 성령의 도움만을 유일한 희망으로 보았다. 하지만 그의 은총론을 극단적으로 보자면 전적으로 자유의지가 없는 인간에게 죄인이라는

비난을 돌리는 것은 모순이 될 수 있다.[3]

펠라기우스는 아담이 죄를 지어서 사망이 들어온 게 아니라고 주장한다. 창세기 3장을 근거로 아담이 범죄했을 때 정녕 죽으리라고 한 말씀을 논리적·이성적으로 접근했다. 아담이 그것을 먹지 않았어도 죽었을 것이고, 아담은 그 자신만을 상하게 한 것이지 인류 전체를 상하게 한 것은 아니며, 어린아이들은 아담이 타락하기 이전의 상태이므로 세례 받지 않아도 영생할 수 있다고 주장했다. 펠라기우스는 창조의 본질적 선함, 인간의 본질적 선함과 모든 사람 가운데 근원적으로 자리하고 있는 하나님의 형상을 인정하고, 교회와 세상을 구분하는 이원론을 거부하였다. 반면 아우구스티누스는 창조의 선함보다 죄로 인한 인간의 부정과 타락을 강조하고, 교회와 성례를 통해서만 신의 형상을 회복할 수 있다고 주장하였다.[4]

펠라기우스의 주장은 예수의 속죄, 대속 자체를 무로 만들어 버리는 것이라는 이유로 단죄된다. 그러나 과연 펠라기우스가 완전히 틀렸고, 아우구스티누스가 완전히 옳은 것인가? 여기에 대해 그 두 가지를 변증법적으로 발전시켜서 수용한 것이 반(半)펠라기우스주의이다. 이들은 아우구스티누스의 주장을 인간의 원죄와 그 죄가 유전된다는 것을 수용하고, 은혜로 구원 받는 것도 받아들인다. 그러나 인간의 의지가 구원에 반영될 수 있음을 수용한 점은 아우구스티누스의 주장과 어긋난다. 529년의 펠라기우스 주장이 단죄되고, 아우구스티누스주의가 수용되지만, 실제로는 반펠라기우스주의, 즉 아우구스티누스의 논리와 펠라기우스가 혼재된 사상이 중세의 가톨릭에 영향을 주었다. 반펠라기우스주의의 역할은 중세 동안 이어졌으며, 로마 가톨릭의 신학 속에 자리잡았다.

이러한 도덕신학은 펠라기우스의 시대인 5세기에만 나온 것이 아니라 중세 내내 기독교의 타락의 시점에 제시되었던 주제이기도 했다. 이 주장은 후에 루터가 에라스무스와의 자유의지론 논쟁과 일맥상통하는 점이 있다. 루터와 16세기에 아우구스티누스의 은총론을 재발견했다. 본래 동지적 관계였던 루터와 에라스무스는 인간의 자유의지의 문제를 놓고 논쟁하고 결별했다. 인문주의자인 에라스무스가 인간은 자신의 의지로 바뀌고 변화될 수 있다고 하는 반펠라기우스주의에 입각한 《자유의지론》을 쓴다. 루터가 이것을 보고 반박하여 의지의 속박, 인간은 선을 행하고 싶어도 죄 때문에 근본적으로 행할 수 없는 존재라는 것을 선포한다. 여기서 인문주의자와 종교개혁자 간의 완전한 결별이 이루어졌다. 마치 펠라기우스주의와 아우구스티누스주의가 서로 논쟁하듯이 이 현상은 시대마다 반복적으로 나타났다.[5]

중세 가톨릭의 특징 중 하나가 여러 가지 성례전을 규정하고 준수하는 것을 강조하는 것이다. 구원은 하나님의 은총이지만 인간은 그 은총에 화답하고자 성례 제도란 형식과 또 선행을 쌓는 일 등을 통해서 구원에 점점 다가가야 한다는 것이다. 이런 믿음과 선행에 의한 구원이라는 교리가 중세 내내 지배적이었다. 반펠라기우스주의는 중세뿐 아니라 오늘날에도 가톨릭에 영향을 주고 있다. 가톨릭의 은총 교리는 개신교의 은총 교리와 차이가 크다. 반펠라기우스주의가 공식적으로는 가톨릭 시스템 속에서 묻혔지만, 결국에는 그것을 재확인하게 된 것이다. 지나치게 인간의 죄성을 강조하고, 교회와 사제의 중재를 통한 구원을 강조하는 서방 가톨릭 전통은 제도 교회와 사제, 성례에 인간이 철저하게 예속되는 부작용을 낳았다. 그러므로 원죄에서부터 출발하기보다 인간의 존엄과 창조의 축복을 강조하는 펠라기우스의 주장은 주목할 가치가 있다.[6]

더 나아가, 펠라기우스가 가톨릭 위계 질서 속에 제도화된 교회를 강력하게 비판하고, 모든 개별 그리스도인의 역할을 강조한 점은 중세 말 유럽 교회의 사제 중심주의의 폐해를 고스란히 겪고 있는 오늘의 한국

교회 공동체에 돌아볼 지점을 고민하게 한다. 펠라기우스주의가 단죄되었다는 것이 그의 주장을 모두 외면할 근거가 되지는 못한다.

어쩌면 루터의 종교개혁 역시 에라스무스 등 인문주의자들이 재생시킨 인간의 가능성과 가치, 책임을 전적인 은총에 내맡기는 것으로 되돌린 것인지 모른다. 그리고 오늘날 한국의 주류 개신교가 사회 문제에 있어서 어느 시대, 어떤 집단보다 소극적이고 수동적인 태도를 취한 것 역시 아우구스티누스가 남긴 부정적인 유산이라 보아도 지나치지 않다. 그럼에도 여전히 아우구스티누스나 루터의 은총론을 금과옥조로 여기고 지켜가야 할 유일한 가치로 여기는 것은 선뜻 납득하기 어렵다. 우리가 종교개혁을 모두 루터를 중심으로 바라보고 아우구스티누스의 재발견에만 초점을 둔다면, 종교개혁기에 되살아난 인문주의의 흐름, 펠라기우스의 재발견, 더 나아가 재세례파를 중심으로 이루어졌던 대안의 흐름을 외면하게 된다. 아우구스티누스는 헬레니즘과 헤브라이즘의 사상을 통합하여 서구 사상의 근간을 놓았지만, 교조적인 관점에서 교회를 방어하고 전적인 타락을 지나치게 강조하여 극도로 부정적인 인간관을 형성하는 데 기여하였다는 것은 부정할 수 없는 그늘이다.

4. 아우구스티누스와 역사의식

이제 아우구스티누스와 로마 제국의 멸망을 보자. 410년에 로마가 고트족, 즉 바바리안들에게 약탈을 당하면서 서유럽과 소아시아의 기독교 세계가 큰 충격과 혼란에 빠진다. 영원히 지속될 것 같던 로마가 기독교가 공인된 후 한 세기가 지나기 전에 망해 버렸기 때문이다. 그리스도인이나 비그리스도인 할 것 없이 "어떻게 신의 택함을 받은 로마가, 하나님의 교회가 세워진 로마가 허망하게 이교도들에게 짓밟힐 수 있는가?"라는 실존적인 질문을 던졌다. 313년 기독교가 공인되고 그

후로부터 만들어진 신학은 황제가 교회 공의회를 주도함으로 이루어졌다. 그리고 《교회사》를 쓴 가이사랴의 유세비우스는 로마를 지상에 세워진 교회라고 불렀다. 로마라는 국가를 신의 나라와 동일시하는 신학이 탄생했다. 수 세기 동안 핍박을 받던 교회가 313년에 이르러 로마의 종교가 된 후, 실제로 발전을 거듭하게 되었고 교리도 안정되었다. 실제로 로마가 가장 크게 충격을 받았던 사건인 413년에 있었던 알라리크가 이끄는 서고트족의 약탈 사건의 충격은 매우 컸다.[7] 서로마가 멸망한 것은 476년이지만 이때 이미 사망선고가 내려진 것이었다.

콘스탄티누스 황제가 기독교를 공인했을 때 그리스도인들은 제국을 이 땅에 신국을 건설하는 주체로 생각했다. 기독교회를 이교로부터 구원할 힘이라고 생각했다. 하지만 제국의 파국 앞에 로마의 식자들은 그리스도인들이 로마의 신들을 버린 결과 신들의 복수가 시작된 것이라고 비난하였다.[8] 알라리크의 약탈 사건 이전까지만 해도 신학자들이나 교회 지도자들은 구약에서 이스라엘 백성들이 범죄했을 때 신의 연단과 채찍질을 받으면서도 다시 회복시키실 것이라는 약속을 주셨던 것처럼, 로마도 그럴 것이라고 추호도 의심하지 않았다. 이들은 로마가 이방인의 침입과 약탈 속에서도 반드시 살아남고 회복될 것이라고 보았지만 현실은 그렇지 않았다. 교리와 관계된 문제라고 할 수 있는 삼위일체, 기독론, 성령론 등의 논쟁과는 전혀 다른 직접적이고 실존적인 문제가 대두되었다. 현실적으로 직면한 로마의 멸망이라는 충격적인 사건을 어떠한 관점으로 봐야 될 것인지 고민이 깊어졌다. 로마의 멸망이 "신의 실패인가 아니면 신이 로마를 버린 것인가?"라는 문제는 동방에서 벌어진 교리 논쟁과는 다른 성격으로 다가왔다.

신의 약속으로 기독교를 받아들이게 된 로마가 파괴되고 멸망한 것은 현실적인 문제이면서 엄청난 재앙이었다. 당대 로마인들은 그 불행의 원인을 기독교에 돌렸다. 이교도라고 불리던 사람들이 분개해서 그 재앙의 원인을 가차없이 혹독하고 신랄하게 그리스도인들에게 돌리고, 신을 모독하는 상황이 아우구스티누스 당시 기독교가 처해 있던 상황이었다. 외부의 모독과 내부의 혼란스러움에 대한 해답으로 아우구스티누스는 《신국론》을 413년부터 13년간 저술하였다. 그는 당시의 상황을 어떻게 기독교의 시각으로 설명해야 할지 책임감을 느꼈고, 그 바탕 위에 저술을 이어 갔다. 로마가 멸망한 것이 단순히 제국 하나가 무너진 것이 아니었다. 위정자인 기독교 황제들이 잘못했기 때문이든, 신학자들이 무능한 황제를 잘못 세우고 조언했기 때문이든, 그로 인해 발생한 정신적·사상적·물적 토대와 가치의 붕괴에 대해서 해명이 필요하다는 것이었다.

이런 의도가 《신국론》의 사회적 배경을 이루고 있다. 신의 나라가 이 땅에 도래한 것이라고 믿었던 로마 제국의 공식 신학의 가르침이 갑자기 무너지게 된 상황에서 그에 대해 해명할 필요가 있었다. 아우구스티누스의 초기 저작은 제국 신학에 경도된 흐름이 분명히 나타나나 410년 이후 그는 기독교 시대라는 관념과 결별한다. 그는 '제국을 신학적으로 중립적인' 것으로 판단하고, 사람들의 관심을 제국 너머의 신국으로 전환하고자 시도했다.[9]

아우구스티누스가 《신국론》의 논의를 끌어 가는 핵심은 '사랑'이었다.[10] 그는 사람들이 신을 사랑하느냐, 세상을 사랑하느냐의 두 가지 선택 사이에서 세계의 역사는 긴장 속에서 움직여 가고 있다고 본 것이다.[11] 진정한 본향으로서의 신의 나라, 그리고 신의 나라의 그림자로서의 지상 왕국을 이끌어 가는 기본 원리는 바로 인간의 사랑이라는 것이다. 인간의 이기적인 본성이 작용할 때는 아무리 그것이 교회고, 하나님의 나라의 현현으로 위대하게 보이는 국가라도 지상의 도성일 뿐이며, 반대로 사람들이 이타적인 사랑을 가지고 있다면 그것이 어디든 하나님의 도시, 천상의 도시가 될 수 있다. 지상의 도시인 로마를 신의 도성의 그림자라고 하는 것은 맞지 않다. 신의 도성은 인간의 도성과 분리되는 영원한 종말이 오기까지는 공존하게 된다. 지상에서는 두 요소가 함께 존재하며 다투고 있기 때문에 완벽한 공동체란 존재할 수 없다.

신의 도성과 지상의 도성이라는 두 가지 공동체 사이에서 그리스도인이 해야 할 일은 무엇일까? 마치 예레미야가 자신들을 포로로 잡아간 바벨론을 위해서 기도했던 것처럼 지상의 평화를 위해서 기도해야 할 의무가 있다는 것이 아우구스티누스의 주장이다. 즉 사람들에게 로마를 위해서 기도하고 더불어서 로마인들의 부도덕성, 지상 교회를 지상의 국가와 일치시키며 자기 탐욕과 이기심을 좇아가는 부도덕을 환기시켜야 한다고 주장한 것이다. 사실 기독교 자체의 모순으로 로마가 멸망한 것이 아니라, 인간의 잘못된 행동으로 지상의 도시가 죄악으로 물들어 도덕적으로 병들고 고결함과 품위를 저버리고 스스로 타락했다. 그 책임을 누군가에게 전가시켜 버리는 것은 옳지 않다는 것이다. 희생양을 찾기보다, 이런 사태에 대한 무조건적인 옹호나 무조건적인 비판과 화풀이로 가기보다 그 시대의 본질을 알아야 한다고 주장했다. 그는 그 시대 사람들의 삶의 가치관이 무엇을 사랑하는지 물으며, 사람들이 세상을 사랑하고 쾌락을 사랑했기 때문에 신의 버림을 받은 것이라고 주장한다.

아우구스티누스의 주장 자체보다 중요한 것은 아우구스티누스가 그리스 로마의 역사를 보는 역사적 관점이 이전과는 전혀 다른 새로운 것이라는 점이다. 당시 그리스나 로마 사람들은 계절이 반복해서 순환하는 것처럼, 역사는 어떤 특정한 주기가 반복되며 순환하는 것이라 생각했다. 역사는 생명체의 삶의 과정과 마찬가지로 운명적인 것이며, 여름이 지나면 겨울이 오는 것처럼, 어떤 문명이나 국가의 번성과 몰락은 거부할 수 없다는 것이 헬레니즘의 역사관이었다. 반면 고대 히브리인들은 역사를 이러한 순환의 과정으로 보는 것이 아니라, 창조로부터 완성으로 진행해 가는 것이라고 보았다. 역사는 신의 뜻, 의지의 구현이지 단순히 계절의 순환과 같은 반복되는 자연의 과정이 아니라는 것이다. 히브리인의 역사 인식의 핵심에는 신이 존재한다. 이 신이 때로 이스라엘에게 승리를 주기도 하고, 때로 고난과 시련을 주기도 하는데, 그 모든 것이 신 의지의 구현인 것이다.

아우구스티누스의 역사 이해에서 히브리적인 관점의 가장 중요한 점은 신의 뜻 혹은 언약이라고 할 수 있다. 신의 약속이 역사 속에서 어떻게 성취되었는지를 유대인들은 주목하였다. 그럴 때 역사에서 하나하나의 사건이 의미를 지닌다. 단순히 어떤 주기가 순환한다고 믿는 운명적인 관점이 아니라 역사의 진행 가운데 신의 뜻, 신의 절대적인 뜻이 개입된다는 관점이 그러한 역사 해석을 낳기 때문이다.

이러한 히브리 사관을 목적론적 사관이라고 한다. 모든 나라의 흥망성쇠는 강해졌다가 쇠퇴하는 단순한 주기를 보여 주는 것 같아 보인다. 바벨론이 강성해져서 이스라엘을 멸망시키고, 또 바벨론은 메데에 멸망당하고, 메데는 또 쇠퇴하여 멸망하는 것처럼 국가의 운명에 따라 지배적 국가들이 끊임없이 교체되고 있는 것처럼 보인다. 하지만 역사를 이해하는 아우구스티누스의 기본적인 관점은 역사를 움직이는 동인이 바로 신이라는 것이다. 그리고 신은 인류를 창조해 놓고 멀리서 가만히 지켜보는 것이 아니라, 세속 역사 안에서 신의 뜻을 개입시키고, 그 섭리가 이 땅에 구현되도록 움직이고 있다고 본다. 로마가 멸망하고 이민족이 들어오는 것도 결국은 신의 섭리의 한 과정이다. 거기에는 무엇인가 뜻이 있기 때문에, 가인에서 출발한 자기를 사랑하는 지상의 도성과 아벨에서 출발한 신을 사랑하는 신의 도성은 함께 움직여 가고 있으며, 이 가운데에서도 신의 도성이 이루어져 가는 것을 통해서 성취하고자 하는 목적이 있는 것이다. 이는 결국 종말의 왕국, 하늘의 왕국으로 완전히 성취될 것이다.

여기서 이해해야 할 것은 로마가 멸망한 것이 기독교의 신의 실패라고 보는 것이 아니라, 이 모든 것이 구속사의 섭리 가운데 들어 있는 것이라고 보는 관점이다. 이렇게 역사에서 의미를 찾는 법을 배워야 한다. 그리스도인은 그리스·로마의 역사관처럼 단순히 현상 자체로부터 원인을 분석해서 교훈을 얻는 수동적인 역사관에서 탈피해서, 오늘날 살아가는 역사를 신의 관점에서 어떻게 보고 해석할 것인가 고민해야 한다. 이 시대의 처한 상황이 어떤 의미가 있을까 고민하고, 목적을 탐구하는 관점에서 역사를 바라보고 해석하고자 하는 것이 아우구스티누스 사상의 핵심이라 할 수 있다. 신의 섭리는 모든 일에 들어 있으며, 그것은 한 나라의 흥일 수도 있고 망일 수도 있으며, 성일 수도 있고 쇠일 수도 있다. 인간 이성의 관점 너머의 신의 섭리 편에서 역사를 해석하고 체계화하고자 시도한 것이 아우구스티누스의 성취이다. 그렇지만 인간을 역사의 주변부로 몰아낸 것이 아니라, 역사의 주체는 인간이지만 그 역사의 수레바퀴를 돌리는 동인은 신이라는 것이다. 그리고 인간의 역사와 신의 역사가 합쳐지는 과정이 바로 기독교적 역사의식 혹은 기독교적 역사관이 형성되는 과정이다.

아우구스티누스가 중세 내내, 혹은 근대와 현대까지도 의미를 주고 있는 것은, 모든 역사적 사건과 그 과정에는 목적이 있다는 사실과 인간은 신의 뜻과 목적을 헤아릴 때 역사를 올바르게 이해할 수 있다는 사실이다. 이것은 실상 인간이 그 속에서 능동적인 역할을 할 수 있는 가능성을 제시한 것이다. 아우구스티누스가 바라보는 이상적인 공화국은 바로 이러한 신적인 정의에 기반을 둔 국가이다.[12]

그렇지만 아우구스티누스의 역사철학은 모든 것을 신의 뜻으로 여기는 환원론으로 비판 받을 여지도 충분하다. 신국은 구원 받기로 신으로부터 예정된 자들이 모이는 곳으로 이 세상의 영광이 아니며, 오직 신에 대한 순종과 사랑, 덕을 통해서만 성취할 수 있다. 반면 지상국은 세속적인 재물, 이기적인 욕심이 지배하여 심판이 예정되어 있는 곳이다. 하지만 아우구스티누스의 이 관념 속에는 인간의 궁극적인 선함과 행복, 이상적인 국가와 정의, 평화를 이 땅에서 구현할 수 없다는 비관론이 자리하고 있다. 신의 전적인 은총에 기댈 수밖에 없는 인간의 전적인 타락과 무능, 이는 결국 인간의 객체적이고 수동적인 모습만을 강조하게 되었다. 인간의 타락과 원죄만을 강조할 때 남은 결과이다. 천국을 향한 나그네요 이방인의 삶은 역설적이게도 이 땅의 부정과 불의, 제도적·구조적 모순에 대한 민감성을 상실하게 했으며, 성과 속의 이원론적인 삶을 추구하게 했다. 제도에 대한 순종이 인간이 최소한의 평화와 안식을 누릴 수 있는 방편으로 전락하였다. 이것이 교회 지배의 중세를 열게 하는 데 기여한 아우구스티누스 사상의 이면이다.[13]

그러한 문제가 있음에도 아우구스티누스가 그 시대에 《신국론》을 남기지 않았다면, 로마의 멸망은 가슴 아프지만 어쩔 수 없는 비극적인 제국의 쇠망사로만 기억될 것이다. 아우구스티누스는 이 책을 기독교를 찬양하고 높이기 위해서 쓴 것이 아니라, 기독교가 무시 받는 상황에서 뒤돌아 보고 싶지 않은 과거를 돌아 보고, 또 맞이하고 싶지 않은 현실을 직면하면서 썼다. 이런 그의 역사의식과 수고와 자취 때문에 오늘날까지도 이어지는 기독교의 관점으로 역사를 보는 안목이 형성되었다.

이제 좀더 본질적으로 고민해야 할 것은 의미로서의 역사이다. 아우구스티누스가 고대의 세계관을 뛰어넘어서 목적론적인 역사관 혹은 기독교적 역사관을 제시하였기 때문에 인간은 역사에 대해서 능동적인 주체로 자신을 인식할 수 있었다. 18세기까지도 섭리사관이 역사를 이해하는 열쇠였다. 기독교가 쇠퇴한 이후에 신의 의지에 의해서 역사가 발전한다는 섭리사관은 이성에 의한 역사 발전으로 대체된다. 헤겔이 제시한 이성의 단계, 즉 이성이 신의 의지를 대체하는 단계가 된 것이다. 계몽주의 시대에 들어서면서 섭리나 신의 의지가 아니라 이성의 의지가 역사를 바꿔 간다고 사람들은 믿기 시작했다. 신의 자리를 이성이 대체하였다. 그렇게 되었지만 결국 여기에서도 역사의 주체로서의 인간은 동일하게 남아 있는 것이며, 역사의 의미를 찾으려는 관점, 즉 모든 역사적 사건이 의미와 목적이 있다는 목적론적 역사관은 사실상 바뀌지 않고 있다. 다만 그 동인이 신의 의지에서 인간 이성으로 대체가 된 것일 뿐이다.

모든 역사는 의미의 역사라고 불리기도 한다. 모든 역사는 사상사, 관념의 역사라는 말은 단순화하면 이렇게 말할 수 있다. 사람이 역사를 보는 자신의 관점을 가지고 역사로부터 무엇인가 깨닫고 해석할 수 있는 자신만의 도구를 가지고 있다면, 그것은 역사를 주체적으로 바라보고 해석하는 자신이 역사의 주관, 혹은 역사의 동인으로서의 역할을 수행할 수 있고, 그 역사 안에 깊이 개입할 수 있다는 것이다.

역사적 사실을 단순히 수동적으로 받아들이고 해석하는 것을 넘어서야 스스로 역사의 주체가 될 수 있다. 특히 그리스도인에게 역사 속에서 하나님의 뜻은 무엇인지 고민하고, 역사 속에서 하나님의 발자취를 탐구하는 것은 하나의 책임이라 할 수 있다. 세속의 역사와 비교해서 역사로부터 하나님의 뜻과 그것의 의미를 찾는 기독교 역사관은 인간이 역사에 개입할 수 있는 통로를 열어 두는 것이라 할 수 있다.

인간이 역사에서 거대한 메커니즘이나 자연적인 질서의 부품의 하나가 아니라 신의 뜻을 알고 찾고자 할 때 주체적으로 역사와 사회 속으로 들어 갈 수 있다. 이런 차원에서 기독교인의 올바른 역사 인식이란 신의 뜻에 맡겨 버리는 종속적인 역사관이 아니라, 인간이 진정으로 역사의 주체이자 적극적인 해석자로 서기 위한 노력이어야 한다. 아우구스티누스가 주창한 관점은 중세 천 년과 근현대까지 이어지게 되었고, 여전히 중요한 관점으로 논의되고 있다.[14]

다시 낮은 곳으로, 다시 환대와 포용으로

역사 학습의 궁극적인 목적은 역사적 사건이나, 업적에 대한 이해를 넘어 역사를 바라보는 안목을 갖는 법을 배우는 것이다. 이 책이 초대교회를 접근함에 있어 세부 사건에 초점을 두기보다는 초대교회의 출발부터 마지막에 이르는 흐름을 그려 가는 큰 얼개를 만들고자 한 이유도 여기에 있다.

초대교회는 당대 헬레니즘과 헤브라이즘이 담고 있던 문화적·혈통적 인종주의를 극복했을 때 이방인, 여성, 타자 등 대중 속으로 급속도로 확산될 수 있었다. 제국 로마의 말기적 상황에서 체제에 대한 대안의 역할을 할 수 있었다. 그 결과 교회에 가해지는 오해와 박해를 넘어 기독교가 공인되는 유의미한 성취를 이룩하였다. 또한 교회는 그저 텍스트 내에서만 존재하지 않았다. 동방과 서방의 각각 서로 다른 언어와, 문화, 철학의 컨텍스트에서 독자적인 사상의 궤적을 만들어 갔다. 그저 틀림이라고 치부할 수만은 없는 유의미한 다름들이 때로 철학을 기반으로, 때로 법률을 기반으로 구성되었다.

교회의 제도화는 또다시 근원적인 문제를 끄집어냈다. 초대교회는 교회의 제도화로 끝나지 않았다. 제도화 됨으로 인해 그 안에 들지 못한 이들과 그 안에서 통제하고자 하는 이들의 또 다른 인종주의가 출현했다. 타자화된 대상은 교회가 규정한 범주 안에 들지 못하는 분파와 교회 내의 여성들이었다. 교회 내 여성의 활발한 활동의 기억과 별개로 어느 덧 교회의 제도화가 이루어지면서 초대 교부들을 통한 여성에 대한 차별과 통제가 강화되었다. 교부들은 하와를 인류에 죄를 들어오게 만든 죄의 통로로, 그리고 여성은 본성적으로 탐욕적이며 히스테리가 있으며 의심이 많고 신뢰할 수 없다고 판단했다. 성 히에로니무스는 육체와 영혼이 다른 만큼이나 여성과 남성이 다르다고 주장했다.[1] 테르툴리아누스는 재혼을 반대하며, 여인이 과부로 사는 것을 두 번째 황금기를 잡는 것이며, 그리스도와 함께하는 삶이 재혼이어야 한다고 주장했다. 교부들의 주장은 마침내 4세기 에스파냐에서 개최된 엘비라 교회회의에서 여성의 삶과 섹슈얼리티를 제도적으로 규제하는 데까지 이른다. 이 교회회의에서는 여성의 행동과 관련된 여러 가지 제한 규정을 정했다. 세례를 받았거나 세례 예비자인 여성은 다른 남성들을 만나서는 안 되며(67조), 여성은 남편의 허락 없이 다른 그리스도인들에게 편지를 쓸 수도 없고, 남편이 수신인으로 함께 이름이 오르지 않고 오직 여성만을 수신인으로 하여 오는 편지는 받을 수 없도록 했다(81조).[2]

이와 같이 급속한 성장 후 맞게 된 초대교회의 끝, 그 끝의 한 편은 정통 신학의 정립이었으나, 그 이면은 차별의 제도화이다. 이제 교회에 대한 공격 속에 교회는 방어적인 입장을 취한다. 제도화와 더불어 교리와 신학의 정립은 경직된 목소리를 낳게 되었다. 그 대표적인 것이 여성에 대한 차별과 더 나아가 혐오를 신학적으로 정당화한 것이다. 이 흐름은 중세 내내 이어졌다. 아니, 유감스럽게도 오늘까지도 교부신학자들을 인용하여 교회 내 여성 차별을 정당화하고 있다.

저명한 영국의 교회사가 헨리 채드윅은 그의 《초대교회사》 결론에서 유세비우스의 시각을 인용하였다. "4세기 초에 활동한 최초의 교회사가 가이사랴의 유세비우스는 기독교 사회가 등장한 역사를 정부의 박해, 이단들의 이탈, 그리고 이교 같은 장애와 공격을 하나하나 정복해 나간 과정으로 보았다." 그는 "유세비우스가 연속해서 전개된 논쟁들을 교회사의 줄거리로 본 것은 의심할 여지 없이 옳은 것"이라고 옹호하였다.[3]

과연 그러한가? 제국 신학의 형성과 그로 인한 분리 과정이 '정복의 과정'이라고 보는 시각이 오늘도 유효한 '의심할 여지 없이 옳은 것'이라는 시각에는 선뜻 동의하기 어렵다. 원론적으로 올바른 신학을 정립한다는 명제를 반대할 수는 없으나, 그 과정에 형성된 진리 대 비진리라는 이분법은 교회가 지나치게 배타적이고 좁은 시각을 갖게 했다. 신학적 정체성을 유독 강조하는 한국 교회에서도 이 배타성이 주된 정서를 이루고 있음은 부인하기 어려운 현실이다.

그뿐 아니다. 기독교가 공인된 이후 교회는 급속하게 국가주의 이데올로기의 영향을 받았다. 공의회는 한편으로는 교회의 견고한 제도화에 기여했지만, 동시에 제국 주도의 교회의 서막이었다. 그 결과 다름이 틀림으로 정죄되면서 제국은 나뉘어졌다. 로마 제국은 오래 유지되지 못하였다. 기독교가 공인되고 오래지 않아 로마는 이민족의 침입에 위기를 겪게 되었다. 그렇다. 어쩌면 초대교회는 이민족의 침입으로 무너진 서로마와 함께 막을 내린 것이 아니다. 그 내부에서 싹튼 다름에 대한 배제와 타자에 대한 편견 때문에 무너진 것이다.

서로마의 멸망으로 마무리되는 초대교회, 그 시기가 과연 돌아갈 이상적인 곳이었는지는 명확하지 않다. 짧은 영광의 시간도 있었지만 고통의 기억, 분열의 기억이 되뇌어 온다. 그 끝은 서로마의 멸망이다. 그러나 끝이 아니라 또 다른 시작이다. 그 촛대는 다시 중세교회로 옮겨졌다. 서방에서는 중세 유럽 교회로 동방에서는 비잔틴 문명으로. 우리에게 위안이 되는 것은 두 지역 모두 무명의 수도사들이 다시 등장해 가시덤불을 거둬 내고 땅을 일궈 새로운 기독교 문명을 만들어 갔다는 점이다. 초대교회는 아래로부터 만들어 낸 역사였다.

짧은 기간 그 어느 시대, 어느 국가와 비교해도 뒤지지 않을 여러 놀라운 성취를 이루어 낸 한국 기독교를 돌아본다. 일본 제국주의 침탈로 나라를 빼앗긴 소망 없는 상황 속에서 그리스도인들은 마치 초대교회에서 그랬듯이 신분과 계급의 차이를 극복하는 인간애를 실현했다. 시대의 요구에 부합하는 시대정신을 보였다. 하지만 마치 초대교회가 기독교 공인과 더불어 다름을 관용하지 못하고 다름에 대한 단죄와 분열의 역사를 겪으며 막을 내렸던 것처럼, 한국 교회는 성장과 번영으로 비대해진 이후 타자를 관용하지 못하는 반사회적인 모습을 보이고 있다.

우리는 이 교회의 현실을 어떻게 인식하고 있으며, 어떠한 관점으로 바라보고 있는가? 교회와 사회의 변화를 위해 역사의 현장에 동참하는 것은 결코 큰일을 도모하는 것만을 의미하지 않는다. 아우구스티누스가 그러했듯이 개개인이 역사의 신에 대한 내밀한 신뢰와 역사 앞에서 책임감을 갖고 각자의 영역에서 치열하게 사회에 대한 정의의 목소리를 내며 살아가는 것이 역사의 주체로 역사에 동참하는 일이다.

아우구스티누스는 신의 약속이라고 생각했던 로마의 무너짐을 지켜보며 역사의 신을 기억했다. 그리고 새롭게 신의 도성에 대한 소망을 제시했다. 초대교회의 성장과 쇠락의 역사는 한국 교회와 그리스도인들에게 이 시대를 어떻게 바라보고 무엇을 해야 할 것인가 하는, 묵직해서 버거울 수도 있는, 하지만 피할 수 없는 절체절명의 숙제를 안겨 주고 있다. 이제 우리는, 그리고 한국 교회는 세미한 음성을 듣기 위해 더 낮은 자리로 내려가 엎드려야 한다. 민족주의와 인종주의, 타자에 대한 배척을 넘어 포용의 자세를 회복해야 한다. 이 길이 한국 교회 회복의 길임을 초대교회 역사는 웅변해 준다.

지금까지 한국 교회와 신학계의 논의는 신구약 시대를 중심으로 하는 성서학 연구와 종교개혁기 이후 형성된 프로테스탄트 신학에 대한 탐구가 주를 이루었다. 그러다 보니 성서시대 이후 초대교회나 중세교회 등 천 년 이상 지속된 제도 교회에 대한 역사적 고찰은 상대적으로 부족하지 않았나 싶다.

성서의 가르침의 핵심을 파악하는 것의 중요성은 아무리 강조해도 지나치지 않다. 다만 텍스트의 가르침이 적용된 사례가 제도 교회의 역사라고 한다면 컨텍스트에 대한 충분한 고민 없이 텍스트만을 주장하는 것은 자칫 시대착오적으로 흐를 여지가 있다. 한국 교회에서는 특정한 신학적 견해를 타협 불가한 유일한 가치로 여기는 분위기가 강하다. 그래서 복음의 가치를 담보한다는 명목으로 신학적인 입장을 가지고 사회 현상이나 과학까지도 규정하려는 시도가 종종 이루어진다. 이는 신학이 이데올로기로 변한 것에 다름 아니다.

적어도 2천 년을 이어 온 긴 교회의 역사의 한 지점에 서 있는 오늘의 교회는 그 자체로 역사의 산물이라는 것을 받아들여야 한다. 역사를 알 때 겸손해질 수밖에 없다. 되짚어 가며 다시 읽어 본 초대교회 역사에서 한 가지 해답을 찾고자 시도하지는 않았다. 역사 속에서 초대교회는 어떠한 모습을 보였는지 살펴보면서, 그 이후 교회가 어떻게 이어져 왔는지에 대해 좀더 성찰적으로 탐구하려는 동기를 부여하고자 했다. 이것이 신학 과잉의 시대에 역사를 공부하는 이의 소박하지만 간절한 바람이다.

주(註)

1. 교회의 시작점에 대한 논의
교회란 무엇인가

1. 교회사 연구에서도 종파적 시각은 20세기 중반까지도 지속되는 흐름이었다. 1970년대부터 시작된 영국 역사가 제프리 엘턴의 종교개혁기 지방사 연구로 인해 비로소 교회사가 "종파적 구속복"(confessional straitjacket)을 벗었다고 평가된다.

2. 화체설은 초대교회 당시부터 확립된 전통이기보다는 9세기 이후 생겨나고 발전한 중세 가톨릭 교회의 '발명'이다. 오늘날 가톨릭 교회가 채택한 화체설 교리는 1215년 제4차 라테란 공의회에서 확정되고, 루터의 종교개혁의 여파로 소집된 트리엔트 공의회에서 재천명되었다.

3. Joseph Goering, "The Invention of Transubstantiation", *Traditio*, Vol. 46, 1991, p. 147.

4. 교황 칼리스토스는 죄의 용서와 사면에 대한 성직자의 권한을 확대하였다. 교회 내에서 '성스러움'이라는 단어의 의미가 변화되었다. 교회라는 개념도 개인적·영적인 경험을 통해 구원을 얻은 신자들의 공동체라는 의미에서, 이제는 구원을 담보하고 성례를 사제들이 집례함으로 거룩을 생성하고 회복하는 보편적인 도구로 변화되게 되었다. Joseph M. Bryant, "The Sect-Church Dynamic and Christian Expansion in the Roman Empire: Persecution, Penitential, Discipline, and Schism in Sociological Perspective", *The British Journal of Sociology*, Vol. 44, No. 2, 1993, p. 323.

5. 종교개혁기 화체설을 둘러싼 신학 논쟁을 통해 가톨릭과 각 프로테스탄트파의 신학적 정체성이 강화되었다. A. E. 맥그래스, 《종교개혁 사상 입문》, 박종숙 옮김, 성광문화사, 2002, pp. 189~207.

6. 기독교의 초기부터 현대에 이르기까지 유대교와 기독교는 예수를 어떠한 지위로 볼 것인지를 두고 논쟁을 이어 왔다. 기독교에서는 예수를 율법을 초월하고 구원을 성취한 그리스도로 본 반면, 유대인들은 예수가 율법의 권위를 빼앗은 것으로 보았다. 19세기 역사주의 사조의 흐름 속에서 독일 개신교 신학자들을 중심으로 예수를 재구성하고자 하는 시도가 있었다. 1835년에 독일 개신교 신학자 다비드 슈트라우스는 《예수의 생애》라는 책을 출판했다. 이 책이 가히 혁명적인 이유는 전통적인 기독교 교리에서 보존되고 발전된 그리스도가 아닌 인간 예수를 발견하려는 시도였기 때문이다. 서구의 전통적인 기독교 교리에서 틀 지워진 그리스도의 이미지에서 역사적 예수를 재발견하

고자 하는 시도였다(D. F. Strauss, *The Life of Jesus, Critically Examined*, trans. M. Evans, New York, 1860). 하지만 알베르트 슈바이처의 연구는 여기에서 한 걸음 더 나아간다. 그는 역사적 예수 연구에서 그려 낸 예수의 이미지가 19세기 독일의 문화적 그리스도인들이 재구성한 이미지라고 비판한다.

7. 학자들의 연구가 예수의 생애를 역사적으로 재건한 것이 아니라, 자신의 이상을 예수에게 투사하여 구현한 것이라고 기존의 역사적 예수 연구를 비판하였다. 알버트 슈바이처, 《예수의 생애 연구사》, 허혁 옮김, 대한기독교출판사, 1986, pp. 27~28.

8. Gerald Bray, *The Church: A Theological and Historical Account*, Grand Rapids: Baker Academic, 2016, p. 24.

9. 김명수, "〈예수 세미나〉 운동과 역사적 예수 탐구사", 〈신약논단〉, 10(3), 2003, pp. 561~562.

2. 기독교가 급속하게 확산된 이유
초대교회의 형성 배경

1. Greg Woolf, "Beyond Romans and Natives", *World Archaeology*, Vol. 28, No. 3, 1997, p. 339.

2. 문화적 인종주의라는 표현은 1980년대 이후 주로 유럽 내부에서 겪는 사회·경제적 갈등, 유럽 통합 및 그에 따른 정체성 형성 과정에서 포용과 배제의 논리로 등장한 것이다. 이에 대한 논의는, 홍태영, "유럽의 시민권, 정체성 그리고 문화적 인종주의: 국민국가의 전환과 극우민족주의", 〈한국 정치연구〉, 제20집, 제2호, 2011, p. 239 참조.

3. *Bray, The Church: A Theological and Historical Account*, pp. 11~12.

4. 올림픽 제전이나 다신교를 수용하는 헬라화에 대한 갈등은 외경 마카비후서 4장에서 대제사장 야손이 유대 동족들의 생활을 헬라 식으로 바꾸어 놓고, 율법에 반대되는 새로운 생활 양식을 도입하였다는 비판에서 잘 드러난다. 야손의 극심한 모독적 행위로 헬라화 운동이 극에 달하였고, 이국의 풍습이 물밀듯 쏟아 들어와 사람들이 레슬링 경기에 휩쓸리게 되었다.

이 주제에 대해서는 Martha Himmelfarb, "Judaism and Hellenism in 2 Maccabees", *Politics Today*, Vol. 19, No. 1, pp.19~40; Joseph H. Hellerman, "Purity and Nationalism in the Second Temple Literature: 1-2 Maccabees and Jubilees", *Journal of The Evangelical Theological Society*, Vol. 46, No. 3, 2003, pp. 401~421 참조.

5. 김경현, "고대 그리스 세계의 체육과 스포츠 문화—김나시온의 역사를 중심으로", 〈역사학보〉, 222, 2014, pp. 219~256.

6. 칠십인역의 역사적 실재성에 대한 논쟁은 꾸준히 제기되어 왔다. 기원전 2세기경 "아리스테아스의 편지"(The Letter of Aristeas)는 칠십인역 성서 번역 작업에 대한 사회·정치적 배경과 진행 과정을 설명하고 있다. 이집트 왕 프톨레마이오스의 명령에

따라 열두 지파에서 각 여섯 명씩 선발한 학자 72인이 알렉산드리아에서 72일간 번역 작업을 했다고 기술하고 있다. 아리스테아스의 편지에 따르면 구약성서 전체가 한 시기에 번역된 것이 아니라 모세오경만 번역된 후 나중에 예언서와 성문서가 번역되었다.
김동주, "초기 교부들의 칠십인역 이해에 대한 역사신학적 연구", 〈한국교회사학회지〉 제26집, 2010, pp. 137~169 참조.

7. 한 종교의 경전의 번역은 단순한 자구의 번역이 아니라 여러 가지 문제를 야기한다. 우선은 언어적, 텍스트적으로 충분하게 의미를 전달할 수 있는지가 관건이다. 번역 시도 자체는 문제가 없다고 보는 시각도 있으나, 일부 랍비들은 본질적으로 토라는 번역을 할 대상이 아니라는 견해를 주장한다. 번역에서 제기될 수 있는 문제들에 관한 논의는, George Steiner, *After Babel: Aspects of Language and Translation*, 2nd ed., Oxford University Press, 1992, p. 496 참조.

8. Judith Lieu, *Neither Jews nor Greek? Constructing Early Christianity*, London: T&T Clark, 2002, p. 67.

9. 초대 기독교에는 "개종자들"(proselytes)과 "하나님을 경외하는 자들"(God-fearers)의 두 집단이 존재한다. 이들은 완전한 개종자들과 부분적 개종자로 불리기도 한다. 하나님을 경외하는 자들의 존재 여부에 대한 논쟁은, 이일호, "제2성전 시대의 유대교와 초대 기독교의 개종자에 대한 연구", 〈한국개혁신학〉, 제26호, 2009, pp. 202~238.

10. David Flusser, "Paganism in Palestine", *Compendia Rerum Iudaicarum ad Novum Testamentum* 1.2, S. Safrai and M. Stern eds., Assen, 1976, p. 1097.

11. 당대 알렉산드리아 도서관의 지식 문화 발전에 대한 기여는 유봉근, "지식의 질서와 네트워크—알렉산드리아 도서관의 문화적 유산", 〈브레히트와 현대연극〉, 제23권, 2010, pp. 301~321 참조.

12. Moshe Simon-Shoshan, "The Tasks of the Translators: The Rabbis, the Septuagint, and the Cultural Politics of Translation", *Prooftexts*, Vol. 27, No. 1, 2007, pp. 6~7.

13. 예수의 재판 관할에 관한 내용은, F. F. 브루스, 《초대교회 역사》, 서영일 옮김, 기독교문서선교회, 2009, pp. 65~71 참조.

14. 브루스, 《초대교회 역사》, pp. 215~216.

15. Christoph Markschies, *Between Two Worlds: Structures of Earliest Christianity*, London: SCM Press, 1999, pp. 18~19.

16. 초대교회 기독교 형성과 헬레니즘 철학의 상호성에 대해서는, 삐에르 떼브나즈, "신적인 철학에서 기독교 철학으로—헬레니즘과 기독교의 대결", 〈기독교 철학〉 제10호(이철우 완역), pp. 147~166 참조.

3. 민족주의, 인종주의를 넘어 세계로
유대교와 기독교

1. 초기 유대교 및 후기 유대교에 대한 표현은 여러 가지 모호성을 안고 있다. 헬레니즘 시대 이후 발전한 유대교를 후기 유대교라고 부르는 것은 에스라와 느헤미야에 의해 발전된 원시 유대교가 역동성을 상실한 것으로 보았다. 하지만 근래에 들어 이러한 해석은 기독교의 편향된 해석이라는 비판들이 제기된다. 유대교의 규정에 관한 논의는 박정수, 《기독교신학의 뿌리—유대교 사상의 형성과 신약성서 배경사》, 대한기독교서회, 2010, pp. 28~35 참조.

2. 헬레니즘 시대의 유대교를 헬레니즘적 유대교로 정의하기도 한다.

3. 랍비 유대교의 형성은 예루살렘 성전 파괴 후 산헤드린 중심으로 활동한 요한난 벤 자카이와 연관되어 설명한다.

4. J. C. 판데어캄, 《초기 유다이즘 입문》, 박요한 옮김, 성서와함께, 2001.

5. 래리 허타도, 《처음으로 기독교인이라 불렸던 사람들》, 이주만 옮김, 이와우, 2017, p. 106.

6. 박정수, 《기독교신학의 뿌리》, p. 19.

7. 피터 브라운, 《기독교 세계의 등장》, 이종경 옮김, 새물결출판사, 2004, pp. 62~63.

8. 이에 대한 논의는, Carl R. Trueman, & R. Scott Clark, *Protestant Scholasticism: Essays in Reassessment*, Paternoster, 1999 참조.

9. 메시야닉 쥬에 대한 개괄적인 소개는 David Rudolph & Joel Willitts, eds., *Introduction to Messianic Judaism: Its Ecclesial Context and Biblical Foundations*, Zonderban, 2013 참조.

10. Edward W. Klink III, "Expulsion from the Synagogue? Rethinking a Johannine Anachronism", *Tyndale Bulletin*, 59.1, 2008, pp. 99~118.

11. Shawn Kelly, *Racializing Jesus: Race, Ideology and the Formation of Modern Biblical Scholarship*, New York: Routledge, 2002, pp. 211~222.

12. Denise Kimber Buell, *Why This New Race, Ethnic Reasoning in Early Christianity*, New York: Columbia University Press, 2005 참조.

13. Buell, *Why This New Race*, p. 43.

14. Buell, *Why This New Race*, p. 57.

15. 이효석, "헬레니즘, 유럽중심주의, 영국성—19세기 영국 사회와 고대 그리스의 전유", 〈19세기 영어권 문학〉, 13(2), 2009. pp. 97~123.

16. 베네딕트 앤더슨은 민족주의라는 것은 실제로 실체나 주권이 없는 근대에 발생한 상상의 정치 공동체라고 주장한다. 이러한 민족주의를 정당화하기 위한 기재로서 기독교의 보편의 가치를 무의식적으로 연결시키려는 왜곡된 시도는 항상 있어 왔다. 베네딕트 앤더스, 《상상의 공동체—민족주의의 기원과 전파에 대한 성찰》, 윤형숙 옮김, 나남출판, 1991.

4. 대안적 세계관과 가치관의 승리
초대교회의 성장과 박해

1. Michael Bland Simmons, "Graeco-Roman Philosophical Opposition", *The Early Christian World*, Volume 2, ed. Philip F. Esler, New York: Routledge, 2000, pp. 840~862.

2. 이 주제에 대한 전반적인 논의는 허타도, 《처음으로 기독교인이라 불렸던 사람들》참조.

3. Lewis Naphtali, ed., "Papyrus Oxyrhynchus 744", *Life in Egypt under Roman Rule*, Oxford University Press, 1985, p. 54.

4. 고대 그리스, 로마 세계의 영아 살해에 대한 전통이 존재했지만, 남아와 비교하여 여아 살해율이 과도하게 높았는지에 대해서는 비판이 제기된다. Donald Engels, "The Problem of Female Infanticide in the Greco-Roman World", *Classical Philology*, Vol. 75, No. 2, 1980, pp. 112~120. Ann M. E. Haentjens, "Reflections on Female Infanticide in the Greco-Roman World", *L'antiquité Classique Année*, Vol. 69, No. 1, 2000, pp. 261~264.

5. 정용석, "초대 기독교 여성", 〈한국교회사학회지〉, 제13집, 2003, pp. 319~320.

6. 로마 제국 내의 초대교회 신앙 공동체에 대한 탁월한 분석은 에케하르트 슈테게만, 볼프강 슈테게만, 《초기 그리스도교의 사회사—고대 지중해 세계의 유대교와 그리스도교》, 손성현·김판임 옮김, 동인, 2009의 9장 참조.

7. 초대교회의 모습에 대한 상징적인 이야기는 러버트 뱅크스, 《1세기 교회 예배 이야기—역사적 자료에 기초한 초대교회 모습》, 신현기 옮김, IVP, 2017에 잘 그려져 있다.

8. 브루스, 《초대교회 역사》, pp. 244~245.

9. 초대교회 여성의 지위에 대한 논의에 대해서는 Peter Brown, *The Body and Society: Men, Women and Sexual Renunciation in Early Christianity*, Columbia University Press, 1988 참조.

10. Christoph Markschies, *Between Two Worlds*, p. 142.

11. 최영실, "초대교회의 모체가 된 여성 사역", 〈한국기독교신학논총〉, Vol. 14, 한국기독교학회, 1997, pp. 109~133.

12. 하지만 교부 시대에 들어서서 다수의 교부들이 여성들을 남성에 비해 열등한 존재로 평가하고, 교회 체제를 정비해 나가면서 여성의 역할이 제약을 받게 되었다. 오히려 초대교회의 이단으로 평가 받는 몬타누스파에는 여성 사제가 존재하였다. 이러한 흐름은 중세 가톨릭교회 동안에도 지속되었다. 그럼에도 중세 가톨릭교회 내부에서는 제한적이나마 수녀원이라는 공간을 통해 여성들이 혼인이라는 제도와 남성 지배에 예속되지 않고 자아를 실현할 수 있었다. 중세 말 가톨릭교회가 분열되고 혼탁한 시기에 가톨릭 내부에서는 노리치의 줄리안, 마저리 캠프 등과 같은 환시가(visionary)라고 불리는

새로운 여성 지도자들이 등장하기도 하였다. 또한 특징적으로, 중세 말에 이단 운동으로 유명했던 카타리파나 왈도파, 롤라드파 등에서는 예외 없이 여성 사제와 설교자가 있었다. 아쉬운 것은 종교개혁을 통해 개신교에서 성직자의 결혼이 허용되고 수녀원이 해체되면서 여성의 사회 참여가 오히려 제약을 받았다는 점이다. 루터를 비롯한 종교개혁가들이 가정을 '성화의 학교'로 묘사하고, 모범적인 그리스도인 여성의 역할을 가정을 구성하는 아내와 어머니로 제한하였다. Natalie Z. Davis, "City Women and Religious Change in Sixteenth Century France", *A Sampler of Women's Studies*, eds., Dorothy G. McGuigan and Ann Arbor, University of Michigan, 1973, pp.17~46.

13. Jo Ann McNamara, "Sexual Equality and the Cult of Virginity in Early Christian Thought", *Feminist Studies*, Vol. 3, No. 3, 1976, pp.145~146.

14. 교회는 국가로부터 특별한 배려를 받지 못했다. 로마 황제는 제국 내에서 기독교가 본질적으로 분열을 일으킬 요소가 있음을 인식했다. 군 복무나 이교 종교 제의와 같은 대부분의 시민의 의무에 대해 교회는 참여하지 않거나, 수동적으로 저항하였다. 특히 초기 그리스도인들이 가장 두려워했던 것은 우상숭배에 대한 위협이었다. 그래서 군 복무뿐 아니라 여러 전문 직종에 그리스도인들이 진입하는 데 제약이 있었다. Roland H. Bainton, *Christian Attitudes Toward War and Peace*, New York and Nashville: Abingdon Press, 1960, pp. 53~84 참조.

15. 정기환, "콘스탄티누스의 종교정책: 기독교를 중심으로", 《로마 제정사 연구》, 서울대학교출판부, 2001, p. 459.

16. 쿠어트 디트리히 슈미트, 《살아 있는 역사, 교회사》, 정병식 옮김, 성서와신학연구소, 2004, p. 100.

17. 마키아벨리는 국가와 종교에 대해 종교적 가르침의 준수가 국가의 위대함을 초래하듯이, 종교에 대한 경멸은 국가의 파멸을 가져온다고 주장한다. 왜냐하면 신에 대한 두려움이 결여된 곳에서는 왕국이 몰락하거나 아니면 종교에서 결여된 것을 군주에 대한 두려움으로 보충함으로써 왕국이 유지될 수밖에 없기 때문이다. 그러나 군주의 수명에는 한계가 있기 때문에, 군주의 능력이나 지혜가 쇠퇴하면 왕국 역시 즉각적으로 쇠퇴할 것이다. 니콜로 마키아벨리, 《로마사 논고》, 강정인·안선재 공역, 한길사, 2003, p. 119 참조.

18. 종교와 미신에 대한 구분 및 어원에 대한 상세한 논의는 최화선, "로마 공화정 말기의 '종교religio'와 '미신superstitio' 개념", 〈서양고전학연구〉, 제17권, 2001, pp. 133~154 참조.

19. 로마인들에게 종교는 신(들)에 대한 경배를 넘어서 거대한 제국을 효율적으로 통치하기 위한 유용한 수단이었다. 이는 근대의 정치 종교라고 불리는 시민 종교(*theologia civillis*)의 개념과 일맥상통한다. 최혜영, "로마 시대 종교의 '승리 이데올로기'", 〈복현사림〉, 제26권, 경북사학회, 2003, p. 3.

20. Walter H. Wagner, *After the Apostles: Christianity in the Second Century*, Minneapolis: Fortress, 1994, p. 133.

21. Emil Schürer, *The History of the Jewish People in the Age of Jesus*

Christ, 4 vols. Vol. Ⅲ. i, T&T. Clark Ltd, 1973, pp. 160~161.

22. 장 마리 앙젤, 《로마 제국사》, 김차규 옮김, 한길사, 1999. p. 120.

23. L. F. Janssen, "'Superstitio' and the Persecution of the Christians", *Vigiliae Christianae*, Vol. 33, No. 2, 1979, p. 133.

24. W. H. C. Frend, "Martyrdom and Political Oppression", *The Early Christian World*, Vol. 2, ed., Philip Esler, London: Routledge, 2000, p. 815.

25. Mathew Owen & Ingo Gildenhard, *Tacitus, Annals, 15.20~23, 33~35: Latin Text, Study Aids with Vocabulary, and Commentary*, Cambridge: Open Book Publishers, 2009, p. 245.

26. Paul Middleton, "Early Christian Voluntary Martyrdom: A Statement for the Defense", *The Journal of Theological Studies*, NS, Vol. 64, Pt 2, 2013, pp. 556~573.

27. Fred Norris, "Origen", *The Early Christian World*, pp. 1008~1009.

28. W. H. C. Frend, "Martyrdom and Political Oppression", p. 829.

29. "우리의 관용에 대한 보답으로, 그리스도인들은 국가가 모든 위험으로부터 보호 받고, 모든 가정이 안전하게 살 수 있도록 우리의 회복과 공공의 안녕과 우리 자신을 위해 기도하는 의무를 가지게 된다." Gregory T. Armstrong, "Church and State Relations: The Changes Wrought by Constantine", *Journal of Bible and Religion*, Vol. 32, No. 1, 1964, p.3에서 재인용.

30. 로마가 제국을 통치하면서 피지배국의 문화와 종교 등을 존중하는 정책을 펼쳐 왔기 때문에 다국적으로 구성되는 로마 군대에서도 다양한 종교가 받아들여졌다. 복음서에서 예수에 대해 호감을 가지고 있는 로마 군대 백부장들의 예를 보더라도 그리스도인들이 로마 군대에 다수 존재하였음은 미루어 짐작할 수 있다. 유세비우스나 테르툴리아누스가 남긴 기록에도 다수의 그리스도인들이 군대에 복무했을 뿐 아니라 전쟁에서 큰 공을 세웠다고 보고한다. 기독교가 공인되기 전에 로마 군대에 복무했던 대다수 그리스도인들은 교회에 대한 박해가 있을 때에도 배교와 순교 사이의 선택에 직면하지 않고 군인 생활을 이어 나갈 수 있었다. 그 이유에 대해서는 제국에서 차지하는 로마 군인의 특권과 연결시켜 보는 시각이 우세하다. 로마 군대 역시 병사들의 개인적인 종교 행위가 군대 생활과 충돌되지 않는 한 관용적인 입장을 취하였다. 로마 군대와 그리스도인 병사의 관계에 대해서는, 오만규, "로마 군대종교와 초기 그리스도인들의 군복무", 〈한국교회사학회지〉, 제3권, 1988, pp. 7~27 참조.

31. 한국전쟁 당시 평양에서 순교한 열두 명의 순교자를 둘러싼 진실을 파헤친 김은국의 소설 《순교자》는 고통과 절망 앞에서 신앙인의 자세가 어떠해야 하는지를 드러내 주는 걸작이다.

5. 죄인을 구원하는 은총의 통로
라틴 교회

1. 존 줄리어스 노리치, 《지중해 5,000년의 문명사 (상), 고대 이집트에서 제1차 세계대전까지》, 이순호 옮김, 뿌리와이파리, 2009, pp. 65~66.

2. Markschies, *Between Two Worlds*, pp. 12~15.

3. 테르툴리아누스, 암브로시우스, 아우구스티누스 등과 같은 라틴 교회의 위대한 교부들을 자랑하는 북아프리카의 기독교 전통에 비추어 볼 때 북아프리카 기독교가 전멸하게 된 원인을 찾는 것은 쉽지 않다. 주요 원인 중 하나는 북아프리카 기독교 내의 신학적 불일치 등과, 로마 비잔틴 사람들과 베르베르인들이나 아프리카 원주민들과의 문화·정치·경제적 차이로 보기도 한다.

4. 서영건, "중세 카스티야 변경 도시와 콘비벤시아", 〈서양중세사 연구〉, 제21호, 2008, pp. 149~177.

5. 안인섭, "새롭게 조명하는 4세기 북아프리카 교회의 발전과 영성", 〈한국교회사학회지〉, 제17집, 2005, pp. 81~105.

6. Maureen A. Tilley, "Sustaining Donatist Self-identity: From the Church of the Martyrs to the Collecta of the Desert", *Journal of Early Christian Studies* 5, 1997, pp. 21~35.

7. James Alexander, "Donatism", *The Early Christian World*, pp. 958~963.

8. 이현준, "아우구스티누스와 도나투스주의의 교회일치와 국가 관계론 연구", 〈신학연구〉, 65, 2014, pp. 187~188.

9. 테르툴리아누스는 그리스도인들에게 미신과 이교 철학의 유혹을 피하도록 했다. 그리스도인들이 기독교에 대한 철학적 합리성을 얻으려고 시도하지만, 이교도 철학을 그리스도의 복음과 양립시키려는 시도는 무의미하다고 주장하였다. 이러한 주장은 서방 교회에서 복음을 이해할 때 동방 교회와 같은 철학적·이성적 기반이 아닌, 로마법 전통에 따른 법정적 개념으로 이해하는 데 발판이 되었다.

Peter Iver Kaufman, "Tertullian on Heresy, History, and the Reappropriation of Revelation", *Church History*, Vol. 60, No. 2, 1991, pp. 167~179.

10. "불합리하기 때문에 믿는다"(*credo quia absurdum est*)라고 주장하는 테르툴리아누스의 역설은 그의 신학의 근간이다. E. Osborn, *Tertullian, First Theologian of the West*, Cambridge University Press, 1997, p. 27.

11. Dylan Elliott, "Tertullian, the Angelic Life and the Bride of Christ.", *Gender and Christianity in Medieval Europe: New Perspective*, ed., Lisa M. Bitel & Felice Lifshitz, University of Pennsylvania Press, 2008, pp. 21~22.

12. 테르툴리아누스가 인생 후기에 참여하게 된 몬나투스파는 예언하는 여성 지도자들이 이끌고 있었으며, 그는 이 여성들에 대한 존중을 보이기도 했다. F. F. Church, "Sex and Salvation in Tertullian", *Harvard Theological Review*, Vol. 68, 1975, pp. 83~101 참조.

13. 독신주의에 대한 전통은 중세교회로 넘어가면서 성직자들의 독신주의를 제

도화하기에 이르렀다. 4세기 에스파냐의 엘비라에서 열린 교회회의에서는 결혼한 성직자들의 아내와의 성관계를 금지하는 결정을 했다. 이 당시 교회는 성직자의 결혼을 금지하지 않지만 성관계를 금했다. 독신 문제는 주로 서방 교회에서 제기된 것이었고, 서방 교회는 성직자의 독신을 교회법으로 규정하게까지 되었다. Charles, A. Frazee, "The Origin of Clerical Celibacy in the Western Church", *Church History*, Vol. 41, No. 2, 1972, pp. 154~156.

14. Elizabeth Castelli, "Virginity and Its Meaning for Women's Sexuality in Early Christianity", *Journal of Feminist Studies in Religion*, Vol. 2, No. 1, 1986, pp. 61~88.

15. Frazee, "The Origin of Clerical Celibacy in the Western Church", p. 150.

16. Markschies, *Between Two Worlds*, pp. 69~70.

17. Rex Butler, "Sacramentum: Baptismal Practice & Theology of Tertullian & Cyprian", *Journal for Baptist Theology & Ministry*, Vol. 6, No. 1, Baptist Center for Theology & Ministry, 2009, pp. 16~17.

18. A. Gilmore, *Christian Baptism*, Lutterworth, 1960, p. 201.

19. David Wright, "Tertullian", *The Early Christian World*, p. 1034.

20. 성서에서 신자들을 보편적으로 지칭하던 용어인 성도(saint, holiness)라는 용어가 2세기 중반 이후에 기독교 문학에서 사라지기 시작하였다. 성(saint, holy)이라는 표현이 일반 신자들을 지칭하는 용어에 사용되는 대신 성순교자(holy martyr), 성사제(holy priest), 성서(holy scripture), 성례전(holy communion) 등과 같이 종교적으로 더욱 탁월한 대상을 지칭하는 의미로 사용되었다. Adolf Harnack, *The Mission and Expansion of Christianity in the First Three Centuries*, 2 vols., Eng. trans., Williams and Norgate, London, 1908, Bk. III, chap. III 참조.

21. 최종원, "천국을 향한 약속어음—중세 유럽 면벌부 이론의 변화 연구", 〈인문연구〉, 56, 2009, pp. 165~196 참조.

22. 단적인 사례로 종교개혁 500주년을 기념하여 칭의와 정의의 역사를 재조명한 공동 작업의 결과물인 《칭의와 정의—오직 믿음으로만?》, 새물결플러스, 2017에도 동방 신학의 관점은 전혀 소개되지 않았다.

6. 신비를 추구하는 신앙
동방 교회

1. 남정우, 《동방정교회 이야기》, 쿰판출판사, 2003.

2. 대표적인 저술로 이매뉴얼 월러스틴, 《근대세계체제》, 나종일 옮김, 까치글방, 1999.

3. 에드워드 사이드, 《오리엔탈리즘》, 박홍규 옮김, 교보문고, 1991.

4. 1973년 한국조폐공사에서 발행한 5,000원권 지폐의 율곡 이이 초상이 서양인의 모습이라는 비판이 제기되었고, 결국 이 지폐는 곧 유통이 중단되었다.

5. 이 시각은 지극히 유럽적인 사고와 특성을 보편으로 규정하는 형용모순의 함정에 빠지게 된다. 이매뉴얼 월러스틴, 《유럽적 보편주의: 권력의 레토릭》, 김재오 옮김, 창비, 2008 참조.

6. 이러한 문제 의식 속에 비서구인의 시각으로 비잔틴 제국사를 기록한 책으로, 이노우에 고이치, 《살아남은 로마, 비잔틴제국》, 이경덕 옮김, 다른세상, 2008.

7. A. D. Nock, "Hellenistic Mysteries and Christian Sacraments", *Mnemosyne*, Fourth Series, Vol. 5, Fasc. 3, 1952, pp.177~213.

8. 중세 라틴 교회의 경우, 결혼의 성립에 대해서는 당사자의 동의(*consensus*)를 기준으로 판단하는 것과 초야를 치르는 것(*consummatio*)을 성립의 요건으로 보는 두 가지 견해가 존재하였다. 이에 대해서는 유희수, 《사제와 광대: 중세 교회문화와 민중문화》, 문학과지성사, 2009, pp. 52~54 참조.

9. 길리안 에반스, 《기독교사상사》, 서영일 옮김, 기독교문서선교회, 1994, p. 52.

10. 남정우, 《동방정교회 이야기》, pp. 66~79.

11. 장도곤, "이레니우스와 오리게네스의 자연관과 현대복음주의의 생태신학 정립의 필요성", 〈한국개혁신학〉, Vol. 6, No. 1, 1999, p. 228.

12. 동방 교회에서 인간과 피조 세계의 목적은 궁극적으로 신의 성품에 참여하는 신화를 이루는 것이다. 아타나시우스는 "사람이 하나님이 되게 하기 위하여 하나님 자신이 사람이 되셨다"라고 주장한다. 이문균, "동방정교회와 개신교회의 구원에 대한 이해", 〈종교연구〉, 38, 2005, p. 3 참조.

13. John R. Meyer, "Athanasius' Use of Paul in His Doctrine of Salvation", *Vigiliae Christianae*, Vol. 52, No. 2, 1998, p. 154.

14. Panayiotis Nellas, *Deification in Christ—Orthodox Perspectives on the Nature of the Human Person*, Trans. Normal Russel, St. Vladmir's Seminary Press, 1987, p. 39.

15. 전광식, "Theologia Negativa: 부정신학의 역사적 의미", 〈석당논총〉, 45, 2009, p. 39.

16. 김경수, "갑바도기아 교부들의 변증신학으로서 부정신학", 〈조직신학연구〉, 제8호, 2006, p. 278.

17. Kevin N. Giles, *Jesus and the Father: Modern Evangelicals Reinvent the Doctrine of the Trinity*, Grand Rapids, Zondervan, 2006, p. 214.

18. Giles, *Jesus and the Father*, pp. 137~138.

19. 아리우스파의 삼위일체에 대한 논의는 David Rankin, "Arianism", *The Early Christian World*, pp. 981~987 참조.

20. 필리오케 논쟁에 대해서는 김용준, "필리오케—개혁주의 신학에서 필리오케 교리의 정당성에 관한 고찰", 〈한국개혁신학〉, 제29호, 2011, pp. 177~ 1 참조.

21. 알리스터 맥그래스, 《기독교의 미래》, 박규태 옮김, 좋은씨앗, 2005, pp. 163~164.

7. 근본을 추구하는 급진파들
초대교회의 이단 운동

1. 트뢸치의 교회 유형론에 대해서는, 박충구, 《기독교 윤리사 II》, 대한기독교서회, 2001, p. 130 참조.

2. Alister McGrath, *Heresy: A History of Defending the Truth*, New York: HarperCollins, 2009, pp. 22~25.

3. Rowan Williams, "Does It Make Sense to Speak of Pre-Nicene Ortho-Doxy?", *The Making of Orthodoxy*, ed., Rowan Williams, Cambridge: Cambridge Univ. Press, 1989, pp. 1~13.

4. McGrath, *Heresy: A History of Defending the Truth*, p. 58.

5. 아리우스주의는 여전히 오늘날에도 논쟁적인 주제이다. 대표적으로 John Hick, ed., *The Myth of God Incarnate*, London: SCM Press, 1977과 이에 대응하기 위한 책으로 출간된 Michael Green, ed., *The Truth of God Incarnate*, London: Hodder & Stoughton, 1977 사이의 논쟁을 들 수 있다.

6. McGrath, *Heresy: A History of Defending the Truth*, p. 27.

7. Averil Cameron, "How to Read Heresiology", *Journal of Medieval and Early Modern Studies* 33, 2003, pp. 471~492 참조.

8. Larry W. Hurtado, *Lord Jesus Christ: Devotion to Jesus in Earliest Christianity*, Grand Rapids: Eerdmans, 2003, p. 494.

9. McGrath, *Heresy: A History of Defending the Truth*, p. 57.

10. 염창선, "아타나시우스와 니케아 신조(325)—신학적 교회정치사적 입장 변화 연구", 〈한국교회사학회지〉, 제16집, 2005, pp. 98~100.

11. 김상옥, "그리스도인의 신앙과 아리우스 이단의 합리주의적 대항에 관한 고찰", 〈신학전망〉, 50, 1980, pp. 90~92. 논리적으로 명확하고 명료한 아리우스의 교의는 초월과 진리를 강조하는 교의에 비해 쉽게 받아들일 수 있는 것이었다. 헬라 철학이나 사상의 발전이 없었던 게르만족에 아리우스파가 빠르게 전파될 수 있었던 것도 이러한 이유 때문이다.

12. 역사적 예수 연구 동향에 대해서는 김진호, 《예수 역사학. 예수를 예수로 넘기 위하여》, 다산글방, 2000 참조. 또 다른 관점에서 비판적인 접근은 박흥용, "역사적 예수 연구 방법론적 도구로서 '비판적 실재론'과 '역사적 개연성의 기준'", 〈신학연구〉, 제10권, 제3호, 2011, pp. 513~544 참조.

13. 구체적인 방식에 대해서는, Birger A. Pearson, *The Emergence of the Christian Religion*, Harrisburg, Trinity Press International, 1997, pp. 32~45

참조.

14. 채승희, "초대교부들의 구약성경 이해", 〈구약논단〉, 제13권 2호(통권 24집), 2007, pp. 54~55.

15. 브루스, 《초대교회 역사》, p. 327.

16. 마르키온이 가톨릭교회의 성경 사본에 미치는 영향은 극히 미미하고, 과대 평가되어 왔다는 주장도 있다. Gilles Quispel, "Marcion and the Text of the New Testament", *Vigiliae Christianae*, Vol. 52, No. 4, 1998, pp. 350~351.

17. Christine Trevett, "Apocalypse, Ignatius, Montanism: Seeking the Seeds", *Vigiliae Christianae*, Vol. 43, No. 4, 1989, pp. 313~338.

18. Bryant, "The Sect-Church Dynamic and Christian Expansion", p. 317.

19. James B. Rives, "The Blood Libel Against the Montanists", *Vigiliae Christianae*, Vol. 50, No. 2, 1996, p. 117.

20. Andrzej Wypustek, "Magic, Montanism, Perpetua, and the Severan Persecution", *Vigiliae Christianae*, Vol. 51, No. 3, 1997, p. 277.

21. Wypustek, "Magic, Montanism, Perpetua, and the Severan Persecution", p. 286.

22. 전통적인 종교적 관습과 신앙에 반하는 반사회적이고 불법적인 종교에 속한 그리스도인들은 끊임없이 비난과 고발의 위험을 겪어야 했다. 군대, 공무원, 교사 등과 같은 공공 기관에 근무하는 그리스도인들은 다신교 문화를 추구하는 현장에서 갈등을 겪었다. 반면 교회 지도자들은 신자들이 보석으로 치장하거나 값비싼 의복을 입는 것을 가혹하게 비판하였다. 이미 2세기가 끝날 무렵 그리스도인들이 도덕적 불감증 상태이고 종교적 헌신의 정도가 약화되었다는 비판이 제기된다. 예컨대 알렉산드리아의 클레멘트(약 150~215년)는 많은 믿는 이들이 이제는 그저 '선데이 크리스천들'이 되고, 이교도의 관습에 물들어 간다고 비판하였다. 오리게네스(약 185~254년) 역시 그리스도인들이 여전히 이교도 축제에 참가하고, 점성술을 즐긴다고 비판하였다. 그중에서도 더욱 심각한 타락은 성직자들 내부에서도 교회 자금을 유용하거나, 정실 인사를 등용하고, 교회 직책을 매매하는 등 세속적인 자들이 득세하는 것이었다. Bryant, "The Sect-Church Dynamic and Christian Expansion", p. 316.

23. Sheila E. McGinn, "Internal Renewal and Dissent in the Early Christian World", *The Early Christian World*, pp. 893~906.

24. 조병하, "초대교회 교회직제 발전에 대한 연구, 사도적 교부, 사도전승, 디다스칼리아를 중심으로(첫 3세기)", 〈한국개혁신학〉, 제31호, 2011, pp. 205~206.

25. Frederick C. Klawiter, "The Role of Martyrdom and Persecution in Developing the Priestly Office of Women in Early Christianity: A Case Study of Montanism", *Church History* 49, pp. 251~261.

26. 최혜영, "몬타누스 운동의 '새 예언'과 헬레니즘 문화", 〈서양고대사연구〉, 43, 2015, pp. 9~38과 남성현, "몬타누스 운동가 테르툴리아누스의 문화 비판", 〈오순

절 신학 논단〉, 4, 2005, pp. 108~147 참조.

27. 이에 관해서는 W. H. C. Frend, "Montanism: A Movement of Prophecy and Regional Identity in the Early Church", *Bulletin of the John Rylands Library* 70, pp. 25~34; Alistair Stewart-Sykes, "The Original Condemnation of Asian Montanism", *Journal of Ecclesiastical History*, 50, no.1, pp. 1~22; E.S. Fiorenza, *In Memory of Her: A Feminist Theological Reconstruction of Christian Origins*, London: SCM Press, 1983, pp. 300~303 등 참조.

8. 세속화에 맞선 사막의 영웅들
수도원 운동

1. 크리스토퍼 브룩, 《수도원의 탄생—유럽을 만든 은둔자들》, 이한우 옮김, 청년사, 2005.

2. Johannes Roldanus, *The Church in the Age of Constantine: The Theological Challenges*, Abingdon: Routledge, 2006, p. 160.

3. 초대교회 교부들의 철학, 경제, 사회 사상은 이 수도원을 중심으로 발전하였다. 특히 교회와 세속의 부의 문제, 즉 경제 문제 등에 대한 기독교적 성찰은 수도원의 철학과 분리할 수 없다. 초대교회 경제 관념에 대한 연구서로, 찰스 아빌라, 《초대 교부들의 경제 사상—소유권》, 김유준 옮김, 기독교문서선교회, 2008 참조.

4. 파코미우스의 수도원 운동은, Philip Rousseau, *Pachomius: The Making of a Community in Fourth-Century Egypt*, Berkeley and London: University of California Press, 1985 참조.

5. 남성현, "5~7세기 알렉산드리아의 감독들과 파코미우스 코이노니아", 〈한국교회사학회지〉, 제19집, 2006, pp. 93~94.

6. 안토니우스의 생애에 대한 간략한 개요는, Columba Stewart, "Anthony of the desert", *The Early Christian World*, pp. 1091~1092 참조.

7. 방성규, "메살리안 운동이 초기 수도원 운동에 끼친 영향", 〈한국교회사학회지〉, 제9집, 2000, pp. 125~128.

8. 방성규, "초기 수도원 영성에 있어서의 덕목의 삶: 사막 교부들의 금언을 중심으로", 〈신학사상〉, 통권 제111호, 2000, pp. 182~201.

9. 콘스탄티누스의 기독교 공인 이후 저속한 기독교가 도입되었다고 비판했다. 에드워드 기번의 수도사들에 대한 비판은, Edward Gibbon, *The History of the Decline and Fall of the Roman Empire*, ed., J. B. Bury, New York: AMS Press, 1974, 제37장 참조.

10. 칼 뢰비트, 《역사의 의미》, 이한우 옮김, 문예출판사, 1991, p. 52.

11. 남성현, 《기독교 초기 수도원 운동사: 파코미우스와 바실리우스》, 엠애드, 2006, pp. 41~45.

12. C. H. Lawrence, *Medieval Monasticism: Forms of Religious Life in Western Europe in the Middle Ages*, Essex: Longman House, 1984, pp.23~24.

13. Julian Stead, *Saint Benedict: A Rule for Beginners*, New York: New City Press, 1994, p. 61.

14. Lawrence, *Medieval Monasticism*, pp. 28~34.

15. 19세기 영국 가톨릭 성직자 존 헨리 뉴먼 추기경이 제시한 개념이다. Daniel J. Boorstin, *The Seekers: The Story of Man's Continuing Quest to Understand His World*, Vintage Books Ed edition, 1999, p. 93.

16. 허버트 버터필드, 《크리스천과 역사해석》, 김상신 옮김, 대한기독교출판사, 1995, p. 327.

9. 국가와 교회의 관계의 전환점
기독교 공인

1. 사단법인 한국기독교총연합회, "시국성명서" 2003년 10월 14일.

2. "사형제 존폐문제 KNCC—한기총 충돌", 〈국민일보〉 (2005년 8월 26일), http://news.kmib.co.kr/article/viewDetail.asp?newsCluster No=01100201.20050826100000358 (검색일 2018년 5월 10일).

3. 강인철, 《한국 기독교회와 국가, 시민사회》, 한국기독교역사연구소, 2003.

4. "특정종교인 병역대체근무제 반대", 〈국민일보〉 (2001년 6월 4일), http://news.kmib.co.kr/article/viewDetail.asp?newsCluster No=01100201.20010604000001604 (검색일 2018년 5월 10일).

5. 강인철, "개신교와 양심적 병역거부", 〈한신인문학연구〉, 제6집, 2005 참조.

6. 박규환, "'뒤틀린' 기독교 돌아보기—한국 개신교의 국가주의에 대한 비판: 전쟁 담론을 중심으로", 〈기독교철학〉 제12호, 2011, pp. 179~204 참조.

7. Bray, *The Church: A Theological and Historical Account*, pp. 75~77.

8. 노바티안의 엄격한 입장은 많은 사람들을 구원하고 회복시키는 '참회의 치료제' 역할을 해야 하는 교회의 보편적인 사명과 목적을 외면하는 것으로 비판을 받았다. '가톨릭' 그리스도인들의 시각에서 볼 때 노바티안의 엄격주의는 성례라는 은총의 수단을 통해 '많은' 사람을 개종할 수 있는 전통을 무너뜨리는 것이다. Bryant, "The Sect— Church Dynamic and Christian Expansion", p. 328.

9. '밀라노 칙령'은 기독교 이교를 로마 제국 내에서 합법적 종교(*religio licita*)로 인정하고 기독교회를 로마법에 따른 공동의 재산을 보유하는 실체로 간주하고, 그리스도인들은 로마 사회 내에서 아무런 방해 없이 자신들의 신을 예배할 수 있는 권리를 준 것이다. Charles Odahl, "Constantine the Great and Christian Imperial Theocracy", *Connections: European Studies Annual Review*, Vol. 3, 2007, p. 119.

10. Bill Leadbetter, "Constantine", *The Early Christian World*, p. 1076.

11. Gerald Bray, *The Church: A Theological and Historical Account*, p. 97~98.

12. Gregory T. Armstrong, "Church and State Relations", p.4.

13. 이승희, "콘스탄티누스 황제의 신앙과 종교정책", 〈서양고대사연구〉, 38, 2014, pp. 103~147.

14. Norman Baynes, "Eusebius and the Christian Empire", *Byzantine Studies and Other Essays*, London, 1955, pp. 168~172.

15. David E. Wilhite, *Ancient African Christianity: An Introduction to a Unique Context and Tradition*, New York: Routledge, 2017, p. 302.

16. 알리스터 맥그래스는 도나투스파를 여전히 이단으로 본다. 그 이유는 도나투스파가 교회와 성사에 대한 이해에 대한 오류가 있었으며, 근본적으로 인간의 본성에 대한 오해가 있었다는 것이다. 인간이 아무런 자격이 없는 은총을 통해서만 구원을 얻을 수 있는 존재라는 사실을 망각했다는 것이다. McGrath, *Heresy: A History of Defending the Truth*, p.159.

17. 김명배, "에큐메니칼 관점에서 본 유세비우스의 역사서술방법론과 역사이해에 관한 연구", 〈숭실사학〉, 제23집, 2009, pp. 237~268.

18. G. Dagron, *Emperor and Priest: The Imperial Office in Byzantium*, Cambridge University Press, 2003, pp. 131~132.

19. Alistair Kee, *Constantine Versus Christ: The Triumph of Ideology*, SCM Press, 1982 참조.

10. 제국 교회, 제국 신학의 탄생
니케아 공의회

1. 이와 관련한 연구로 Timothy, D. Barnes, *Athanasius and Constantius: Theology and Politics in the Constantinian Empire*, Cambridge, MA: Harvard Univ. Press, 1993 참조.

2. Odahl, "Constantine the Great", p. 94.

3. Baynes, Norman Hepburn, *Byzantine Studies and Other Essays*, University of London: Athlone Press, 1955, p. 168.

4. Bill Leadbetter, "Constantine", *The Early Christian World*, pp. 1080~1081.

5. Robert Louis Wilken, *The Spirit of Early Christian Church*, Yale University Press, 2003, p. 110.

6. 김차규, "콘스탄티노플 총주교좌의 위상—콘스탄티누스로부터 유스티니아누스 시대까지", 〈명지사론〉, 제11, 12합집, Vol. 11, No. 1, 2000, pp. 516~540.

7. 베드로의 로마와의 관련성에 대한 논의는 브루스, 《초대교회 역사》, pp.

185~189 참조.

8. James R. Adair, *Introducing Christianity*, Routledge Chapman & Hall, 2008, p. 151.

9. 종파적인 해석과는 별도로 율리아누스의 선택은 단순한 전통 이교로의 개종이라고 불리기보다는, 철학에로의 전향이라고 부른다. A. D. Nock, *Conversion: The Old and New in Religion from Alexander the Great to Augustine of Hippo*, Lanham 1988, p. 179.

10. 최혜영, "율리아누스 황제의 이교주의", 〈대구사학〉, 1991, 대구사학회, pp. 185~233.

11. Jaroslav Pelikan, *Christianity and Classical Culture: The Metamorphosis of Natural Theology in the Christian Encounter with Hellenism*, Yale University Press, 1993, p. 24.

12. Barnes, *Athanasius and Constantius*, pp. 98~100.

13. Anthony Meredith, *The Cappadocians*, New York: St. Vladimir's Seminary Press, 2000, p. 28.

14. Pearson, *The Emergence of the Christian Religion*, pp. 186, 211.

11. 다름이 틀림으로
교리의 확립과 교회의 분열

1. 아폴리나리우스주의에 대한 나지안주스의 그레고리우스의 반박은 Henry Bettenson and Chris Maunder, eds., *Documents of the Christian Church*, Oxford: Oxford University Press, 1999, pp. 49~50 참조.

2. 네스토리우스의 주장에 대한 알렉산드리아의 키릴리우스의 비판은 Bettenson and Maunder, eds., *Documents of the Christian Church*, pp. 50~51 참조.

3. 경교의 아시아 전래에 대한 논의는 안재은, "경교와 가톨릭이 한국 기독교 선교에 끼친 영향", 〈신학지남〉 75(4), 2008, pp. 354~379 참조.

4. Leo Donald Davis, *The First Seven Ecumenical Councils* (325~787): *Their History and Theology*, Collegeville, MN: Michael Glazier/Liturgical Press, 1990, p. 342.

5. 유티케스주의에 대한 조사 내용은, Bettenson and Maunder, eds., *Documents of the Christian Church*, p. 53 참조.

6. 로마 감독 레오 1세의 유티케스에 대한 비판은, Bettenson and Maunder, eds., *Documents of the Christian Church*, p. 54.

7. Bettenson and Maunder, eds., *Documents of the Christian Church*, p. 56.

8. 최자영, "정교(콘스탄티노플과 로마)와 동방 단성론간의 정치·사회적 갈등", 〈서

양고대사연구〉, 33, 2012, pp. 97~138.

9. Arthur Vööbus, "The Origin of the Monophysite Church in Syria and Mesopotamia", *Church History*, Vol. 42, No. 1, 1973, pp. 17~26.

10. 소수 종교로 이슬람 지역에 유지되던 기독교 유산은 미국의 이라크 침공으로 오히려 큰 위기에 처하게 되었다. 기독교에 대한 핍박이 생겨났다. 여기에 이슬람 수니파 무장 단체 IS로 인하여 수많은 종교 난민들이 발생하여 이라크 내의 기독교 인구는 현저하게 감소하였다.

11. 황의갑, "시리아어 정교 연구", 〈중동연구〉, 제288권 3호, 2009, pp. 117~133.

12. 노성기, "시리아—동방 교회의 기원", 〈신학전망〉, 제152집, 2006, pp. 25~52.

12. 초대교회의 뒤안길
아우구스티누스와 역사

1. 박의경, "로마 제국과 아우구스티누스: 기독교와 정치질서 그리고 평화", 〈세계지역연구논총〉, 제28집, 3호, 2010, pp. 8~30.

2. 정미현, "상실된 창조의 본래적 선을 찾아서—켈트 영성과의 관련성에서 본 펠라기우스 이해", 〈조직신학 논총〉, 제6권, 2001, pp. 213~236.

3. 이석우, 《아우구스티누스》, 민음사, 2005, p. 258.

4. 정미현, "상실된 창조의 본래적 선을 찾아서", pp. 216~217.

5. 이석우, 《아우구스티누스》, pp. 256~258.

6. Rebecca Harden Weaver, *Divine Grace and Human Agency: A Study of the Semi-Pelagian Controversy*, Merceer University Press, 1998, pp. 6~7.

7. 로마 제국의 쇠퇴 원인에 대해서는 야만족의 침입, 재정 부족, 인력 부족, 거대 제국을 다스리기에 적절치 않은 정치 제도의 결함, 경제적 위축, 비대해진 군대의 문제 등을 든다. 《로마 제국 쇠망사》를 쓴 역사가 에드워드 기번은 로마 제국의 쇠퇴의 원인을 외부에서 찾기보다는 로마 제국 내부에서 찾고자 하였다. 그중에서도 기독교가 로마 제국의 중심부에서 로마 제국의 가치에 연합되지 않는 독립적인 공동체를 형성함으로써 로마의 일체성을 훼손한 것이 로마 제국의 쇠퇴의 주요 원인으로 보았다. Gibbon, *The History of the Decline and Fall of the Roman Empire*, pp. 39~47.

8. Carol Harrison, "Augustine", *The Early Christian World*, p. 1220.

9. R. Markus, *Saeculum: History and Society in the Theology of Saint Augustine*, Cambridge: Cambridge University Press, 1970, pp. 42~51.

10. 독일 출신의 정치이론가 한나 아렌트의 박사학위 논문은 아우구스티누스의 정치사상을 사랑이라는 키워드로 풀어간 것이었다. 한나 아렌트, 《한나 아렌트 사랑 개념과 성 아우구스티누스》, 조안나 스코트, 주디스 스타크 편집, 서유경 옮김, 텍스트,

2013 참조.

11. "두 가지 사랑이 두 도성을 건설했다. 하나님을 멸시하는 사랑이 지상의 도성을 만들고, 자기를 멸시하면서 하나님을 사랑하는 자들이 하나님의 도성을 만들었다. 따라서 지상의 도성은 자기를 사랑하며, 하나님의 도성은 주를 사랑한다." 박의경, "로마 제국과 아우구스티누스", p.15에서 재인용.

12. "그렇지만 그리스도가 세우고 다스리는 나라에는 그 시민의 행복이 있다는 것을 부인할 수 없기 때문에 그 나라를 공화국이라고 부른다면, 그 공화국 외에는 진정한 정의가 존재하지 않음이 사실이다." 박의경, "로마 제국과 아우구스티누스", p. 16에서 재인용.

13. Carol Harrison, "Augustine", *The Early Christian World*, p.1219.

14. 역사가로서의 아우구스티누스에 대한 평가는, C. T. Daly, John Doody, Kim Paffenroth, eds., *Augustine and History*, New York: Rowman & Littlefield Publishers, 2008, pp. 81~84 참조.

에필로그
더 낮은 곳으로, 다시 환대와 포용으로

1. Roger Steven Evans, *Sex and Salvation: Virginity as a Soteriological Paradigm in Ancient Christianity*, Oxford: University Press of America, 2003, pp. 68~69.

2. Evans, *Sex and Salvation*, p. 81.

3. 헨리 채드윅, 《초대교회사》, 박종숙 옮김, 크리스찬다이제스트, 2007, p. 331.

초대교회 연대표

722 BC	북이스라엘, 아시리아에 의해 멸망
586 BC	바벨론 예루살렘 정복, 솔로몬 성전 파괴, 유다의 바벨론 유수
c.538 BC	포로 귀환, 성전 재건 시작
c.512 BC	성전 재건 완료
c.330 BC	알렉산드로스 대왕의 정복 전쟁과 헬레니즘 시작
c.250 BC	칠십인역 성서 번역
c.4 BC	예수 그리스도 탄생
c.33	오순절
64	로마시 대화재, 네로 황제의 기독교 박해
c.67–68	사도 베드로와 바울 순교
70	유대의 멸망과 예루살렘 성전 파괴
161–80	마르쿠스 아우렐리우스 황제의 기독교 박해
249~251	데키우스 황제의 기독교 박해
284~305	디오클레티아누스 황제의 기독교 박해
313	콘스탄티누스 황제가 밀라노 칙령으로 기독교 공인
325	니케아 공의회, 아리우스파 단죄
330	콘스탄티누스 황제가 제국 수도 콘스탄티노플로 천도
381	콘스탄티노플 공의회, 니케아–콘스탄티노플 신조 확립
c.382	히에로니무스가 성서 라틴어 번역
392	테오도시우스 황제의 기독교 국교 확립
397	카르타고 교회회의, 신약성서 27권 확정
410	서고트족 알라리크의 로마 점령
413~426	아우구스티누스의 《신국론》 저술
431	에베소 공의회, 네스토리우스파 단죄
449	로마 감독 레오 1세의 교황 수위권 주장
451	칼케돈 공의회 양성론 교리 확정, 양성론 교회와 단성론 교회 분열
476	서로마 제국 멸망

참고문헌

Adair, James R., *Introducing Christianity*, Routledge Chapman & Hall, 2008.

Armstrong, Gregory T., "Church and State Relations: The Changes Wrought by Constantine", *Journal of Bible and Religion*, Vol. 32, No. 1, 1964, pp. 1~7.

Bainton, Roland H., *Christian Attitudes Toward War and Peace*, New York and Nashville: Abingdon Press, 1960.

Barnes, T. M., *Athanasius and Constantinus: Theology and Politics in the Constantinian Empire*, London: Harvard University Press, 1993.

Baynes, Norman, "Eusebius and the Christian Empire", *Byzantine Studies and Other Essays*, London, 1955, pp. 168~172.

Bettenson, Henry & Maunder, Chris, eds., *Documents of the Christian Church*, Oxford: Oxford University Press, 1999.

Bitel, Lisa M. & Lifshitz, Felice, eds., *Gender and Christianity in Medieval Europe: New Perspective*, University of Pennsylvania Press, 2008.

Boorstin, Daniel J., *The Seekers: The Story of Man's Continuing Quest to Understand His World*, Vintage Books Ed Edition, 1999.

Bray, Gerald, *The Church: A Theological and Historical Account*, Grand Rapids: Baker Academic, 2016.

Brown, Peter, *The Body and Society: Men, Women and Sexual Renunciation in Early Christianity*, Columbia University Press, 1988.

Bryant, Joseph M., "The Sect-Church Dynamic and Christian Expansion in the Roman Empire: Persecution, Penitential, Discipline, and Schism in Sociological Perspective", *The British Journal of Sociology*, Vol. 44, No. 2, 1993.

Buell, Denise Kimber, *Why This New Race, Ethnic Reasoning in Early Christianity*, New York: Columbia University Press, 2005.

Butler, Rex, "Sacramentum: Baptismal Practice & Theology of Tertullian & Cyprian", *The Journal for Baptist Theology & Ministry*, Vol. 6, No. 1, pp. 8~24.

Cameron, Averil, "How to Read Heresiology", *Journal of Medieval and Early Modern Studies* 33, 2003, pp. 471~492.

Castelli, Elizabeth, "Virginity and Its Meaning for Women's Sexuality in Early Christianity", *Journal of Feminist Studies in Religion*, Vol. 2, No. 1, 1986, pp. 61~88.

Church, F. F., "Sex and Salvation in Tertullian", *Harvard Theological Review*, Vol. 68, 1975, pp. 83~101.

Dagron, G., *Emperor and Priest: The Imperial Office in Byzantium*, Cambridge University Press, 2003.

Daly, C. T.; Doody, John; Paffenroth, Kim, eds., *Augustine and History*, New York: Rowman & Littlefield Publishers, 2008.

Davis, Leo Donald, *The First Seven Ecumenical Councils (325~787): Their History and Theology*, Collegeville, MN: Michael Glazier/Liturgical Press, 1990.

Davis, Natalie Z., "City Women and Religious Change in Sixteenth Century France", *A Sampler of Women's Studies*, eds., Dorothy G. McGuigan and Ann Arbor, University of Michigan, 1973, pp. 17~46.

Engels, Donald, "The Problem of Female Infanticide in the Greco-Roman World", *Classical Philology*, Vol. 75, No. 2, 1980, pp. 112~120.

Esler, Philip F., ed., *The Early Christian World*, Vol. 2, New York: Routledge, 2000.

Evans, Roger Steven, *Sex and Salvation: Virginity as a Soteriological Paradigm in Ancient Christianity*, Oxford: University Press of America, 2003.

Fiorenza, E. S., *In Memory of Her: A Feminist Theological Reconstruction of Christian Origins*, London: SCM Press, 1983.

Flusser, David, "Paganism in Palestine", *Compendia Rerum Iudaicarum ad Novum Testamentum* 1.2, S. Safrai and M. Stern eds., Assen, 1976.

Frazee, Charles, A., "The Origin of Clerical Celibacy in the Western Church", *Church History*, Vol. 41, No. 2, 1972, pp. 149~167.

Frend, W. H. C., "Montanism: A Movement of Prophecy and Regional Identity in the Early Church", *Bulletin of the John Rylands Library* 70, pp. 25~34.

Gibbon, Edward, *The History of the Decline and Fall of the Roman Empire*, ed., J. B. Bury, New York: AMS Press, 1974.

Giles, Kevin N., *Jesus and the Father: Modern Evangelicals Reinvent the Doctrine of the Trinity*, Grand Rapids, Zondervan, 2006.

Gilmore, A., *Christian Baptism*, Lutterworth, 1960.

Goering, Joseph, "The Invention of Transubstantiation", *Traditio*, Vol. 46, 1991, pp. 147~170.

Green, Michael, ed., *The Truth of God Incarnate*, London: Hodder &

Stoughton, 1977.

Haentjens, Ann M. E., "Reflections on Female Infanticide in the Gre-co-Roman World", *L'antiquité Classique Année*, Vol. 69, No. 1, 2000, pp. 261~264.

Harnack, Adolf, *The Mission and Expansion of Christianity in the First Three Centuries*, 2 vols., Eng. trans., Williams and Norgate, London, 1908.

Hellerman, Joseph H., "Purity and Nationalism in the Second Temple Literature: 1-2 Maccabees and Jubilees", *Journal of The Evangelical Theological Society*, Vol. 46, No. 3, 2003, pp. 401~421

Hepburn, Baynes, Norman, *Byzantine Studies and Other Essays*, University of London: Athlone Press, 1955.

Hick John, ed., *The Myth of God Incarnate*, London: SCM Press, 1977.

Himmelfarb, Martha, "Judaism and Hellenism in 2 Maccabees", *Politics Today*, Vol. 19, No. 1, pp.19~40.

Hurtado, Larry W., *Lord Jesus Christ: Devotion to Jesus in Earliest Christianity*, Grand Rapids: Eerdmans, 2003.

Janssen, L. F., "'Superstitio' and the Persecution of the Christians", *Vigiliae Christianae*, Vol. 33, No. 2, 1979, pp.131~159.

Kaufman, Peter Iver, "Tertullian on Heresy, History, and the Reappropriation of Revelation", *Church History*, Vol. 60, No. 2, 1991, pp. 167~179.

Kee, Alistair, *Constantine Versus Christ: The Triumph of Ideology*, SCM Press, 1982.

Kelly, Shawn, *Racializing Jesus: Race, Ideology and the Formation of Modern Biblical Scholarship*, New York: Routledge, 2002, pp. 211~222.

Klawiter, Frederick c., "The Role of Martyrdom and Persecution in Developing the Priestly Office of Women in Early Christianity: A Case Study of Montanism", *Church History* 49, pp. 251~261.

Klink III, Edward W., "Expulsion from the Synagogue? Rethinking a Johannine Anachronism", *Tyndale Bulletin*, 59.1, 2008, pp. 99~118.

Lawrence, C. H., *Medieval Monasticism: Forms of Religious Life in Western Europe in the Middle Ages*, Essex: Longman House, 1984.

Lieu, Judith, *Neither Jews Nor Greek? Constructing Early Christianity*, London: T&T Clark, 2002.

Markschies, Christoph, *Between Two Worlds: Structures of Earliest Christianity*, London: SCM Press, 1999.

Markus, R., *Saeculum: History and Society in the Theology of Saint Augustine*, Cambridge: Cambridge University Press, 1970.

McGrath, Alister, *Heresy: A History of Defending the Truth*, New York,

HarperCollins, 2009.

McNamara, Jo Ann, "Sexual Equality and the Cult of Virginity in Early Christian Thought", *Feminist Studies*, Vol. 3, No. 3, 1976, pp.145~158.

Meredith, Anthony, *The Cappadocians*, New York, St. Vladimir's Seminary Press, 2000.

Meyer, John R., "Athanasius' Use of Paul in His Doctrine of Salvation", *Vigiliae Christianae*, Vol. 52, No. 2, 1998.

Middleton, Paul, "Early Christian Voluntary Martyrdom: A Statement for the Defense", *The Journal of Theological Studies*, NS, Vol. 64, Pt 2, 2013, pp. 556~573.

Naphtali, Lewis, ed., *Life in Egypt Under Roman Rule*, Oxford University Press, 1985.

Nellas, Panayiotis, *Deification in Christ—Orthodox Perspectives on the Nature of the Human Person*, Trans. Normal Russel, St. Vladmir's Seminary Press, 1987.

Nock, A. D., *Conversion: The Old and New in Religion from Alexander the Great to Augustine of Hippo*, Lanham 1988.

Nock, A.D. , "Hellenistic Mysteries and Christian Sacraments", *Mnemosyne*, Fourth Series, Vol. 5, Fasc. 3, 1952, pp.177~213.

Odahl, Charles, "Constantine the Great and Christian Imperial Theocracy", *Connections: European Studies Annual Review*, Vol. 3, 2007, pp. 89~113.

Osborn, E., *Tertullian, First Theologian of the West*, Cambridge University Press, 1997.

Owen, Mathew & Gildenhard, Ingo, *Tacitus, Annals, 15.20~23, 33~35: Latin Text, Study Aids with Vocabulary, and Commentary*, Cambridge: Open Book Publishers, 2009.

Pearson, Birger A., *The Emergence of the Christian Religion*, Harrisburg, Trinity Press International, 1997.

Pelikan, Jaroslav, *Christianity and Classical Culture: The Metamorphosis of Natural Theology in the Christian Encounter with Hellenism*, Yale University Press, 1993.

Quispel, Gilles, "Marcion and the Text of the New Testament", *Vigiliae Christianae*, Vol. 52, No. 4, 1998, pp. 349~360.

Rives, James B. "The Blood Libel Against the Montanists", *Vigiliae Christianae*, Vol. 50, No. 2, 1996, pp. 117~124.

Roldanus, Johannes, *The Church in the Age of Constantine: The Theological Challenges*, Abingdon: Routledge, 2006.

Rousseau, Philip, *Pachomius: The Making of a Community in Fourth-*

Century Egypt, Berkeley and London: University of California Press, 1985.

Rudolph David & Willitts, Joel, eds., *Introduction to Messianic Judaism: Its Ecclesial Context and Biblical Foundations*, Zonderban, 2013.

Schürer, Emil, *The History of the Jewish People in the Age of Jesus Christ*, 4 vols, Vol. lll. i, T&T. Clark Ltd, 1973.

Simon-Shoshan, Moshe, "The Tasks of the Translators: The Rabbis, the Septuagint, and the Cultural Politics of Translation", *Prooftexts*, Vol. 27, No. 1, 2007, pp. 1~39.

Stead, Julian, *Saint Benedict: A Rule for Beginners*, New York: New City Press, 1994.

Steiner, George, *After Babel: Aspects of Language and Translation*, 2nd ed., Oxford University Press, 1992.

Stewart-Sykes, Alistair "The Original Condemnation of Asian Montanism", *Journal of Ecclesiastical History*, 50, no.1, pp. 1~22

Strauss, D. F., *The Life of Jesus: Critically Examined*, Trans. M. Evans, New York: Calvin Blanchard, 1860.

Tilley, Maureen A., "Sustaining Donatist Self-Identity: From the Church of the Martyrs to the Collecta of the Desert", *Journal of Early Christian Studies* 5, 1997, pp. 21~35.

Trevett, Christine, "Apocalypse, Ignatius, Montanism: Seeking the Seeds", *Vigiliae Christianae*, Vol. 43, No. 4, 1989, pp. 313~338.

Trueman, Carl R. & Clark, R. Scott, *Protestant Scholasticism: Essays in Reassessment*, Paternoster, 1999.

Vööbus, Arthur, "The Origin of the Monophysite Church in Syria and Mesopotamia", *Church History*, Vol. 42, No. 1, 1973, pp.17~26.

Wagner, Walter H., *After the Apostles: Christianity in the Second Century*, Minneapolis: Fortress, 1994.

Weaver, Rebecca Harden, *Divine Grace and Human Agency: A Study of the Semi-Pelagian Controversy*, Merceer University Press, 1998.

Wilhite, David E., *Ancient African Christianity: An Introduction to a Unique Context and Tradition*, New York: Routledge, 2017.

Wilken, Robert Louis, *The Spirit of Early Christian Church*, Yale University Press, 2003.

Williams, Rowan, "Does It Make Sense to Speak of Pre-Nicene Orthodoxy?", *The Making of Orthodoxy*, ed., Rowan Williams, Cambridge: Cambridge Univ. Press, 1989.

Woolf, Greg, "Beyond Romans and Natives", *World Archaeology*, Vol. 28, No. 3, 1997, pp. 339~350.

Wypustek, Andrzej, "Magic, Montanism, Perpetua, and the Severan Persecution", *Vigiliae Christianae*, Vol. 51, No. 3, 1997, p. 276~297.

강인철, "개신교와 양심적 병역거부", 〈한신인문학연구〉, 제6집, 2005, pp. 95~130.

강인철, 《한국 기독교회와 국가, 시민사회》, 한국기독교역사연구소, 2003.

고이치, 이노우에, 《살아남은 로마, 비잔틴제국》, 이경덕 옮김, 다른세상, 2008.

김경수, "갑바도기아 교부들의 변증신학으로서 부정신학", 〈조직신학연구〉, 제8호, 2006, pp. 272~292.

김경현, "고대 그리스 세계의 체육과 스포츠 문화―김나시온의 역사를 중심으로", 〈역사학보〉, 222, 2014, pp. 219~256.

김동주, "초기 교부들의 칠십인역 이해에 대한 역사신학적 연구", 〈한국교회사학회지〉 제26집, 2010, pp. 137~169.

김동춘(편), 《칭의와 정의―오직 믿음으로만?》, 새물결플러스, 2017.

김명배, "에큐메니칼 관점에서 본 유세비우스의 역사서술방법론과 역사이해에 관한 연구", 〈숭실사학〉, 제23집, 2009, pp. 237~268.

김명수, "〈예수 세미나〉 운동과 역사적 예수 탐구사", 〈신약논단〉, 2003, 10(3), pp. 555~586.

김상옥, "그리스도인의 신앙과 아리우스 이단의 합리주의적 대항에 관한 고찰", 〈신학전망〉, 50, 1980, pp. 85~103.

김용준, "필리오꿰―개혁주의 신학에서 필리오꿰 교리의 정당성에 관한 고찰", 〈한국개혁신학〉, 제29호, 2011, pp. 177~211.

김진호, 《예수 역사학. 예수를 예수로 넘기 위하여》, 다산글방, 2000.

김차규, "콘스탄티노플 총주교좌의 위상―콘스탄티누스로부터 유스티니아누스 시대까지", 〈명지사론〉, 제11, 12합집, Vol. 11, No. 1, 2000, pp. 516~540.

남성현, "5~7세기 알렉산드리아의 감독들과 파코미우스 코이노니아", 〈한국교회사학회지〉, 제19집, 2006, pp. 93~128.

남성현, "몬타누스 운동가 테르툴리아누스의 문화 비판", 〈오순절 신학 논단〉, 4, 2005, pp. 108~147.

남성현, 《기독교 초기 수도원 운동사: 파코미우스와 바실리우스》, 엠애드, 2006.

남정우, 《동방정교회 이야기》, 쿰란출판사, 2003.

노리치, 존 줄리어스, 《지중해 5,000년의 문명사 (상). 고대 이집트에서 제1차 세계대전까지》, 이순호 옮김, 뿌리와이파리, 2009.

노성기, "시리아―동방 교회의 기원", 〈신학전망〉, 제152집, 2006, pp. 25~52.

떼브나즈, 삐에르, "신적인 철학에서 기독교 철학으로―헬레니즘과 기독교의 대결", 〈기독교 철학〉 제10호 (이철우 완역), pp. 147~166.

뢰비트, 칼, 《역사의 의미》, 이한우 옮김, 문예출판사, 1991.

마키아벨리, 니콜로, 《로마사 논고》, 강정인·안선재 공역, 한길사, 2003.

맥그래스, 알리스터, 《기독교의 미래》, 박규태 옮김, 좋은씨앗, 2005.

박규환, "'뒤틀린' 기독교 돌아보기―한국 개신교의 국가주의에 대한 비판: 전쟁 담론을 중심으로", 〈기독교철학〉 제12호, 2011, pp. 179~204.

박의경, "로마 제국과 아우구스티누스: 기독교와 정치질서 그리고 평화", 〈세계 지역연구논총〉, 제28집, 3호, 2010, pp. 8~30.

박정수, 《기독교신학의 뿌리―유대교 사상의 형성과 신약성서 배경사》, 대한기 독교서회, 2010.

박충구, 《기독교 윤리사 II》, 대한기독교서회, 2001.

박흥용, "역사적 예수 연구 방법론적 도구로서 '비판적 실재론'과 '역사적 개연성 의 기준'", 〈신학연구〉, 제10권, 제3호, 2011, pp. 513~544.

방성규, "메살리안 운동이 초기 수도원 운동에 끼친 영향", 〈한국교회사학회지〉, 제9집, 2000, pp. 113~140.

방성규, "초기 수도원 영성에 있어서의 덕목의 삶: 사막 교부들의 금언을 중심으 로", 〈신학사상〉, 통권 제111호, 2000, pp. 182~201.

뱅크스, 러버트, 《1세기 교회 예배 이야기―역사적 자료에 기초한 초대교회 모 습》, 신현기 옮김, IVP, 2017.

버터필드, 허버트, 《크리스천과 역사해석》, 김상신 옮김, 대한기독교출판사, 1995.

브라운, 피터, 《기독교 세계의 등장》, 이종경 옮김, 새물결출판사, 2004.

브루스, F.F., 《초대교회 역사》, 서영일 옮김, 서울: 기독교문서선교회, 2009

브룩, 크리스토퍼, 《수도원의 탄생―유럽을 만든 은둔자들》, 이한우 옮김, 청년 사, 2005.

사이드, 에드워드, 《오리엔탈리즘》, 박홍규 옮김, 교보문고, 1991.

서영건, "중세 카스티야 변경 도시와 콘비벤시아", 〈서양중세사 연구〉, 제21호, 2008, pp. 149~177.

슈미트, 쿠어트 디트리히, 《살아 있는 역사, 교회사》, 정병식 옮김, 성서와신학 연구소, 2004, 100.

슈바이처, 알베르트, 《예수의 생애 연구사》, 허혁 옮김, 대한기독교출판사, 1986.

슈테게만, 에케하르트 & 슈테게만, 볼프강, 《초기 그리스도교의 사회사―고대 지중해 세계의 유대교와 그리스도교》, 손성현·김판임 옮김, 동인, 2009.

아렌트, 한나, 《한나 아렌트 사랑 개념과 성 아우구스티누스》, 조안나 스코트, 주 디스 스타크 편집, 서유경 옮김, 텍스트, 2013.

아빌라, 찰스, 《초대 교부들의 경제 사상―소유권》, 김유준 옮김, 기독교문서선 교회, 2008.

안인섭, "새롭게 조명하는 4세기 북아프리카 교회의 발전과 영성", 〈한국교회사 학회지〉, 제17집, 2005, pp. 81~105.

안재은, "경교와 가톨릭이 한국 기독교 선교에 끼친 영향", 〈신학지남〉 75(4), 2008, pp. 354~379.

앙젤, 장 마리, 《로마 제국사》, 김차규 옮김, 한길사, 1999.

앤더슨, 베네딕트, 《상상의 공동체—민족주의의 기원과 전파에 대한 성찰》, 윤형숙 옮김, 나남출판, 1991.

에반스, 길리안, 《기독교사상사》, 서영일 옮김, 기독교문서선교회, 1994.

염창선, "아타나시우스와 니케아 신조(325)—신학적 교회정치사적 입장 변화 연구", 〈한국교회사학회지〉, 제16집, 2005, pp. 85~112.

오만규, "로마 군대종교와 초기 그리스도인들의 군복무", 〈한국교회사학회지〉, 제3권, 1988, pp. 7~27.

월러스틴, 이매뉴얼, 《근대세계체제》, 나종일 옮김, 까치글방, 1999.

월러스틴, 이매뉴얼, 《유럽적 보편주의: 권력의 레토릭》, 김재오 옮김, 창비, 2008.

유봉근, "지식의 질서와 네트워크—알렉산드리아 도서관의 문화적 유산", 〈브레히트와 현대연극〉, 제23권, 2010, pp. 301~321.

유희수, 《사제와 광대: 중세 교회문화와 민중문화》, 문학과지성사, 2009.

이분균, "동방정교회와 개신교회의 구원에 대한 이해", 〈종교연구〉, 38, 2005, pp. 1~29.

이석우, 《아우구스티누스》, 민음사, 2005.

이승희, "콘스탄티누스 황제의 신앙과 종교정책", 〈서양고대사연구〉, 38, 2014, pp. 103~147.

이일호, "제2성전 시대의 유대교와 초대 기독교의 개종자에 대한 연구", 〈한국개혁신학〉, 제26호, 2009, pp. 202~238.

이현준, "아우구스티누스와 도나투스주의의 교회일치와 국가 관계론 연구", 〈신학연구〉, 65, 2014, pp. 187~188.

이효석, "헬레니즘, 유럽중심주의, 영국성—19세기 영국사회와 고대 그리스의 전유", 〈19세기 영어권 문학〉, 13(2), 2009, pp. 97~123.

장도곤, "이레니우스와 오리게네스의 자연관과 현대복음주의의 생태신학 정립의 필요성", 〈한국개혁신학〉, Vol. 6, No. 1, 1999, pp. 212~234.

전광식, "Theologia Negativa: 부정신학의 역사적 의미", 〈석당논총〉, 45, 2009, pp. 33~71.

정미현, "상실된 창조의 본래적 선을 찾아서—켈트 영성과의 관련성에서 본 펠라기우스 이해", 〈조직신학 논총〉, 제6권, 2001, pp. 213~236.

정용석, "초대 기독교 여성", 〈한국교회사학회지〉, 제13집, 2003, pp. 311~350.

조병하, "초대교회 교회직제 발전에 대한 연구, 사도적 교부, 사도전승, 디다스칼리아를 중심으로(첫 3세기)", 〈한국개혁신학〉, 제31호, 2011, pp. 190~217.

채승희, "초대교부들의 구약성경 이해", 〈구약논단〉, 제13권 2호(통권 24집), 2007, pp. 52~71.

최영실, "초대교회의 모체가 된 여성 사역", 〈한국기독교신학논총〉, Vol. 14, 한국기독교학회, 1997, pp. 109~133.

최자영, "정교(콘스탄티노플과 로마)와 동방 단성론간의 정치·사회적 갈등", 〈서양고대사연구〉, 33, 2012, pp. 97~138.

최종원, "천국을 향한 약속어음—중세 유럽 면벌부 이론의 변화 연구", 〈인문연구〉, 56, 2009, pp. 165~196.

최혜영, "로마 시대 종교의 '승리 이데올로기'", 〈복현사림〉, 제26권, 경북사학회, 2003, pp. 1~20.

최혜영, "몬타누스 운동의 '새 예언'과 헬레니즘 문화", 〈서양고대사연구〉, 43, 2015, pp. 9~38.

최혜영, "율리아누스 황제의 이교주의", 〈대구사학〉, 1991, 대구사학회, pp. 185~233.

최화선, "로마 공화정 말기의 '종교religio'와 '미신superstitio' 개념", 〈서양고전학연구〉, 제17권, 2001, pp. 133~154.

판데어캄, J. C., 《초기 유다이즘 입문》, 박요한 옮김, 성서와함께, 2001.

허승일 외, 《로마 제정사 연구》, 서울대학교출판부, 2001.

허타도, 래리, 《처음으로 기독교인이라 불렸던 사람들》, 이주만 옮김, 이와우, 2017.

헨리 채드윅, 《초대교회사》, 박종숙 옮김, 크리스찬다이제스트, 2007.

홍태영, "유럽의 시민권, 정체성 그리고 문화적 인종주의: 국민국가의 전환과 극우민족주의", 〈한국 정치연구〉, 제20집, 제2호, 2011, pp. 235~260.

황의갑, "시리아어 정교 연구", 〈중동연구〉, 제288권 3호, 2009, pp. 117~133.

"사형제 존폐문제 KNCC-한기총 충돌", 〈국민일보〉 (2005년 8월 26일),
http://news.kmib.co.kr/article/viewDetail.asp?newsClusterNo=01100201.20050826100000358 (검색일 2018년 5월 10일).

"특정종교인 병역대체근무제 반대", 〈국민일보〉 (2001년 6월 4일),
http://news.kmib.co.kr/article/viewDetail.asp?newsClusterNo=01100201.20010604000001604 (검색일 2018년 5월 10일).

찾아보기

ㄱ

공식 신학 204, 259, 318, 326
그레고리우스 1세 교황 93, 267, 270, 321
그레고리우스, 나지안주스의 279, 353
그레고리우스, 닛사의 211, 279
기독론 247, 257, 259, 289, 291, 294, 295, 303, 305
기번, 에드워드 206, 224, 264, 350, 354

ㄴ

나그 함마디 184
네로 황제 89, 100, 101
노바티안 238, 246, 351
니케아 공의회 138, 167~169, 180, 183, 204, 229, 242, 259~263, 265, 266, 268, 272, 273, 284, 289, 291, 297, 304, 356

ㄷ

단성론 12, 299, 300, 302, 303, 305, 354, 356, 365
단성론자 302, 303, 305
도나투스 12, 107, 122~125, 178, 238, 245~250, 257, 303, 345, 352, 364
도미티아누스 황제 94, 102, 103
동일본질(호모우시오스) 264, 266

ㄹ

레오 1세 교황 270, 300, 302, 356
루터, 마르틴 19, 26, 79, 127, 144, 146, 170, 178, 191, 195, 199, 218, 219, 221, 222, 248, 271, 282, 290, 309, 316, 317, 323, 324, 338, 343

ㅁ

마르키온 131, 186~188, 193, 259, 349

메시야닉 쥬 82, 341
면벌부 144, 145, 309, 319, 346, 365
모나스테리온 202, 216
모나키 165~168
몬타누스 126, 128, 186, 188~194, 259, 342, 350, 362, 365
미스테리온 154, 155, 158
미신(superstitio) 55, 98, 99, 190, 237, 343, 345, 365
밀라노 칙령 97, 204, 240~242, 257, 260, 351, 356

ㅂ

바실리우스 207, 211, 278, 279, 281, 316, 317, 351, 362
발레리아누스 황제 105
베네딕투스 213, 214, 217
베네딕투스 수도회 208, 212, 213, 215~219, 267, 316
부르크하르트 206, 224
부정의 신학 165, 184, 300, 301

ㅅ

사효론 245
삼위일체 12, 82, 138, 139, 140, 162, 163, 167, 168, 169, 179~184, 203, 212, 261, 264, 266, 267, 272, 276~281, 283~285, 289, 304, 315, 317, 318, 325, 347
세크라멘툼 155, 158
셀레우코스 41, 44, 50, 71
슈바이처 30~32, 339, 363
시므온, 주상 고행자 205
신플라톤주의 160~163, 314, 315
신화 14, 29, 30, 32, 98, 140, 163, 185, 231, 253, 262, 347

ㅇ

아리우스 12, 161, 166~168, 179~184, 186, 203, 229, 257, 258, 261, 263~268, 272, 273, 276~279, 291, 315, 347, 348, 356, 362
아우구스티누스 12, 99, 107, 125, 126, 187, 203, 236, 247, 309~318, 321~324, 326~330, 332, 336, 345, 354~356, 363, 364

아우렐리우스 황제 105, 356
아타나시우스 12, 138, 139, 163, 166, 183, 193, 203, 212,
    261, 264, 273, 276~284, 315, 316, 347, 348, 364
아폴리나리우스 292, 293, 301, 302, 353
안토니우스 202, 203, 277, 278, 350
알렉산드로스 41, 43, 44, 71, 151, 239, 258, 264, 356
암브로시우스 126, 236, 315, 316, 345
양성론 12, 291, 302, 305, 356
엘비라 교회회의 334
예수 세미나 184, 185, 339, 362
오도아케르 235, 367
오리게네스 104, 160, 161, 163, 276, 284, 347, 349, 364
오리엔탈리즘 149~151, 347, 363
오리엔트 정교회 303
위클리프, 존 178, 195, 246
유대주의 52, 69~72, 79, 84, 232
유사본질(호모이우시오스) 264~277
유세비우스, 가이사랴의 181, 244, 251, 259, 260, 261,
    263, 325, 334, 334, 335, 344, 352, 362
유세비우스, 니코메디아의 183, 260, 265, 266, 272, 273
유티케스 161, 299, 300, 301, 302
율리아누스, 배교자 274~276, 278, 281, 282, 284, 353,
    365
이성본질(헤테로우시오스) 263
인종주의 50, 65, 75, 83, 84, 92, 333, 336, 339, 365
인효론 245, 246

ㅈ
재세례파 178, 191, 192, 247~250, 324
제3의 인종 83
중간사 39, 40, 43~47

ㅊ
칠성사 26, 135, 137, 143, 156
칠십인역 성서 52, 54, 67, 83, 127, 339, 340, 356, 362

ㅋ
칼케돈 공의회 289, 291, 292, 299, 300, 302, 305, 356

켈수스 88
콘스탄티노플 공의회 161, 168, 257, 258, 265, 268, 273,
    276, 279, 289, 292, 294, 356
콘스탄티누스의 기증장 271, 272
클레멘트, 알렉산드리아의 89, 349
키릴리우스 188, 296, 298~300, 353

ㅌ
타키투스 98, 99, 102
테르툴리아누스 83, 108, 125, 126, 128, 130~134,
    136~145, 160~162, 166, 189, 284, 319, 345, 350,
    362
테오토코스 295
트라야누스 황제 60, 103
트뢸치 177, 348
파코미우스 202, 350, 362
펠라기우스 12, 314, 317, 319, 321, 323, 324
폴리갑 100, 104
프란체스코회 190, 218
프톨레마이오스 41, 44, 52, 56, 71, 339
피에타스 98
필리오케 167~169, 348

ㅎ
하나님을 경외하는 자들(God-fearers) 55, 340
하드리아누스 황제 103
헤브라이즘 47, 159, 160, 324, 333
헬레니즘 8, 47, 48, 52, 55, 56, 62, 69, 70, 71, 78, 84, 151,
    154, 159, 160, 194, 321, 324, 327, 333, 340, 341,
    350, 356, 362, 364, 365
화체설 24, 25, 338
활동 수도회 220
히에로니무스 126, 127, 334, 356

초대교회사 다시 읽기
The Early Church History, Revisited

지은이 최종원
펴낸곳 주식회사 홍성사
펴낸이 정애주
국효숙 김의연 박혜란 손상범
송민규 오민택 임영주 차길환

2018. 6. 15. 초판 발행   2024. 3. 15. 7쇄 발행

등록번호 제1-499호 1977. 8. 1.
주소 (04084) 서울시 마포구 양화진4길 3   **전화** 02) 333-5161   **팩스** 02) 333-5165
홈페이지 hongsungsa.com   **이메일** hsbooks@hongsungsa.com
페이스북 facebook.com/hongsungsa
양화진책방 02) 333-5161

ⓒ 최종원, 2018

• 잘못된 책은 바꿔 드립니다.   • 책값은 뒤표지에 있습니다.

ISBN 978-89-365-0353-6 (03900)